SPOKEN ENGLISH FUNCTIONAL GRAMMAR and TRANSLATION PROFICIENCY

[For Advanced Learners]

SPOKEN ENGLISH
FUNCTIONAL GRAMMAR
and
TRANSLATION PROFICIENCY

[For Advanced Learners]

P C Das

MA, BT, DELT, PhD

New Central Book Agency (P) Ltd

LONDON

HYDERABAD ERNAKULAM BHUBANESWAR

NEW DELHI KOLKATA PUNE GUWAHATI

NCBA

REGD OFFICE
8/1 Chintamoni Das Lane, Kolkata 700 009, India
email: ncbapvtltd@eth.net

OVERSEAS
NCBA (UK) Ltd, 149 Park Avenue North, Northampton, NN3 2HY, UK
email: ncbauk@yahoo.com

EXPORT
NCBA Exports Pvt. Ltd, 212 Shahpur Jat, New Delhi 110 049
email: ncbaexports@ncbapvtltd.com

BRANCHES

New Central Book Agency (P) Ltd
212 Shahpur Jat, **New Delhi** 110 049
email: ncbadel@ncbapvtltd.com

Shop Nos. 3 & 4, Vinayak Towers
681/B Budhwar Peth, Appa Balwant Chowk
Pune 411 002
email: ncbapune@ncbapvtltd.com

Shop No. 15, Bharati Towers, Ground Floor
Forest Park
Bhubaneswar 751 001
email: ncbabub@ncbapvtltd.com

House No. 3-1-315, 1st Floor
Nimboliadda, Kachiguda, **Hyderabad** 500 027
email: ncbahydb@ncbapvtltd.com

GSS Shopping Complex, 1st Floor
Opposite College Post Office, Convent Road
Ernakulam 682 035
0484-4021054 / 53

Radhamayee Complex [Second Floor]
Opp. Axis Bank, Panbazar, Jaswanta Road
Guwahati 781 001
email: ncbaguwahati@ncbapvtltd.com

SPOKEN ENGLISH, FUNCTIONAL GRAMMAR AND TRANSLATION PROFICIENCY ● P C Das

First Published: January 2013
Reprinted: January 2015, September 2016
Thoroughly Revised Second Edition: March 2017
Revised Reprint: January 2018
Reprinted: March 2019, **2022**

PUBLISHER AND TYPESETTER
New Central Book Agency (P) Ltd
8/1 Chintamoni Das Lane, Kolkata 700 009

PRINTER
New Central Book Agency (P) Ltd
Web-Offset Division, Dhulagarh, Sankrail, Howrah

PROOF CHECKING
Subas Maitra and Prodip Baidya

PROJECT TEAM
Joydeep Ghosh, Prodip Baidya and Pradip Biswas

ISBN: 978 81 7381 816 5

Price ₹ 285.00

FOREWORD

'Spoken English, Functional Grammar, and Translation Proficiency' is a textbook intended to be useful to those who want to speak in English either in the classroom or in employment avenues or in everyday situations as necessary, and aspire to have translation proficiency in wide range.

George Bernard Shaw said in a gramophone recording, made for the Linguaphone Institute :

> "I am now going to suppose that you are a foreign student of the English language; and that you desire to speak it well enough to be understood when you travel in the British Commonwealth or in America, or when you meet a native of those countries...or obtaining some employment which is open to those only who speak what is called 'Correct English'...No foreigner can even stress the syllables and make the voice rise and fall in question and answer, assertion and denial, in refusal and consent, in enquiry or information exactly as a native does. Therefore the first thing you have to do is to speak with a strong foreign accent, and **speak broken English**."

However, as this textbook aims at acquiring ability in Spoken English with Basic Grammar and Translation Proficiency, it is divided in three parts :

Part I—Spoken English, Part II—Functional Grammar, and **Part III—Translation Proficiency**.

Part I SPOKEN ENGLISH comprises of **three sections** :

> **Section I** is based on conversations on common everyday situations—greetings, introducing some persons, or topics, giving and taking personal information, taking and learning messages, shopping, inviting, calling for help in an emergency, expressing thanks, etc.
>
> **Section II** deals with Topical Dialogues—A Birthday Party, An Invitation to a Dinner, A Doctor and a Patient, Father and Son about the son's career, Getting Bank Loan, Facing an Interview for a job, etc.
>
> **Section III** is concerned with structural features of the language including pronunciation, stress and intonation with ease, as far as practicable. It also includes—**Listening** and **Speaking Practice**.

We must note here that some groups of words and sometimes only one word may be valued as sentences, and some are only sentence fragments. But both the types are happily used in Spoken English or Broken English. Moreover, we must say that a conversation is a kind of informal talk in which people exchange news, views, thoughts and feelings. Its informal [sometimes formal] and spontaneous nature makes it different from a debate, a speech, or a discussion. And this style has been maintained throughout the book.

Part II includes the Essential **FUNCTIONAL GRAMMAR** in the **related topics**. Here we have listed a number of **common errors** together with the correct forms in the use of British as well as American English.

Part III deals with TRANSLATION PROFICIENCY [from Bengali to English and from English to Bengali]—distributed in graded units.

Finally, I'd like to suggest that practice is the best way to master Spoken English. Practice always leads to perfection.

It's my proud privilege to thank those who have helped me anyway to bring out this book on Spoken English and to make a CD for strengthening the Listening Practice. The learners may see my 'A Complete English to Bengali Dictionary' with British and American pronunciations, illustrations of headwords in Bengali and English, Synonyms and Antonyms, Phrasal Verbs and Usage—published by the Education Foundation, 11 Jhamapukur Lane, Kolkata 700 009, for ready reference.

I convey my heartiest thanks to R. S. Pal, ex-Principal of R.R.R. College, for looking over the translations of some Bengali newspaper reports into English.

I am thankful to Mr Amitabha Sen, the Director of New Central Book Agency (P) Ltd for bringing out this book for the benefit of the students and general readers too.

Any constructive suggestion from any corner for the betterment of the book will be cordially appreciated. My best wishes are to those for whom this book is intended.

Radhanagar
01.02.2017

P C Das
[Pares Chandra Das]

CONTENTS

INTRODUCTION

The **Part I** of the present book deals with SPOKEN ENGLISH. In Spoken English we often use short sentences or only the essential parts of a sentence and not the lengthy complete sentence. Hence, G. B. Shaw rightly calls Spoken English as Broken English. For example, we say :

"Got ready?"	instead of	"Have you got ready?"

And in answer :

Yes/Yea.		Yes, I am ready/I have got ready.
No, not yet.	instead of	No, I am not yet ready.
Any problem?		Is there any problem?
Just a minute.		Wait for just a minute.

Learning vocabulary and grammar alone will not enable a person to speak well in English. For that, one must acquire proper listening and speaking skills. We very often find educated persons who can write reasonably correct English, but fumble to talk to someone in English. Sometimes they become dumb, or sometimes they use wrong or inappropriate expressions, or speak 'Written English'. So the only way to learn Spoken English is to gather courage to speak English in different situations. And in this course of speaking English, they should be encouraged to speak 'Broken English' only with some basic grammatical rules, and not the minute details.

Another important point we should bear in mind is that one expression may be correct and appropriate in a particular situation, but the same expression may not be appropriate in different aspects. For example, when we meet a friend we may say, 'Hi!' or 'Hello!', but we must not greet our boss or superiors in the same way. In that case our expression will be different by saying, 'Good morning, Sir' or some similar expression. So it is essential that we should learn how to use appropriate expressions in different situations.

Not only that, Spoken English comprises of phonetics for correct pronunciation with stress and intonation. And so, there are exhaustive practice dialogues which will help the readers learn use of different expressions in different contexts. Thus the present book deals with Spoken English in its twofold aspects—**'What to say'** and **'How to say'**.

LANGUAGE SKILL

Language skill stands on four columns :

1. **Listening**, 2. **Speaking**, 3. **Reading**, 4. **Writing**.

The specific objectives of Learning English can be obtained through the methods of practice in order to fully integrate these skills, as in real life.

LISTENING

Learners should be able to :

[i] understand a series of instructions and commands.

[ii] participate in conversations and discussions on variety of topics.

[iii] understand TV and radio announcements in English.

[iv] listen to instructions, discussion, speech, debate, etc. for making a gist, collecting specific information, and taking notes.

[v] distinguish different sounds of English in correct pronunciation and recognize stress and intonation within appropriate communicative context as far as possible.

SPEAKING

Learners should be able to :

[i] give a series of instructions and commands.

[ii] participate in conversations and discussions on variety of topics.

[iii] express their views, opinions and ideas clearly and logically.

[iv] tell narrative and descriptive items and events and talk interestingly about themselves.

[v] speak intelligently and fluently in clear, good English appropriate to the situations.

READING

Learners should be able to :

[i] read extensively with appropriate speed.

[ii] understand [a] written instructions, [b] narrative texts, [c] descriptive texts, [d] argumentative texts, [e] newspapers and magazines, [f] literary works, [g] articles and books on culture, religion, politics, science, trade and commerce, etc.

[iii] understand formal letters, telegrams, Fax, E-mail, etc.

[iv] skim for gist, scan specific information, infer the meanings of words from their contexts, recognize topic sentences, distinguish facts from opinion, detect appropriate internal meaning, draw appropriate conclusions and recognize the significance of such cohesive clues such as linking words and referenced words.

[v] recognize the functions of different punctuation marks and graphological devices appropriately.

WRITING

Learners should be able to write :

[i] simple instructions, clear arguments, develop or complete outlines of events, cohesive paragraphs and essays, reports, etc.

[ii] formal letters, telegrams, Fax, E-mail, etc.

[iii] curriculum vitae [CV] and fill in forms.

[iv] job applications, etc.

[v] creative writing [Semi-guided to free writing]

Note Explicit and detailed grammatical analysis should be discouraged as it can demotivate the learners causing loss of both interest and confidence in SPOKEN ENGLISH. Practice in using language skills is more important than receiving information about it.

THEMES OF SITUATIONAL CONVERSATIONS

SPOKEN ENGLISH should be practised for a recognized purpose within real-life situations and contexts.

The topics and themes should be appropriate for learners in both rural and urban settings.

Successful language learning can take place only within a learner-centred environment. And so the learners should start from their own familiar environment and experience before going on to things outside their experience.

The following topics and themes are suggestive rather than exhaustive :

[i] greeting, parting and thanks
[ii] exchanging personal information about family, home and friends
[iii] schools, villages and towns/cities
[iv] domestic animals/pets
[v] food and drink, daily routines, shopping, etc.
[vi] holidays and festivals
[vii] health and sickness
[viii] hobbies, pastimes, weather, etc.
[ix]. travelling/tourism, etc.
[x] natural scenery including plants and flowers
[xi] famous historical events, life of renowned personalities
[xii] working life—especially of young people in urban and rural areas
[xiii] religion and way of life
[xiv] calling for help in an emergency
[xv] population awareness and environmental issues such as pollution, etc.
[xvi] job opportunities/interview
[xvii] current events and problems/solutions
[xviii] business talks
[xix] political talks
[xx] miscellaneous

The topics may be extended to more and more fields—as needed.

PART I : SPOKEN ENGLISH

SECTION I

HOW TO START IN SPOKEN ENGLISH

CHAPTER 1

ORIGIN AND DEVELOPMENT OF THE ENGLISH LANGUAGE

ORIGIN

Let us go back to the period about the year 449 AD—the invasion of Britain by certain Teutonic tribes, the founders of the English nation. Among them there were the Dutches, the Jutes, the Saxons and the Angles. The Celts, the natives of Britain, were then freed from the Roman rule and had to surrender to the Teutonic tribes. And the land of Britain was renamed as 'Engle Land' which is now known as 'England'. At that time their language was called 'Engle-ish' and afterwards 'English'. In fact, it was a fusion of German, especially the dialects of the Teutonic tribes, the original language of the Celts, Greek, and Latin.

The history of the English language suggests that the period from 450 to 1150 is known as **Old English**, from 1150 to 1500 the **Middle English** and from 1500 onwards the **Modern English**.

Modern English has again been influenced by other branches of Indo-European language, such as American, Italian, French and even Indian, Iranian, etc. in course of time.

Now English is deemed to be the **'World Language'**. And it is widely accepted in computer and internet too. We cannot but accept English in the fields of culture, politics, literature, science, trade and commerce, etc.

So, as a modern man, we must learn English—the world language—**not to read and write only, but to listen and speak quite comfortably**. And thus it can help us a lot in our career-building too.

[আসুন, একবার ফিরে যাই ৪৪৯ খ্রিস্টাব্দে যখন ইংরেজ জাতির প্রতিষ্ঠাতা টিউটনিক উপজাতিগুলি ব্রিটেন আক্রমণ করল। ওই উপজাতিগুলির মধ্যে ছিল ওলন্দাজ, জিউট, স্যাক্সন এবং অ্যাংগল্। ব্রিটেনের আদিবাসী কেল্টরা তখন রোমান শাসন থেকে মুক্ত হয়েছে আর টিউটনিক উপজাতিদের কাছে আত্মসমর্পণ করতে বাধ্য হয়েছে। আর তখন ব্রিটেন ভূখণ্ডের নতুন নাম হল 'ঈংগল ল্যান্ড' যা এখন 'ইংল্যান্ড' নামে পরিচিত। ওই সময় তাদের ভাষাকে বলা হত 'ঈংগল-ঈশ' যা পরে হল 'ইংলিশ'। বস্তুত, এই ভাষা হল জার্মান, বিশেষত টিউটনিক উপজাতিগুলির উপভাষা, কেল্ট জাতির নিজস্ব ভাষা, গ্রিক এবং ল্যাটিন-এর সংমিশ্রণ।

ইংরেজি ভাষার ইতিহাস বলে যে খ্রিস্টাব্দ ৪৫০-১১৫০ হল Old English বা প্রাচীন ইংরেজি, ১১৫০-১৫০০ হল Middle English বা মধ্যযুগীয় ইংরেজি এবং ১৫০০ খ্রিস্টাব্দ থেকে চলছে Modern English বা আধুনিক ইংরেজি।

Modern English বা আধুনিক ইংরেজি আবার প্রভাবিত হয়েছে ইন্দো-ইউরোপীয়ান ভাষার অন্যান্য শাখা যেমন আমেরিকান, ইটালিয়ান, ফ্রেঞ্চ, এমনকি পরবর্তীকালে ভারতীয়, ইরানিয়ান ইত্যাদি ভাষার দ্বারা।

এখন ইংরেজিকে মনে করা হয় World Language, আর কম্পিউটার-ইন্টারনেটেও এই ভাষা বহুলভাবে ব্যবহৃত হচ্ছে। রাজনীতি, সাহিত্য, সংস্কৃতি, বিজ্ঞান, ব্যাবসাবাণিজ্যেও আমরা ইংরেজি ভাষাকে স্বীকার না করে পারি না।

তাই একজন আধুনিক মানুষ হিসেবে আমাদের **ইংরেজি ভাষা—এই 'বিশ্বভাষা' শিখতে হবে—শুধু পড়া এবং লেখার জন্য নয়, স্বাচ্ছন্দ্যের সঙ্গে শোনা এবং কথা বলার জন্যও।** আর এইভাবে এটা আমাদের জীবনের পেশাগত সাফল্য অর্জনেও প্রভূত সাহায্য করতে পারে।]

LANGUAGE SKILL

Spelling with mute letters

বাংলা শব্দের বানানে কোনো বাড়তি letter নেই। কিন্তু ইংরেজিতে অনেক শব্দেই অনেক বাড়তি letter আছে যার সঙ্গে pronunciation বা উচ্চারণের কোনো সম্পর্ক নেই। যেমন—avenue অ্যাভিনিউ [শেষের 'e'-এর কোনো উচ্চারণ নেই]; biscuit—বিস্কিট [মাঝের 'u'-এর কোনো উচ্চারণ নেই]; phthisis—থাইসিস [গোড়ার 'ph'-এর কোনো উচ্চারণ নেই]। এইভাবে dumb ['b' silent], bridge ['d' silent], receive ['e' silent], bright ['g' and 'h' silent], hour ['h' silent], know ['k' and 'w' silent], calf ['l' silent], hurt ['r' silent], catch ['t' silent], guest ['u' silent], write ['w' silent]. এখন কিছু American English-এ এরকম কিছু বাড়তি letter শব্দের spelling থেকে বাদ দেওয়া হচ্ছে। যেমন—labor, honor, behavior, etc.

Some specific Pronunciations different from Spelling :

Colonel—[kɔ:(r)nel, ক(র্)নেল]; lieutenant—[leftenənt, লেফ্‌টেন্যান্ট]।

Choosing words, Pronunciation and Speech patterns

Conversations/Dialogues should be provided in natural informal speech for **pair practice.** In some cases, it may be expanded to **role play** by increasing the number of speakers for **group work** as far as possible. The learners should be regularly engaged in practising Spoken English, rather than memorising without understanding the contexts.

A Selection of words

Frequency of use in choosing words is an important point in a given context. Suppose **'doctor'** and **'physician'**—these two words mean almost the same; but the word 'doctor' is more frequently used than the word 'physician'. In Spoken English we should prefer the common words in usage. Similarly, we should prefer simple words rather than bombastic words, direct expressions rather than round about expressions. Of course, there may be some exceptions for specific purposes.

B Pronunciation of words

Correct British/American pronunciation should be followed attentively as far as possible. It is a fact that we [to whom English is a foreign language] cannot follow even the familiar words from the lips of the British or American speakers and cannot properly respond to them.

As a result, we face a lot of problem in listening and speaking, although we can read and write correct English in our traditional way.

Note The correct pronunciation of 'p' is between p and ph [প্ এবং ফ্-এর মধ্যবর্তী], e.g. pen, paper, etc.; the correct pronunciation of 't' is between t and th [ট্ এবং ঠ্-এর মধ্যবর্তী], e.g. take, time, etc.; the correct pronunciation of 'z' varies as z (জ়্), dz (জ্) and jh (ঝ), e.g. please (pli:z), judge (dz ʌ dz), pleasure [plejhə(r)].

Read aloud the following words and mark the difference between our traditional pronunciation and correct British/American pronunciation :

Pronunciation of some Nouns

market [প্রচলিত উচ্চারণ—মার্কেট; correct pron.—মা(র্)কিট্]
pocket [প্রচলিত উচ্চারণ—পকেট; correct pron.—পকিট্]
biscuit [প্রচলিত উচ্চারণ—বিস্কুট; correct pron.—বিস্কিট্]
employee [প্রচলিত উচ্চারণ—এমপ্লয়ী; correct pron.—ইম্প্লয়ী]
exactly [প্রচলিত উচ্চারণ—এগজ্যাক্টলি; correct pron.—ইগজ্যাক্টলি]
excuse [প্রচলিত উচ্চারণ—এক্স্‌কিউজ; correct pron.—ইক্স্‌কিউস্]
example [প্রচলিত উচ্চারণ—এগজাম্পল; correct pron.—ইগজাম্পল্]
forehead [প্রচলিত উচ্চারণ—ফোরহেড; correct pron.—ফরিড্]
moustache [প্রচলিত উচ্চারণ—মুস্ট্যাক; correct pron.—মুস্ট্যাশ্]
water [প্রচলিত উচ্চারণ—ওয়াটার; correct pron.—ওয়টা(র্)]

Note The letter 'r' before a consonant or at the end of a word is silent in British English, although softly sounded in American English. However, 'r' is sounded before a vowel in a word, or a beginning vowel sound of the next word in a sentence.

Pronunciation of some Plural Numbers

['**s**' sounds as '**s**' ending with k/p/t/f]
[books—বুক্স্; cups—কাপ্স্; cats—ক্যাট্স্; chiefs—চীফ্স্]
['**s**' sounds as '**z**' for ending with b/d/e/g/h/l/m/n/r/y/v/ w]

cubs [প্রচলিত উচ্চারণ—কাব্স্; correct pron.—কাব্জ্]
hands [প্রচলিত উচ্চারণ—হ্যান্ডস্; correct pron.—হ্যান্ডজ্]
dogs [প্রচলিত উচ্চারণ—ডগস্; correct pron.—ডগ্জ্]
girls [প্রচলিত উচ্চারণ—গার্ল্স্; correct pron.—গা(র্)ল্জ্]
brothers [প্রচলিত উচ্চারণ—ব্রাদার্স; correct pron.—ব্রাদা(র্)জ্]
wives [প্রচলিত উচ্চারণ—ওয়াইভ্স্; corrcct pron.—ওয়াইভ্জ্]
['**s**' sounds as '**iz**' for ending with s/ch/j—glasses [গ্লাসিজ; branches—ব্রান্চিজ]

Pronunciation of Some Verbs

employ [প্রচলিত উচ্চারণ—এম্প্লয়; correct pron.—ইম্প্লয়]
enjoy [প্রচলিত উচ্চারণ—এনজয়; correct pron.—ইনজয়]
excuse [প্রচলিত উচ্চারণ—এক্স্‌কিউজ; correct pron.—ইকস্‌কিউজ]

Pronunciation of some Past and Past Participles of Verbs

[**-ed** as **-id** if the last sound of the verb is d/t/i/y]
aided [প্রচলিত উচ্চারণ—এডেড্; correct pron.—এইডিড্]
ended [প্রচলিত উচ্চারণ—এন্ডেড্; correct pron.—এন্ডিড্]
decided [প্রচলিত উচ্চারণ—ডিসাইডেড; correct pron.—ডিসাইডিড্]
hated [প্রচলিত উচ্চারণ—হেটেড্; correct pron.—হেইটিড্]
started [প্রচলিত উচ্চারণ—স্টার্টেড; correct pron.—স্টা(র্)টিড্]

died [প্রচলিত উচ্চারণ—ডায়েড্; correct pron.—ডাইড্]

enjoyed [প্রচলিত উচ্চারণ—এন্‌জয়েড; correct pron.—ইন্‌জয়িড]

[**-ed** as **t** if the last sound of the verb is k/p/f/s/sh/ch]

asked [প্রচলিত উচ্চারণ—আস্ক্‌ড্; correct pron.—আস্ক্‌ট্]

kicked [প্রচলিত উচ্চারণ—কিক্‌ড্; correct pron.—কিক্‌ট্]

looked [প্রচলিত উচ্চারণ—লুক্‌ড্; correct pron.—লুক্‌ট্]

dropped [প্রচলিত উচ্চারণ—ড্রপ্‌ড্; correct pron.—ড্রপ্‌ট্]

laughed [প্রচলিত উচ্চারণ—লাফ্‌ড্; correct pron.—লাফ্‌ট্]

pushed [প্রচলিত উচ্চারণ—পুশ্‌ড্; correct pron.—পুশ্‌ট্]

washed [প্রচলিত উচ্চারণ—ওয়াশ্‌ড্; correct pron.—ওয়াশ্‌ট্]

watched [প্রচলিত উচ্চারণ—ওয়াচ্‌ড্; correct pron.—ওয়াচ্‌ট্]

Now read aloud some sentences and mark the difference between our traditional pronunciation and correct British/American pronunciation.

Vide 'An Introduction to Descriptive Linguistics'—H. A. Gleason and 'English Pronouncing Dictionary'—D. L. Jones or 'A Complete Eng.-Beng. Dictionary—P. C. Das

1. I went to market and bought some biscuit and put it into my pocket.

   [**প্রচলিত উচ্চারণ :** আই ওয়েন্ট টু মার্কেট অ্যান্ড বট্ সাম বিস্কুট অ্যান্ড পুট ইট ইনটু মাই পকেট।]

   [**সঠিক ব্রিটিশ উচ্চারণ :** আই ওয়েন্ট টু মাকিট অ্যান্ড বট্ সাম বিস্কিট অ্যান্ড পুট ইট ইনটু মাই পকিট।]

   [**সঠিক মার্কিন উচ্চারণ :** আই ওয়েন্ট টু মা(র্)কিট্ অ্যান্ড বট্ সাম্ বিস্কিট্ অ্যান্ড পুট ইট ইনটু মাই পকিট।]

2. There are some employees in our company, who are not well-paid, but enjoy their work.

   [**প্রচলিত উচ্চারণ :** দেয়ার আর সাম্ এম্‌প্লয়ীজ্ ইন্ আওয়ার কোম্পানি, হু আর্ নট্ ওয়েল্-পেড্, বাট্ এন্‌জয় দেয়ার ওয়ার্ক।]

   [**সঠিক ব্রিটিশ উচ্চারণ :** দেয়ার আর সাম্ ইম্‌প্লয়িজ্ ইন্ আওয়া(র্) কাম্প্যানি, হু আর নট্ ওয়েল-পেইড্, বাট্ ইন্‌জয় দেয়ার ওয়া(র্)ক্।]

3. He bears a cut mark on his forehead.

   [**প্রচলিত উচ্চারণ :** হি বিয়ারস্ এ কাট্ মার্ক অন হিজ ফোরহেড।]

   [**সঠিক ব্রিটিশ উচ্চারণ :** হি বিয়া(র্)জ্ অ্যা কাট্‌মা(র্)ক্ অন হিজ ফরিড।]

4. Have you seen the dogs with long ears?

   [**প্রচলিত উচ্চারণ :** হ্যাভ ইউ সীন্ দি ডগ্‌স উইথ লং ইয়ারস্?]

   [**সঠিক ব্রিটিশ উচ্চারণ :** হ্যাভ ইউ সীন্ দ্য ডগ্‌জ্ উইথ লং ইয়া(র্)জ্?]

5. Water, water, everywhere, but not a drop to drink.

   [**প্রচলিত উচ্চারণ :** ওয়াটার, ওয়াটার এভরিহোয়ার, বাট নট এ ড্রপ টু ড্রিংক্।]

   [**সঠিক ব্রিটিশ উচ্চারণ :** ওয়টা(র্), ওয়টা(র্) এভরিওয়্যা(র্), বাট নট অ্যা ড্রপ টু ড্রিংক।]

C Speech Pause [Break of word groups/thought groups with a Pause]

1. A single word as a pseudo-sentence or a very short sentence is uttered without any marked speech pause.

   [ছদ্মবাক্য হিসেবে ব্যবহৃত একটি শব্দ বা একটি অতি-সংক্ষিপ্ত বাক্যে কোনো লক্ষণীয় **space pause** বা উচ্চারণ বিরতি থাকে না।]

For example

Yes/No. [No speech pause]
I'm sorry. [No speech pause]
Thanks a lot. [No speech pause]
He had a mild heart attack. [No speech pause]

2. A multi-phrased or multi-claused sentence requires some **speech pause** or break of word groups/thought groups with a pause to make it more sensible as it helps the listener to listen and follow the speech.

   [একাধিক Phrase বা Clause-যুক্ত বাক্যের ক্ষেত্রে **speech pause** বা word group বিভাগের প্রয়োজন হয়। এটি বক্তব্যকে আরও সহজবোধ্য করতে পারে যেহেতু এই বিভাজন শ্রোতাকে শুনতে বা বক্তব্যকে অনুসরণ করতে সাহায্য করে।]

For example

1. I went to market | and bought some biscuit | and put it into my pocket.
2. There are some employees | in our company, | who are not well-paid, | but enjoy their work.
3. He bears a cut mark | on his forehead.
4. Have you seen the dog | with long ears?
5. Water, water, everywhere, | but not a drop to drink.
6. I haven't seen you | for a long time. Thank you | for being so helpful.
7. I'd be grateful | if you could permit me | to take ten days' leave.

The speech pauses or breaks of word groups are shown with vertical marks (|).

D Word Stress

While speaking, we want to draw attention to some telling words, which are more important in the context, while there are some structural words, such as articles, prepositions, etc. or some less important words in a sentence. In that case we have to stress the telling words or more important words, while the structural words or the less important words are often left unstressed. This is a special style in Spoken English. Here the **stressed words** are shown in **bold type**.

[কথা বলার সময় আমরা কিছু বিশেষ বক্তব্যপূর্ণ শব্দ যা প্রসঙ্গের মধ্যে বেশি গুরুত্বপূর্ণ সেগুলির ওপর শ্রোতার মনোযোগ আকর্ষণ করতে চাই; আর আছে বাক্য গঠনের সহায়ক শব্দ যেমন—article, preposition ইত্যাদি যা বাক্যের মধ্যে কম গুরুত্বপূর্ণ শব্দ। এসব ক্ষেত্রে বিশেষ বক্তব্যপূর্ণ শব্দ বা বেশি গুরুত্বপূর্ণ শব্দকে জোরে উচ্চারণ করতে হয়, আর কম গুরুত্বপূর্ণ শব্দগুলি প্রায়শ হালকা হয়ে যায়। এটা Spoken English-এর একটি বিশেষ উচ্চারণভঙ্গি। এখানে **stressed word**-গুলিকে **bold type** বা মোটা অক্ষরে দেখানো হয়েছে।]

For example

What do you **give** him to **eat**?
Well, **mainly milk**. He also **loves rice** and **meat**.

E Syllable Stress

In Spoken English we can hear that some syllables in some words sound higher than others. And thus Spoken English shows a marked contrast between its **stressed** (strong) and **unstressed** (weak) syllables. Here the stress marks are shown with **slants** ['] **on**

the head at the beginning of the stressed syllable. The **stressed part** is also shown **in bold type.**

[কথ্য ইংরেজিতে আমরা কিছু শব্দের কিছু syllable কে সেই শব্দের অন্য syllable-এর তুলনায় জোরে উচ্চারিত হতে শুনি। আর এইভাবে কথ্য ইংরেজিতে stressed (strong) এবং unstressed (weak) syllable-গুলির মধ্যে একটা বৈপরীত্য দেখা যায়। এখানে stress mark-গুলিকে stressed syllable-এর গোড়ায় মাথার ওপর স্ল্যান্ট চিহ্ন [/] দিয়ে দেখানো হয়েছে। আর stressed part-টি দেখানো হয়েছে মোটা অক্ষরে।]

For Example

1. I want to **buy** my '**text**-books and some '**station**ary.
2. '**Here**'s a' **hun**dred-rupee **note**. I got it from my '**grand**pa on my '**birth**day.

F Intonation

Intonation is the "voice pattern of speech" or the pitch that rises and falls in Spoken English. It may vary according to the mode of expression. All that we can do is to indicate some broad lines of the pitch movements. We can classify the intonation patterns under two broad heads—[i] **falling intonation**, and [ii] **rising intonation**. Generally a **normal statement starts** in medium pitch, **rises** in focussed word or word group and **ends** with a **falling intonation**, while a **yes-no question** ends with a **rising intonation**. However, **Wh-questions** and **tag questions** may end with a **falling intonation**. There may be small rise and fall between the start and the end of a sentence according to the speaker's attitudes.

[কথ্য ইংরেজিতে **Intonation** হল বক্তার স্বরভঙ্গি যা স্বরের ওঠা-নামা দেখায়। বক্তব্যের প্রকাশভঙ্গির তারতম্য অনুযায়ী স্বরের ওঠা-নামার পরিবর্তন হতে পারে। আমরা যা করতে পারি তা হল স্বরভঙ্গির কিছু প্রধান দিক নির্দেশ করা। আমরা স্বরভঙ্গিকে দুটো প্রধান ভাগে ভাগ করতে পারি—[i] **falling intonation বা স্বরের পতনভঙ্গি** এবং [ii] **rising intonation বা স্বরের উর্ধ্বভঙ্গি**।

সাধারণত, কোনো **সাধারণ বিবৃতি** শুরু হয় স্বরভঙ্গির মাঝামাঝি স্তরে, বিশেষ তাৎপর্যপূর্ণ শব্দে বা শব্দগুচ্ছে উঁচুতে ওঠে, আর শেষ হয় **falling intonation** দিয়ে, আর **Wh-question** অর্থাৎ যে প্রশ্নের উত্তরে কিছু তথ্য চাওয়া হয় সেরকম প্রশ্ন এবং **tag question** বা লেজুড় প্রশ্ন **falling intonation** দিয়ে শেষ হতে পারে। তবে কোনো **yes-no question** বা হ্যাঁ-না উত্তর-প্রত্যাশী প্রশ্ন শেষ হয় **rising intonation** দিয়ে। আর বাক্যের শুরু ও শেষের মধ্যে বক্তার মনোভঙ্গি অনুযায়ী স্বরের আরোহণ ও অবরোহণ হতে পারে।]

For example

1. This is the job I like most. ↘	**Fall** on a plain statement
2. Besides, ↗ the service here is prompt. ↘	Two tone groups—**rising** and **falling**
3. Really? ↗	**Rise** on 'really' as a surprise
4. I'm afraid, ↗ we're going to be late. ↘	**Rise** on 'afraid' and **fall** on 'late'
5. Do you think I enjoy it? ↗	**Rise** on yes-no question
6. Is it very expensive? ↗	**Rise** on yes-no question
7. Why are you so late? ↘	**Fall** on a Wh-question
8. We need a car, don't we? ↘	**Fall** on a tag question

SOME SHORT FORMS IN SPOKEN ENGLISH

I'm [I am]	isn't [is not]
You're [You are]	ain't [am not]

He's/She's [He is/She is/He has/She has]	aren't [are not]
I've [I have]	wasn't [was not]
You've [You have]	weren't [were not]
I'd [I would]	hasn't [has not]
don't [do not]	haven't [have not]
doesn't [does not]	hadn't [had not]
didn't [did not]	shan't [shall not]
mustn't [must not]	shouldn't [should not]
needn't [need not]	won't [will not]

Note In Spoken English we often use the Short Forms of some Pronouns + Verbs or some Verbs + not, and Speech Pause, Stress and Intonation.

IMMEDIATE EXPRESSIONS

In course of communication we need some immediate expressions for Greetings, Partings, Thanksgiving, Asking Apology, Requests, Commands, Questions, Exclamations, etc.

[স্বাগত সম্ভাষণ, বিদায় সম্ভাষণ, ধন্যবাদ জ্ঞাপন, ক্ষমা চাওয়া বা দুঃখ প্রকাশ, অনুরোধ, আদেশ, প্রশ্ন, আবেগ ইত্যাদি প্রকাশের সময় আমাদের কিছু তাৎক্ষণিক কথা বলতে হয়।]

GREETING AND RESPONSE [সম্ভাষণ ও প্রত্যুত্তর]

Addressing and Response between two familiar persons of **equal rank** :

[সমমর্যাদার দুই পরিচিত ব্যক্তির মধ্যে **সম্ভাষণ ও প্রত্যুত্তর**]

GREETINGS	RESPONSE
Hello! [in British style]	Yes! [in British style]
Hi! [in American style]	Hi! [in American style]
How do you do? [in British style]	How do you do? [in British style]
Howdy? ['হাউডি' in American style]	Howdy? ['হাউডি' in American style]
How are you doing? [in British style]	Fine! [in British style]
How are you getting on? [in American style]	Great! [in American style]
Hello, how are you? [in British style]	I'm OK, thanks!

Addressing and Response between two persons of **unequal rank or not so familiar** :

[অসম মর্যাদার বা খুব পরিচিত নয় এমন দুই ব্যক্তির মধ্যে **সম্ভাষণ ও প্রত্যুত্তর**]

GREETINGS	RESPONSE
[সকাল থেকে দুপুর পর্যন্ত] Good morning!	Good morning/Morning
[দুপুরের পর থেকে সন্ধ্যা পর্যন্ত] Good afternoon!	Good afternoon/Afternoon
[সন্ধ্যা থেকে রাত্রে] Good evening!	Good evening/Evening

[বেশি রাতে সম্ভাষণ জানাতে হলেও Good evening হয়, Good night নয়। কেবল রাতে বিদায় জানাতে হলে Good night বলা হয়।]

American style-এ দিনের যে কোনো সময়ে সম্ভাষণ ও প্রত্যুত্তর :

GREETINGS	RESPONSE
Good day!	Good day!
Have a good day!	You too!

কোনো বিশেষ উৎসব বা পর্বের দিনে বা বিশেষ উপলক্ষ্যে সম্ভাষণ ও প্রত্যুত্তর :

GREETINGS	RESPONSE
Have a good weekend!	You too!
A very happy new year to you!	You too!
New year greetings!	You too!
Happy New Year's Day!	You too!
Merry Christmas!	You too!
Hearty congratulations on your birthday!	Welcome!
Congratulations/Congrats!	Welcome!
Wish you the best of luck!	Welcome!
Welcome on this happy occasion!	Thanks a lot!
Many happy returns of the day!	Thanks a lot!

Note কেউ Thank you বললে প্রত্যুত্তরে Welcome বলতে হয়।

PARTING AND RESPONSE [বিদায় সম্ভাষণ ও প্রত্যুত্তর]

Parting at any level [যে কোনো স্তরে বিদায়]—Goodbye!/Bye! [in British style]

Parting for equal ranks [সমমর্যাদার সম্পর্কে বিদায়]—Ta-Ta! [in American style]

Parting at any time of day [দিনেরবেলায় যে কোনো সময়]—Goodbye/Bye!

Parting at night [রাতে বিদায় নেওয়ার সময়]—Good night!

আচ্ছা, বিদায়—Ok. Bye-bye/Bye.

সকলকে বিদায় জানাই—Goodbye everybody/Goodnight everybody.

* Response should be the same.

THANKSGIVING AND RESPONSE [ধন্যবাদ জ্ঞাপন ও প্রত্যুত্তর]

If someone does some good to you, you should respond with thanks as a polite etiquette.

[কেউ যদি সামান্য কিছুও উপকার করে দেয় তাহলে তাকে ধন্যবাদ জানানো হল শিষ্টাচার।]

THANKSGIVING	RESPONSE
Rude form : Thanks.	You're welcome.
Polite form : Thanks a lot/Thank you!	Welcome/No mention, please.

If someone offers something and you don't want it, you should not say—No, I don't want; you should say—No, thanks!

[কেউ যদি আপনাকে কিছু দিতে চান, আর আপনি তা নিতে না চান তাহলেও বলবেন না—No, I don't want, বলবেন—No, thanks!]

ASKING HELP/FAVOUR AND RESPONSE [সাহায্য/অনুগ্রহ প্রার্থনা ও প্রত্যুত্তর]

If someone asks any help from someone else, what should he say and what should be the response?

[যদি কেউ কারো কাছ থেকে কোনরকম সাহায্য চান তাহলে তিনি কী বলবেন এবং প্রত্যুত্তরেই বা কী বলা হবে?]

ASKING	RESPONSE
Excuse me, could you help me, please?	Yes Sir/Yes Ma'am [madam]
Sorry to disturb you./Sorry to bother you.	What can I do for you?
Could you please ...?	No problem/No trouble at all.
[asking to do anything specifically]	[if you agree to do it]
Could you please move a little?	That's all right/OK [Okay]
Would you please do me a favour?	I'm sorry. [if you don't agree to do it]
	Of course/Certainly! [if you agree]

ASKING APOLOGY/EXPRESSING REGRET [ক্ষমা প্রার্থনা/অনুগ্রহ প্রার্থনা ও প্রত্যুত্তর]

There are some polite expressions for apology or regret in Spoken English.

[কথ্য ইংরেজিতে ক্ষমা চাওয়া বা দুঃখ প্রকাশ করার জন্য কিছু বিনয়সূচক কথা আছে।]

মাপ করবেন!	Excuse me!	[আমাকে] ক্ষমা করবেন!	Pardon!/Pardon me!
দুঃখিত	Sorry!	আমি ক্ষমা প্রার্থনা করি!	I beg your pardon!
আমি (খুব) দুঃখিত	I'm sorry! I'm very sorry!		

ASKING FOR NAMES/REPETITION AND RESPONSE

	ASKING	RESPONSE
তোমার নাম কী?	What's your name? [Formal]	My name is John [etc.]
আপনার নাম কী?	Your name, please? [Polite]	I'm John [etc.]
আপনার ফোন নম্বর কী?	Your phone number, please?	9433615483 [etc.]

If you couldn't understand clearly and ask for repetition, what should you say and how should it be responded?

[যদি আপনি পরিষ্কারভাবে শুনতে না পান বা বুঝতে না পারেন, আর পুনরায় বলার জন্য অনুরোধ করেন, তাহলে আপনি কী বলবেন আর কীভাবে তার উত্তর দেওয়া হবে?]

REQUEST	RESPONSE SLOWLY AND CLEARLY
Sorry?/Pardon?	J-O-H-N [by spelling]
	Or [Phone No.] 9-4-3-3-6-1-5-4-8-3 [with pauses]

Note There is a difference in intonation between expressing regret and asking for repetition—**Falling** for expressing regret and **Rising** for asking any repetition. [দুঃখ প্রকাশের সময় এবং কোনো কিছুর পুনরাবৃত্তি চাওয়ার সময় intonation বা স্বরভঙ্গির একটা পার্থক্য আছে। দুঃখ প্রকাশের সময় **Falling** এবং পুনরাবৃত্তি চাওয়ার সময় **Rising**]

Sorry! / Pardon! ↘ [Expressing regret]
Sorry? / Pardon? ↗ [Asking for repetition]

SOME POLITE PHRASES / SENTENCES [ETIQUETTE]

Here are some polite phrases / sentences and etiquette expressions :
[এখানে কিছু নম্রতাসূচক বা শিষ্টাচারসূচক কথা দেওয়া হল।]

বলুন, আপনি কেমন আছেন?—Hello, how are you?
আমি ভালো আছি, ধন্যবাদ / স্বাগত—I'm OK, Thank you/welcome!

আমি কি এখানে বসতে পারি?	May I take a seat here?
আপনি কি একটু সরে বসবেন?	Would you please move a bit?
আপনি কি চেয়ারটা টেনে নেবেন?	Would you mind drawing that chair?
কোনো অসুবিধা নেই।	No trouble at all. / No problem.
এসবই আপনার জন্য।	It's all yours.
এটা আপনার অনুগ্রহের নিদর্শন।	So kind of you. / So nice of you.
আমার জন্য ব্যস্ত হবেন না।	Don't worry. / Don't trouble about me.
আমার একটু উপকার করবেন কি?	Will [Would] you please do me a favour?
আপনি যদি অনুমতি দেন তো বলি।	Allow me to say.
আপনাকে সঙ্গ দেওয়ার জন্য কি অনুমতি দেবেন?	Would you please allow me to accompany you?
আনন্দের সঙ্গে।	With pleasure.
যা ভালো মনে করেন।	As you please.
আমি কি আপনাকে সাহায্য করতে পারি?	May I help you? / How can I help you?
আপনি যদি একটু নজর দেন।	May I have your attention, please?
বোধহয় আপনি ভুল করছেন।	Perhaps you are mistaken.
আপনার অসুবিধার জন্য দুঃখিত।	I'm sorry to have troubled you.
আমি বলতে কুণ্ঠিত হচ্ছি ...	I'm afraid...
আপনি যে সাহায্য করলেন তার জন্য ধন্যবাদ।	Thank you for your help.
আপনার আগমনের জন্য ধন্যবাদ জানাই।	Thanks for your visit.
আপনার সদুপদেশের জন্য ধন্যবাদ জানাই।	Thank you for your valuable advice.
আপনার সাথে আবার দেখা হওয়ায় খুশি হলাম।	I'm glad to see [meet] you again.
এই যে ভাই, কাকে চাই / আপনি কাকে চান?	Well brother! Whom [Who] do you want?
বলুন, আপনার জন্য কী করতে পারি?	What can I do for you?
আপনাকে একবার আমাদের শো-রুম দেখতে হবে।	We want you to visit our show-room.
আমার জন্য চিন্তিত হবেন না।	Don't worry about me.
কিছু মনে করবেন না।	Don't take it ill. / Don't take it otherwise.
আর একটু বসুন না!	Please stay a little longer.
আপনার এত নিয়ম-রীতি মানবার দরকার নেই।	Don't be so formal.
আমি এত নিয়ম-রীতির ধার ধারি না।	I don't go on formalities.
আপনার সৌভাগ্য কামনা করি।	Wish you the best of luck.

দেরি হওয়ার জন্য মাপ করবেন।	Excuse me for being late.
মাপ করবেন, ভুল হয়ে গেছে।	Excuse me, it's a mistake.
শিষ্টাচারের জন্য কিছু খরচ করতে হয় না।	Courtesy costs nothing.

SOME SHORTENED SPEECHES

We can use some Broken English **with or without Verbs.**

[আমরা verb দিয়ে বা verb ছাড়া কিছু ভাঙা ইংরেজি ব্যবহার করতে পারি।]

আমি এইমাত্র আসছি / সবে এসেছি।	Just coming.
বেশ হয়েছে / খুব ভালো হয়েছে।	Very well.
তোমার / আপনার যেমন ইচ্ছে তেমন করো / করুন।	As you like. / As you desire.
নিশ্চয়ই হবে / অবশ্যই হবে।	Certainly. / Of course.
কেন হবে না? / কেন নয়?	Why not?
কখনোই না।	Not at all.
তাতে কী হয়েছে?	So what?
তাই নাকি?	Really?
স্বাভাবিকভাবেই।	Naturally.
স্পষ্টতই।	Obviously.
থাক্, থাক্, যথেষ্ট হয়েছে।	That's enough.
যথেষ্ট হয়েছে [বিরক্তির সঙ্গে]।	Enough is enough.
আমাকে বলছেন?	Me?
আর কিছু বলার নেই।	Nothing more.
আর কিছু বলার আছে?	Anything else?
তেমন বিশেষ কিছু বলার নেই।	Nothing special.
তাতে কী হয়েছে / কিছু মনে করবে না / কিছু ভাববে না।	Never mind. / Doesn't matter.
সাবধানে থেকো।	Take care.
আগামীকাল আবার দেখা হবে।	See you tomorrow.
আবার দেখা হবে।	See you again.

REQUESTS

[i] We should use **'Please'** for making requests. We can also use Broken English or Verbless sentences with 'Please'.

[অনুরোধ করার সময় আমাদের **'Please'** কথাটি ব্যবহার করা উচিত। 'Please' দিয়ে আমরা কিছু Verbless sentence বা Broken English-ও ব্যবহার করতে পারি।]

অনুগ্রহ করে—Please!

[অনুগ্রহ করে] আমাকে এক গ্লাস জল দিন—A glass of water, please.

আপনার কলমটা একটু দিন তো—Your pen, please. /May I have your pen, please.

এখন কটা বাজে বলুন তো—Time, please. /May I have the time, please.

আপনার টিকিটটা দেখান তো—Ticket, please.

[ii] We can turn a **command to request by adding 'Please'.**

[আমরা 'Please' যোগ করে কোনো আদেশসূচক কথাকে অনুরোধসূচক করতে পারি।]

অনুগ্রহ করে এখানে আসুন—Please come here.

অনুগ্রহ করে ভিতরে আসুন—Please come in.

অনুগ্রহ করে বসুন—Please take your seat./Please be seated.

অনুগ্রহ করে অপেক্ষা করুন—Wait a bit, please.

অনুগ্রহ করে চুপ করুন—Please keep quiet.

আর একটুখানি থাকুন—Please stay a little longer.

অনুগ্রহ করে দরজাটি খুলুন—Please open the door.

অনুগ্রহ করে দরজাটি বন্ধ করুন—Please shut the door.

অনুগ্রহ করে আমাকে যেতে দিন—Please allow me to go.

[iii] We can make requests with **'Will'/'Would'** or more polite requests with both **'Will'/'Would' and 'please'** in interrogative form.

[আমরা কোনো প্রশ্নসূচক বাক্যকে অনুরোধসূচক করার জন্য 'Will/Would' ব্যবহার করতে পারি বা আরও নম্র অনুরোধ করার জন্য Will/Would এবং please দুটোই ব্যবহার করতে পারি।]

আপনি কি অনুগ্রহ করে আপনার বইটি ধার দেবেন?—Will/Would you lend me your book?

[Or] Will/Would you please lend me your book?

আমার একটু উপকার করবেন কি?—Would you please do me a favour?

[iv] We can make requests with **'Can'/'Could'** or more polite requests with both **'Can'/'Could' and 'please'** in interrogative form.

[আমরা Can/Could ব্যবহার করে অনুরোধ করতে পারি বা Can/Could এবং please দুটোই ব্যবহার করে আরও নম্র অনুরোধ করতে পারি।]

আপনি কি অনুগ্রহ করে হাসপাতালে যাওয়ার রাস্তাটা আমাকে বলবেন?—Can/Could you tell me the way to the hospital?

[Or] Can/Could you please tell me the way to the hospital?

[v] We can also make requests by starting with **'Excuse me'.**

[আমরা Excuse me দিয়ে শুরু করেও অনুরোধ করতে পারি।]

মাপ করবেন, আপনি কি আমাকে বাস স্টপে যাওয়ার রাস্তাটা বলবেন—Excuse me. Please tell me the way to the bus stop.

Note কখনো কখনো অনুরোধে জোর দেওয়ার জন্য প্রথমেই Do ব্যবহার করা হয়। যেমন—অবশ্যই আসবে/আসবেন—Do please come.

COMMANDS

[i] **Commands start with Verbs in base forms**

[আদেশ করার সময় Base Verbs বা মূল ক্রিয়া দিকে বাক্য শুরু হয়।]

সামনে দেখ—Look ahead. এদিকে দেখ—Look here.

রাস্তার দুধারে অনেক গাছ দেখো—See a lot of trees on either side of the road.

Note The difference between **'see'** and **'look'** :

Someone can **see** something with or without attention.

One **looks** always with attention.

এগিয়ে যাও—Go ahead.

এখনি যাও—Go at once.

এখান থেকে বেরিয়ে যাও—Get out.

তৈরি হও—Be ready. / Get ready.

সাবধান হও—Be careful.

বিনয়ী হও—Be courteous.

মৃদুভাষী হও—Be soft-spoken.

এই নাও—Take it.

সাবধানে থেকো / সাবধানে কাজ করো—Take care.

বন্ধুত্বপূর্ণ ব্যবহার করো—Be friendly.

আস্তে গাড়ি চালাও—Drive slowly.

সজ্জন হও—Be noble.

অন্যদের প্রতি স্নেহপূর্ণ হও—Be affectionate to others.

শুনুন তো—Just listen!

Note The difference between **'hear'** and **'listen'** :

Someone can **hear** with or without attention. One **listens** always with attention.

জায়গা খালি করো—Vacate the place.

নিজের ঘর পরিষ্কার রাখো—Keep your room clean.

ভালো করে পরিষ্কার করো—Clean properly.

অন্যের বক্তব্য সাগ্রহে শোন—Be a keen listener.

হাসিখুশি হও আর খোশমেজাজে থাকো—Be cheerful and good-humoured.

স্পষ্টভাবে বক্তব্য রাখুন—Be clear in your speech.

ফিরে যাও—Go back.

ফিরে এসো—Come back.

শীঘ্র এসো—Come soon.

কাছে এসো—Come near.

অবশ্যই এসো—Do come again.

চুপ করো—Keep quiet.

নেমে যাও—Get down.

আবার চেষ্টা করো—Try again.

সামনে এগোও—Move ahead.

এখানে থামো—Stop here.

একপাশে দাঁড়াও—Move aside.

বাইরে অপেক্ষা করো—Wait outside.

যেমন খুশি করো / করুন—Do as you like.

আসল কথায় এসো—Come to the point.

ভেবেচিন্তে কথা বল—Think before you speak.

কারও অসাক্ষাতে তার নিন্দা করো না—Avoid back-biting.

[ii] **Some commands begin with 'Let'**

[Imperative mood-এর কিছু Command 'Let' দিয়ে শুরু হয়।]

চলো যাই—Let's go. [Let us go.]

আমাকে যেতে দাও—Let me go.

ওকে যেতে দাও—Let him pass.

আমাকে দেখতে দাও—Let me see.

আমাকে কাজ করতে দাও—Let me work.

আমাকে একা থাকতে দাও—Let me live alone.

চল, আমাদের দেরি হয়ে যাচ্ছে—Come, we are getting late.

[iii] **Negative Commands start with Don't + Base Verb**

[না-বাচক আদেশ শুরু হয় Don't + Base verb দিয়ে।]

নড়ো না—Don't move.

ভুলো না—Don't forget.

দেরি করো না—Don't be late.

গোলমাল করো না—Don't make a noise.

ঠাট্টা করো না—Don't cut jokes.

বাজে কথা বলো না—Don't talk nonsense.

বিদ্রূপ করো না—Don't criticise.

বোকার মতো কাজ করো না—Don't be silly.

অহংকারী হয়ো না—Don't be egoist.

একগুঁয়ে হয়ো না—Don't be stubborn.

অসাধু হয়ো না—Don't be dishonest.

বিড়বিড় করে কথা বলো না—Don't mumble.

তোতলামি করো না—Don't stammer.

এলোমেলো কথা বলো না—Don't fumble.

অতিরঞ্জিত করো না—Don't exaggerate.

অপ্রাসঙ্গিক কথা বলো না—Don't use irrelevant/superfluous words.

নিজের সম্বন্ধে বেশি কথা বলো না—Don't speak much about yourself.

QUESTIONS

[i] **Yes/No-Questions** or the Questions that expect the answer—'Yes' or 'No'. Such questions start with 'Is/Am/Are/Was/Were' or 'Have/Has/Had' or helping verb 'Do' or the Modals, such as, 'Can' or 'May'.

[Yes/No-Questions হল এমন প্রশ্ন যার উত্তরে 'হাঁ বা 'না' আশা করা হয়। এরকম প্রশ্ন শুরু হয় 'Is/Am/Are/Was/Were' বা 'Have/Has/Had' বা সাহায্যকারী ক্রিয়া 'Do' অথবা Modal, যেমন—'Can' বা 'May' দিয়ে।]

Yes/No-Questions	**Response**
Is your father at home?	Yes, he is./No, he isn't.
Have you any sister? [Or] Do you have...	Yes, I have./No, I don't have any.
Can you drive a car?	Yes, I can./No, I can't.
May I come in?	Yes, come in./No, not now.
Do you play cricket?	Yes, I do./No, I don't.
Do you understand?	Yes, Sir./Yes, Madam.

[ii] **Wh-Questions** or the Questions that begin with Wh-words—Who, Whose, Whom, What, Which, When, Where, Why or How. Such questions expect some information as answer.

[Wh-Question হল এমন প্রশ্ন যা কোনো Wh-word—Who, Whose, Whom, What, Which, When, Where, Why বা How দিয়ে শুরু হয়। এরকম প্রশ্নের উত্তরে কিছু তথ্য জানতে চাওয়া হয়।]

Wh-Questions	**Response**
Who are you? Or, What's your name?	I'm Anupam.
What are you doing?	I'm reading a book.
Where do you live?	I live at/in...
Where's the bus stop?	It's beside the post office.
Why are you so late?	I'm sorry. It's for the traffic jam.
How are you?	I'm OK./Fine.

[iii] **Questions in Declarative type**

Sometimes a statement may be turned to a question with a rising tone in Spoken English.

[কথ্য ইংরেজিতে কখনো কখনো বিবৃতিসূচক বাক্যকে প্রশ্ন করার মতো rising tone দিয়ে question করা হয়।]

আপনি বোর্ডিং পাস পেয়েছেন তো?—You have [You've] got boarding pass? ↗

তুমি ওকে পরিষ্কার করে বলে দিয়েছ তো?—You have [You've] told him in clear terms? ↗

এখন তোমরা সবাই গুলি চালাতে প্রস্তুত আছ?—You are [You're] all ready to fire now? ↗

এখন তুমি তোমার ভুল বুঝতে পারছ?—You realize your mistake now? ↗

[iv] **Tag Question** is the Question that seeks support from the person to whom the question is asked. It is used as a tag or tail with a statement. The speaker expresses his opinion in the statement, not in the Tag Question. The forms of Tag questions are—[a] **Affirmative statement + Negative Tag question,** [b] **Negative statement + Affirmative Tag question.**

Tag questions end in a falling tone.

[Tag Question হল এমন প্রশ্ন যাতে যাকে প্রশ্ন করা হচ্ছে তার কাছ থেকে সমর্থন চাওয়া হয়। এটি কোনো একটি statement বা বক্তব্যের লেজুড় হিসেবে যুক্ত হয়। বক্তার নিজের মতটি statement-এ প্রকাশিত হয়, Tag Question-এ নয়। এই Tag Question-এর গঠন প্রক্রিয়া হল—[a] হ্যাঁ-সূচক statement + না-সূচক Tag question, [b] না-সূচক statement + হ্যাঁ-সূচক Tag question.]

আমার মনে হয়, আমি ভালো পোশাক পরেছি, তাই না?—I think I'm well-dressed, ain't I? ↘

তুমি তো আমার পোশাক পরিষ্কার করতে পারনি, পেরেছিলে কি?—You couldn't wash my clothes, could you? ↘

তুমি তো তোমার কাজ শেষ করে ফেলেছিলে, করনি কি?—You had finished your work, hadn't you? ↘

আমাদের এখন দোকান বন্ধ করা উচিত, তাই না?—Now we should close our shop, shouldn't we? ↘

তোমার কাকার একটি দামি ক্যামেরা আছে, নেই কি?—Your uncle has got a costly camera, hasn't he? ↘

সে ইংরেজি শেখেনি, শিখেছে কি?—He/She hasn't learnt English, has he/she?

তুমি ইংরেজি বলতে পার, পার না কি?—You can speak English, can't you?

তারা ভারতীয়, তাই নয় কি?—They are Indians, aren't they?

আজ তো পনেরোই আগস্ট, তাই না?—It's the 15th August, isn't it?

আজ খুব গরম পড়েছে, তাই না?—It's very hot today, isn't it?

তুমি তো রবীন্দ্রনাথ ঠাকুরের গীতাঞ্জলি পড়েছ, পড়নি কি?—You've read Tagore's Gitanjali, haven't you?

মহান ব্যক্তিরা তাঁদের সময় নষ্ট করেন না, করেন কি?—Great men don't waste their time, do they?

EXCLAMATIONS

Exclamations are the expressions of our sudden emotions.

[Exclamation হল আমাদের হঠাৎ কোনো ভাবাবেগের প্রকাশ।]

অভিনন্দন!—Congratulations! / Congrats!

সাবাস!—Well done! / Bravo!

নিশ্চয়ই/অবশ্যই—Of course!

সাবধান!—Beware! [Be + aware]

কুকুর থেকে সাবধান!—Beware of dogs!

তাড়াতড়ি করুন/তাড়াতাড়ি চলুন!—Hurry up!

অত্যন্ত দুঃখের বিষয়!—How sad!/How tragic!

দারুণ খুশির ব্যাপার!—How joyful!

কী ভীষণ!/কী ভয়ানক!—How terrible!

কী লজ্জার বিষয়!—How disgraceful!/What a shame!

কী বিরক্তির বিষয়!—How disgusting!

কী মিষ্টি! কী সুন্দর!—How sweet! / How lovely!

কী আশ্চর্য!—What a surprise!

কী আপদ!—What a pest!

নরকে যাও!/উচ্ছন্নে যাও!—Go to hell!

আমোদে হারিয়ে যাও/চুলোয় যাক!—Get lost!

কী যাচ্ছেতাই বলছ!—What the hell you say!

কী বাজে বকো!—What nonsense!

কী দুঃখের বিষয়!—What a pity!

কী বুদ্ধি/কী পরিকল্পনা!—What an idea!/What a planning!

তার কী স্পর্ধা!—How dare he! [How dares he নয়]

তুমি এ কথা বলার সাহস কী করে পাও?—How dare you say [to say নয়]?

এমন দিন বার বার ফিরে আসুক!—Many happy returns of the day!

হায় ভগবান!—Oh God!/My God!

ভগবান না করুন!—God forbid!

ঈশ্বরকে ধন্যবাদ!—Thank God!

ঈশ্বরের কৃপায়!—By God's grace! By Jove!

সব কিছু ভালো হোক!—All the best.

Points to Remember [স্মরণীয় বিষয়]

How to address one's Father, Mother, Grandfather, Grandmother etc. in Spoken English?

[Spoken English-এ Father, Mother, Grandfather, Grandmother প্রভৃতিকে কীভাবে বলা হয়?]

1. Father-কে Dad বা Daddy-ও বলতে পারেন।
2. Mother-কে Mom বা Mummy-ও বলতে পারেন।
3. Grandfather-কে Grandpa বলতে পারেন।
4. Grandmother-কে Grandma বলতে পারেন।
5. কাকা, জ্যাঠা, মামা, মেসো, পিসে—সবাইকেই Uncle বলতে পারেন।
6. কাকি, জেঠি, মামি, মাসি, পিসি—সবাইকেই Aunt বা Aunty বলতে পারেন।
7. খুড়তুতো, জ্যাঠতুতো, মামাতো, মাসতুতো, পিসতুতো ভাই বা বোন—সবাইকেই Cousin বলবেন। [Cousin brother বা Cousin sister নয়]
8. যে কোনো মহিলার প্রতি সম্মানসূচক সম্বোধন—Madam [পরিচিত হলে Ma'm-ও বলতে পারেন]

বাবা, কেমন আছ?—How are you dad?

মা, আমাকে এক কাপ চা দেবে?—Would you please give me a cup of tea, mom?

আমার ঠাকুরদার/দাদুর বয়স এখন সত্তর বছর—My grandpa is running 70 now.

আমার ঠাকুরমা/দিদা এখন নার্সিংহোমে—My grandma is now in a Nursing Home.

আমার কাকু ও কাকিমা এখন উত্তরভারতে ভ্রমণে গেছেন—My uncle and aunt are now on a tour to North India.

কাকিমা/জেঠিমা/মামি/মাসি/পিসি, একটা চড়ুইভাতির ব্যবস্থা করা যাক—Aunty, let's arrange a picnic.

তোমার খুড়তুতো/জ্যাঠতুতো/মামাতো/মাসতুতো/পিসতুতো ভাই বা বোন কোথায়?—Where's your cousin?

ম্যাডাম, ডিরোজিও সম্পর্কে আমাদের কিছু বলবেন?—Madam [Ma'm], could you tell us something about Derozio?

CHAPTER

3

EXPRESSIONS IN REAL LIFE SITUATION

"For good or ill, your conversation is your advertisement. Every time you open your mouth and let men look into your mind." ***—Bruce Barton***

Here are some expressions in **Real Life Situations.** [**এখানে বাস্তব জীবনের পরিপ্রেক্ষিতে কিছু কথাবার্তা দেওয়া হল।**]

SMALL TALKS [সংক্ষিপ্ত কথোপকথন]

নমস্কার, স্যার / নমস্কার, দিদি—Good morning, Sir/Good morning, madam!

শুনছেন মশাই / শুনছেন দিদি—Hello sir/madam!

আমাকে বলছেন?—Me?

আপনার নাম কী?—What's your name? / Name please!

আমার নাম অনুপম—I'm Anupam. [My name is...etc. Formal English]

পরিচয় করিয়ে দিই/আলাপ করিয়ে দিই—Let me introduce you to...

এই হল অনুপম—This is Anupam.

আলাপ হয়ে খুব ভালো লাগল—I am pleased to meet you.

একদিন আমাদের হোটেলে চলে আসুন—Please visit our hotel some day.

একদিন আমাদের বাড়িতে আসুন না!—Please come to our residence some day.

আপনি কোথা থেকে আসছেন?—Where are you from?

আমি ভারত/চিন/জাপান/বাংলাদেশ থেকে আসছি—I'm from India/China/Japan/Bangladesh.

আপনার বয়স কত?—How old are you?

আমার বয়স পনেরো / ত্রিশ—I'm 15/30 [years old].

আপনার বাবা কী করেন?—What's your father?

আমার বাবা একজন শিক্ষক—My father is a teacher.

আপনি কী করেন?—What's your occupation?

আমি একজন ছাত্র/ছাত্রী/শিক্ষক/শিক্ষিকা/লেখক/লেখিকা/ডাক্তার/কেরানি/ব্যবসায়ী/সাংবাদিক অভিনেতা/ অভিনেত্রী /শিল্পী/স্থপতি/ ইঞ্জিনিয়ার—I'm a student/teacher/writer/doctor/clerk/ businessman/journalist/an actor/actress/artist/architect/engineer.

আপনার ধর্ম কী?—What's your religion?

আমি একজন হিন্দু/বৌদ্ধ/মুসলিম/খ্রিস্টান—I'm a Hindu/Buddhist/Muslim/Christian.

আপনি কি বিবাহিত?—Are you married?

হ্যাঁ বিবাহিত—Yes, married.

না, আমি বিয়ে করিনি—No, I'm unmarried.

আমি কুমারী/অবিবাহিত পুরুষ—I'm a spinster/bachellor.

আমি বিধবা/বিপত্নীক—I'm a widow/widower.

আপনার ছেলেপুলে আছে কি?—Do you have any children?

হ্যাঁ আমার এক ছেলে/মেয়ে—Yes, I've a son/daughter.

আপনার ভাইবোন ক'টি?—How many brothers and sisters have you?
[Or] Do you have any brothers or sisters?

আমরা দুই ভাই/দুই বোন—We are two brothers/two sisters.

আমার এক ভাই ও এক বোন আছে—I have a brother and a sister.

আপনার মা-বাবা সঙ্গে আছেন?—Are your parents with you?

আপনার স্বামী/স্ত্রী সঙ্গে এসেছেন কি?—Is your husband/wife with you here?

আমি বিদেশি—I'm a foreigner.

আমি ফরাসি ভাষা জানি না—I don't know French.

আমি ফরাসি ভাষায় কথা বলতে পারি না—I can't speak (in) French.

এখানে কেউ আছেন কি যিনি ইংরেজিতে কথা বলতে পারেন?—Is there anyone here who can speak English (can speak in English)?

আমি একটু-আধটু বাংলা জানি—I have a smattering of Bengali.

একে বাংলায় কী বলে?—How do you say it in Bengali?

বুঝতে পারলাম না—I'm sorry./Sorry!/Pardon!/I can't follow.

একটু ধীরে ধীরে বলবেন কি?—Please speak slowly/a little bit slowly.

কিছু মনে করবেন না/ও কিছু নয়—Never mind./Don't mind.

এখানে অপেক্ষা করুন—Please wait here.

ধূমপান করবেন না—Please don't smoke.

আপনি কি ছুটিতে আছেন?—Are you on leave/holiday?

আপনি কি এখানে থাকেন?—Do you live here?

হ্যাঁ, এখানেই থাকি—Yes, I do.

কী বিশ্রী পোষাক পরেছ!—What a silly dress you have worn!

ও ব্যাপারে আপনি মাথা ঘামাবেন না; ওটা আমার ব্যাপার—Don't bother about it; that's my lookout.

AT MARKET

আমি বাজারে যাচ্ছি—I'm going to market. [...to the market নয়]

আমাকে বাজারে যেতে হল—I had to go to market.

সেখানে আমার দু-ঘণ্টা লেগে গেল—It took me two hours.

সেখানে খুব ভিড় ছিল—There was a great rush.

এখান থেকে বাজার কত দূরে?—How far is the market from here?

এক কিলো আলুর দাম কত?—How much is a kilo of potato?

এক কিলো আলুর দাম ষোলো টাকা—It's Rs. 16 a kilo.

কী ব্যাপার, এত দাম!—What's the matter, so high a price?

আপনি কত দিতে চান?—How much do you want to pay?

আমি পনেরো টাকা দিতে পারি—I can pay Rs. 15 for it.

বেশ, তাই দিন—Well, give it to me.

এই নিন—Here it is.

এই যে দাম নিন—Here you are.

আচ্ছা, এক কিলো বাঁধাকপির দাম কত পড়বে?—How much is a kilo of cabbage?

আচ্ছা, এর দাম কত পড়বে?—Well, how much will you charge for it?

এর দাম পড়বে কিলো প্রতি পাঁচ টাকা—It's Rs. 5 a kilo.

আমাকে এক ডজন ডিম দিন তো—Give me a dozen of eggs, please.

এই যে নিন—Please take this./Here it is.

কত দাম?—How much?

পঞ্চাশ টাকা—Fifty rupees.

আপনি যে দাম চাইছেন তা অত্যন্ত বেশি—It's too much.

দাম একটু কমাতে হবে—You've to bring the price down.

না, এটাই ন্যায্য বাজার দাম—No, Sir/Madam. It's the real market price.

ন্যায়সংগত দাম নাও—Charge a reasonable rate.

মাপ করবেন, এর কমে দিতে পারব না। আমরা বেশি লাভ করি না—I'm sorry, I can't. We don't make much profit.

টম্যাটো সস্তায় বিক্রি হচ্ছে—Tomato is selling cheap.

এগুলি পচা—These are rotten.

কিছু তাজা জিনিস দেখাও—Show me some fresh ones.

বাজার থেকে কিছু মিষ্টি নিয়ে এসো, আর হ্যাঁ, কিছু নোনতাও এনো—Bring some sweets from the market, and yes, some salted (things) too.

যাবার পথে মুদির দোকান হয়ে যেও—Call at the grocer's on the way.

দুকিলো ময়দা আর পাঁচশ গ্রাম মাখনের টিন দিন—Two kg flour and a tin of 500 gm butter, please.

সব মিলিয়ে কত দাম হল?—How much will that be together?

একশ কুড়ি টাকা—One hundred and twenty rupees.

AT A BOOKSHOP

এই বইটার দাম কত?—How much is this book, please?

এর দাম দশ পাউন্ড/দেড়শো টাকা/তিন ডলার পঞ্চাশ সেন্ট—It's ten pounds/Rs. 150/three dollars fifty cents.

ওই বইটার দাম কত?—How much is that book?

ওর দাম ন' পাউন্ড/দু ডলার তিরিশ সেন্ট—It's nine pounds/two dollars thirty cents.

এই যে দাম নিন—Here you are.

এই সংস্করণ অতি দ্রুত বিক্রি হচ্ছে—This edition is selling like hot cakes.

আমি কিছু বই কিনে ফেলেছি এবং পয়সা কম পড়ে গেছে—I bought some books and ran short of money.

নিশ্চয়ই বেশি দাম দাওনি?—Are you sure—you haven't paid too much?

না, তা নয়—No, not so.

কত টাকা কম হচ্ছে?—How much money are you short?

আমার কাছে পঞ্চাশ টাকা কম পড়ছে—I'm short by fifty rupees.

এটা আমার কাছ থেকে নাও—Please take it from me.

AT BIG BAZAR

আচ্ছা, এই ঘড়িটার দাম কত?—Hello, how much is this watch?

কোন্‌টা? এইটে কি?—This one?

হ্যাঁ, এইটা—Yes, this one.

এটার দাম পনেরো পাউন্ড/দশ ডলার/সাতশো টাকা—It's fifteen pounds/ten dollars/Rs. 700.

আমি এইটেই নেব—I'll take this one, please.

ঠিক আছে, এই নিন—Right. Here it is.

এই যে দাম নিন—Here you are.

ধন্যবাদ—Thank you.

লোকেদের বিদেশি জিনিসের প্রতি একটা বাতিক আছে—People are crazy after foreign goods.

এই কাউন্টারে আমদানি করা জিনিস বিক্রি হয়—Imported goods are sold in this counter.

এই চায়ের সেটটার দাম কত?—How much is this tea set?

এই চায়ের সেটটা কুড়ি টাকা সস্তা—This tea-set is cheap for twenty rupees.

বিশ্বাস করুন, আমরা বেশি লাভ করি না—Believe us, we don't make much profit.

তুমি কি জান না সস্তার তিন অবস্থা?—Don't you know cheap goods are no good in long run?

আমরা ধারে জিনিস বিক্রি করি না—We don't sell things on credit.

আমরা খুচরো কাপড় বিক্রি করি না—We don't sell cloth in retail.

কী ধরনের সুতির জামাকাপড় আপনাদের দোকানে আছে?—What sort of cotton clothes have you in your stock?

আমাদের কাছে উচ্চ মানের এবং ন্যায্য দামের জামাকাপড় আছে—We have quality clothes at reasonable price.

এই ট্রাউজার এবং জামাগুলো ধুলে রং উঠে যাবে না, কুঁচকেও যাবে না—These trousers and shirts won't lose colour and never shrink.

আমি একটা প্যান্ট ও শার্ট তৈরি করতে দিয়েছিলাম, তৈরি হয়েছে কি?—I had ordered for making a pair of pants and a shirt. Are they ready?

এই জুতোজোড়া আমার ছোটো হচ্ছে—**This pair of shoes fits me tight.**

এই জুতোর সামনের দিকটা ব্যথা লাগছে—**This shoe pinches me at the front.**

এই মালপত্রগুলোর কোনো বাজার নেই—**There is no sale for these goods.**

AT HOME OR IN A PARTY

কেমন চলছে/কেমন আছো বা আছেন?—**How do you do?**

ওই একরকম।—How do you do? [**How do you do-এর উত্তরে How do you do-ই বলতে হয়।**]

তুমি কি আমাদের পারিবারিক ফটো অ্যালবাম দেখেছ?—**Have you seen our family photo album?**

না, আমি আগে দেখিনি—No, **I haven't seen it before.**

এটা আমার বিয়ের সময়ের ফটো—**This is a photo of my wedding.**

এ কে?—Who is this?

এ আমার স্বামী—This is my husband.

এ আমার ভাই—This is my brother.

ও কে?—Who is that?

ও আমার বোন—That is my sister.

আর ইনি—And this?

ইনি আমার মা—This is my mother.

ইনি আমার শাশুড়ি—This is my mother-in-law.

আর ইনি কি তোমার বাবা?—And is this your father?/**And this is your father?**

[কথ্য ইংরেজিতে এই দুরকম বাক্যই চলে]

হ্যাঁ, ঠিক ধরেছ—Yes, right you are.

তোমার বাবা কী করেন?—What's your father?

তিনি একজন কৃষক/শিক্ষক/ডাক্তার—**He's a farmer/teacher/doctor.**

এই ফটোতে তোমার শ্বশুর কোথায়?—**Where is your father-in-law in this group photo?**

তিনি ওই কোণে একটা চেয়ারে বসে আছেন—**He's on a chair in the corner.**

RECEPTION IN AN OFFICE

স্বাগত—Welcome!

দয়া করে ভিতরে আসুন—Please come **in/step in.**

হ্যাঁ, আসুন, আপনি কাকে চান?—Yes please, **whom [who] do you want to see?**

[কথ্য ইংরেজিতে whom-এর জায়গায় who ব্যবহার হয়।]

বলুন, কী দরকার?—Well, what's that?

আমি কি আপনাকে বিরক্ত করতে পারি?—**May I disturb you?**

সুপ্রভাত, আপনার জন্য কী করতে পারি?—**Good morning! What can I do for you?/How can I help you?**

সুপ্রভাত, আপনার কি কোনো অসুবিধা হচ্ছে?—**Good morning/Good day! Have you got any problem?**

মোটেই না—Not at all./**No problem.**

আপনার সমস্যাটা কী/অসুবিধাটা কোথায়?—What's the trouble with you?

আপনার আগমনের জন্য ধন্যবাদ জানাই—Thank you for your visit.

আপনি কি চেয়ারটা টেনে নেবেন?—Would you mind drawing that chair?

বোধহয় আপনি ভুল করছেন—Perhaps you are mistaken.

যখন খুশি আসুন, আপনাকে সর্বদা স্বাগত জানাই—Come anytime, you're always welcome.

INTRODUCING/KNOWING EACH OTHER

এ হচ্ছে দীপ্তি নাভাল। দীপ্তি, এ হচ্ছে সুজাতা সেন—This is Dipti Naval. Dipti, this is Sujata Sen.

আপনার সঙ্গে মিলিত হয়ে আনন্দিত হলাম—Glad to meet you.

আমি কি আপনার পরিচয় জানতে পারি?—May I have the pleasure of your introduction?

আমি নিজেই নিজের পরিচয় দিচ্ছি—Let me introduce myself.

ওঁর সঙ্গে আমার কিছুটা পরিচয় আছে—I've a little acquaintance with him/her.

ওঁর সঙ্গে আমার ঘনিষ্ঠ পরিচয় আছে—I've close acquaintance with him/her.

আপনার সঙ্গে পরিচিত হওয়ার সুযোগ পাইনি—I didn't have the opportunity of being introduced.

নমস্কার, আপনার ভালো নাম কী?—Hello, what's your good name?

এই যে, আমি প্রণব রায়—Hello/Hi, I'm Pranab Roy.

আমি জন পিটার—I'm John Peter.

আপনি কোথা থেকে আসছেন?—Where are you from?

আমি ইংল্যান্ড থেকে আসছি—I'm from England.

আমি সমর সেন—I'm Samar Sen.

আপনি কোথা থেকে আসছেন?—Where are you from?

আমি ভারত থেকে আসছি, আমি ভারতীয়—I'm from India, I'm Indian.

আমি হাসান আলি—I'm Hasan Ali.

আপনি কোথা থেকে আসছেন?—Where are you from?

আমি বাংলাদেশ থেকে আসছি—I'm from Bangladesh.

Nationality : ভারতীয়—Indian, বাঙালি—Bengalee, ব্রিটিশ—British, আমেরিকান—American, চিনা—Chinese, জাপানি—Japanese, কোরিয়ান—Korean, ব্রাজিলিয়ান—Brazilian, মিশরীয়—Egyptian, তুর্কি—Turkish, পোলিশ—Polish, নাইজেরিয়ান—Nigerian, অস্ট্রেলিয়ান—Australian.

ASKING FOR A DESTINATION

মাপ করবেন, একটা কথা জানতে চাই—Excuse me?

হ্যাঁ, বলুন—Yes!

স্টেশনটা কোথায়/কোন্ দিকে?—Where's the station?

স্টেশনটা কতদূর?—How far is the station?

হেঁটে যাওয়া যাবে কি?—Can I walk there?

সোজা রাস্তা ধরে এগিয়ে যান—Go straight along the road.

ঠিক আছে, তারপর?—Right. Then?

তারপর বাঁ দিকে মোড় নিন—And then turn left.

ডানদিকে স্টেশন দেখতে পাবেন—And you'll see the station on the right.

ঠিক আছে—OK.

মাপ করবেন, আপনি কি আমাকে মিউজিয়ামে যাওয়ার রাস্তাটা বলবেন?—Excuse me. Can you tell me the way to the Museum?

অবশ্যই, এই রাস্তায় এক কিমি দূরে—Certainly. It's 1 km along this road.

এখান থেকে কোনো বাস আছে?—Is there any bus from here?

হ্যাঁ, আছে, আপনি ৫এ বাস পেতে পারেন—Yes, you may take the 5A bus.

ধন্যবাদ—Thank you.

স্বাগত—Welcome.

BOOKING FOR A TRIP IN A TOURIST OFFICE

টিকিট কাউন্টার কোথায়?—Excuse me. Where's the ticket counter?

ওই ওখানে—Over there.

মুর্শিদাবাদ যেতে কত টাকা লাগবে?—How much is the fare to Murshidabad?

এই যে, আপনি কি আমাকে মুর্শিদাবাদ যাওয়ার একটা টিকিট দেবেন?—Hello, would you please give me a ticket to Murshidabad?

একদিককার না আসা-যাওয়ার?—One way or returns?

আপনি কি আমাদের টুরিস্ট বাসে গিয়ে ওই জায়গাটা দেখতে চান?—Do you want to travel by our tourist bus and visit the place?

হ্যাঁ, তাইতো চাই—Yes I prefer it.

আপনাদের টুরিস্ট বাসে কি কোনো গাইড থাকবেন?—Will there be any guide in your tourist bus?

হ্যাঁ, অবশ্যই—Yes, of course.

এই ভ্রমণের জন্য কত খরচ পড়বে?—How much will it cost for the trip?

এর জন্য মাথাপিছু এক হাজার টাকা খরচ পড়বে—It will cost Rs. 1000 per head.

কখন বাসটা ছাড়ে?—When does the bus leave?

সকাল ৫টা ৪৫ মিনিটে—At 5.45 am.

ওই বাসেই আবার ফিরতে পারব, তাই না?—The bus will bring me back, won't it?

অবশ্যই—Of course.

এই যে টাকাটা নিন—Here's the money please.

এই যে টিকিট, আর ফেরত খুচরো—Here's the ticket and the change (balance).

ধন্যবাদ—Thank you very much/Thanks.

আপনি স্বাগত—Welcome.

CAUTIONS AND SIGNALS

চলতি বাসে/ট্রেনে উঠবেন না—Don't board/get into a running bus/train.

চলতি বাসে/ট্রেনে হাত বা মাথা বাইরে বার করবেন না—Don't put your hand/head out of a running bus/train.

বিনা টিকিটে যাত্রা করা/ভ্রমণ করা অপরাধ—It's a crime to travel without ticket.

বিপদের সময় চেন টানুন—In case of danger, pull the chain.

পাদানিতে দাঁড়িয়ে যাওয়া বিপজ্জনক—It's danger to travel on footboard.

চোর এবং পকেটমার থেকে সাবধান—Beware of the thieves and pickpockets.

বৃদ্ধ এবং মহিলাদের জায়গা ছেড়ে দিন—Give seats to ladies and old people.

এখানে ধূমপান নিষেধ—No smoking here./Smoking is prohibited here.

কেবল লাইসেন্স-প্রাপ্ত কুলিকে নিযুক্ত করুন—Engage the licenced porters only.

বৃহৎ পরিবার বাসে চড়তে অসুবিধায় পড়ে—Big family faces trouble to board the bus.
[Or] Big family misses the bus.

এটা যাতায়াতের পথ নয়—It's not a thoroughfare.

সামনে রাস্তা বন্ধ—Road (is) blocked ahead.

মেরামতের জন্য রাস্তা বন্ধ—Road closed for repair.

সর্বদা বাঁদিক দিয়ে চলুন—Always keep to the left.

রাস্তায় লাল সংকেত দেখলে থেমে যান—Stop at the red signal.

ভিড়ের রাস্তা পার হওয়ার আগে ডানদিক আর বাঁদিক দেখে নিন—Look to the left and right before you cross the road.

এই জেব্রা ক্রসিং ধরে রাস্তা পার হোন—Cross here along the zebra crossing.

ভিড়ের রাস্তা পার হওয়ার জন্য উড়ালপুল ব্যবহার করুন—Use the overbridge to cross the crowded road.

এখানে গাড়ি দাঁড় করিয়ে রাখবেন না—No parking here.

সামনে বিপজ্জনক মোড় আছে—Dangerous curve ahead.

ধীরে গাড়ি চালান এবং নিরাপদে থাকুন—Drive slowly and save yourself./Slow driving, safe driving.

ধীরে গাড়ি চালান, শিশুরা আমাদের কাছে প্রিয়—Drive slowly, we love our children. [figuratively]

শীঘ্র পৌঁছানোর চেয়ে নিরাপদে পৌঁছানো বেশি জরুরি—It's more important to reach safe than early./Better late than never. [figuratively]

ভারী যানবাহন যাওয়ার অনুমতি নেই—Heavy vehicles are not allowed.

হ্যান্ডেল না ধরে সাইকেল চালাবেন না, এটা বাজে কাজ—Don't ride the cycle without holding the handle. It's silly.

কানে মোবাইল নিয়ে মোটরবাইক চালাবেন না, এটা বিপজ্জনক—Don't ride the bike with mobile on ear. It's dangerous.

ট্রেন লাইনের ওপর কানে মোবাইল নিয়ে চলা বিপজ্জনক—It's dangerous to walk on the trainline with mobile on ear.

HOUSE AND FAMILY MATTERS

গৃহকোণ পরস্পরকে বেঁধে রাখে—Home connects all the members with one another.

আমরা ভাড়া বাড়িতে থাকি—We live in a rented house.

আমরা একটা ছোটো বাড়ি ভাড়া নিয়েছি—We have rented a small house.

এই বাড়িটা ভাড়া দেওয়া হবে—This house is to let.

ওই ভাড়াটিয়ার কাছ থেকে ভাড়া আদায় করা কঠিন—It's difficult to realize rent from that tenant.

তাঁরা একতলার একটি ফ্ল্যাটে থাকেন—They live in a flat on the ground floor.

তাঁর কাকা একটি সরকারি আবাসনে থাকেন—His uncle lives in government quarters.

আপনি কি সল্টলেকের আশেপাশে থাকেন?—Do you live somewhere near Salt Lake?

আপনার বাবা কি বাড়ি আছেন?—Is your father in?

আপনার পরিবারে ক'জন লোক আছে?—How many members are there in your family?

আপনার ক'জন ভাইবোন?—How many brothers and sisters are you?

আপনার ক'জন ভাইবোন আছে?—How many brothers and sisters do you have?

আমরা চারজন ভাইবোন—We are four brothers and sisters.

আমার তিনজন ভাইবোন আছে—I have three brothers and sisters.

আমার দু'জন ভাই ও একজন বোন আছে—I have two brothers and a sister.

আমি আপনার বড়ো ভাইকে/দাদাকে ভালোভাবে জানি—I know your elder brother very well.

আপনার বাবা কী করেন?—What's your father?

আমার বাবা একজন সরকারি কর্মচারী—My father is a government employee.

আপনার কাকা কী করেন?—What's your uncle?

ওঁর কটি সন্তান/ছেলেমেয়ে?—How many children has he?

আপনার মার শরীর কি ভালো আছে?—How's your mother?

আপনার মার শরীর কি ভালো যাচ্ছে না?—Hasn't your mother been keeping well?

ঠাকুরদা ও ঠাকুরমা খুব ভোরে ওঠেন—Grandpa and grandma get up early.

বাবা পারিবারিক কর্তব্য খুব ভালো বোঝেন—Father knows very well the duty of household.

মা একজন অভিজ্ঞা গৃহিণী—Mother is an expert housewife.

আমার কাকিমাও গৃহকর্মে নিপুণা—My aunt is also expert/tactful in housewifery.

গৃহসজ্জাও একটা শিল্পকলা—Home decoration is also an art.

বিছানাটা গোটানো ছিল—The bed was rolled.

বিছানাটা পাতানো ছিল—The bed was unrolled/spread.

বিছানাটা পাতিয়ে দাও—Spread the bed.

ঝাড়ন দিয়ে চেয়ার-টেবিল পরিষ্কার করো—Clean the chair-table with a duster.

টেবিলে একটা ফুলদানি রাখো—Put a flower vase on the table.

ঘরের মেঝে ভালোভাবে পরিষ্কার করো—Clean the floor well.

ঘরের ধুলোময়লা বাইরে ফেলে দাও—Throw the sweepings out of the room.

ঝাঁটা দিয়ে উঠোনটা ঝাঁট দাও—Sweep the courtyard with the broom.

আজ আপনার বাড়িতে কী রান্না হচ্ছে?—What is being cooked in your house today?

মনে হয় দুধটা উথলে পড়েছে—It seems that the milk has boiled over.

দুধটা ফুটে এসেছে—The milk has come to boiling.

দুধটা কি টকে গেছে?—Has the milk turned sour?

আমাদের কাজের মাসি এখন ছুটিতে আছে—Our maid-servant is on leave now.

বাসন কে মাজবে?—Who will wash the utensils?

আমার স্ত্রী বাপের বাড়ি গেছে—My wife has gone to her parent's house.

আসল ব্যাপারটা কী?—What's the matter after all?

সে তার বাবার থেকে আলাদা হতে চাইছিল না—He didn't want to be separated from his father.

সে ভুল বোঝাবুঝির জন্য বাবার সঙ্গে ঝগড়া বাধিয়েছিল—He quarrelled with his father on account of a misunderstanding.

সে তুচ্ছ ব্যাপারে রেগে গেল—He became displeased on a trifle.

তোমার মা-বাবাকে আমার প্রণাম জানিও—Convey my salutations to your parents.

আমার সঙ্গে কি কেউ দেখা করতে এসেছিলেন?—Did anyone come to see me?

দ্যাখো তো, কে দরজায় ধাক্কা দিচ্ছে?—See, who is knocking at the door?

আমি এক মিনিটের মধ্যে তৈরি হচ্ছি—I'm getting ready in a minute.

আমার বোন বাইরে যাওয়ার জন্য কাপড় পাল্টাচ্ছে—My sister is changing her dress for outing.

নিঃসঙ্গ জীবনের প্রতি আমার বিতৃষ্ণা এসে গেছে—I'm fed up with lonely life.

আমার মা নিঃসঙ্গতা বোধে অস্থির হয়ে পড়েন—My mother feels perturbed in loneliness.

আপনি এখনও জেগে আছেন?—Are you still awake?

বাবা খুব হালকা ঘুমে অভ্যস্ত—My father is habituated with light sleep.

আমার ভাই খুব গাঢ় ঘুম ঘুমায়—My brother sleeps a sound sleep/tight sleep.

শুভরাত্রি, ভালো করে ঘুমোও—Goodnight, sleep tight.

একটু বেলা হলে আমাকে জাগিয়ে দিও—Wake me up when the day is advanced.

আপনার পড়ার ঘরটি তো চমৎকার!—You've a grand study [study room], I see!

আপনি প্রচুর বই সংগ্রহ করেছেন—You've collected a lot of books.

হ্যাঁ, এখানে কিছু পুরোনো ও দুষ্প্রাপ্য বই রয়েছে—Yes, there are some old and rare books.

আমার ঠাকুরদা অনেক বই সংগ্রহ করেছেন, বাবা সেই সংখ্যাকে বাড়িয়েছেন, বর্তমানে আমার ছেলে সেই কাজটি গ্রহণ করেছে—My grandfather collected a lot of books, father increased the number, and now my son is on line.

এতো দেখছি বংশানুক্রমিক ধারা—I see a tradition, in fact!

তা বলতে পারেন বৈকি!—You may say so, if you like.

IN A RESTAURANT

এই রেস্তোরাঁটায় ঢোকা যাক—Let's get into this restaurant.

এই দিক দিয়ে আসুন—Come this way.

পঞ্চম টেবিলটা খালি আছে, আরাম করে বসুন—The fifth table is vacant. Please take your seat and be comfortable.

খাদ্যতালিকাটা দেখা যাক—Let's see the menu card.

আমি নিরামিষাশী—I'm vegetarian.

আমি আমিষাশী—I'm non-vegetarian.

কী খাবে / খাবেন পছন্দ করো / করুন—Choose the items.

এখানে ভালো মাছের ডিশ কী আছে?—What's the best fish dish here?

আপনি ফিশ-ফিংগার নিতে পারেন—You can take fish-finger.

আমার পছন্দ কাটলেট, মীটবল আর ফিশ-ফিংগার—I prefer [love] cutlet, meatball and fish-finger.

বেশ, ওয়েটার, আমাদের দুটো কাটলেট, দুটো মীটবল আর দুটো ফিশ-ফিংগার দাও—Well. Hello boy [waiter]! Serve us two cutlets, two meatballs and two fish-fingers.

আপনারা কি ডিজার্টস্ নেবেন?—Would you like desserts?

অবশ্যই / নিশ্চয়ই—Of course / Certainly.

আর দুটো পেপসিও দিও—Well, add two Pepsies too.

হ্যাঁ স্যার। আর কিছু চাই?—Yes Sir. Anything else?

না, এই যথেষ্ট। একটু তাড়াতাড়ি করবে—No, it will be enough. Be quick, please.

নিশ্চয়ই স্যার—Sure, Sir.

ওয়েটার, বিল নিয়ে এসো—Boy, get the bill, please.

এই যে স্যার—Here it is, Sir.

এই নাও টাকা—Here's the money.

আপনার ফেরত, স্যার—Your change, Sir.

ধন্যবাদ। ওটা তুমি রেখে দাও—Thank you. Keep the change.

ধন্যবাদ, স্যার!—Thank you, Sir!

IN CINEMA / THEATRE

সান্ধ্য শো'র কোনো টিকিট আছে নাকি?—Is there any ticket for the evening show?

দুঃখিত, সব টিকিট বিক্রি হয়ে গেছে—Sorry, all tickets are sold out.

আজ রাতের শো'র কোনো টিকিট আছে?—Have you any tickets for the night show?

হ্যাঁ মশায়, কিছু আছে—Yes, Sir! There are some.

আমাকে দুটো কুড়ি টাকার টিকিট দিন—Give me two twenty-rupee tickets, please.

এই যে নিন—Here you are.

রাতের শো কখন শুরু হবে?—When does the night show start?

রাত সাড়ে আটটায়—At 8.30 pm sharp.

এখনই সিনেমা শুরু হবে—The movie will start right now.

ছবিটা খুব বাজে—The film is rather trash.

একঘেয়ে লাগছে—I feel bored.

এই বাজে ছবিটা বসে বসে দেখা খুব শক্ত—It's difficult to keep watching this rubbish film.

আমার কিন্তু ছবিটা ভালো লেগেছে—I rather liked the film.

ছবিটার গান খুব ভালো—The music of the film is indeed mind-blowing.

আমার দেখা সব ছবির মধ্যে টেন কম্যান্ডমেন্টস সর্বশ্রেষ্ঠ—Of all the films I have watched, the Ten Commandments is the best.

চল, থিয়েটারে যাওয়া যাক—Let's go to the theatre.

আজ সন্ধ্যায় থিয়েটারের দুটো টিকিট কিনে এনেছি—I've bought two theatre tickets for this evening.

নাটকটা কখন শুরু হচ্ছে?—When does the play start?

ঠিক ছ'টায় নাটক শুরু হবে, কিন্তু আমার বন্ধুদের জন্য আরও দুটো টিকিট লাগবে, তাই আমাদের আধঘণ্টা আগে যেতে হবে—The play starts at six sharp, but we are to go half an hour ahead to collect two tickets more for my friends.

আচ্ছা, আমার সঙ্গে যেতে তোমার আপত্তি নেই তো?—Well, would you mind accompanying me?

মোটেই না—Not at all.

পর্দা উঠছে। এখনি থিয়েটার শুরু হবে—The curtain is rising. The show will start right now.

স্টেজটা তো সুন্দর সাজানো!—What a lovely stage-setting!

আলোর ব্যবস্থাও ভালো—The lighting is also well-planned.

নাটকটা খুব চমৎকার—The play is very interesting.

তবে মনে হয়, নায়িকার পার্ট মুখস্থ হয়নি—But it seems the heroine hasn't learnt her part.

অল্প হাততালি পড়ছে—The applause (clapping) is rather feeble.

শেষ অঙ্কে তোমার মুখ থেকে একটাও কথা পাইনি—I haven't heard a peep out of your lip through the last act.

বেশ কিছু দর্শক রুদ্ধশ্বাসে সংকট মুহূর্তগুলি দেখছে—A lot of spectators are holding their breath to watch the suspenses.

তুমি নিশ্চয় খুব আনন্দ পেয়েছ/উপভোগ করেছ—You must have enjoyed it.

শেষটা বেশ সুন্দর, তাই না?—The end was marvellous. Wasn't it?

AT A BUS-STAND

কোন্ বাস হাওড়া থেকে যাদবপুর যাবে?—Which bus for Jadavpur from Howrah?

পাঁচ নম্বর বাস—Bus No. 5.

বাসটা কখন ছাড়বে?—When will the bus start?

ওখানে পৌঁছাতে কতক্ষণ সময় লাগবে?—How long will it take to reach there?

রাস্তা ফাঁকা থাকলে প্রায় পঞ্চাশ মিনিট লাগবে—It'll take nearly fifty minutes if the roads are clear.

আর কোনো বাস নেই?—Is there any other bus?

হ্যাঁ, আছে—ই-ওয়ান—Yes, It's—E1.

ওটা কি লিমিটেড স্টপ বাস?—Is it a Limited Stop bus?

হ্যাঁ, তাই। কিন্তু দেখুন ওটা ভর্তি হয়ে গেছে কিনা, ওই বাসে দাঁড়িয়ে যেতে দেওয়া হয় না—Yes. But see if it is filled up. Standing is not allowed in that bus.

টালিগঞ্জ যেতে কোন্ বাস/ট্রাম ধরব বলুন তো?—Which bus/tram do I get for Tollygunj?

এই বাসটা কি টালিগঞ্জ যাবে?—Is this bus bound for Tollygunj?/Is this a Tollygunj-bound bus?

হ্যাঁ, তাই, কিন্তু বাসটা ভিড়ে ঠাসা—Yes, it is. But it's overcrowded/jam-packed.

ট্রামে যান না কেন?—Why don't you go by tram/get a tram? It's not crowded.

ওতে অনেক সময় লাগবে—It'll take a lot of time.

আপনি এসপ্ল্যানেড থেকে মেট্রো রেলে ভালোভাবে যেতে পারতেন—You could travel better by Metro from Esplanade.

IN A BUS/TRAM

একটু সরে দাঁড়ান, আমাকে ভিতরে ঢুকতে দিন—Please move a little and let me get into.

কোথায় সরব বলুন, ভিতরে একদম জায়গা নেই—Where shall I move? There's no room inside.

আমি ফুটবোর্ডে একপায়ে দাঁড়িয়ে আছি আর একহাতে হাতলটা ধরে আছি—I keep standing on one foot on the footboard, holding the handle by (with) one hand.

উঠে পড়ুন, ভিড় নেই—Get in. It's not crowded.

তাড়াতাড়ি করুন—Hurry up, please.

আপনি গুঁতো মারছেন কেন?—Why are you elbowing?

ধাক্কাধাক্কি করছেন কেন?—Why are you jostling?

আমি আপনাকে ধাক্কা দিইনি—I haven't pushed you.

টালিগঞ্জের দুটো টিকিট দিন—Two tickets for Tollygunj.

এই যে নিন—Here it is.

আপনার টিকিট?—Your ticket, please?

হয়ে গেছে—Got it.

আমাদের নামতে দিন—Let's get down, please.

আমি পার্কস্ট্রিট স্টপে নামব—I'll get down at Park Street stop.

আমার স্টপ এলে বলবেন কিন্তু—Please let me know when it's my stop.

আমি এখানে নামব—I'll get down here./I'll get off here.

পরের স্টপে নামব—We'll get down at the next stop.

AT A RAILWAY STATION/IN A TRAIN

[টিকিট পরীক্ষককে] এটা কি রাজধানী এক্সপ্রেস?—Is it Rajdhani Express?

হ্যাঁ, এটাই রাজধানী এক্সপ্রেস—Yes, it is.

টিকিট দেখান তো—Ticket please.

এই যে টিকিট—Here it is.

ধন্যবাদ—Thank you.

ট্রেনটা কখন ছাড়বে?—When does the train leave?

সন্ধ্যা ছটায়—At eighteen hours.

[ট্রেনের সময় রাত বারোটা থেকে চব্বিশ ঘন্টার হিসাবে বলা হয়। সেজন্য সন্ধ্যা ছটা হল—eighteen hours]

কখন ট্রেনটি দিল্লি পৌঁছাবে?—What time does the train arrive (at) Delhi?

সকাল সাড়ে এগারোটায়—At 11-30 hours.

মাপ করবেন—Excuse me!

হ্যাঁ, বলুন—Yes?

আপনি আমার ১৮ নং সিটে বসে আছেন। আর আপনার ব্যাগ রেখেছেন ১৯ নং সিটে—You're in my seat —seat No. 18. And your bag is on seat No. 19.

[বসে থাকা—'in one's seat', not, 'on one's seat'. কোনো কিছু রাখা—'on one's seat'—vide Oxford ALD]

না, আমি ভুল করে বসিনি, এটা ১৪ নং সিট—No, I'm not. This is seat no. 14.

না মশায়, ১৪ নং সিট আপনার পেছনে—No, sir. Seat No. 14 is behind you.

তাই কি? আমি দুঃখিত—Is it? I'm sorry.

অনুগ্রহ করে আপনার সিটে সরে বসুন—Please move to your seat.

কোনো অসুবিধে নেই—No problem.

[FOR A LOCAL TRAIN]

কোন্ ট্রেনটা বর্ধমানে যাবে?—Which train is bound for Burdwan?

আমার মনে হয়, এটা বর্ধমান লোক্যাল—It's the Burdwan Local; I suppose.

না, না, এটা ব্যান্ডেল লোক্যাল—No, no. It's the Bandel Local.

বর্ধমান লোক্যাল ক'টায় আসবে বলতে পারেন?—Could you tell me the time of Burdwan Local?

ওই ট্রেন ছাড়ার সময় হল সাড়ে দশটা—Its departure time is 10-30 am.

তাহলে তো সময় পেরিয়ে গেছে। এখন তো দশটা চল্লিশ—The time is over. It's already 10-40.

হ্যাঁ, আমার মনে হয় ট্রেনটা পনেরো মিনিট দেরিতে ছাড়বে—Yes. I think it will leave 15 minutes late.

আপনি কোথা থেকে আসছেন?—Where are you coming from?

আমি আসছি যাদবপুর থেকে। আপনি?—I'm (coming) from Jadavpur. And you?

আমি আসছি বাগবাজার থেকে—I'm from Bagbazar.

ওই দেখুন ট্রেন ৫নং প্ল্যাটফর্মে আসছে—Look there, the train is arriving at Platform No. 5.

তাড়াতাড়ি করুন, আমরা ওই কামরাটায় চাপতে পারি, কারণ ওটায় কম ভিড়—Hurry up, please. We may get into that compartment, because it's less crowded.

আগে যাত্রীদের নেমে যেতে দিন। অযথা তাড়াহুড়ো করার দরকার নেই—Let the passengers get down first. We needn't make unnecessary haste.

এই সিটে কি কোনো লোক আছে?—Is this seat occupied?

আমার মনে হয় না কোনো লোক আছে। আপনি বসতে পারেন—I don't think so. You may please take your seat.

ধন্যবাদ—Thank you.

বড়ো গরম। কিন্তু পাখাটা কাজ করছে না—It's very hot. But the fan is not working.

দেখুন, কামরাটা কত অপরিষ্কার। ময়লা আর নোংরায় ভর্তি—Just see, the whole compartment is so untidy. It's full of dirt and litter.

রেল কর্তৃপক্ষ বড়ো শিথিল, আর তার জন্য যাত্রীদের চরম অসুবিধা ভোগ করতে হয়—The Railway administration is very loose and the travelling public are the worst sufferers.

আমারও তাই মত—I'm of the same opinion.

[FOR LONG-DISTANCE TRAIN]

মাপ করবেন, এটা কি করমণ্ডল এক্সপ্রেস?—Excuse me, is it Karamandal Express?

না, এটা কোলফিল্ড এক্সপ্রেস—No, it's the Coal Field Express.

কোন্ প্ল্যাটফর্ম থেকে করমণ্ডল এক্সপ্রেস ছাড়বে?—From which platform does the Karamandal Express leave?

আমার মনে হয় ১৯নং প্ল্যাটফর্ম থেকে ছাড়বে। তা ছাড়া ট্রেন ছাড়ার আগে ঘোষণাও হবে—I think—from platform No. 19. There'll be an announcement too.

ওই তো আমাদের গাড়ি এসে গেছে—Look here, our train has arrived.

তাড়াতাড়ি করো!—Hurry up!

ভিড়ের মধ্যে দিয়ে যেতে পারবে তো?—Could you make your way through the crowd?

কী আর করা যাবে, ওইভাবেই তো যেতে হবে—Yes, we have to.

রিজার্ভেশান চার্টটা দেখেছ তো?—Have you checked the reservation chart?

হ্যাঁ, আমাদের সীটগুলো ৬নং কোচে—Yes, our seats are in Coach No. 6.

তিন ঘণ্টা দেরিতে ট্রেন ছাড়ছে—The train is starting three hours late.

ট্রেনটাতে কি খাবার গাড়ি আছে?—Is there a pantry car on the train?

হ্যাঁ, অবশ্যই আছে—Yes, of course.

ট্রেন দেরি করে যাচ্ছে—The train is running late.

ট্রেনের গতি ধীর হয়ে আসছে—The train is slowing down.

এর পরে কোন্ স্টেশন?—What is the next station?

আমাকে কি ট্রেন বদলাতে হবে?—Do I have to change the train?

পরের স্টেশনে আমি গাড়ি পাল্টাব—I'll change at the next station.

কখন যে পৌঁছাব কে জানে—I don't know when I'll get there.

যা বলেছেন, আজকাল ট্রেন সময়মতো চলে না—That's true. Nowadays, trains don't run on time.

TRAVEL BY A MOTOR CAR

এখানে কোথায় গাড়ি ভাড়া পাওয়া যায়?—Where can I hire a car?/Where can I get a hired car?

আমার পুরানো গাড়িটা খারাপ হয়ে গেছে—My old car has broken down./My old car has got some troubles.

ওটা সার্ভিসিং-এ পাঠানো হয়েছে—It's under service now.

আমি আধুনিক মডেলের একটা সুইফট্ কিনেছি—I've bought a Swift of the latest model.

আমাকে কি একটা লিফট্ দেবেন?—Would you please give me a lift?

না, সম্ভব হবে না, ধন্যবাদ—No, thanks.

বেশ, উঠে পড়ুন—Yes, get in, please.

গাড়িতে কি আর একজনের জায়গা হবে?—Is there room in the car for one more person?

না, ধন্যবাদ—No, thanks.

গাড়িটা কেমন চলছে?—How's the car running?

ভালোই, ঘণ্টায় ৯০ কিমি—Oh, fine. 90 km per hour.

অত জোরে গাড়ি চালাবেন না—Please, don't drive so fast.

গাড়িটা একটু আস্তে করো—Slow down, please.

মনে হয়, পেট্রোল ফুরিয়ে এসেছে—I think—petrol is running dry/short.

কোথায় পেট্রোল পাব?—Where's the nearest petrol pump?

কাছাকাছি পেট্রোল পাম্প থেকে দশ লিটার পেট্রোল নিতে হবে—We've to take 10 litres petrol from the nearest petrol pump.

ব্রেকটা ঠিকমতো কাজ করছে না—The brake is not working well.

চাকায় একটু বাতাস দিতে হবে যে!—Could I have some air in the tyre as well!

চাকায় ফুটো হয়েছে—The tyre has been punctured.

চাকাটি ফেটে গেছে—The tyre has been burst.

গাড়িটাতে অন্য একটা গাড়ির সঙ্গে সামান্য একটু ধাক্কা লেগেছিল—The car had a mild collision.

রেডিয়েটারটা খারাপ হয়ে গেছে—The radiator is not in order/in disorder.

গাড়িটা কোথায় সারাব?—Where can I get the car repaired?

হেডলাইট জ্বেলে দাও—Switch on the headlights.

গাড়িটা কোথায় পার্ক করব?—Where shall I park (the car)?

TRAVEL BY A TAXI

আমার জন্য একটা ট্যাক্সি ডেকে দিতে পার?—Could you get me a taxi?/Could you call a taxi for me, please?

ট্যাক্সি করে কোথায় যাবেন?—Where will you go by taxi?

আমি বিশেষ/জরুরি প্রয়োজনে একটু কলেজস্ট্রিট যাব—I'd go to College Street on an urgent [piece of] business.

ট্যাক্সি, আমাকে কলেজস্ট্রিট নিয়ে চলো—Taxi, take me to College Street.

সামনে চলুন—Go straight ahead.

বাঁয়ে/ডাইনে ঘুরুন—Turn left/right.

তাড়াতাড়ি চলুন—Please hurry.

আস্তে চলুন—Slow down.

উল্টো ফুটপাথে চলুন—Go to the opposite footpath.

ট্যাক্সি থামাও, আমি এখানে নামব—Stop, please. Let me get down here.

কত হল?—How much, please?

পঁচাশি টাকা—Eighty five rupees.

এই নাও—Here it is.

তুমি কি আধঘণ্টা অপেক্ষা করতে পারবে? আমাকে ফিরতি নিয়ে যাবে?—Could you wait half an hour? You'll have to take me back.

হ্যাঁ, পারব/না, পারব না—Yes, sir/Yes, madam./No, sir, No, madam, thanks.

TRAVEL BY PLANE

আমি খুব ঘন ঘন প্লেনে যাই না—I'm not a frequent flyer.

এই বিমানবন্দর থেকে নিউইয়র্ক যাওয়ার কোনো প্লেন যায় কি?—Is there any flight to New York from this airport?

নিউইয়র্ক যাওয়ার ফ্লাইট নং ... এর ছেড়ে যাওয়ার সময় কখন?—What's the departure time of Flight No.... to New York, please?

কতক্ষণ আগে এয়ারপোর্টে পৌঁছাতে হবে?—How early should I reach the airport?

আপনাকে অন্তত তিনঘণ্টা আগে এয়ারপোর্টে রিপোর্ট করতে হবে—You have to report at the airport at least three hours ahead.

AT THE AIRPORT

দিল্লিগামী যাত্রীদের নিবেদন, তাঁরা যেন সুরক্ষা আধিকারিকের দিকে এগোন—Delhi bound passengers are requested to move towards the security officer.

অনুগ্রহ করে শুনুন, লন্ডনগামী ফ্লাইটের যাত্রীদের অনুরোধ করা হচ্ছে যে তাঁরা যেন টিকিট কাউন্টারে নিজেদের মালপত্র পরীক্ষা করিয়ে নেন—Attention please! London bound passengers are requested to get their luggage checked at the ticket counter.

আমার মালপত্র পরীক্ষা করবেন কি?—Would you check my luggage?

হ্যাঁ, মহাশয়/মহাশয়া—Yes sir/madam.

চেকিং-এর জন্য আমায় কোথায় অপেক্ষা করতে হবে?—Where have I to wait for the check in?

আমার বোর্ডিং পাস কোথায় সংগ্রহ করব?—Where should I get my boarding pass?

আপনি ৫ নং কাউন্টার থেকে আপনার বোর্ডিং পাস সংগ্রহ করুন—Please collect your boarding pass from Counter No. 5.

আপনার বোর্ডিং কার্ড আমাকে দেখান। এতে ছাপ লাগাতে হবে—Your boarding card, please. It's to be stamped.

[After stamping]

এটা আপনার কাছে রাখুন—Keep it please.

আমি কি আমার টিকিট বাতিল করতে পারি?—Can I cancel my ticket?

প্লেনটা নামছে—The plane is landing.

প্লেনটা হ্যাংগার থেকে বেরিয়ে আসছে—The plane is coming out of the hangar.

নিউইয়র্ক যাওয়ার পরের প্লেনটা কখন ছাড়বে?—When is the next flight to New York?

আমি কোথাও না থেমে সোজা বেইরুটে যেতে চাই—I should like to fly to Beirut without intermediate landing./I want to have a direct flight to Beirut.

আপনি তো প্যারিস যাচ্ছেন, তাই না?—You're flying to Paris, aren't you?

আমি আগামীকাল সকালের প্লেনে প্যারিস যাচ্ছি—I'm flying to Paris next morning.

মুম্বাইগামী বিমান উড়বার জন্য প্রস্তুত। যাত্রীদের নিবেদন যে, তাঁরা যেন ৭ নং গেটের দিকে এগিয়ে যান এবং বোর্ডিং কার্ড দেখাবার জন্য প্রস্তুত থাকেন—Mumbai bound plane is ready to take off. Passengers are requested to move towards Gate No. 7 and to keep their boarding cards ready for checking.

তোমাকে শুভেচ্ছা জানাই—Wish you best of luck.

MEETING A FRIEND RETURNED FROM EUROPE

এই যে রাহুল, তুমি তাহলে ভারতে ফিরলে!—Hi Rahul, now you're back to India!

আমি তোমাকে বিমানবন্দরে আশা করেছিলাম। যাই হোক, তোমাকে দেখে খুব খুশি হয়েছি—I expected you at the airport. However, I'm much pleased to see you.

অফিসে আটকে পড়ায় বিমানবন্দরে যেতে পারিনি, তাই সোজা তোমার বাড়িতে চলে এলাম—I couldn't go to the airport as I got held up in my office. That's why I've come straight to your house.

আরাম করে বস—Sit down comfortably.

তোমার বিমানযাত্রায় কোনো কষ্ট হয়নি তো?—Didn't you face any trouble in your air journey?

একেবারেই না—Not at all.

তুমি লন্ডনে কেমন কাটালে বলো—How was your life in London?

ওটা এক চমৎকার দেশ। কিন্তু যেটা আমাকে সবচেয়ে বেশি আকৃষ্ট করেছে তা হল দোকান, যানবাহন আর মানুষের ভিড়ে ভর্তি রাস্তাগুলো—সবকিছু শৃঙ্খলায় আবদ্ধ। যেভাবে লন্ডনের পুলিশ এরকম বিপুল যানবাহনের জট নিয়ন্ত্রণ করে তা সত্যিই বিস্ময়কর—It's a fine place. What attracted me most was the streets full of shops, traffic and crowd of people—but all disciplined. The way London police controls such a busy traffic is really marvellous.

আমার মনে হয় সেখানে প্রত্যেকেই ব্যস্ত—I suppose everyone is busy there.

আমি দেখি প্রত্যেকেই রাস্তায় এমনভাবে হেঁটে চলেছে যাতে মনে হবে প্রত্যেকেরই কোনো না কোনো নির্দিষ্ট কাজ আছে। রাস্তায় কাউকে উদ্দেশ্যহীনভাবে ঘুরে বেড়াতে দেখতে পাবে না—I saw everyone walking fast as if to keep appointments. You won't find anybody loitering about leisurely.

ওখানকার দোকানগুলো কেমন?—What about the shops?

বেশিরভাগ দোকানই চমৎকার। কতকগুলো দোকান বিরাট প্রাসাদোপম বাড়ির মধ্যে। অক্সফোর্ড স্ট্রিটের একটা বড়ো বাড়িতে প্রায় একশোটা বড়ো দোকান আছে, আর সবরকম জিনিস তুমি তাতে পাবে। উপরতলায় আছে রেস্তরাঁ—Mostly the shops are splendid. Some of them are installed in great palatial buildings. There is such one in Oxford Street—hundred large shops in one building, and you can buy anything there. Upstairs there are restaurants.

তুমি কি লন্ডনের সব বিখ্যাত প্রাসাদগুলো এবং দ্রষ্টব্য স্থানগুলো দেখেছ?—Have you seen all the famous buildings and sites in London?

না, সব নয়, তবে যতগুলো পেরেছি, দেখেছি—No, not all. But I saw all I could.

সেগুলো কোন্‌গুলো?—What are they?

তুমি তো জান, আমি বরাবরই ঐতিহাসিক বাড়িঘর বা দ্রষ্টব্য জায়গাগুলো দেখতে আগ্রহী। আর সেজন্য আমি লন্ডন টাওয়ার, ওয়েস্টমিনস্টার অ্যাবি, ওয়েস্টমিনস্টার ব্রিজ এবং পার্লামেন্ট ভবন দেখেছি—You know I'm always interested in all the historical buildings and sites. So I watched the London Tower, Westminster Abbey, Westminster Bridge, and the Parliament House.

লন্ডনের পাতাল রেল কেমন?—How's the London Tube Railways?

সত্যিই আশ্চর্যজনক। রাস্তাগুলোতে সবসময় ভিড় থাকায় ওরা মাটির তলায় জালের মতো পাতাল রেল বিস্তার করেছে। ওরা এই রেলপথকে বলে টিউব, আর এই রেলগুলো খুব দ্রুত যাতায়াত করে—Really wonderful. As the streets are always over-crowded, they have made a perfect network of underground railways. They call them the Tubes and it gives a very quick service.

লন্ডনের আবহাওয়া কেমন? আর সেই আবহাওয়ার সঙ্গে তুমি খাপ খাওয়ালে কীভাবে?—How's the climate of London? And how did it suit you?

লন্ডনে শীতকালটা বড়োই কষ্টকর। সেই সময়টা শুধু বৃষ্টি, মেঘ, কুয়াশা, তুষার আর বরফে ভর্তি থাকে। কিন্তু আমি সেখানে ছিলাম উজ্জ্বল গ্রীষ্মের সময়ে, আর তাই আমি অনেকগুলো তপ্ত সূর্যালোকিত দিন পেয়েছি—Winter in London is really troublesome. It's full of rain, cloud, fog, snow and frost. But it was a fine summer when I was there, and so I had many warm sunny days.

TALK WITH A STRANGER

মাপ করবেন। আপনি কি ড. দাস?—Excuse me. Are you Dr Das?

হ্যাঁ, আমিই ড. দাস—Yes, I am.

আমি কি ভেতরে আসতে পারি?—May I come in?

হ্যাঁ, দয়া করে আসুন—Yes, please come in.

আপনি কি এখন ব্যস্ত?—Are you busy now?

মোটেই না—Not at all.

আমি আপনার প্রতিবেশী। আমি আপনার সঙ্গে পরিচয় করার জন্য এসেছি—I'm your neighbour. I've come to introduce myself to you.

আপনাকে দেখে খুব খুশি হলাম—Very glad to meet you.

আমার নাম বাসুদেব ঘোষ—I'm Basudev Ghosh.

কোথায় থাকেন আপনি—Where do you stay?

আমি AE-ব্লকের একটা বাড়িতে থাকি—I stay at a house in AE Block.

ওটা কি আপনার নিজের বাড়ি, না ভাড়া বাড়ি?—Is it your own house, or a rented one?

ওটা আমার নিজের বাড়ি/ভাড়া বাড়ি—It's my own house/a rented house.

আপনি কী করেন?—What's your occupation?/What are you?

আমি একজন শিক্ষক; আপনি?—I'm a teacher, and you?

আমি একজন উকিল/আইনজীবী—I'm a pleader/lawyer.

আমি আপনাকে আমার একজন বন্ধু হিসেবে পেতে চাই—I would like to have you as one of my friends.

আমিও—I too.

আপনি কি ঘরোয়া কোনো খেলা পছন্দ করেন?—Do you like any indoor games?

আমি দাবা খেলা পছন্দ করি—I like playing chess.

আমিও—I too.

ভালো। তাহলে আশা করি আমরা প্রায়ই মিলিত হব—Well, I hope we'll often meet together.

TALKS ON WEATHER

আজ আবহাওয়া কেমন?—What's the weather forceast today?

কী বিশ্রী আবহাওয়া!—What a weather, eh?

আজ আবহাওয়া হবে মেঘলা/সুন্দর/ভ্যাপসা/গরম/ঠান্ডা—Today the weather would be cloudy/nice /humid/hot/cold.

আজ বড়ো ঠান্ডা—It's very cold today.

আজ বড়ো গরম—It's very hot today.

আপনি ঘেমে,নেয়ে গেছেন!—You're bathed in sweat!

আমি ঘামে ভিজে গেছি, পাখাটা চালিয়ে দাও—I'm bathed in sweat. Please switch on the fan.

বাতাস পড়ে গেছে—The wind has dropped.

মনে হচ্ছে শীঘ্রই ঝড় উঠবে—It seems that a storm is brewing.

আকাশটা ঘন কালো মেঘে ঢাকা। আমার মনে হয়, শীঘ্রই বৃষ্টি হবে—The sky is covered with thick black clouds. I suppose it will rain soon.

এখন গুঁড়িগুঁড়ি বৃষ্টি পড়ছে—It's drizzling.

এখন একটু ঠান্ডা লাগছে—It's a bit cold now.

বৃষ্টিতে ভিজো না, ঠান্ডা লাগবে—Don't get wet in the rain. You will catch cold.

মুষলধারে বৃষ্টি হচ্ছে—It's raining in torrents/cats and dogs.

বাইরে মুষলধারে বৃষ্টি পড়ছে—It's raining cats and dogs outside.

সন্ধ্যা থেকেই মুষলধারে বৃষ্টি পড়ছে—It has been raining in torrents since the evening.

মনে হচ্ছে মৌসুমি বায়ু এবার আগেই এসে গেছে—It seems that the monsoon has come earlier this year.

আপনার কি মনে হয়, আবহাওয়া পরিষ্কার থাকবে?—Do you think the weather will stay fine?

আজ ঝড়বৃষ্টি হতে পারে—It may rain with thunder today./There may be a rain-storm today.

আজ বরফ পড়তে পারে—It may snow today.

ACCOMMODATION AT A HOTEL

একটা ভালো হোটেলের/গেস্ট হাউসের খোঁজ দিতে পারেন কি?—Could you recommend a good hotel/guest house?

মাপ করবেন। (আপনার হোটেলে) দুটো ঘর পাওয়া যাবে কি?—Excuse me. Could you provide us two rooms (at your hotel)?

এখানে কোনো ঘর পাওয়া যাবে কি?—Any room available?

একজন থাকার, না দুজন থাকার ঘর?—Single or double bedroom?

দুজন করে থাকার দুটো ঘর হলেই চলবে—Two double bedrooms will do.

এখানে কদিন থাকতে চান?—How long would you like to stay here?

ধরুন এক সপ্তাহের জন্য/তিনদিনের জন্য—Say, for a week/three days.

কতদিন থাকব, ঠিক নেই—I'm not sure how long I'll be staying here.

হ্যাঁ, দোতলায় দুখানা ঘর পাওয়া যাবে, রুম নং ৩০৪ এবং ৩০৫—Yes, two rooms will be available on the first floor—Room Nos. 304 and 305.

ঘরে লাগোয়া বাথরুম, গরমজল, টেলিফোন আছে কি?—Are there facilities of attached bathroom, hot water and telephone?

ঘরটা কি দক্ষিণ দিকে/রাস্তার দিকে/সমুদ্রের দিকে মুখ করে আছে?—Is the room a south-facing/road-facing/sea-facing one?

ঘরটা দেখতে পারি?—May I see the room?

হ্যাঁ, অবশ্যই—Yes, of course.

এ ঘর পছন্দ নয়—I don't like this room.

ঘরটা খুব ঠান্ডা/গরম/ছোটো/বড়ো/অন্ধকার—It's too cold/hot/small/big/dark.

আর কোনো ঘর আছে কি?—Is there any other room?

আপনি আর একটা ঘর দেখতে পারেন—You may see another.

ঠিক আছে, এটাই নেব—OK. It's fine.

আমি আমার ঘর বদলাতে চাই—I'd like to change my room.

ঘরটা পরিষ্কার করা দরকার—The room needs to be cleaned.

বিছানার চাদর বদলে দিন—Please change the bed sheet.

আমার ঘরের আলো/জলের কল খারাপ হয়ে গেছে—The light/tap in my room doesn't work.

ওটা সারিয়ে দেওয়ার ব্যবস্থা করবেন কি?—Could you get it repaired?

ঘর-প্রতি রোজ কত দিতে হবে?—How much for each room a day?

রোজ তিনশো টাকা—Rs. 300 per day.

ছাত্রদের কোনো সুবিধা আছে কি?—Do you have any student discount?

হ্যাঁ, আমরা তো দিই—Yes, we do.

আপনারা কি ট্রাভেলার্স চেক বা ক্রেডিট কার্ডে টাকা নেন?—Do you accept traveller's cheque or credit card?

আমরা নগদই পছন্দ করি। তবে ট্রাভেলার্স চেক বা ক্রেডিট কার্ডও নিয়ে থাকি—We prefer cash. But we accept traveller's cheque or credit card.

পাঁচশো টাকা অগ্রিম দিন—Please give Rs. 500 as advance.

এই যে, নিন—Here it is.

ঘরের চাবি দিন—Please give me the key.

কাউকে বলবেন আমার মালপত্রগুলো আমার ঘরে নিয়ে যেতে—Would you tell someone to take my luggage to my room?

হ্যাঁ, অবশ্যই—Yes, of course.

আমরা কাল ঘর ছেড়ে দেব—We would like to check out tomorrow.

BUSINESS TALK

আপনার ব্যাবসা কেমন চলছে?—How are you doing your business? / How are you getting on in your business?/How are you faring in your business?

আজকাল কি ব্যাবসায় মন্দা চলছে?—Is the business dull these days?

আমার মনে হয় ব্যাবসাটা তুমি ভালোই চালাতে পারবে—I think you can run the business pretty well.

সময়ই টাকা। সময় নষ্ট না করে তুমি তোমার কাজে লেগে যাও—Time is money. Get to your work.

দেখছি, তোমার কাজে তেমন মন নেই—I see—your mind is not on your work/business.

তোমার কী হয়েছে বলো তো?—What's the matter with you?

মাথা ঠান্ডা রেখে কাজ করো। কৌশলী হও—Play it cool. Be tactful.

আপনি কীসের ব্যাবসা শুরু করেছেন?—Which business have you started?

আমি ইলেকট্রনিক্স গুড্স-এর ব্যাবসা করি—I deal in electronic goods.

টেন্ডার সাবমিট করুন—Please submit your tender.

টেন্ডার কাল খোলা হবে—Tender will be opened tomorrow.

আমরা তুলনামূলকভাবে সবচেয়ে কম দর দিয়েছি—We gave (tendered) the lowest rate.

আমাদের কেসটা কি একটু বিবেচনা করে দেখবেন?—Will you please consider our case?

এতে আপনার কীরকম লাভ হবে?—What/How much profit will you draw from it?

ওটা ব্যাবসার গোপন কথা। এর উত্তর আশা করবেন না—That's a business secret. You can't expect me to answer the question.

এ জিনিসটার চাহিদা আছে—There's a demand for it.

এ ধরনের জিনিস ভালো বিক্রি হবেই—A thing like this must have a good sale.

এ ধরনের জিনিসের মধ্যে এটাই বাজারের সবচেয়ে সেরা—It's the best of its kind available in the market.

আমি জোর দিয়ে বলতে পারি, এ জিনিসটা লোকে যে কোনো মূল্যে কিনবেই—I'm pretty sure—people will buy it at any price.

এটা কি পাইকারি দর?—Is this wholesale rate?

খুচরো দর কত?—What's the retail price?

বিক্রয়কারীকে কত ডিসকাউন্ট দেন?—What's the seller's discount?

পঁচিশ শতাংশ—25% only.

এটা তিরিশ শতাংশ করে দিন—Please make it 30%.

পারব না। কাঁচামালের দাম আর লেবার চার্জ অনেক বেড়ে গেছে। বিশ্বাস করুন, এতে আমাদের খুব বেশি লাভ নেই—Sorry, we can't. The cost of the raw materials and labour charges is getting high. Please believe me, we don't have much profit.

কোনো অতিরিক্ত কমিশন আছে কি?—Is there any extra commission?

প্যাকিং চার্জ কত লাগবে?—What would be the packing charge?

ভাউচারগুলোতে সই করেছেন তো?—Did you sign [on] the vouchers?

রসিদটায় সই করে আমাকে ফেরত দিন—Please sign this slip and return it to me.

ফাইলটা যে কোথায় রেখেছি মনে করতে পারছি না—I have misplaced the file.

তিনি একজন বড়ো ব্যবসায়ী—He is a business magnet.

তিনি একজন শিল্পপতি—He is an industrialist.

তিনি একজন গভর্নমেন্ট কনট্রাক্টর—He is a government contractor.

ওই লোকটা দালাল—That guy is a broker.

আপনার দুশ্চিন্তার কারণ আমি বুঝতে পারছি—I appreciate your anxiety.

বোর্ডের সভা কতক্ষণ চলবে?—How long will the Board's meeting last?

ডিরেক্টর বোর্ডের সভা ভালোই চলছে—The meeting of the Board of Directors is going well.

ব্যাপারটা কি পুরোপুরি আলোচিত হয়েছে?—Has this matter been thoroughly discussed?

আমার কিছু বলবার নেই—I have no comments to make./No comments.

আর কোনো সদস্য কিছু বলবেন?—Does any other member want to speak?

তাহলে ধরে নিতে পারি খসড়া পরিকল্পনা এবং খরচপত্রের পরিমাণ সম্বন্ধে আমরা সকলেই একমত—Well, We may take the plans and estimates are approved.

শ্রমিক অসন্তোষের ব্যাপারে আমার ঘেন্না ধরে গেছে—I'm fed up with the labour trouble.

আয়কর অফিসারের সঙ্গে আমাকে একবার দেখা করতে হবে—I'll have to meet the income tax officer.

IN THE COURTROOM

শপথবাক্য পাঠ করুন—Read out the oath.

যা বলব সত্য বলব, সত্য ছাড়া মিথ্যা বলব না—I'll tell the truth, not a lie.

আপনার নাম?—Your name?

মিস্টার / মিসেস / মিস...—Mr./Mrs./Miss...

আপনার পেশা—Your profession?

ব্যাবসা—Business.

ওটা অস্পষ্ট সাধারণ বিবৃতি, নির্দিষ্টভাবে বলুন—That's a vague generalisation. Be specific.

হুজুর, আমার আপত্তি আছে—Objection, my lord!

আপত্তি বজায় রইল—Objection sustained.

আপত্তি মানা হল না—Objection overruled.

ওটা বাতিল করে দিন। ওই মন্তব্য রেকর্ডে থাকবে না—Strike it out. That comment won't go on record.

এটা অফিসিয়াল রেকর্ডে রাখুন—Put it in the official record.

প্রমাণ হিসেবে ওই চিঠিগুলো ফাইল করতে পারেন—You can file all these letters as evidence.

আপনি বলছেন যে প্রতিবাদীকে আপনি মদ খেতে দেখেছেন—You say--you saw the defendant take alcoholic drink.

আপনি কি বাদীকে প্রকাশ্য স্থানে জুয়া খেলতে দেখেছেন?—Did you see the appellant gambling in a public place?

সে গুলিবিদ্ধ হয়ে মারা গিয়েছিল—He was shot dead.

তার দেহ গুলিতে ঝাঁঝরা হয়ে গিয়েছিল—His body was riddled with bullets.

ওটা চরম মিথ্যা—That's a sheer lie.

এটা শোনা কথা, প্রমাণ হিসেবে গ্রহণীয় নয়—This is hearsay evidence, not admissible.

আমার আর কিছু জিজ্ঞাস্য নেই—That's all, your honour!

ABOUT A QUARREL

ও কী ব্যাপারে ঝগড়া করছিল?—What did he quarrel over?

ঝগড়া হচ্ছে কেন?—What's the quarrel all about?

কী হয়েছে হে?—What's up?/What's the matter?

আমার কথার জবাব দিচ্ছ না কেন?—Why won't you answer me, eh?

আপনাদের রেগে যাওয়ার কারণ কী?—What are you getting all angry about?

কোনো কারণ ছাড়াই সে আমার সঙ্গে ঝগড়া করে—He's trying to pick a quarrel with me for no reason.

তুচ্ছ ব্যাপারে তাদের মধ্যে ঝগড়া বেধে গেল—They quarrelled on a trifle.

তার সঙ্গে আমার একটু হাতাহাতি হয়েছিল—I had a bit of scrap (scuffle) with him.

তাদের মধ্যে কথা কাটাকাটি শুরু হল—Altercation started between the two.

এই বকবকানি বন্ধ কর—Stop this chatter.

বাজে কথা বলো না, চুপ করো—Stop talking silly/nonsense. Shut up.

তুমি বাজে কথা বলছ—You're talking nonsense.

তুমি নিজেকে কী ভাবো বলো তো?—What are you thinking of yourself?

এটা সহ্যসীমার বাইরে—This is beyond all tolerance.

আপনার কি এই সামান্য ভদ্রতাবোধও নেই?—Don't you have even the least decency/courtesy?

আমি বলব, এটা কোনো সভ্য লোকের আচরণ নয়—I must say—this is hardly a civilized attitude.

তোমার মতো লোক অনেক দেখেছি—I've seen dozens of your sort.

কেন আমি একটা ঝগড়ার মধ্যে নিজেকে জড়াব?—Why should I involve myself in a broil?

মহিলাটি ঝগড়াটে বলে মনে হয়—That woman seems to be quarrelsome./She seems to be a quarrelsome lady.

ও বড়ো মাথা গরম লোক—He is a hot-headed fellow.

মাথা গরম করো না—Don't lose your temper.

ও ক্ষেপে গেছে—He has gone crazy.

আমি অতিষ্ঠ হয়ে উঠেছি—I'm plagued/fed up!

তুমি আমাকে বড়ো বিরক্ত করলে—I've been pestered by you.

চুপ করো! তোমার ওই বিশ্রী হাতটা সরিয়ে নাও—Oh, shut up! And take your stinking paws off!

আপনার সাহস তো কম নয়—How dare you!

কে তোমার লাল চোখ দেখে ভয় পায়?—Who cares for your red eyes?

তোমার মতো লোকের ঘেউঘেউ করাকে আমি থোড়াই কেয়ার করি—I don't care a damn for a yapping pup like you.

বেরিয়ে যাও! আমার ব্যাপারে নাক গলিও না—Get out! Don't poke your fingers into my pie.

চুপ কর বদমাশ, নইলে তোর নাক ভেঙে দেব/নাক দিয়ে রক্ত বের করে দেব—You rogue, hold your tongue, or I'll give you a bloody nose.

মারব এক লাথি—I'll kick you in the pants!

আয়, তবে শায়েস্তা করে দিচ্ছি—Come on! I'll dress you down.

তুমি আমার নাগাল পাবে না বাছাধন—You won't get me, scoundrel!

চলে যাও এখান থেকে, আর কখনও এসো না—Go away and don't come back here any more.

একটাও কথা নয়। আমাদের উকিলের সঙ্গে পরামর্শ না করে একটাও কথা নয়—Not a word until we consult our lawyer.

আমি তোমায় সতর্ক করে দিচ্ছি, আমি তোমার বিরুদ্ধে আইনানুগ ব্যবস্থা নেবই—I warn you—I will have the law on you/take legal steps on you.

অতীতের ঝগড়া ভুলে যাও—Forget past disagreements./Please bury the hatchet.

আমি তোমার সঙ্গে ঝগড়া করতে চাই না—I don't like to fall out with you.

আপোসে মিটিয়ে নাও/ওর সঙ্গে একটা আপোস করে নাও—Make it up with him.

শুধু তুমিই এই ঝগড়া মেটাতে পার—Only you can patch up/settle the quarrel.

FORGIVING

আমি ক্ষমা চাইছি—I apologise.

ভুলের জন্য ক্ষমা চাইছি—I apologise for the mistake.

মহাশয়, আমাকে ক্ষমা করুন—Excuse me, sir./Pardon me, sir.

এই ভুল মার্জনীয়—This is a pardonable mistake/error.

আপনাকে কষ্ট দেওয়ার জন্য আমি দুঃখিত—I'm sorry to have troubled you.

অনিচ্ছাকৃতভাবে আমার দ্বারা এরকম হয়েছিল—It was done inadvertently by me.

ওকে আমি কখনও ক্ষমা করতে পারব না—I can never forgive him/her.

সে কথাটা রসিকতার ছলে বলেছিল—He/She said it in joke.

ওকে ক্ষমা করে দাও—Forgive him/her.

ক্ষমা করে দাও আর ভুলে যাও—Forgive and forget.

ABOUT POLITICS

আমি বলছি, এই মন্ত্রীসভা একমাসও টিকবে না—I think—this ministry won't continue even for a month.

তাহলে রাজ্যপাল বিধানসভা বাতিল করে দেবেন। আবার রাষ্ট্রপতি শাসন জারি হবে। এ ছাড়া আর কোনো উপায় নেই—In that case, the Governor will dissolve the Assembly. President's Rule with again be imposed. There's no way out.

আমার মনে হয় বর্তমান মন্ত্রীসভা পড়ে যাওয়ার কোনো ভয় নেই—I think the present ministry won't fall.

এবছর পশ্চিমবঙ্গে নির্বাচন হবে। কোন্ দল ক্ষমতায় আসবে বলতে পার?—West Bengal goes to the polls this year. Which party do you think will come to power?

সত্যি কথা বলতে কি আমি রাজনীতি বুঝি না, আর আমার এ ব্যাপারে কোনো আগ্রহ নেই—Frankly speaking, I don't understand politics. And I'm not interested at all in this issue.

তোমার এরকম মনোভাব কেন?—Why so?/Why are you so impassionate?

মাপ কর। তুমি তো জান, রাজনীতি এখন নোংরা ব্যাপার হয়ে গেছে—Excuse me. You know politics has now become a dirty game.

এটা আংশিকভাবে সত্যি। এখন অর্থ আর পেশিশক্তি আমাদের গণতন্ত্রকে নিয়ন্ত্রণ করছে—You're partially right. Money and muscle are now dominating our democracy.

আর সেইজন্যই আমি রাজনীতিতে কোনো আগ্রহ অনুভব করি না—And so I feel no interest in politics.

কিন্তু তুমি এটাকে এভাবে এড়িয়ে যেতে পার না। একজন সৎ নাগরিক হিসেবে রাজনীতির ব্যাপারে তোমার সচেতন হওয়া উচিত—But you can't avoid it. As an honest citizen, you should be conscious of politics.

HEALTH AND BEAUTY [স্বাস্থ্য ও সৌন্দর্য]

স্বাস্থ্যই সম্পদ—Health is wealth.

আমাদের শরীর হল ঈশ্বরের মন্দির—Our body is a temple of God.

আমাদের শরীরের যত্ন নেওয়া দরকার—We should care for our body.

দুর্বল শরীর অভিশাপের মতো—A weak body is a curse.

সুস্থ শরীরেই সুস্থ মন থাকে—Sound mind in a sound body.

আমাদের শরীরে আহারের প্রয়োজন আছে—Our body needs food.

খাবার আমাদের শক্তি জোগায়—Food provides us energy.

সঠিক আহারই সর্বোত্তম চিকিৎসক—Proper diet is the best doctor.

আমাদের সুষম খাদ্য দরকার—We require balanced food.

ভালো স্বাস্থ্যের জন্য সুষম আহার দরকার—Balanced diet is necessary for good health.

আজ আমার শরীর ভালো নেই—I am not (feeling) well today./I feel out of sorts today.

আমার গা বমি-বমি করছে—I feel vomiting/a vomiting tendency/nausea.

আমার জ্বর-জ্বর লাগছে—I feel (am feeling) feverish.

আমার পেট ভালো নেই—My stomach is upset.

সে ম্যালেরিয়ায়/জন্ডিসে/রক্তাল্পতায় ভুগছে—He is suffering from malaria/jaundice/anaemia.

তার আবার টাইফয়েড হয়েছে—His/Her typhoid has relapsed.

তার ডিপথেরিয়া হয়েছে—He/She has caught diphtheria.

তার ঠান্ডা লেগেছে—He/She has caught cold.

সে ঠান্ডা আর কাশিতে কিছুটা অসুস্থ হয়ে পড়েছিল—He/She was slightly indisposed with cough and cold.

তার নাক দিয়ে তরল সর্দি গড়াচ্ছে—His/Her nose is running.

বাচ্চাটার দাঁত উঠছে—The baby is teething.

তার দাঁতের যন্ত্রণা হচ্ছে—His tooth is aching.

তার মাথা ঝিমঝিম করছিল—He/She felt giddy/dizzy.

তার তীব্র মাথা ধরেছে—He/She has (got) a bad headache/severe headache.

আমার সমস্ত শরীর ব্যথা করছে—My whole body is aching.

দিনের পর দিন তার স্বাস্থ্যের অবনতি হচ্ছে—He/She has been running down day-by-day.

রোগীর অবস্থা এখনও সংকটজনক—The patient is not still out of danger.

ওর রোগের কারণ জানতে পারা গেল না—His/Her disease couldn't be diagnosed.

উনি কী অসুখে ভুগছেন?—What ailment is he/she suffering from?

সে এক মারাত্মক রোগে কষ্ট পাচ্ছে—He/She is suffering from a fatal disease.

অপুষ্টি অনেক রোগের কারণ—Malnutrition is the cause of many a disease.

খেলতে গিয়ে ওর কবজির হাড় সরে গেছে—His wrist was dislocated while playing.

ওর উরুর হাড়/গলার পাশের হাড় ভেঙে গেছে—His thigh bone/collar bone has been fractured.

ওর সম্পূর্ণ বিশ্রামের প্রয়োজন—He/She requires complete rest.

আপনি ওই হাতুড়ে ডাক্তারের পাল্লায় কী করে পড়লেন?—How have you been taken by such a quack as this?

তুমি ওষুধ খেয়েছ কি?—Have you taken the medicine?

প্রতি দু-ঘণ্টা অন্তর ওষুধ খাবেন—Take the medicine every two hours.

ওষুধ খাওয়ার আগে বোতলটা নাড়িয়ে নেবেন—Shake the bottle before use.

ঘন ঘন জোলাপ খেও না—Don't take purgative every now and then.

জ্বর উপশমের এটাই সর্বোৎকৃষ্ট ওষুধ—It's the best remedy for fever.

জ্বর উপশম হলে এই ক্যাপসুলটা খেয়ে নিও—Take this capsule after the fever is down.

এই ওষুধ অনেক পীড়া নিবারণ করে—This medicine is panacea for many diseases.

তরল পথ্য রোগীর জন্য ভালো—Liquid diet is good for a patient.

দুধ একটি সম্পূর্ণ আহার—Milk is a perfect diet.

অতিভোজন পরিহার করো—Avoid overeating.

আহার, নিদ্রা এবং সংযম স্বাস্থ্যের তিনটি প্রধান স্তম্ভ—Diet, sleep and self-control are three main pillars of health.

অস্বাভাবিক স্থূলতা অনেক রোগেরই কারণ—Obesity is the root of many diseases.

ও ক্রমেই মোটা হচ্ছে—He/She is getting fatter.

আমার ওজন এক কিলো বেড়েছে—I've put on weight by one kilo.

নিজের ওজন কমাও—Reduce your weight.

দ্রুত ভ্রমণ একটি উৎকৃষ্ট ব্যায়াম—A brisk walk is a good exercise.

প্রতিকার অপেক্ষা প্রতিরোধ উৎকৃষ্টতর উপায়—Prevention is better than cure.

অত্যধিক খাটুনি তোমার শরীরের পক্ষে ক্ষতিকারক হতে পারে—Overwork may tell on your health.

আমি সত্যিই ক্লান্ত হয়ে পড়েছি/ পরিশ্রান্ত হয়ে উঠেছি—I'm really exhausted.

ভালো স্বাস্থ্যই সৌন্দর্যের আধার—Good health is the base of beauty.

গুণ ব্যতীত (ছাড়া) সৌন্দর্য অভিশাপ—Beauty is a curse without merits.

সৌন্দর্য নিজেই নিজের পরিচায়ক—Beauty is its own recommendation.

WORK AND REST [পরিশ্রম ও বিশ্রাম]

শ্রমই পূজা—Work is worship.

তোমার কাজ/দায়িত্ব এড়িয়ে যেতে চেষ্টা করবে না—Don't try to shirk your work/responsibility.

ওই লোকটি খুব পরিশ্রম করে—That guy works pretty hard.

আপনার অতিরিক্ত পরিশ্রম এড়ানো উচিত—You should avoid overwork.

ওরা কঠোর পরিশ্রম করে খাদ্যের সংস্থান করে—They feed themselves by toil and labour.

সে ঘরের কাজকর্মে ব্যস্ত ছিল—He/She was occupied in household work.

আমি ঘরের কাজ সেরে ফেলেছি—I have disposed of the homework.

সে কারখানায় কাজ করে—He works in a factory.

তার জন্য একটা অস্থায়ী কাজের ব্যবস্থা করে দেওয়া হয়েছে—A makeshift arrangement has been made for him.

তুমি কেন ওর কাজে বাধা দিচ্ছ?—Why do you put a spoke in his wheel?

তুমি নিজের কাজে মন দাও—Mind your own business./Oil your own machine.

এই কাজের জন্য মানসিক পরিশ্রম প্রয়োজন—It requires mental labour.

অবশেষে সে তার পরিশ্রমের ফল পেল—At last he got the reward of his labour.

পরিশ্রম কখনও বৃথা যায় না—Labour never goes waste.

পরিশ্রমের ফল সুখকর হয়—The fruit of labour is sweet.

পরিশ্রমেরও একটা সীমা থাকে—There is a limit to work too.

এখন তুমি বিশ্রাম করো—Now you take rest.

শুয়ে কিছুক্ষণ বিশ্রাম করে নাও—Lie down and take a bit of rest.

ওর বিশ্রামের খুব প্রয়োজন—He/She is in dire need of rest.

ডাক্তার তাকে সম্পূর্ণ বিশ্রামের নির্দেশ দিয়েছেন—The doctor has advised him/her complete rest.

LEISURE AND PLEASURE [অবসর ও আনন্দ]

প্রত্যেকের জীবনেই অবসর প্রয়োজন—Leisure is essential in everybody's life.

কাজের থেকে অবসর কোথায়?—Where is leisure from work?

তুমি অবসর সময় কীভাবে কাটাও?—How do you pass your spare time/leisure?

চাকরি থেকে অবসরের পর সময় কাটানো মুস্কিল হয়—It's difficult to pass time after retirement.

কাজ থেকে ওর কোনো বিরাম নেই—He has no rest from work.

তুমি কেন অলস হয়ে বসে আছ?—Why are you sitting idle/idly?

অবসর সময়ে আমার সঙ্গে দেখা করো—See me in your spare time.

অবসর সময়ে আমরা সেখানে মিলিত হই—We meet there in our spare time.

আলস্য থেকে বাধ্যতামূলক পরিশ্রম ভালো—Forced labour is better than idleness.

কাজের সময় কাজ আর খেলার সময় খেলা—Work while you work and play while you play.

কারও শখ হল আনন্দের সঙ্গে অবসর কাটানোর উপায়—A hobby is a way to use one's leisure with pleasure.

খোশগল্প আমোদ-প্রমোদের একটি ভালো উৎস—Chatting is a good source of enjoyment.

শুধু গল্পই করবে, না কিছু কাজও করবে?—Would you do some work or go on gossiping?

অবসর সময়টা আনন্দ করেই কাটানো উচিত—Leisure should be spent with pleasure.

PLEASURE AND PAIN [আনন্দ ও বিষাদ]

প্রত্যেকেই সুখী হতে চায়—Everybody wants to be happy.

সে সবাইকে সুখী দেখতে চায়—He/She wants to see everybody happy.

সুখের সন্ধানে কে নেই?—Who is not in search of happiness?

সুখের সবাই অংশীদার হয়—All are partners in pleasure.

দুঃখের ভাগিদার কেউ হতে চায় না—None wants to share one's pain.

অনাড়ম্বর জীবনই সুখী জীবন—Simple life is happy life.

সুখ হচ্ছে অভ্যন্তরীণ অবস্থা—Happiness is internal/within one's mind.

জাগতিক বস্তু লাভের এই অন্ধ মোহে সুখ কোথায়!—Where is happiness in the blind race of material gain!

সুখ ভাগ করে নিলে বেড়ে যায়—Pleasure increases by sharing.

অন্যের সুখের জন্য সে নিজের জীবন উৎসর্গ করল—He/She sacrificed his/her life for the happiness of others.

তোমাকে খুব খুশি দেখাচ্ছে—You are looking very happy./You look very happy.

ওর খুশির সীমা ছিল না—His/Her happiness had no limits.

সুখ-দুঃখ একই বস্তুর দুই রূপ—Pleasure and pain are two aspects of the same thing.

তুমি দুঃখিত কেন?—Why are you so sad?

তোমার কীসের দুঃখ?—What grief do you have?

দুঃখ ভাগ করে নিলে হ্রাস পায়—Grief is lessened by sharing./Sorrow shared is sorrow halved.

দুর্ভাগ্য একা আসে না—Misfortune does not come alone.

সে গভীর আঘাত পেয়েছিল—He/She was shocked very much.

কাউকে দুঃখ দিও না—Don't give pain to anybody.

সে ফুঁপিয়ে ফুঁপিয়ে কাঁদছিল—He/She was weeping bitterly.

আসক্তিই দুঃখের কারণ—Attachment is the root of all sufferings.

মৃত্যু সমতা এনে দেয়—Death levels everything.

মৃত্যু ছাড়া অন্যকিছু এত ভালো সমতা এনে দিতে পারে না—Death is the best leveller.

বোধহয় কেউ মারা গেছে—Perhaps somebody has passed away.

শবাধার কখন নেওয়া হবে?—When will the coffin be taken out?

সে শবাধারে কাঁধ দিল—He shouldered the bier/coffin.

তাঁর মৃত্যুতে শোক পালন করা হল—His/Her death was mourned.

তুমি কি শোকসভায় উপস্থিত ছিলে?—Were you present in the condolence meeting?

FEELINGS AND EMOTION [অনুভূতি ও আবেগ]

দ্যাখো, আমাকে রাগিও না—Please, don't make me angry.

রাগ প্রকাশ করা বৃথা—It's no use giving vent to anger.

সে কি তোমার ওপর খুব রাগ করেছিল?—Did he/she get very angry on you?

সেই মুহূর্তে সে তার রাগ চেপে রাখল—He/She bottled his/her anger at that moment.

বন্ধু, আমার ওপর রাগ করছ কেন?—Why are you cross with me, friend?

ওর মনিব দারুণ রেগে গিয়েছিল—His/Her boss was extremely angry.

এখন অনুরোধ করে কী লাভ?—Of what use are the entreaties now?

তোমার বেহায়াপনার কোনো সীমা আছে কি?—Is there any limit to your shamelessness?

আমি এই অপমান সহ্য করব না—I won't tolerate such insult./I can never tolerate such insult.

আমি তোমার সব অপকর্ম জানি—I know all your misdeeds.

তোমার স্ত্রী খুব বদমেজাজি—Your wife is very hot-tempered/ill-tempered.

তিনি একজন স্নেহময়ী মা—She is an affectionate mother.

ADVICE AND OPINION [পরামর্শ ও মতামত]

আমি আপনার পরামর্শ চাই—I need your advice.

তোমার বাবার পরামর্শ নাও—Take counsel from your father./Get advice from your father.

তিনি আমাকে একাজ করার পরামর্শ দিয়েছেন—He/She has advised me to do this.

তিনি আমার পরামর্শদাতাও বটে—He/She is also my adviser.

সে আমার সম্মতি নিয়ে একাজ করেছিল—He/She did it with my consent.

আপনি কীসের জন্য এত উদ্‌বিগ্ন?—What are you worried about?

এ ব্যাপারে কোনো অভিজ্ঞ চিকিৎসকের পরামর্শ নিন—Consult some expert doctor/a specialist about it.

এতে ভয়ের কী আছে?—What's to be feared in this?

চিন্তার কোনো কারণ নেই—There's nothing to worry about.

মৌনতা সম্মতির লক্ষণ—Silence shows consent.

আমার মতে সে অপরাধী/নিরপরাধ—In my opinion, he/she is guilty/innocent.

LOVE AND MARRIAGE [ভালোবাসা ও বিবাহ]

প্রেমের অনেক রূপ—Love has many forms.

প্রেমই জীবন—Love is life.

ভালোবাসা অন্ধ—Love is blind.

কাম ভালোবাসার স্বাভাবিক অঙ্গ—Lust is a natural part of love.

কাম স্বর্গীয় ভালোবাসার শত্রু—Lust is an enemy of divine love.

প্রেম দাবি করে স্বার্থত্যাগ—Love demands sacrifice.

ভালোবাসায় আছে যন্ত্রণা—To love is to writhe with pain.

রোহিত রেখার প্রেমে পড়েছিল—Rohit fell in love with Rekha.

ও একজন হতাশ প্রেমিক—He is a dejected lover.

চপল প্রেমিককে কে বিশ্বাস করে?—Who can trust a frivolous lover?

এ ভালোবাসা বেশিদিন টিকবে না—This love will not last long.

তুমি কতদিন ধরে ওর প্রণয়াসক্ত?—How long have you been in love with him/her?

তার প্রেম মিথ্যা প্রমাণিত হয়েছিল—His/Her love proved false.

প্রেমে ও যুদ্ধে সবকিছুই যুক্তিসংগত—Everything is fair in love and war./Nothing is unfair in love and war.

প্রেম এবং বিবাহ দুটি ভিন্ন ব্যাপার—Love and marriage are two different things.

বিবাহ একটি সামাজিক বিধান—Marriage is a social institution.

বিবাহ একটি সামাজিক প্রথাও বটে—Marriage is a social order too.

বাল্যবিবাহ আইনত দণ্ডনীয় অপরাধ—Child marriage is a crime.

পণপ্রথা একটি সামাজিক অভিশাপ—Dowry system is a social evil/curse.

সে এক বেকার যুবকের সঙ্গে তার মেয়ের বিয়ে দিয়েছে—He married off his daughter to an unemployed young man.

রাহুল রিমাকে বিয়ে করেছিল—Rahul got married to Rima.

ওদের বিবাহ অনুষ্ঠানে তোমার আসা চাই—You must come in their wedding ceremony.

ওদের বিয়ে স্থগিত রাখা হয়েছিল—Their marriage/wedding was postponed.

সেটা ছিল এক অসম বিবাহ—That was an unequal marriage.

বিয়ের সানাই বেজে উঠল—The marriage pipes/bells began to sound/ring.

বরযাত্রীরা কখন রওনা হবে?—When would the marriage party start?

কতজন বরযাত্রী ছিল?—How many members were in the bridegroom's party?

তাদের বিয়ে কি ভালোবেসে বিয়ে নাকি সম্বন্ধ করে?—Was it a love marriage or an arranged one?

সে বলত যে সে বিয়ে করবে না—He/She used to say that he/she won't marry.

সে অবিবাহিত থাকার সংকল্প করেছে—He/She has determined to remain unmarried.

সে এখনও অবিবাহিত—He is still a bachelor./She is still unmarried/spinster.

বৈবাহিক সম্পর্ক বজায় রাখা খুব কঠিন—It's very difficult to maintain matrimonial relations.

বিবাহ বিচ্ছেদের মামলা দিনের পর দিন বেড়েই চলেছে—Divorce cases are increasing day-by-day.

সে তার স্বামীর সঙ্গে দাম্পত্য সম্পর্ক ছিন্ন করেছে—She has taken divorce from her husband.

তার বিবাহ বিচ্ছেদ হয়েছে/ সে বিবাহ-বিচ্ছিন্না—She is a divorcee.

ওদের নিজেদের মধ্যে অনুরাগ আছে—They have mutual love/affection.

YOUTH AND OLD AGE [যৌবন ও বার্ধক্য]

শৈশবের পর কৈশোর আসে—After childhood comes boyhood/girlhood/adolescence.

বয়ঃসন্ধি খুবই সমস্যাবহুল সময়—Adolesence is a very problematic period.

যৌবন হচ্ছে জীবনের বসন্তকাল—Youth is the spring of life.

প্রত্যেকেই তরুণ থাকতে চায়—Everybody wants to remain young.

যৌবনে কেউই মরতে চায় না—Nobody wants to die young.

নবযৌবনে কার বোধশক্তি থাকে?—Who is in senses in rising youth?

যৌবন মানুষকে পাগল করে দেয়—Youth makes one mad.

সে যৌবনের প্রারম্ভে / মধ্যযৌবনে মারা গেল—He died in the prime of his youth.

অপরিণত বয়সে সে বুড়িয়ে গেল—He became old untimely.

বয়সের অনুপাতে ওকে তরুণ দেখায়—He looks younger than his age.

সে দ্রুত বুড়িয়ে যাচ্ছে—He/She is ageing fast.

সাবালক হলেই সে সম্পত্তির অধিকার পাবে—He will own the property as soon as he comes of age/gets adulthood.

এখন সে সাবালক এবং তার ভোটাধিকার প্রয়োগ করতে পারে—Now he is an adult and can exercise his right to vote.

দুশ্চিন্তা তাকে অকালে বৃদ্ধ করে দিয়েছে—Worries have made him old before time.

দীর্ঘ অসুস্থতা তাকে বুড়ো করে দিয়েছে—Long illness has made him/her aged.

দেশের ভবিষ্যৎ যুবসম্প্রদায়ের ওপর নির্ভরশীল—The future of a country rests on the youth / young generation.

বার্ধক্য কি অভিশাপ?—Is old age a curse?

বার্ধক্যে চুল পাকে এবং ঝরে যায়—Hair turns grey/white, and falls in old age.

আজকাল চুলে কলপ দেওয়ার রেওয়াজ হয়েছে—These days there's a fashion of dyeing hair.

ও আর বেশি দিন বাঁচবে না/তিনি আর বেশি দিন বাঁচবেন না—His/Her days are numbered.

সময় তার পদচিহ্ন সবার ওপর রেখে যায়—Time leaves its footprint on all.

বার্ধক্য জীবনযাত্রার শেষ পদক্ষেপ—Old age is the last step of life.

তিনি এখন বৃদ্ধাবাসে আছেন—He/She is now in an old-age home.

বৃদ্ধ-বৃদ্ধাদের যত্ন করাটা আমাদের কর্তব্য—It is our duty to take care of the old/senior citizens.

DRESS AND FOOD [পোশাক ও খাদ্য]

প্রবাদ আছে—মানুষের পরিচয় তার বেশভূষায়—A proverb goes—a man is known by the dress he wears.

বেশভূষা দেখে সর্বদা মানুষের সত্যিকার পরিচয় জানা যায় না—A man cannot always be known by his dress.

অনেক সময় পোশাক ব্যক্তিত্ব বাড়িয়ে দেয়—Dress sometimes adds to one's personality.

তোমাকে এই পোশাকে বেশ ফিটফাট/চটপটে দেখাচ্ছে—You look very smart in this dress.

সে চটকদার পোশাক-পরিচ্ছদ পছন্দ করে—He/She is fond of fashionable dress.

আমি চটকদার পোশাক পছন্দ করি না—I dislike gaudy dress.

বেশভূষার আদবকায়দা পরিবর্তনশীল—Fashions in dress come and go.

সুতির কাপড় কি কম টেকে?—Do the cotton clothes last less?

রেশমি কাপড় কি বেশি টেকে?—Does silk (silken) cloth wears long?

এখন শাড়ি বিদেশেও জনপ্রিয় হচ্ছে—Now saree is becoming popular in foreign too.

এই খাঁটি রেশমি শাড়িটা কোথা থেকে কিনলে?—Where did you buy this pure silk saree from?

এই স্কার্টটা আঁটোসাঁটো—This skirt is a tight fit.

এটা তোমার বেশ মাপসই হয়েছে—It fits you fine.

গ্রীষ্মে ঢিলেঢালা পোশাক ভালো—Loose dresses/garments are good in summer.

সে জামাকাপড় বদলাচ্ছে—She is changing.

দুধ খুব ভালো পথ্য—Milk is a perfect diet.

বাসি খাবার ক্ষতিকর—Stale food is harmful.

মশলাদার খাবার ক্ষতিকর—Spicy food/Rich food is harmful.

দুধটা টকে গেছে—The milk has turned sour.

ডিমগুলো বেশি সিদ্ধ হয়ে গেছে—The eggs have been over-boiled.

আমি ফোটানো জল খাই—I take boiled water.

রুটিতে মাখন লাগাও—Spread the butter on bread./Butter the slices.

প্রাতরাশ তৈরি—Breakfast is ready.

আপনি কখন মধ্যাহ্নভোজন সারেন?—When do you take your lunch?

আপনার রাতের খাবার দেওয়া হয়েছে—Your dinner has been served.

BOOKS AND READING [বই পড়া]

বই আমাদের সবচেয়ে বড়ো বন্ধু/সঙ্গী—Books are our best friends/companions.

বই পড়ার অভ্যাস ছোটোবেলা থেকেই করা উচিত—We should acquire the habit of book-reading from our early age.

কিন্তু বইপোকা হওয়া ভালো নয়—But it's not good to be a bookworm.

পড়ার জন্য ঠিকঠিক বই বাছাই করা খুব গুরুত্বপূর্ণ—Choice of books for reading is very important.

যে কেউ নিজের রুচি অনুযায়ী বই বাছাই করতে পারে—One can select books according to one's taste.

এ ব্যাপারে আমরা কোনো অভিজ্ঞ ব্যক্তিরও সাহায্য নিতে পারি—We can take help of some experienced men in this matter.

বই পড়াটা আমার শখ—Reading books is my hobby.

চিত্তবিনোদনের জন্য গল্পের বই বা উপন্যাস পড়া যায়—A novel or a story can be read for entertainment.

চিন্তাশীল অধ্যয়নের জন্য আত্মজীবনী, ইতিহাস, দর্শন, বিজ্ঞান এবং ধর্মসম্বন্ধীয় বই পড়া যায়—For serious reading you can select books on autobiography, history, philosophy, science and religion.

পাঠ্যপুস্তক ছাড়াও ছাত্রছাত্রীদের অন্যান্য ভালো বই পড়া দরকার—The students should read other good books in addition to textbooks.

বই আনন্দের সঙ্গে জ্ঞানও সরবরাহ করে—Books provide us knowledge along with pleasure.

অবসর পেলেই আমি বই পড়ি—I read books whenever I find leisure.

বই এমন এক অমূল্য সম্পদ যার কোনো তুলনা নেই—Books are such a treasure that has no parallel.

একজন পুস্তকপ্রেমিক কখনও নিঃসঙ্গ হন না—A book-lover is never alone.

আমার নিজের একটি ছোটো পাঠাগার আছে—I have my own small library.

আমি আরও দুটি গ্রন্থাগারের সদস্য—I'm a member of two other libraries too.

তুমি পাঠাগার এবং অন্যের কাছ থেকে বই নিতে পার এবং সুযোগ পেলে বই কিনতেও পার—You can borrow books from libraries and others, and can buy when you have the opportunity.

TELEPHONE TALKS

A business talk over the telephone

হ্যালো, এটা কি আই সি ডিজাইন টেক কোম্পানি?—Hello, is it IC Design Tech Company?

আজ্ঞে হ্যাঁ, তাই—Yes sir/Yes madam.

আমি কি পারচেজ অফিসার মি. বর্মনের সঙ্গে কথা বলতে পারি?—May I speak to the Purchase Officer Mr. Burman?

দয়া করে একটু ধরুন—Please hold on./Please hold the line.

দয়া করে পারচেজ অফিসার মি. বর্মনের লাইনটা একটু দিন—Please put the line to Purchase Officer Mr. Burman.

হ্যাঁ, বলছি—Yes, speaking.

আমি ইনডাস লেটার প্রেস থেকে মি. রায় কথা বলছি—I'm Mr. Roy, speaking from Indus Letter Press.

আরে মি. রায়, কী ব্যাপার?—Well, Mr. Roy. What's the matter?

আপনি কি আমাদের কোটেশানটা পেয়েছেন?—Are you in receipt of our quotation?/Have you got (received) our quotation?

হ্যাঁ, পেয়েছি। কিন্তু আপনাদের দামের হারটা একটু বেশি মনে হচ্ছে—Yes, I've got it. But the rate of price seems to be a bit high.

মাপ করবেন। আপনি আমাদের পুরোনো খরিদ্দার। আপনার কাছ থেকে কখনোই বাজারদরের বেশি নিতে পারি না। আপনি বাজারদর যাচাই করে দেখতে পারেন। আর শুধু তাই নয়, গুণগত মানটাও দেখবেন—Excuse me, you're our old customer. We can't charge you higher than the market rate. You can verify it in the market. And not only that, please see the quality of our products.

ঠিক আছে। কয়েকদিনের মধ্যেই অর্ডারটা পাঠিয়ে দিচ্ছি—OK. I'll send the order within a few days.

আপনার এই সহৃদয় সহযোগিতার জন্য ধন্যবাদ—Thank you for your kind cooperation.

TELEPHONE AND FAX

হ্যালো! কে বলছেন?—Hello! Who's speaking?

আমি ড. দাস বলছি। আপনি কি ডিরেক্টার সাহেবকে এক্সটেনশানটা দেবেন?—Dr. Das speaking. Could you please connect the extension to the Director?

একটু ধরুন—Please hold on.

লাইন কেটে গেছে—We are cut off at present.

বলবেন, আমি ফোন করেছিলাম—Please say that I rang.

আবার সন্ধ্যা ছটায় ফোন করব—I'll call again at 6 pm.

আমেরিকায় ফোন করতে মিনিটে কত খরচ?—How much is the call per minute to America?

কানাডায় একটা ফ্যাক্স করতে কত খরচ?—How much is it to send a fax to Canada?

আমি একটা রিভার্স চার্জ কল করতে চাই—I'd like to make a reverse charge call.

TELEPHONE TO MAKE AN APPOINTMENT

হ্যালো, কে বলছেন?—Hello, who is speaking, please?

আমি কি ডিরেক্টর মি. ঘোষ-এর সঙ্গে কথা বলতে পারি?—May I speak to the Director Mr. Ghosh?

তিনি এখন মিটিং-এ ব্যস্ত আছেন—I'm afraid, he is in a meeting.

হ্যাঁ বলছি—Yes, speaking.

আমি আপনার অফিসে আগামীকাল আপনার সঙ্গে দেখা করতে চাই। আপনি কি বলবেন কোন্ সময়ে আপনার দেখা পাব? —I'd like to see you in your office tomorrow. Could you tell me when you'll be available?

দুঃখিত। কাল সারাদিন আমি খুব ব্যস্ত থাকব—Sorry. Tomorrow I'll be very / highly / too much busy all through the day.

তাহলে পরশুদিন কি আপনার সুবিধা হবে?—Well, will the day after tomorrow be convenient for you?

হ্যাঁ, পরশুদিন আপনি আমার অফিসে এসে দেখা করতে পারেন—Yes, you can call on me the day after tomorrow at my office.

আপনি কি নির্দিষ্টভাবে আমাকে সময়টা বলবেন?—Could you please tell me the specific time?

বেশ, পাঁচটা থেকে ছ'টার মধ্যে। আপনার অসুবিধা হবে না তো?—Well, between 5 and 6. Will it suit you?

হ্যাঁ, ঠিক আছে। ধন্যবাদ—Yes, all right. Thank you.

TELEPHONE TO CALL A DOCTOR

আমি কি ড. পাল-এর সঙ্গে কথা বলতে পারি?—May I speak to Dr. Pal?

হ্যাঁ, বলছি—Yes, speaking.

আমি এফ. ই. ৫২০ সল্টলেক থেকে অভিজিৎ দাস বলছি—This is Abhijit Das from FE 520, Salt Lake.

কি সমস্যা হয়েছে মি. দাস?—What's the trouble, Mr. Das?

আমার বাবা হঠাৎ ঘামছেন এবং বুকে ব্যথা অনুভব করছেন। আপনি কি এক্ষুনি একবার আসতে পারবেন?—My father is suddenly sweating and feeling pain in his chest. Could you come to see him immediately?

ঠিক আছে, আমি এক্ষুনি আসছি—Well, I'm coming right now.

ধন্যবাদ / অনেক ধন্যবাদ—Thank you. / Thank you so much.

TELEPHONE TO A HOSPITAL

এটা কি মেডিকেল কলেজ, এমার্জেন্সি ডিপার্টমেন্ট?—[Is this] Medical College Emergency Department?

হ্যাঁ, কী ব্যাপার?—Yes. What's the matter/problem?

আমি একজন রোগীকে এখনই আপনাদের হাসপাতালে ভর্তি করতে চাই—I'd like to get a patient admitted into your hospital immediately.

কীরকম রোগী?—What case is it?

কলেরা বলে সন্দেহ হচ্ছে—It's a case of suspected cholera.

কিন্তু এখন কোনো ফ্রি বেড খালি নেই—But there's no free bed empty at present.

তাহলে একটা পেইং বেড-এর ব্যবস্থা করে দিন—Then please arrange for a paying bed.

আমরা চেষ্টা করব। কিন্তু আপনি প্রথমে রোগীকে এমার্জেন্সি ডিপার্টমেন্টে নিয়ে আসুন—We'll try. But first of all, bring the patient to the Emergency Department.

ধন্যবাদ—Thank you.

TELEPHONE FOR AN AMBULANCE

এটা কি অ্যাম্বুলেন্স সার্ভিস সেন্টার?—Is it the Ambulance Service Centre?

হ্যাঁ, তাই—Yes sir/madam.

আপনারা কি বালী মঙ্গলদীপ অ্যাপার্টমেন্টে এখনই একটা অ্যাম্বুলেন্স পাঠাতে পারবেন?—Could you please send an Ambulance car to Bally Mangaldeep Apartment immediately?

কী ব্যাপার / সমস্যা?—What's the matter/problem?

আমার বাবার হঠাৎ একটা হার্ট অ্যাটাক হয়েছে—My father has got/had a sudden heart attack.

আপনি কি একজন ডাক্তার?—Are you a doctor?

না, আমি ডাক্তার নই—No, I'm not.

তাহলে কী করে জানলেন যে এটা হার্ট অ্যাটাক-এর কেস?—Well, how could you know it's a case of heart attack?

ডাক্তার যা বলেছেন আমি তাই বলেছি, নইলে আমি কী করে জানব?—I am telling you, what the doctor told me—or else how could I know?

ঠিক আছে, আমরা এখনই একটা অ্যাম্বুলেন্স পাঠিয়ে দিচ্ছি—Well, we're sending an Ambulance right now.

ধন্যবাদ—Thank you.

TELEPHONE TO A FIRE STATION

এটা কি ফায়ার সার্ভিস স্টেশন?—[Is this] Fire Service Station?

হ্যাঁ, তাই—Yes sir/madam.

আমি নারকেলডাঙা থেকে বরুণ সোম বলছি। আমাদের বাড়ির পাশে একটা কাগজের গুদামে আগুন লেগেছে। তাড়াতাড়ি দমকল পাঠান—This is Barun Som from Narkeldanga. A fire has broken out in a paper godown adjacent to our building. Please send your squad immediately.

জায়গাটা ঠিক কোথায়?—What's the exact location of the spot?

এটা ৪৮ নং ক্যানাল ইস্ট রোড, নারকেলডাঙা মেন রোডের কাছে—48 Canal East Road, near Narkeldanga Main Road.

গুদামে ঢোকার মুখ কি সরু না চওড়া?—Is the gateway to the godown narrow or broad?

এটা খুব চওড়া নয়, কিন্তু গাড়ি ঢুকতে পারে—It's not very broad, but motorable.

ঠিক আছে। আমরা এখনই দমকল পাঠাচ্ছি—All right. We're sending our squad just now.

ধন্যবাদ / অনেক ধন্যবাদ—Thank you. / Thank you so much.

TELEPHONE TO A POLICE STATION

এটা কি থানা?—[Is it] Police Station?

হ্যাঁ, তাই—Yes sir/madam.

আমি কি থানার দারোগার সাথে কথা বলতে পারি?—May I speak to the OC?

হ্যাঁ, আমি ও.সি. বলছি—Yes, speaking.

আমি আমির হোসেন রোড থেকে তৃণা ব্যানার্জি বলছি। আমাদের বাড়ির সামনে দু-দল সমাজবিরোধী বোমা আর ছোরা নিয়ে মারামারি করছে—This is Trina Banerjee from Amir Hossain Road. Two groups of antisocials are fighting desperately with bombs and daggers in front of our house.

আপনার কি মনে হয় এর মধ্যে কোনো রাজনৈতিক জটিলতা আছে?—Do you think any political complication in it?

সঠিক কারণ সম্বন্ধে আমার কোনো ধারণা নেই। যাই হোক আমাদের পাড়ার শান্তি বিঘ্নিত—I've no knowledge of the actual cause. However, peace of our locality is endangered.

ভাববেন না। আমি এক্ষুনি ঘটনাস্থলে পুলিশবাহিনী পাঠাচ্ছি—Don't worry. I'm sending a police force to the spot immediately.

তাই করুন। আমরা সকলে সন্ত্রস্ত হয়ে পড়ছি—Please do that. We're all panic-striken.

SMS IN VARIOUS SITUATIONS

Love SMS [Bengali]

[1] একথাটা মনে রেখো তোমাকে সব সময় একজন মনে করে।
তুমি SMS করো বা না করো
তোমার মনের মেসেজ আছে আমার হৃদয় জুড়ে।
E Kathata mone rekho tomake sab samay ekjan mone kare.
Tumi SMS karo ba na karo
Tomar moner message aachhe aamar hriday jure.

[2] আমার সিমকার্ডে আছে লিমিটেড মানি
কিন্তু আমার হৃদয়ের সিমে তোমার জন্য আনলিমিটেড জায়গা—এটা জানি।
Aamar sim carde aachhe limited money
Kintu aamar hridayer sime tomar janya unlimited jayga—eta jani.

Love SMS [Hindi]

[1] গোরে গাল বহুত মিলতে হ্যায়
গাল পে কালা তিল নহি মিলতা।
যো মেরা দিল কো দিল নহি সমঝে
কঁহি ও দিল নহি মিলতা।
Gore gal bahut milte hai
gal pe kala til nahi milta.
Yo mere dil ko dil nahi samjhe
kanhi o dil nahi milta.

[2] ওয়াদা নিভানা পহেলে শিখো — Wada nivana pahele sikho
প্যার নিভানা বাদ মে। — pyar nivana baad me.
দুনিয়া সে কিউ ডরতি হো — Dunia se kiu darti ho
জব হাত দিয়া হাত মে। — jab hath diya hath me.

Love SMS

I love you.
I got lost somewhere for someone.
This night is for you and me!

Friendship SMS [Bengali]

[1] একটি ভালো বন্ধু হল ঠিক কম্পিউটারের মতো।
সে 'এন্টার' করে তোমার জীবনে, 'সেভ' করে তোমাকে নিজের হৃদয়ে,
'ফরম্যাট' করে তোমার প্রবলেম, 'শিফ্‌ট্' করে তোমাকে অপরচুনিটি,
এবং কখনো 'ডিলিট' করবে না তোমাকে তার 'মেমারি' থেকে।
Ekti bhalo bandhu holo thik computerer mato.
Se enter kare tomar jibane, save kare tomake nijer hridaye,
Format kare tomar problem, shift kare tomake opportunity,
ebong kakhano delete karbe na tomake tar memory theke.

[2] এমন কোনো হৃদয় দেখেছ কি যা কখনো ভাঙে না
এমন কোনো হাসি আছে কি যা ম্লান হয় না
স্পর্শকাতর হয় না এমন ব্যক্তিত্ব দেখা যায় না
কিন্তু আমার বন্ধুত্ব চিরদিন অম্লান থাকবে।
Eman kono hriday dekhechho ki ya kakhano bhange na
Eman hasi aachhe ki ya mlan hay na
Sparsakatar hai na eman byaktitto dekha yai na
Kintu aamar bandhutto chiradin amlan thakbe.

Friendship SMS [English]

[1] Life is a book we should read it.
Friendship is a blessing we should need it.

[2] A friend
Not like the sun because it sets
Not like the moon because it fades
but like a sky because it stays.

[3] Besides your SMS
My days are—mournday, tearsday, wasteday,
thirsty day, fight day, shatter day and shady day.

Marriage SMS [Bengali]

[1] বিয়ে একটি শব্দ নয়, এটা একটা বাক্য—জীবনের বাক্য।
Biye ekti shabda noy, eta ekta bakya—jibaner bakya.

[2] প্রত্যেক পুরুষই এমন স্ত্রী চায় যে সুন্দরী হবে
সবকিছু বুঝতে পারবে, অর্থনৈতিক সমস্যার মোকাবিলা করবে
এবং ভালো রাঁধুনি হবে। কিন্তু আইনে তো একজন স্ত্রী রাখারই অনুমতি দিয়েছে!!
Pratyek manush-i eman stree chay je sundari habe
sab kichhu bujhte parbe, arthanaitik samasyar mokabila korbe
ebang bhalo randhuni habe. Kintu aaine to ekjan stree
rakhar-i anumati diyechhe!!

[3] সবচেয়ে ভালো বিবাহ হল অন্ধ বৌ এবং কালা স্বামী।
Sabcheye bhalo bibaha halo andha bou ebong kala swami.

[4] স্ত্রী না থাকলে মানুষের জীবনে সংগতি আসে না,
থাকে না একাগ্রতা। পুরুষ হয়ে যায় ছন্নছাড়া, ছন্দহারা।
তারা তখন দায়িত্বহীন জীবন কাটাতে শুরু করে।
Stree na thakle manusher jibane sangati ase na,
thake na ekagrata. Purush haye yai chhannachhara, chhandahara.
Tara takhan daityahin jiban katate shuru kare.

[5] মেয়েরা পুরুষের চেয়ে জ্ঞানী
কারণ তারা জানে কম, বোঝে বেশি।
Meyera purusher cheye jnanee
karan tara jane kam, bojhe beshi.

[6] ফুলের আমার প্রয়োজন হয় না, যখন হাসো তুমি
গানের প্রয়োজন হয় না, যখন তোমার কথা শুনি।
Phooler aamar prayojan hai na jakhan haso tumi
Ganer prayojan hai na jakhan tomar katha shuni.

[7] বেদনার ঔষধ তুমি, কান্নার মাঝে হাসি
হতাশার মাঝে আশার বাণী তোমার কাছে শুনি।
Bedanar oushadh tumi, kannar majhe hasi
Hatashar majhe aashar bani tomar kachhe shuni.

[8] অভাব আছে, দুঃখ আছে, তবু তারই মাঝে আনতে হবে একজনকে যে ভালোমন্দে অংশ নেবে।
Abhab aachhe, dukkha aachhe, tabu tar-i majhe ante habe akjanke
je bhalo mande angso nebe.

[9] রাশিকৃত দুঃখের মাঝেও জীবনের মাধুর্য নষ্ট হয় না, যদি দুঃখের ভাগ নেওয়ার কেউ থাকে।
Rashikrita dukkher majheo jibaner madhurya nasta hai na,
jadi dukkher bhag neoar keu thake.

Marriage SMS [English]

[1] The secret of a happy marriage remains a secret.

[2] Am I disturbing U?
I am sorry.
But I'm sorry to say that
I LAV U.
I 2 marry U.

Greetings SMS [English]

[1] Merry Christmas!

[2] Happy New Year!

[3] Happy birthday to you!

[4] Wish you a happy new year.

[5] Wish you many happy returns of your birthday.

[6] My best wishes to your happy wedding.

[7] Best wishes to your 30th marriage anniversary.

Good wishes SMS [Bengali]

[1] তোমার যাত্রা শুভ হোক, তোমার আশা পূর্ণ হোক
তুমি যে শুভ কাজে যাচ্ছ তা সম্পূর্ণ হোক।
Tomar jatra subho hok, tomar aasha purna hok
Tumi je subho kaje jachho ta sampurna hok

[2] তুমি আকাশের মতো উদার হও
পর্বতের মতো মাথা উঁচু করে থাকো
এই শুভেচ্ছা রইল।
Tumi aakasher moto udar hao
Parbater moto matha unchu kare thako
ei shubhechha railo.

Good wishes SMS [English]

[1] All things are possible by faith
All works made by hope.
All things are beautiful by love
I hope all these will bring you
A new good morning.

[2] Best of luck. Take care.

[3] All the best.

Good night SMS [Bengali]

[1] লক্ষ তারা আকাশে ফোটে
তার একটি পাঠালাম তোমাকে
আমি জানি সেটা তোমার জন্য চিকচিক করবে।
Laksha tara akashe phote
Tar ekti pathalam tomake
Aami jani seti tomar janya chikchik korbe.

Good night SMS [English]

Good night
Sleep tight.

Miscellaneous SMS

[1] I am fine. How are you?
[I m fine. How r u ?]

[2] I have reached safely.
[I hv rchd sefli]

[3] Many congratulations on your job.
[Many congrats on ur job]

[4] Best of luck for your exam.
[Bol for ur exam]

[5] When are we parting?
[Wen r we partng?]

[6] Long time I have not seen you.
[Lng time not cn u]

[7] When is the meeting? I will be late.
[Wen is da mitng? I l b late]

[8] Laugh out loud on that poor joke.
[LoL on dat P J]

[9] You should take a vacation.
[u shld take a vacasn]

[10] I am at the grocery store. I will reach soon.
[Me at grocery store. Will rch home soon]

[11] I have reached. Where are you?
I hv rchd. where r u ?]

[12] Hope to see you soon at the party.
[Hope 2 c u soon at da party]

[13] I will be out of town tomorrow.
[I'! be out of town tomoro]

[14] Don't be late at the gathering.
[Dut b late at da gathrng]

[15] When there is a will, there is a way.
[Wen dere is a wil, dere is a way]

SECTION II

TOPICAL DIALOGUES

TOPICAL DIALOGUES

"Words are but pictures of our thoughts."—*Dryden*

HOW TO MAKE A DIALOGUE?

[1] **Two or more characters are involved in Dialogues.**

[2] **Different aspects of the given topic should be considered.**

[3] **We use Spoken English sometimes without verbs and sometimes with the verbs in shortened form.**

[4] **Pointed questions, short answers, exclamations, interruptions, question-tags, etc. are often used.**

SOME SHORT EXPRESSIONS

Greetings

[1] Good morning/Good afternoon/Good evening/Have a good day!
[2] How do you do?
[3] How nice/It's nice to see you.
[4] How are you getting on?
[5] I hope you are fine, etc.

Meetings

[1] Hello! [British style]/Hi [American style]
[2] Excuse me/Pardon me.
[3] Sorry to trouble you, sir.
[4] Would you mind ...?
[5] Isn't it a good weather today?

Introducing

[1] This is Mr/Mrs ...
[2] Let me introduce ...
[3] Have you met ...?
[4] Please meet my friend ...

Interruption/ Leave taking

[1] It's time to go.
[2] I'm afraid, I must go now.
[3] I'm afraid, I've to leave you.
[4] Excuse me, I have to leave.
[5] Excuse me for interrupting you.
[6] Excuse me, I have to attend a meeting.
[7] Would you excuse me for a moment?
[8] Bye/Ta Ta.

> **Note :** In dialogues we genrally use pronoun + short form of verbs, such as : I'm (= *I am*), I've (= *I have*), I'll (= *I will*), We've (= *We have*), It's (= *It is*), Verb + not, such as Don't (*Do not*) etc.
>
> The fillers—'You know' and 'I think'—are often used.

[1] IN THE COUNTRYSIDE [কোনো একটি গ্রামে]

A. গ্রামে যাওয়ার কোনো যানবাহন আছে কি?

B. আপনি এখান থেকে ট্রেকার পেতে পারেন।

A. এই নদী পার হওয়ার কোনো খেয়া আছে কি?

B. হ্যাঁ, আপনি খেয়া নৌকো পাবেন।

A. কোনো নৌকো ভাড়া পাওয়া যাবে কি?

B. হ্যাঁ, আপনি তাও পাবেন/না, আপনি তা পাবেন না।

A. এখান থেকে গ্রামের প্রান্তে যাওয়ার জন্য কোনো ট্যাক্সি বা রিক্সা পাওয়া যাবে কি?

B. এখান থেকে কিছুদূর রিক্সা পাবেন। তারপর গোরুর গাড়িই একমাত্র ভরসা [যানবাহন]।

A. এই এলাকায় প্রধান ফসল কী?

B. এখানে ধান এবং আলু হল প্রধান ফসল।

A. এখানে কি কোনো কুটিরশিল্প আছে?

B. আপনি জানবেন, তাঁত এবং মাদুর বোনার কাজে এখানে অনেক লোক নিযুক্ত আছে।

A. এটা বেশ মজার ব্যাপার। আমরা কি নিজেরা এগুলো দেখতে পারি?

B. হ্যাঁ, অবশ্যই।

A. আমি বলতে কুণ্ঠিত হচ্ছি, এখানে গ্রামবাসীরা খুবই দরিদ্র।

B. তা বলতে পারেন। তবে এটাকেই তারা তাদের ভাগ্য বলে মেনে নিয়েছে।

●

A. Is there any transport to the contryside?

B. You can get a trekker from here.

A. Is there any ferry to cross the river?

B. Yes, you can get the ferry service.

A. Is there any boat for hire?

B. Yes, you may get that./No, you can't get that.

A. Is there any taxi or rickshaw to go to the village corner?

B. Rickshaw is available to a certain extent and from there the bullock cart is the only conveyance.

A. What are the main crops in this area?

B. Paddy and potato are the main crops here.

A. Is there any cottage industry here?

B. A lot of people, you know, are engaged in weaving and matting.

A. It's very interesting! Can we see these ourselves?

B. Yes, of course.

A. I'm afraid—the villagers are very poor here.

B. You may say that. But they have taken it as their lot.

[2] IN A HISTORICAL TOWN [একটি ঐতিহাসিক শহরে]

ভ্রমণকারী : আপনি জানবেন, আমরা এখন ঐতিহাসিক শহর মুর্শিদাবাদে এসেছি। আপনি কি আমাদের দ্রষ্টব্য স্থান এবং বিষয়গুলি দেখাতে সাহায্য করবেন?

দ্রষ্টব্য পরিচায়ক : অবশ্যই। এটাই তো আমার কাজ। আপনারা জানবেন, নবাবি আমলে মুর্শিদাবাদ ছিল অবিভক্ত বাংলার রাজধানী। আর হাজারদুয়ারি হল সেই মহিমাময় রাজপ্রাসাদ যার এক হাজার দরজা আছে।

ভ্রমণকারী : এই হাজারদুয়ারির কি আর কোনো আকর্ষণ আছে?

দ্রষ্টব্য পরিচায়ক : হ্যাঁ, এটা একই সঙ্গে চিত্রশালা, মিউজিয়াম এবং অস্ত্রশালা। এখানে আপনারা দেখতে পাবেন অনেক সুন্দর সুন্দর ছবি, ফার্সি ভাষায় লেখা অনেক গুরুত্বপূর্ণ পাণ্ডুলিপি এবং নবাবের বিচারসভা।

ভ্রমণকারী : আমি তো ফার্সিভাষা জানি না, আর তাই পাণ্ডুলিপিগুলো পড়তে পারব না।

দ্রষ্টব্য পরিচায়ক : কোনো সমস্যা হবে না। আমি সেগুলো বাংলায়/ইংরেজিতে বুঝিয়ে দিতে পারব।

ভ্রমণকারী : তাহলে তো ভালোই হয়। আচ্ছা হাজারদুয়ারি ছাড়া মুর্শিদাবাদে আর কী কী দ্রষ্টব্য আছে?

দ্রষ্টব্য পরিচায়ক : আমরা দেখতে যেতে পারি—খোসবাগ যেখানে আলিবর্দি এবং সিরাজ অনন্ত ঘুমে ঘুমিয়ে আছেন, মোতিঝিল, ঘসেটি বেগমের প্রাসাদের ধ্বংসাবশেষ এবং খাতরা মসজিদ।

ভ্রমণকারী : বেশ, আমরা এইসব জায়গা দেখতে যেতে পারি। ঐতিহাসিক জায়গায় এলে আমার মনে হয় ইতিহাসের একটা অধ্যায় যেন আমাদের চোখের সামনে খুলে যায়।

●

Traveller : You know we're now at Murshidabad, a historical town. Could you please help us in sight-seeing?

Guide : Of course, it's my duty. You know Murshidabad was the capital of undivided Bengal during the Nawab rule. And *Hazarduari* ia a majestic palace with one thousand doors.

Traveller : Are there any special attractions of *Hazarduari*?

Guide : Yes. It's at the same time an art gallery, a museum and an armoury. Here you can see many beautiful pictures, manuscripts in Persian language and the court-room of the Nawabs.

Traveller : I don't know Persian language, and so I can't read the manuscripts.

Guide : No problem. I can interprete them in Bengali/English.

Traveller : That's fine. Well, Besides *Hazarduari*, what are the other sight-seeings?

Guide : We can visit Khosbag where Alibardi and Siraj are lying in eternal sleep, Motijhil, the ruins of the buildings of Ghaseti Begum, and Khatra Mosque.

Traveller : Well, we can visit all these places. I think when we go around a historical place, a chapter of history opens up before our very eyes.

[3] IN A CITY [একটি মহানগরীতে]

শিক্ষক/শিক্ষিকা : আমরা আজ একটি শিক্ষামূলক ভ্রমণে কলকাতা মহানগরীতে এসেছি।

ছাত্র/ছাত্রী : আমরা এখন হাওড়া স্টেশনে এসে পৌঁছেছি, তাই না?

শিক্ষক/শিক্ষিকা : হ্যাঁ, আমরা এখন কলকাতা ভ্রমণ উপভোগ করতে চলেছি। আমরা এখন হাওড়া সেতু অতিক্রম করব। তোমরা কি জান কে এই হাওড়া সেতুর নকশা তৈরি করেছিলেন?

ছাত্র / ছাত্রী : না স্যার/ম্যাডাম।

শিক্ষক / শিক্ষিকা : তিনি হলেন একজন বাঙালি ইঞ্জিনিয়ার, রাজেন্দ্রনাথ মুখার্জি।

ছাত্র / ছাত্রী : সত্যিই বিস্ময়কর, তাই না? আমরা ভাবতাম এর নকশা ব্রিটিশের।

শিক্ষক / শিক্ষিকা : আমরা প্রথমে সেন্ট জন'স চার্চে যাব। সেখানে তোমরা জব চার্নকের সমাধিস্তম্ভ দেখতে পাবে।

ছাত্র / ছাত্রী : কে এই জব চার্নক, ম্যাম/স্যার?

শিক্ষক / শিক্ষিকা : তাঁকে এই কলকাতা মহানগরীর স্থাপয়িতা মনে করা হয়—প্রায় তিনশো বছর আগে। তবে এখন জানা গেছে এই শহর আরও পুরানো, কারণ এই নাম আইন-ই-আকবরি এবং মনসামঙ্গলে আছে।

ছাত্র / ছাত্রী : তাহলে তো কলকাতার উদ্ভব সম্বন্ধে আমাদের অনেকেরই ভুল ধারণা আছে।

শিক্ষক / শিক্ষিকা : তোমরা হয়তো জানো পৃথিবীর বড়ো বড়ো শহরের যেমন মহান ঐতিহ্য আছে, তেমনই আমাদের কলকাতারও আছে। ওই দ্যাখো ভিক্টোরিয়া মেমোরিয়াল। সামনের প্রবেশপথে যে নারীমূর্তি শোভা পাচ্ছে তাঁকে জানো কি?

ছাত্র / ছাত্রী : হ্যাঁ, তিনি রানি ভিক্টোরিয়া। ব্রিটিশরা তাঁকে ভারতের সাম্রাজ্ঞী ঘোষণা করেছিল।

শিক্ষক / শিক্ষিকা : ঠিকই বলেছ। এই বাগানের দক্ষিণ-পশ্চিম অংশে কার মূর্তি দেখা যাচ্ছে?

ছাত্র / ছাত্রী : আমরা জানি না।

শিক্ষক / শিক্ষিকা : তিনি লর্ড বেন্টিংক যিনি ১৮২৮-১৮৩৫ ভারতের গভর্নর জেনারেল ছিলেন। পাদস্তম্ভে কিছু লেখা আছে। ওটা পড়তে পারবে?

ছাত্র / ছাত্রী : এতে অমানবিক 'সতী' প্রথা রদ করার জন্য লর্ড বেন্টিংক-এর গুরুত্বপূর্ণ ভূমিকার কথা বলা আছে।

শিক্ষক / শিক্ষিকা : তোমরা জান এই কলকাতা ছিল রাজা রামমোহন, ঈশ্বরচন্দ্র বিদ্যাসাগর প্রভৃতিরও প্রধান কর্মভূমি যাঁরা বাংলার সমাজসংস্কারে প্রচুর কাজ করেছিলেন।

ছাত্র / ছাত্রী : স্যার / ম্যাম, জন ড্রিংকওয়াটার বেথুন এবং হেনরি লুই ভিভিয়ান ডিরোজিও-ও ভারতের ভালো বন্ধু ছিলেন।

শিক্ষক / শিক্ষিকা : ঠিক বলেছ। তাঁরা শিক্ষা বিস্তারে প্রচুর কাজ করেছিলেন। তা ছাড়া এই কলকাতা আমাদের কবি রবীন্দ্রনাথের ও স্বামী বিবেকানন্দের জন্মভূমি।

●

Teacher : We've come to the city of Kolkata on an educational tour.

Student : We've arrived at Howrah Station, isn't it?

Teacher : Yea! We are going to enjoy our trip around Kolkata. Now we'll cross the Howrah Bridge. Do you know who designed this bridge?

Student : No, sir/madam.

Teacher : He is Rajendra Nath Mukherjee, a Bengalee engineer.

Student : Really amazing! Isn't it? We thought it was designed by the British.

Teacher : We'll first visit St. John's Church. There you'll see the mausoleum of Job Charnock.

Student : Who's Job Charnock, ma'm/sir?

Teacher : He is supposed to be the founder of Kolkata—about 300 years ago. But it is now known that this city is much older, because this name figures in *Ain-i-Akbari* and *Manasa Mangal.*

Student : Then we've some misconceptions about the origin of Kolkata.

Teacher : You know great cities of the world have great heritage, and our Kolkata too. Look at the Victoria Memorial. Do you know the lady whose statue adorns the front gate of Victoria Memorial?

Student : Yes. She is Queen Victoria. She was declared the Empress of India by the British.

Teacher : Right! Whose statue is found on the south-west part of the garden?

Student : We don't know that.

Teacher : He's Lord Bentinck who was the Governor General of India from 1828 to 1835. There's a bas-relief on the pedestal. Could you read it?

Student : It tells us about Lord Bentinck's vital role in putting an end to the inhuman practice of *suttee.*

Teacher : You know this Kolkata was the chief working place of Raja Rammohun, Iswarchandra Vidyasagar, and others who worked a lot for social reformation in Bengal.

Student : Sir/Ma'm, John Drinkwater Bethune and Henry Louis Vivian Derozio were also good friends of India.

Teacher : That's right. They laboured a lot in spreading education. Besides, this Kolkata is the birthplace of our poet Rabindranath Tagore and Swami Vivekananda.

[4] VISITING A COUNTRY [দেশ ভ্রমণ]

A. অনেকদিন আপনাকে দেখিনি। কোথায় ছিলেন?

B. আমি ভারতভ্রমণে বেরিয়েছিলাম।

A. তাই নাকি? তা প্রথম কোথায় গিয়েছিলেন?

B. প্রথমে আমি দিল্লি যাই। দিল্লি ভারতের রাজধানী।

A. দিল্লিতে আপনি কী কী দেখলেন?

B. পুরানো দিল্লিতে লালকেল্লা দেখলাম। লালকেল্লায় দেখার মতো অনেক ঐতিহাসিক জিনিস আছে। তা ছাড়া, আছে কুতুব মিনার। নয়া দিল্লিতে দেখলাম লোকসভা ভবন এবং রাষ্ট্রপতি ভবন।

A. তারপর আপনি কোথায় গেলেন?

B. তারপর আমি কাশী (বেনারস) গেলাম। সেখানে বিশ্বনাথের মন্দির এবং হিন্দু বিশ্ববিদ্যালয় দেখেছি। একদিনের জন্য প্রয়াগেও (এলাহাবাদ) নেমেছিলাম।

A. আপনি মুম্বাই যাননি?

B. হ্যাঁ, আমি মুম্বাই গিয়েছিলাম। মুম্বাই ভারতের সবচেয়ে বড়ো বন্দর।

A. তাহলে তো আপনি আরব সাগর এবং বড়ো বড়ো জাহাজও দেখেছেন।

B. হ্যাঁ, তাতো বটেই। অনেক জাহাজ দেখেছি। তারপর আমি হায়দ্রাবাদ হয়ে চেন্নাই গেলাম। হায়দ্রাবাদের কাছেই বিখ্যাত অজন্তা গুহা।

A. চেন্নাই আপনার কেমন লাগল?

B. বড়ো সুন্দর বন্দর এবং শহর।

A. চেন্নাই থেকে কোথায় গেলেন?

B. সেখান থেকে আমি গেলাম কন্যাকুমারী। ওটা ভারতের সর্বদক্ষিণ প্রান্ত। এখানে বিবেকানন্দ শিলায় দাঁড়ালে দেখা যাবে বঙ্গোপসাগর, ভারত মহাসাগর ও আরব মহাসাগরের মিলনরেখা—তুমি যেটা দেখে অবাক না হয়ে পারবে না।

A. সেখান থেকে আপনি কোথায় গেলেন?

B. সেখান থেকে পুরী গেলাম এবং জগন্নাথ মন্দির দেখলাম। পুরীর কাছে ভুবনেশ্বরে লিঙ্গরাজ মন্দির এবং কোনার্কের সূর্যমন্দিরও দেখলাম। আর সেখান থেকে ফিরে এলাম কলকাতা।

A. আপনি যে সব জায়গায় গিয়েছিলেন সেগুলো আমাকে মানচিত্রের মধ্যে দেখিয়ে দেবেন কি?

B. ঠিক আছে, ম্যাপ নিয়ে এসো। আমি তোমাকে দেখিয়ে দিচ্ছি।

●

A. I haven't seen you for a long time. Where had you been?

B. I went out on all-India tour.

A. Really? Where did you go first?

B. First I went to Delhi. It's the capital of India.

A. What did you see in Delhi?

B. In old Delhi I saw the Red Fort. There are many worth-seeing historical sights. There's also the Qutab Minar. I visited the Parliament House and Rashtrapati Bhawan.

A. Where did you go after that?

B. Then I went to Kashi (Varanasi/Benaras). There I visited the Biswanath temple and the B.H.U. (Benaras Hindu University). I dropped at Allahabad too, for a day.

A. Didn't you go to Mumbai?

B. Yea, I went to Mumbai. It is the biggest port of India.

A. Then you must have seen the Arabian Sea and large ships too.

B. Oh, sure! I've seen many ships. Then through Hyderabad I arrived at Chennai. You know, the famous cave of Ajanta stands near Hyderabad.

A. How did you like Chennai?

B. It's a very nice port-city.

A. Where did you go from Chennai?

B. From there I went to Kanyakumari. It's the southernmost south point of India. If you stand on the Vivekananda Rock, you can see the meeting lines of the Bay of Bengal, the Indian Ocean and the Arabian Sea. You'll be simply spellbound to see it.

A. For what place did you start from there?

B. From there I went to Puri and visited the Jagannath Temple. I also visited the Lingaraj temple at Bhubaneswar and the Sun Temple at Konark. And then I came to Kolkata.

A. Could you please point out to me on the map—the places you visited?

B. Well. Get a map and I'll show you everything.

[5] AN INVITATION TO A DINNER |ডিনারে আমন্ত্রণ|

মি. রাঘবন : সুপ্রভাত, মি. সেন। কেমন আছেন?

মি. সেন : আপনি কেমন আছেন? এখানে কবে এসেছেন?

মি. রাঘবন : মাত্র দুদিন আগে।

মি. সেন : আজ সন্ধ্যাবেলায় কি আপনি ব্যস্ত আছেন?

মি. রাঘবন : না, সন্ধ্যাবেলা আমি ফাঁকা আছি।

মি. সেন : আপনি কি সন্ধ্যাবেলা ডিনারে আসবেন?

মি. রাঘবন : আপনার সদয় আমন্ত্রণের জন্য ধন্যবাদ। আমি রাত ৮টায় আসব। ঠিক আছে?

মি. সেন : হ্যাঁ, তাই হবে। আমরা আপনার কাছ থেকে চেন্নাই সম্বন্ধে অনেক কিছু জানতে পারব।

মি. রাঘবন : অবশ্যই। আমিও পশ্চিমবঙ্গ সম্বন্ধে অনেক কিছু জানার সুযোগ পাব। আমি আমার অ্যালবামে সংগৃহীত কিছু ছবি দেখাব।

মি. সেন : ও, খুব মজা হবে। আপনি অবশ্যই আপনার অ্যালবামটা আনবেন।

মি. রাঘবন : ধন্যবাদ। এখনকার মতো বিদায়।

মি. সেন : বিদায়।

●

Mr. Raghavan : Good morning, Mr. Sen. How do you do?

Mr. Sen : How do you do? When have you been here?

Mr. Raghavan : Just two days back.

Mr. Sen : Are you busy this evening?

Mr. Raghavan : No, I'm free in the evening.

Mr. Sen : Would you please come to dinner in the evening?

Mr. Raghavan : Thank you for your kind invitation. I'll meet you just at 8 pm. Is that all right?

Mr. Sen : Yes, that's fine. We may know many things about Chennai.

Mr. Raghavan : Of course. I'll have a chance of learning many things about West Bengal too. I'll show you some pictures collected in my album.

Mr. Sen : Oh, that will be a lot of fun. Do please bring your album.

Mr. Raghavan : Sure. Bye.

Mr. Sen : Bye.

[6] A BIRTHDAY PARTY [জন্মদিনের উৎসব]

পিংকি : মা, রাহুল কোথায়?

মা : সে তৃণার জন্য উপহার কিনতে গেছে।

পিংকি : ও! আজ তো তৃণার জন্মদিন। আমার মনে হয় রাহুল ফিরে এসেছে। তৃণার জন্য কী কিনেছ?

রাহুল : রবীন্দ্রনাথের 'গীতবিতান'।

পিংকি : দারুন! তৃণা রবীন্দ্রসংগীতের খুব ভক্ত।

মা : ঠিক আছে, এখন শিগ্‌গির করো। যদি সময়মতো না পৌঁছাও, তাহলে তৃণার খারাপ লাগবে।

পিংকি : আচ্ছা মা! আমরা এখনই তৈরি হচ্ছি।

[উৎসবস্থলে]

তৃণা : এই যে রাহুল! এই যে পিংকি! আমি তোমাদের জন্য অপেক্ষা করছি।

রাহুল : তোমার জন্মদিন শুভ হোক, তৃণা!

পিংকি : শুভদিনটি বারবার ফিরে আসুক, তৃণা!

তৃণা : তোমাদের উভয়কে ধন্যবাদ।

রাহুল : তৃণা, আজ তোমাকে খুব সুন্দর দেখাচ্ছে।

পিংকি : এই পোশাকটা তোমাকে খুব মানিয়েছে।

তৃণা : ধন্যবাদ।

রাহুল : এটা তোমার জন্য বিশেষ উপহার।

তৃণা : কী এটা?

রাহুল : নিজেই খুলে দেখে নাও।

তৃণা : আরে, রবীন্দ্রনাথের গীতবিতান! দারুন!

পিংকি : আর সব বন্ধুরা কোথায়?

তৃণা : সবাই ভেতরে অপেক্ষা করছে। চলো, ভেতরে যাওয়া যাক।

রাহুল : ঠিক আছে, ওদের সঙ্গে যোগ দেওয়া যাক।

তৃণা : এবার মোমবাতি জ্বালা হবে এবং কেক কাটা হবে।

পিংকি : কী মজাই যে হবে!

●

Pinki : Mother! Where's Rahul?

Mother : He has gone to buy a gift for Trina.

Pinki : Oh! It's the birthday of Trina. I think Rahul has come back. What have you bought for Trina?

Rahul : Tagore's *Geetabitan.*

Pinki : Great! Trina is so fond of Tagore's songs.

Mother : All right. Now hurry up! If you don't reach on time, Trina will be disheartened.

Pinky : OK, Mummy, we're getting ready now.

[At the Party]

Trina : Hi Rahul! Hi Pinki! I was waiting for you.

Rahul : Happy birthday to you, Trina!

Pinki : Many happy returns of the day, Trina!

Trina : Thanks to both of you.

Rahul : You're looking very pretty today.

Pinki : This attire suits you perfectly.

Trina : Thank you.

Rahul : Here's a special gift for you.

Pinki : What's it?

Rahul : Please open it yourself and see.

Trina : Oh! Tagore's *Geetabitan!* Great!

Pinki : Where are our other friends!

Trina : They're waiting inside. Let's go in.

Rahul : That's right. Let's join them.

Trina : Now the candles will be lighted and the cake will be cut.

Pinky : A lot of fun, indeed!

[7] VISITING A PATIENT IN A HOSPITAL [হাসপাতালে রোগীর সঙ্গে সাক্ষাৎ]

রোমি : আমার মনে হয় আমি রোগীদের সঙ্গে দেখা করার নির্ধারিত সময়ে এসেছি।

এনকোয়্যারি : হ্যাঁ, এখনও আধঘণ্টা সময় আছে।

রোমি : ৩নং ওয়ার্ডটা কোথায়?

এনকোয়্যারি : সোজা গিয়ে বাঁদিকে ঘুরবেন।

রোমি : ধন্যবাদ।

[৩নং ওয়ার্ডে যাওয়ার পর]

সেবিকা : কার সঙ্গে দেখা করতে চান?

রোমি : ৭নং বেডের পেশেন্ট-এর সঙ্গে দেখা করতে চাই।

সেবিকা : অনুগ্রহ করে ভেতরে ঢুকে যান।

রোমি : ভাই, এখন কেমন আছ?

বিক্রম : আগের চেয়ে ভালো আছি।

রোমি : কোন্ ডাক্তার দেখছেন?

বিক্রম : ডা. পাল দেখছেন। তিনি বলেছেন আমার মারাত্মক ধরনের ম্যালেরিয়া হয়েছিল।

রোমি : কদিন হাসপাতালে আছ?

বিক্রম : পাঁচ দিন হয়ে গেছে। প্রথম দুদিন ছিল সংকটজনক সময়।

রোমি : আর ক'দিন থাকতে হবে?

বিক্রম : ডা. পাল বলছেন, আরও দু'দিন থাকতে হবে।

রোমি : তুমি কি ডা. পাল-এর চিকিৎসায় সন্তুষ্ট?

বিক্রম : হ্যাঁ, তিনি আন্তরিকভাবে চিকিৎসা করছেন।

রোমি : ঈশ্বর তোমাকে দ্রুত আরোগ্য করে তুলুন।

●

Romi : I think I've come during the visiting hours.

Enquiry : Yes, it's yet for half an hour.

Romi : Where is Ward No. 3?

Enquiry : Go straight and turn to the left.

Romi : Thank you.

[After getting into Ward No. 3]

Nurse : Whom [*Who] do you want to see?

Romi : I'd like to see the patient in Bed No. 7.

Nurse : Please step into the room.

Romi : Brother, how are you now?

Bikram : Better than before.

Romi : Who's treating you?

Bikram : Dr. Pal. He said I had got a serious type of malaria.

Romi : How many days have you been here?

Bikram : For five days. First two days were the crisis period.

Romi : How many more days will you have to stay here?

Bikram : Dr. Pal says it will take two days still.

Romi : Are you satisfied with Dr. Pal's treatment?

Bikram : Yes, he is very sincere.

Romi : May God have His healing hand on you.

Note Spoken English-এ এখন Whom-এর জায়গায় *Who ব্যবহার করা হয়।

[8] TWO FRIENDS—ONE RECOVERED FROM ILLNESS [সদ্য রোগমুক্ত বন্ধুর সঙ্গে কথোপকথন]

পামেলা : এই যে রোহিত, ভেতরে আসতে পারি?

রোহিত : ও পামেলা! অবশ্যই।

পামেলা : এখন কেমন আছ?

রোহিত : আমি এখন অনেক ভালো আছি। ডাক্তার বলছেন কয়েক দিনের মধ্যেই আমি বাইরে বেরোতে পারব।

পামেলা : তোমাকে এখন ভালো দেখে আমি খুশি। আসলে কী হয়েছিল?

রোহিত : প্রথমে ওরা ধরতেই পারেনি রোগটা। পরে দেখে লিভারে ফোঁড়া হয়েছে।

পামেলা : তাহলে তোমাকে অপারেশন করতে হয়েছিল!

রোহিত : হ্যাঁ, আমাকে হাসপাতালে পাঠিয়ে দিয়েছিল, আর সেখানেই অপারেশন হয়েছে।

পামেলা : সেখানে তোমার চিকিৎসা কীরকম হয়েছিল?

রোহিত : তাঁরা খুব যত্ন করেই আমার চিকিৎসা করেছিলেন।

পামেলা : আশা করছি তুমি শীঘ্র সম্পূর্ণ সুস্থ হয়ে উঠবে। তুমি তোমার শক্তি ফিরে পাবে এবং আগের মতো হাসিখুশি হয়ে উঠবে।

রোহিত : তোমার শুভেচ্ছার জন্য ধন্যবাদ।

পামেলা : আর বেশি কথা বলে তোমাকে বিরক্ত করব না। কাল আবার আসব। বিদায়।

রোহিত : আমাকে দেখতে আসার জন্য তোমাকে ধন্যবাদ।

পামেলা : ও কথা আর বলো না। নিজের শরীরের যত্ন নিও।

●

Pamela : Hello Rohit, may I come in?
Rohit : Oh Pamela! sure.
Pamela : How are you now?
Rohit : Much better now. The doctor says I can go out of doors in a few days.
Pamela : I'm glad to see you well now. What was actually the problem?
Rohit : At first they couldn't diagnose the disease. Finally, they found it was an abcess of the liver.
Pamela : So you had to undergo an operation!
Rohit : Yes. I was sent to the hospital and then and there I had an operation.
Pamela : How did they treat there?
Rohit : They treated me with due care.
Pamela : I hope you'll be all right soon. You'll get back your strength and be a jolly boy as before.
Rohit : Thank you for your good wishes.
Pamela : Well, I must not tire you with more talking now. I'll call on you again tomorrow. Bye.
Rohit : Many thanks for visiting me.
Pamela : No mention, please. Take care.

[9] A DOCTOR AND A PATIENT [ডাক্তার ও রোগী]

রোগী : ভেতরে আসতে পারি?

ডাক্তার : হ্যাঁ, আসুন। আপনার অসুবিধাটা কী?

রোগী : আমি জ্বরে ভুগছি।

ডাক্তার : কতদিন?

রোগী : তিনদিন।

ডাক্তার : রোগের লক্ষণ কী?

রোগী : শুধু সন্ধ্যাবেলা কাঁপুনি দিয়ে জ্বর আসছে আর শরীরের উত্তাপ ১০২° পর্যন্ত উঠছে।

ডাক্তার : সর্দি-কাশি আছে?

রোগী : না।

ডাক্তার : কোনো বমিভাব আছে?

রোগী : সবসময় নয়। মাঝে মাঝে সামান্য বমি পায়।

ডাক্তার : আপনার জিভ দেখান...ঠিক আছে। দয়া করে কোচে শুয়ে পড়ুন। আমি আপনার নাড়ি এবং প্লীহার অবস্থা দেখব।

রোগী : কেমন বুঝছেন?

ডাক্তার : আমার মনে হয় ম্যালেরিয়া। আপনাকে রক্ত পরীক্ষা করতে হবে।

রোগী : আমাকে কোনো প্রেসক্রিপসন (ব্যবস্থাপত্র) দেবেন না?

ডাক্তার : এই যে নিন। রক্ত পরীক্ষার পর আবার আমার সঙ্গে দেখা করবেন।

রোগী : ধন্যবাদ। / অনেক ধন্যবাদ।

●

Patient : May I come in?
Doctor : Yes, come in. What's the trouble?
Patient : I'm suffering from fever.
Doctor : How long?
Patient : For three days.
Doctor : What's your symptom?
Patient : Fever comes only in the evening and my temperature runs up to 102° with shivering.
Doctor : Have you any cough and cold?
Patient : No.
Doctor : Is there any vomiting tendency?
Patient : Not always. At times I've a slight feeling of nausea.
Doctor : Show me your tongue...OK. Please lie down on the couch. I'll feel your pulse and spleen.
Patient : How do you feel?
Doctor : I think it's malaria. You need a blood test.
Patient : Won't you give me any prescription now?
Doctor : Here it is. Meet me again after the blood test.
Patient : Thank you. / Thank you so much.

[10] WHO IS MORE USEFUL—A TEACHER OR A DOCTOR?
[কে বেশি উপযোগী—শিক্ষক না ডাক্তার?]

অংকিত : ওহে সুধীর, কেমন আছ?

সুধীর : তুমি কেমন আছ? এসো, এখনকার দিনের একটা ব্যাপার সম্বন্ধে আলোচনা করা যাক—কে বেশি উপযোগী—একজন শিক্ষক না একজন ডাক্তার?

অংকিত : অবশ্যই একজন ডাক্তার।

সুধীর : একজন শিক্ষক নয় কেন?

অংকিত : একজন শিক্ষক গুরুত্বপূর্ণ সমাজসেবা করেন। কিন্তু তুমি দাবি করতে পার না যে তিনি একজন ডাক্তারের চেয়ে বেশি উপযোগী।

সুধীর : হ্যাঁ, আমি তাই দাবি করি। শিক্ষকেরাই প্রকৃত জাতি-নির্মাতা। আমাদের মহান মানুষেরাও তাঁদের কাছে ঋণী।

অংকিত : কিন্তু এটা হল কোনো কিছু বিচারের ভাবপ্রবণ পদ্ধতি। তুমি জানো, একজন ডাক্তার আমাদের বেশি উপযোগী সেবা দেন যেহেতু তিনি আমাদের জীবন বাঁচান। যদি তাঁরা আমাদের সেবা না করতেন তাহলে আমরা অসহায়ভাবে কুকুর-বেড়ালের মতো মারা পড়তাম।

সুধীর : তা ঠিক। কিন্তু তুমি শিক্ষকের কাজেরও অবমূল্যায়ন করতে পার না। যদি তাঁরা তাঁদের কাজ বন্ধ করে দিতেন, তাহলে তোমার ডাক্তাররাও ডাক্তার হয়ে আসতে পারতেন না।

অংকিত : বুঝলাম। সমাজ নির্ভর করে সহযোগিতার ওপর। তাই আমরা দেখতে পাই শিক্ষক এবং ডাক্তার, এমনকি কৃষক এবং শ্রমিকদেরও, সমাজের উন্নতির জন্য পাশাপাশি কাজ করা উচিত।

●

Ankit : Hello/Hi Sudhir! How do you do?

Sudhir : How do you do? Let's talk over a matter of the day—who is more useful—a teacher or a doctor?

Ankit : Of course a doctor.

Sudhir : Why not a teacher?

Ankit : A teacher renders a useful service to the society. But I hope you don't claim that he is more useful than a doctor.

Sudhir : Yes, I do. The teachers are the real nation-builders. Our greatest men too owe much to them.

Ankit : But this is only a sentimental way of judging things. You know, a doctor provides more useful service as he saves our life. If they do not serve us, we would be dying like cats and dogs helplessly.

Sudhir : That's right. But you should not undervalue the teachers' work. If they stop their work, even your doctors would not come out as doctors.

Ankit : I see. The society depends on cooperation. So we see teachers and doctors, even farmers and workers should work side by side for the betterment of the society.

[11] FATHER AND SON ABOUT THE SON'S CAREER [পিতাপুত্র—পুত্রের বৃত্তি নির্বাচন]

পিতা : তুমি, এখন কি ব্যস্ত আছ?

পুত্র : না, আমি বরং আমার ফাইন্যাল পরীক্ষার পর কী করব সে ব্যাপারে হতবুদ্ধি হয়ে আছি।

পিতা : ঠিকই, তোমার বৃত্তি নির্বাচনের ব্যাপারে চিন্তাভাবনা করার জন্য এটাই ঠিক সময়।

পুত্র : বাবা, তুমি কেন আমার হয়ে পছন্দ করে দাও না? তুমি তো জীবনের অনেক দিক দেখেছ, আর আমি এর অল্পই জানি।

পিতা : তা হতে পারে। কিন্তু প্রত্যেকেরই মনের নিজস্ব প্রকৃতি আছে। আর তার নিজের মনের গতিকেই অনুসরণ করা উচিত। তা না হলে তার জীবন শোচনীয় হয়ে উঠতে পারে।

পুত্র : যদি তাই বলো, তাহলে আমি ডাক্তার হতে চাই।

পিতা : তাই কী? একজন ডাক্তার যে প্রচুর টাকা উপার্জন করে তুমি কি তাতে প্রলুব্ধ হয়েছ?

পুত্র : ঠিক তার বিপরীত, বাবা। আমি মনে করি না কেবল টাকাই জীবনের মধু। এটাই জীবনের একমাত্র লক্ষ্য নয়। আমি একটা আদর্শের জন্য ডাক্তার হতে চাই।

পিতা : জীবিকায় ঢোকার আগে লোকেরা ওইরকমই বলে থাকে। কিন্তু যখন তারা জীবিকায় প্রবেশ করে তখন তারা টাকার পিছনে ছোটে!

পুত্র : বেশির ভাগ ক্ষেত্রে তাই হতে পারে। কিন্তু আমি আমার কথা বলতে পারি। আমি যখন দেখি সুচিকিৎসার অভাবে অসহায় গরিব মানুষগুলো মরছে, তখন আমার হৃদয়ে রক্তক্ষরণ হয়। যদি আমি কখনো সুযোগ পাই, এই মানুষদের রোগে সেবা করার যথাসাধ্য চেষ্টা করব।

পিতা : তুমি যে সুযোগ খুঁজছ ঈশ্বর যেন তোমাকে সেই সুযোগ দেন।

●

Father : My son, are you busy now?

Son : No, I'm rather perplexed about what to do after my final exam.

Father : Right! it's high time that you should think of choosing a career for you.

Son : Why don't you choose one for me, father? You've seen life from many aspects and I know a little of it.

Father : My boy, that may be so. But every man has his own bent of mind. And one should follow his own line. Otherwise he may cut a sorry figure in life.

Son : If you say so, I'd like to be a doctor.

Father : Really? Are you tempted by the lot of money a doctor earns, my boy?

Son : Quite opposite, father. I don't think only money is the honey of life. It's not the sole aim of life. I want to be a doctor for an ideal.

Father : That's what people say before they get into their profession. But when they are in it, they run after money!

Son : That may be so in most cases. But I can speak for myself. My heart bleeds when I see the poor people dying for want of proper treatment. If I ever get a chance, I shall try my best to serve the helpless people in their sufferings.

Father : May God grant you the chance your look for, my son.

[12] A YOUNG MAN AND A GENTLEMAN ABOUT STARTING A BUSINESS

[একজন ভদ্রলোক ও একজন যুবক—ব্যাবসা শুরু করা সম্পর্কে]

ভদ্রলোক : অভিনন্দন সমীর! তুমি তো এবার মাধ্যমিক পরীক্ষা পাশ করেছ। পরবর্তী পড়াশোনা চালিয়ে যাবে তো?

সমীর : না, মশায়। আপনি তো জানেন আমার বাবা চাকরি থেকে অবসর নিয়েছেন আর আমার পরবর্তী পড়াশোনা চালিয়ে নিয়ে যাওয়ার মতো তাঁর ক্ষমতা নেই।

ভদ্রলোক : তাহলে তুমি এখন কী করতে চাও?

সমীর : আমাকে এখন একটা চাকরি খুঁজতে হবে। আমি যথেষ্ট চেষ্টা করছি।

ভদ্রলোক : তাড়াতাড়ি পাওয়ার কি কোনো সম্ভাবনা-আছে?

সমীর : না, মশায়। লক্ষ লক্ষ যুবক-যুবতী বেকার!

ভদ্রলোক : এই যখন অবস্থা, তখন তুমি নিজের একটা ছোটোখাটো ব্যাবসা শুরু করছ না কেন?

সমীর : আমার না আছে টাকা, না আছে অভিজ্ঞতা। আমি কীভাবে নিজের ব্যাবসা শুরু করার সাহস করতে পারি?

ভদ্রলোক : তুমি সরকারের স্বনিযুক্তি প্রকল্পের সাহায্য নিতে পার। তারা তোমাকে মূলধন এবং নির্দেশিকা দিতে পারে।

সমীর : কিন্তু আমি কীভাবে ঋণ শোধ করব?

ভদ্রলোক : চিন্তিত হয়ো না, ভাই। তুমি সহজ কিস্তিতে তা শোধ করতে পারো।

সমীর : ধন্যবাদ।

ভদ্রলোক : স্বাগত। সর্বদা মনে রাখবে—নিজের চেষ্টাই সবচেয়ে ভালো চেষ্টা।

●

Gentleman : Congratulations Samir! You've passed the Madhyamik Exam now. Would you like to go in for further studies?

Samir : No Sir. You know my father has retired [from service] and he is unable to provide for my further studies.

Gentleman : What would you like to do then?

Samir : I've to look for a job. I'm trying my best.

Gentleman : Have you any chance of getting it soon?

Samir : No, sir. Millions of youth are out of employment.

Gentleman : When such is the position, why don't you start a small business of your own?

Samir : I've neither money, nor experience. How can I dare (to) start a business of my own?

Gentleman : You can take help of the self-employment projects of the Government. They will help you with the seed-money and the guidelines.

Samir : But how can I repay the loans?

Gentleman : Don't worry, my boy. You can repay the same in some easy instalments.

Samir : Thank you, sir.

Gentleman : Welcome. Always remember—self-help is the best help.

[13] TWO FRIENDS ABOUT STARTING A BUSINESS [দুই বন্ধু—ব্যাবসা শুরু করা সম্পর্কে]

কামাত : এই যে কাপুর! এখন কী করছ?

কাপুর : আমি এখন আর কোনো চাকরি করি না। আমার একটা ব্যাবসা করার ইচ্ছা আছে।

কামাত : কিন্তু চাকরিটা ছেড়ে দিলে কেন?

কাপুর : চাকরিতে আমার ঘেন্না ধরে গিয়েছে। আমার ওপরওয়ালাকে আমি সহ্য করতে পারছিলাম না। তাঁর ব্যবহার খুব খারাপ ছিল।

কামাত : ভালো কথা। কী ধরনের ব্যাবসা তুমি পছন্দ করো?

কাপুর : আমি বই-এর ব্যাবসা করতে চাই।

কামাত : খুব ভালো। কিন্তু কে মূলধন দেবে?

কাপুর : আমি ব্যাংক থেকে ঋণ নেওয়ার ব্যবস্থা করেছি।

কামাত : কিন্তু ব্যাবসার পরিকল্পনা কীভাবে করেছ?

কাপুর : আমি কলেজস্ট্রিট এলাকায় একটা ঘর ভাড়া করে প্রথমে বিক্রয়কারী এজেন্ট হিসাবে শুরু করার পরিকল্পনা করেছি। পরে যদি উন্নতি করতে পারি, তাহলে বই প্রকাশনা শুরু করব।

কামাত : এই ব্যাবসা থেকে মাসে কত লাভ আশা কর?

কাপুর : এই মুহূর্তে কিছু বলতে পারি না। এটা নির্ভর করছে কীভাবে অবস্থা আমার অনুকূলে আসে তার ওপর।

কামাত : খুব ভালো। আমি তোমার সৌভাগ্য কামনা করি।

●

Kamat : Hi Kapoor! What are you doing now?

Kapoor : I'm out of employment now. I'm determined to start a business.

Kamat : Why did you give up the job?

Kapoor : I was fed up with my service. I couldn't tolerate my boss. His treatment was very bad.

Kamat : Well, what kind of business do you like?

Kapoor : I'd like to start a business on books.

Kamat : Very good. But who will provide you the capital?

Kapoor : I've arranged to take loan from a bank.

Kamat : But how have you planned your business?

Kapoor : I've planned to rent a room in College Street area and start at first as a selling agent. If I can flourish, I have planned to begin publishing books.

Kamat : How much do you expect from this business?

Kapoor : I can't tell you anything at this moment. It depends on how the circumstances come in my favour.

Kamat : Very well. I wish you best of luck.

[14] GETTING BANK LOAN [ব্যাংক থেকে ঋণ পাওয়ার ব্যাপারে]

আবেদনকারী : মাপ করবেন। আমি কি ভেতরে আসতে পারি?

ব্যাংক ম্যানেজার : হ্যাঁ, ভেতরে আসুন।

আবেদনকারী : আমি সুশোভন রায়।

ব্যাংক ম্যানেজার : আমি আপনার জন্য কী করতে পারি?

আবেদনকারী : আমি একটা ছোটো শিল্প গড়ার জন্য আপনার ব্যাংক থেকে কিছু ঋণ পেতে চাই।

ব্যাংক ম্যানেজার : আপনি কি এ ব্যাপারে সংক্ষেপে কিছু বলতে পারেন?

আবেদনকারী : আমি একজন বেকার যুবক। আমি হুগলি পলিটেকনিক কলেজ থেকে কোর্স শেষ করেছি। এখন আমি সরকারের স্বনিযুক্তি প্রকল্পে নিজেই একটা ছোটো শিল্প গড়তে চাই।

ব্যাংক ম্যানেজার : কী ধরনের শিল্প এবং কোথায় তা করতে চান?

আবেদনকারী : এটা হবে খাদ্য প্রক্রিয়াকরণ শিল্প এবং এটা আমি করতে চাই ডানকুনিতে।

ব্যাংক ম্যানেজার : এর জন্য যে জমি লাগবে তা কি আপনি সংগ্রহ করতে পেরেছেন?

আবেদনকারী : হ্যাঁ, এর জন্য আমি এক একর জমি কিনেছি।

ব্যাংক ম্যানেজার : আপনি কি সরকারের কাছে এর জন্য প্রয়োজনীয় অনুমোদনের আবেদন করেছেন?

আবেদনকারী : হ্যাঁ, তা করেছি।

ব্যাংক ম্যানেজার : আপনি আমাদের ব্যাংক থেকে কত টাকা ঋণ চান?

আবেদনকারী : আমি দশ লক্ষ টাকা ঋণ চাই।

ব্যাংক ম্যানেজার : আপনি ঋণ শোধ করবেন কীভাবে?

আবেদনকারী : আমি এক বছর পর থেকে দশ বছরে তা শোধ করতে পারব আশা করি।

ব্যাংক ম্যানেজার : আপনি কি দুজন গ্যারেন্টার জোগাড় করতে পারবেন?

আবেদনকারী : হ্যাঁ, তা পারি।

ব্যাংক ম্যানেজার : আপনার প্রকল্প সরকারি ছাড়পত্র পাওয়ার পর আপনি আমাদের সঙ্গে দেখা করবেন।

আবেদনকারী : আপনার সহযোগিতার জন্য ধন্যবাদ।

●

Applicant : Excuse me, may I come in?

Bank Manager : Yes, come in.

Applicant : I'm Sushobhan Roy.

Bank Manager : What can I do for you?

Applicant : I'd like to have some loan from your bank for making a small scale industry.

Bank Manager : Could you give me an idea in brief?

Applicant : I'm an unemployed young man. I've completed the course from Hooghly Polytechnique College. Now I want to make a small scale industry in the self-employment scheme of the government.

Bank Manager : What type of industry and where's the site?

Applicant : This is a food-processing industry and I'm doing it at Dankuni.

Bank Manager : Could you acquire the land for it?

Applicant : Yes, I've acquired one acre land for it.

Bank Manager : Have you applied for necessary approval from the government?

Applicant : Yes, I've done it.

Bank Manager : How much loan do you like to have from our bank?

Applicant : Rs. ten lakh.

Bank Manager : How would you repay it?

Applicant : I hope I can repay it in ten years from the following year.

Bank Manager : Could you manage two guarentors?

Applicant : Yes, I can do that.

Bank Manager : You may meet us after getting the approval from the government for your scheme/project.

Applicant : Thank you for your cooperation.

[15] TO AN UNKNOWN PERSON FOR A JOB [চাকরির জন্য একজন অপরিচিত ব্যক্তির কাছে]

কর্মপ্রার্থী : আমি কি মি. সেন-এর সাথে কথা বলতে পারি?

রিসেপশনিস্ট : তাঁর সঙ্গে কি দেখা করবার কথা আছে?

কর্মপ্রার্থী : না, কোনো অ্যাপয়েন্টমেন্ট ছিল না।

রিসেপশনিস্ট : আপনার কি কোনো ভিজিটিং কার্ড আছে?

কর্মপ্রার্থী : না, ম্যাডাম।

রিসেপশনিস্ট : আপনার নাম, ঠিকানা এবং দেখা করার উদ্দেশ্য সম্পর্কে এই ভিজিটিং স্লিপটা পূরণ করে দিন।

কর্মপ্রার্থী : ধন্যবাদ, ম্যাডাম। ... এই যে স্লিপটা নিন।

রিসেপশনিস্ট : একটু অপেক্ষা করুন।

[একটু পরে] ভেতরে যান।

অফিসার : আপনি...?

কর্মপ্রার্থী : হ্যাঁ, স্যার, আমি সুরেশ দীক্ষিত।

অফিসার : আপনি কী চান?/আপনার জন্য আমি কী করতে পারি?

কর্মপ্রার্থী : মি. এন. কুশল আমাকে আপনার সঙ্গে দেখা করতে বলেছেন।

অফিসার : মি. কুশল? অবসরপ্রাপ্ত ডেপুটি ম্যাজিস্ট্রেট?

কর্মপ্রার্থী : হ্যাঁ, স্যার।

অফিসার : তাঁর সঙ্গে আপনার পরিচয় হল কীভাবে?

কর্মপ্রার্থী : তিনি আমাদের প্রতিবেশী।

অফিসার : কিন্তু তিনি আপনাকে এখানে পাঠিয়েছেন কেন?

কর্মপ্রার্থী : আপনার অফিসে একটা চাকরি পাওয়ার জন্য।

অফিসার : দেখুন, আজকের দিনে চাকরি পাওয়া খুবই মুশকিলের ব্যাপার। তা ছাড়া, আমার অফিসে কোনো পদ খালি নেই।

কর্মপ্রার্থী : আপনি যদি একথা বলেন, তাহলে কার কাছে যাব?

অফিসার : আপনার শিক্ষাগত যোগ্যতা কী?

কর্মপ্রার্থী : আমি একজন আর্টস গ্র্যাজুয়েট।

অফিসার : বেশ, একজন করণিকের পদের জন্য আপনি একটা দরখাস্ত পাঠিয়ে দেবেন।

কর্মপ্রার্থী : ধন্যবাদ, স্যার।

●

Candidate : Could I meet Mr. Sen?/May I have a talk with Mr. Sen?
Receptionist : Have you an appointment with him?
Candidate : No, I couldn't get any/had no appointment.
Receptionist : Have you any visiting card?
Candidate : No, madam.
Receptionist : Please mention your name, address and purpose of visit in this slip.
Candidate : Thank you, madam. ... Here it is.
Receptionist : Please wait.

[After a while] Please go into the room.

Officer : Are you...?
Candidate : Yes, sir, I'm Suresh Dikshit.
Officer : What do you want?/What can I do for you?
Candidate : Mr. N. Kushal asked me to see you, sir.
Officer : Mr. Kushal? The retired Deputy Magistrate?
Candidate : Yes, sir.
Officer : How could you come to know him?
Candidate : He is our neighbour.
Officer : But why has he sent you here?
Candidate : For getting a job in your office.
Officer : You see, it's very difficult to get a job in these hard days. And there is no vacancy in my office.
Candidate : If you say so, whom shall I approach then?
Officer : Your educational qualification?
Candidate : I'm an Arts graduate.
Officer : Well, you may send an application for the post of a clerk.
Candidate : Thank you, sir.

[16] TO MEET A RELATIVE FOR A JOB [চাকরির জন্য আত্মীয়ের সঙ্গে সাক্ষাৎ]

কর্মপ্রার্থী : মামা, কেমন আছেন?

মামা : ভালো। তুমি এখন কী করছ?

কর্মপ্রার্থী : ভবঘুরের মতো ঘুরে বেড়াচ্ছি।

মামা : একটা চাকরির চেষ্টা করছ না কেন?

কর্মপ্রার্থী : দয়া করে আপনি একটু দেখুন না। আমি যে কোনো কাজ করতে রাজি।

মামা : আরে, আমি তো আর চাকরি নিয়ে বসে নেই।

কর্মপ্রার্থী : আপনি এরকম বললে আমি আর কার কাছে যাব?

মামা : ভালো করে চেষ্টা করে দেখ। নিশ্চয়ই একটা কাজ জুটবে।

কর্মপ্রার্থী : আমি যথাসাধ্য চেষ্টা করছি। এখন আপনিই শুধু একটা হিল্লে করতে পারেন।

মামা : ঠিক আছে, কাজের সন্ধান পেলেই জানাব।

কর্মপ্রার্থী : যদি কিছু মনে না করেন, আমি কিন্তু মাঝে মাঝে এসে আপনাকে বিরক্ত করব।

মামা : না, না। এর জন্যে তোমাকে আসতে হবে কেন?

কর্মপ্রার্থী : আপনি ব্যস্ত মানুষ বলে ভুলে যেতে পারেন। তা ছাড়া এটা তো আমারই তাগিদ।

মামা : চিন্তিত হয়ো না। তোমার কথা নিশ্চয়ই ভুলব না।

●

Candidate : How are you, uncle?
Uncle : Fine. What are you doing these days?
Candidate : I'm moving like a vagabond.
Uncle : Why don't you try to get a job?
Candidate : Please try a bit for me. I'm ready for any job.
Uncle : But, you see, I don't carry jobs in my pocket!
Candidate : If you say so, whom shall I approach?
Uncle : Try your best. You'll surely get a job.
Candidate : I've done my best. And it's only you who can help me.
Uncle : Well, I'll inform you when I find a job for you.
Candidate : If you don't mind, I'll come and disturb you off and on.
Uncle : No, no. I see no reason for your coming for that.
Candidate : You're a busy man and you may forget it. After all, it's my need.
Uncle : Don't worry. I'm sure I won't forget you.

[17] FACING AN INTERVIEW FOR A JOB [চাকরির জন্য একটি সাক্ষাৎকারের নমুনা]

[To face an interview we need clarity of idea, purpose, empathy, good listening and communication skill with supporting words and actions.]

কর্মপ্রার্থী : আসতে পারি, স্যার?

সাক্ষাৎকার গ্রাহক : হ্যাঁ, আসুন। বসুন।

কর্মপ্রার্থী : ধন্যবাদ, স্যার।

সাক্ষাৎকার গ্রাহক : আপনার নাম?

কর্মপ্রার্থী : আমি ধীমান মুখার্জি।

সাক্ষাৎকার গ্রাহক : আপনার শিক্ষাগত যোগ্যতা?

কর্মপ্রার্থী : আমি হায়ার সেকেন্ডারি পরীক্ষা পাশ করেছি।

সাক্ষাৎকার গ্রাহক : আপনার শিক্ষাগত যোগ্যতার মূল প্রমাণপত্রগুলো দেখাবেন কি?

কর্মপ্রার্থী : অবশ্যই, এই যে দেখুন।

সাক্ষাৎকার গ্রাহক : বেশ। রেকর্ড থেকে দেখা যাচ্ছে, আপনি মাধ্যমিক এবং হায়ার সেকেন্ডারি পরীক্ষায় স্টার নম্বর পেয়েছেন।

কর্মপ্রার্থী : হ্যাঁ, স্যার।

সাক্ষাৎকার গ্রাহক : আপনি পড়া ছাড়তে চাইছেন কেন?

কর্মপ্রার্থী : আমার বাবা চাকরি থেকে অবসর গ্রহণ করেছেন, আর তাই তিনি আমার পড়াশোনা চালিয়ে যেতে সাহায্য করতে পারবেন না।

সাক্ষাৎকার গ্রাহক : কিন্তু এটা তো একটা ঝাড়ুদারের পদ। আপনি এই কাজ করতে লজ্জিত হবেন না তো?

কর্মপ্রার্থী : মোটেই না। আমি জানি। কাজও একরকম পূজা।

সাক্ষাৎকার গ্রাহক : ঠিক আছে । আপনাকে পনেরো দিনের মধ্যে জানানো হবে।

কর্মপ্রার্থী : ধন্যবাদ, স্যার।

●

Candidate : May I come in, sir?
Interviewer : Yes, come in. Please be seated.
Candidate : Thank you, sir.
Interviewer : What's your name?/Your name, please?
Candidate : I'm Dhiman Mukherjee.
Interviewer : Your educational qualification?
Candidate : I've passed HS Exam.
Interviewer : Would you please show your certificates in original?
Candidate : Of course, here they are.
Interviwer : Well, it appears from your records—you got star marks in Madhyamik and HS Exams.
Candidate : Yes, sir.
Interviewer : Why do you want to leave your studies?
Candidate : My father has retired from service and so he can't help me to continue my studies.
Interviewar : But it's a post of a sweeper. Don't you feel ashamed of taking this job?
Candidate : Not at all. I know work is worship.
Interviewer : OK. You'll be informed within a fortnight.

[18] AN INTERVIEW FOR THE POST OF LECTURER IN A COLLEGE

[অধ্যাপক পদের জন্য সাক্ষাৎকার]

কর্মপ্রার্থী : আসতে পারি, স্যার?

অধ্যক্ষ : হ্যাঁ, আসুন। বসুন।

কর্মপ্রার্থী : ধন্যবাদ, স্যার।

অধ্যক্ষ : আপনার নাম?

কর্মপ্রার্থী : আমি জাভেদ খান।

অধ্যক্ষ : বেশ। আপনার শিক্ষাগত যোগ্যতা?

কর্মপ্রার্থী : আমি গত বছর ইংরেজিতে এম. এ. পাশ করেছি।

অধ্যক্ষ : কোন্ বিশ্ববিদ্যালয় থেকে?

কর্মপ্রার্থী : দিল্লি বিশ্ববিদ্যালয়।

অধ্যক্ষ : আপনি কি NET উত্তীর্ণ হয়েছেন?

কর্মপ্রার্থী : হ্যাঁ, স্যার। আমি এ বছর ওই যোগ্যতা অর্জন করেছি।

অধ্যক্ষ : আপনি কি পিএইচ.ডি. করেছেন?

কর্মপ্রার্থী : এখনো শেষ করে উঠতে পারিনি।

অধ্যক্ষ : আপনার শিক্ষাগত যোগ্যতার মূল প্রমাণপত্রগুলো দেখাবেন কি?

কর্মপ্রার্থী : এই যে দেখুন।

অধ্যক্ষ : ঠিক আছে। আপনি কলেজে চাকরি করতে চান কেন?

কর্মপ্রার্থী : শিক্ষকতায় আমার খুব আগ্রহ আছে।

অধ্যক্ষ : আপনি কি আপনার প্রিয় কোনো কবি ও কবিতার নাম বলবেন?

কর্মপ্রার্থী : টি. এস. এলিয়ট-এর দ্য ওয়েস্টল্যান্ড কবিতাটি আমার বিশেষভাবে ভালো লাগে।

অধ্যক্ষ : আপনি কি সংক্ষেপে ওই কবিতার কিছু বৈশিষ্ট্য আমাদের বলতে পারবেন?

কর্মপ্রার্থী : হ্যাঁ, স্যার। আমার মতে ...

অধ্যক্ষ : আচ্ছা, আপনার শখ কী?

কর্মপ্রার্থী : ছবি আঁকা, স্যার।

অধ্যক্ষ : আমার মনে হয় চিত্রকলা বেশ ব্যয়বহুল শখ।

কর্মপ্রার্থী : হ্যাঁ, স্যার। এটা কিছুটা ব্যয়বহুল। কিন্তু আপনি জানেন, সৃষ্টিশীল শিল্প হিসেবে এটা আমাদের মনকে প্রসারিত করে।

অধ্যক্ষ : বেশ। আমরা আপনাকে সময়মতো খবর দেব।

কর্মপ্রার্থী : ধন্যবাদ, স্যার।

●

Candidate : May I come in, sir?
Principal : Yes, come in. Please take your seat.
Candidate : Thank you, sir.
Principal : Name please?
Candidate : I'm Javed Khan.
Principal : Well, your educational qualification?
Candidate : I passed M.A. in English last year.
Principal : Which university?
Candidate : Delhi University.
Principal : Have you qualified NET?
Candidate : Yes, sir. I've done it this year.
Principal : Have you done Ph.D.?
Candidate : Not yet completed.
Principal : Would you please show your certificates and testimonials in original?
Candidate : Sure. Here they are.

Principal : Well, why do you want a job as a lecturer in college?
Candidate : I've great interest in teaching.
Principal : Could you please tell the name of your favourite poet and poem?
Candidate : I'm fond of T. S. Eliot, especially his poem—*The Wasteland.*
Principal : Could you please tell us some special features of the poem?
Candidate : Yes, sir. In my opinion...
Principal : Well, what's your hobby?
Candidate : Painting, sir.
Principal : I think painting is a costly hobby.
Candidate : Yes, sir. It's rather costly. But you know, as a creative art, it broadens our mind.
Principal : Well, we'll inform you in time.
Candidate : Thank you, sir.

[19] AN INTERVIEW IN AN ORDINARY CONCERN

[একটি সাধারণ প্রতিষ্ঠানে চাকরির জন্য সাক্ষাৎকার]

কর্মপ্রার্থী : আসতে পারি, স্যার?
সাক্ষাৎকার গ্রাহক : হ্যাঁ, আসুন। বসুন।
কর্মপ্রার্থী : ধন্যবাদ, স্যার।
সাক্ষাৎকার গ্রাহক : আপনার নাম?
কর্মপ্রার্থী : আমি, মীরা ভার্মা।
সাক্ষাৎকার গ্রাহক : আপনার বয়স?
কর্মপ্রার্থী : পঁচিশ বছর।
সাক্ষাৎকার গ্রাহক : আপনি তো কলাবিভাগে গ্র্যাজুয়েট, তাই না?
কর্মপ্রার্থী : না, স্যার, আমি বাণিজ্যবিভাগে গ্র্যাজুয়েট।
সাক্ষাৎকার গ্রাহক : ওঃ, তাইতো—আপনার আবেদনপত্রে সেইরকমই লিখেছেন।
কর্মপ্রার্থী : হ্যাঁ, স্যার।
সাক্ষাৎকার গ্রাহক : আপনি কি আপনার শিক্ষাগত যোগ্যতার মূল প্রমাণপত্রগুলো দেখাবেন?
কর্মপ্রার্থী : অবশ্যই। এই যে দেখুন।
সাক্ষাৎকার গ্রাহক : আপনি তো জানেন এটা করণিকের পদ। আপনি কি টাইপিং এবং কম্পিউটারে ডাটা প্রসেসিং জানেন?
কর্মপ্রার্থী : হ্যাঁ, জানি, তা ছাড়াও স্টেনোগ্রাফি জানি।
সাক্ষাৎকার গ্রাহক : টাইপে আপনার স্পীড কত?
কর্মপ্রার্থী : মিনিটে চল্লিশ।
সাক্ষাৎকার গ্রাহক : আপনার কি অফিসিয়াল কাজে কোনো পূর্ব অভিজ্ঞতা আছে?
কর্মপ্রার্থী : না, স্যার, দুঃখিত।/হ্যাঁ, স্যার, আমি কিছু অফিসিয়াল করেসপন্ডেন্স-এর কাজ জানি।
সাক্ষাৎকার গ্রাহক : আপনি কি হিসাবপত্রের কাজ কিছু জানেন?
কর্মপ্রার্থী : হ্যাঁ, জানি।

সাক্ষাৎকার গ্রাহক : আপনি কি মনে করেন কেরানির কাজে আপনি নিজেকে মানিয়ে নিতে পারবেন?

কর্মপ্রার্থী : আমার তো মনে হয় আমি পারব। এই কাজটা আমাকে দিলে আমি বাধিত হব।

সাক্ষাৎকার গ্রাহক : ঠিক আছে। আমরা যথাসময়ে আপনাকে সংবাদ দেব।

কর্মপ্রার্থী : ধন্যবাদ, স্যার।

●

Candidate : May I come in, sir?
Interviewer : Yes, come in. Please take your seat.
Candidate : Thank you, sir.
Interviewer : What's your name?/Your name, please?
Candidate : I'm Meera Varma.
Interviewer : Your age?
Candidate : I'm 25.
Interviewer : I believe you're a graduate in Arts, aren't you?
Candidate : No, sir. I'm a Commerce graduate.
Interviewer : Oh, yes. It must be so; you've already stated that in your application.
Candidate : Yes, sir.
Interviewer : Would you mind showing your educational certificates in original?
Candidate : Of course. Here they are.
Interviewer : You know it's a post of a clerk. Do you know typing and data processing in computer?
Candidate : Yes, I do. I know stenography too.
Interviewer : What's your speed in typing?
Candidate : It's 40 per minute.
Interviewer : Do you have/Have you any previous experience in office work?
Candidate : Sorry, sir, I've no previous experience./Yes, sir. I know some official correspondence work.
Interviewer : Do you know anything of accounts?
Candidate : Yes, sir.
Interviewer : Do you think a clerical job will suit you?
Candidate : I think so. I'll be rather obliged if you honour me with a chance.
Interviewer : OK. We'll inform you in due time.
Candidate : Thank you, sir.

[20] AN INTERVIEW IN A BIG CONCERN

[একটি বড়ো প্রতিষ্ঠানে চাকরির জন্য সাক্ষাৎকার]

কর্মপ্রার্থী : আসতে পারি, স্যার?

ডিরেক্টর : হ্যাঁ, আসুন। বসুন।

কর্মপ্রার্থী : ধন্যবাদ, স্যার।

ডিরেক্টর : আপনার নাম?

কর্মপ্রার্থী : আমি, বিলাস রাও।

ডিরেক্টর : আপনার বয়স?

কর্মপ্রার্থী : আমার বয়স ৪০+।

ডিরেক্টর : বয়সের তুলনায় আপনাকে তরুণ দেখায়।

কর্মপ্রার্থী : ধন্যবাদ, স্যার।

ডিরেক্টর : আপনি জানেন, ম্যানেজারের পদে একজন সঠিক লোক চাই। আপনি কি এই দায়িত্বপূর্ণ কাজে সত্যিই আগ্রহী? / আপনি কি মনে করেন আপনি এই কাজের যোগ্য?

কর্মপ্রার্থী : হ্যাঁ, স্যার। আমি দায়িত্ব সামলাতে ভালোবাসি, বিশেষত প্রশাসনিক কাজে। তা ছাড়া কাজটা আমার শিক্ষাগত যোগ্যতা অনুযায়ী বেশ পছন্দসই।

ডিরেক্টর : আপনার শিক্ষাগত যোগ্যতা কী?

কর্মপ্রার্থী : আমি একজন MBA।

ডিরেক্টর : আপনার যোগ্যতার মূল প্রমাণপত্রগুলো দেখাবেন কি?

কর্মপ্রার্থী : অবশ্যই। এই যে দেখুন।

ডিরেক্টর : আপনার কোনো পূর্ব অভিজ্ঞতা আছে? / বর্তমানে আপনি কোথায় কর্মরত?

কর্মপ্রার্থী : হ্যাঁ, স্যার। বর্তমানে আমি একটি সওদাগরি অফিসে কাজ করছি।

ডিরেক্টর : সেখানে কত টাকা পান?

কর্মপ্রার্থী : প্রতি মাসে তিরিশ হাজার টাকা।

ডিরেক্টর : আপনি তো ভালোই পাচ্ছেন। তাহলে কাজটা ছাড়তে চাইছেন কেন? আর আমাদের ফার্মে কাজ করার জন্য আপনার এত আগ্রহ কেন?

কর্মপ্রার্থী : কারণ আমার বর্তমান কর্মক্ষেত্রে কর্মীদের আত্মসম্মান থাকে না। আর এখানকার কর্মচারীরা কর্তৃপক্ষের কাছে সুবিচার পান।

ডিরেক্টর : আপনি কি করে জানলেন?

কর্মপ্রার্থী : এখানকার কর্মচারীদের থেকে জেনেছি।

ডিরেক্টর : বেশ, এখানে আপনি কত বেতন আশা করেন?

কর্মপ্রার্থী : এ ব্যাপারটা আমি আপনাদের বিবেচনার ওপর ছেড়ে দিতে চাই।

ডিরেক্টর : ঠিক আছে। আমরা আপনাকে যথাসময়ে সংবাদ দেব।

কর্মপ্রার্থী : ধন্যবাদ, স্যার।

●

Candidate : May I come in, sir?
Director : Yes, come in. Please be seated.
Candidate : Thank you, sir.
Director : Your name, please?
Candidate : I'm Bilas Rao.
Director : How old are you?
Candidate : I'm 40+.
Director : You look younger than your age.
Candidate : So kind of you to say so, sir.
Director : You know we want a suitable person in the post of Manager. Are you really interested in this responsible job?/Do you think you are the right person?

Candidate : Yes, sir. I love to shoulder responsibilities, especially in the administrative side. Besides, it seems to call for exactly the qualifications I have.

Director : Well, your educational and professional qualifications?

Candidate : I'm an MBA.

Director : Would you mind showing your certificates and testimonials in original?

Candidate : Of course. Here they are.

Director : Have you any previous experience? /Where are you employed at present?

Candidate : Yes, sir. At present I'm working in a mercantile firm.

Director : How much do you draw there?

Candidate : Rs. 30,000 per month.

Director : Well, that's not bad for you. I see no reason why you should leave it. And why are you so interested in our firm?

Candidate : Because, I'm afraid, the employees don't have self-respect in my present place of work and, I believe, the workers here get justice from the authority.

Director : How could you know it?

Candidate : I know from the employees here.

Dierctor : OK. We'll inform you in due time.

Candidate : Thank you, sir.

[21] GETTING READY FOR OFFICE—HUSBAND AND WIFE

[অফিসে যাওয়ার প্রস্তুতি—স্বামী এবং স্ত্রী]

স্ত্রী : শুনছ! উঠে পড়ো।

স্বামী : দয়া করে বিরক্ত কোরো না, আর একটু ঘুমোতে দাও।

স্ত্রী : আজ কি অফিস যাবে না?

স্বামী : কেন যাব না? কটা বেজেছে?

স্ত্রী : সাতটা বাজে। তোমার অফিসের দেরি হয়ে যাবে।

স্বামী : এই আমি এখুনি উঠে পড়ছি। এক কাপ চা দাও।

স্ত্রী : আমি তৈরি করছি। কিন্তু তার আগে বাথরুমে যাও।

স্বামী : ঠিক আছে। আমার ব্রাশ আর টুথপেস্ট কোথায়?

স্ত্রী : সব ওয়াশবেসিনের কাছে রাখা আছে।

[একটু পরে]

স্বামী : নাও, এসে গেছি। চা আর ব্রেকফাস্ট কোথায়?

স্ত্রী : এখুনি আনছি।

স্বামী : ধন্যবাদ, ম্যাডাম।

স্ত্রী : তুমি ব্রেকফাস্ট খাও। আমি ততক্ষণে লাঞ্চবক্স তৈরি করে রাখছি।

[স্বামী এবং স্ত্রী উভয়েই বাহিরে কর্মরত]

স্বামী : আমাদের পরিচারিকা আসেনি?

স্ত্রী : এখনও আসেনি।

স্বামী : ডার্লিং! তুমি দেখো—আমাদের পরিচারিকার ওপর আমাদের খুব বেশি নির্ভর করতে হচ্ছে, যেহেতু আমাদের দুজনকেই বাইরে কাজ করতে হয়।

স্ত্রী : হ্যাঁ, তাছাড়া আমাদের আর করারই বা কী আছে?

স্বামী : আমার মনে হয় আমাদের গৃহকর্মগুলো যতটা সম্ভব আমরা ভাগ করে নিতে পারি।

স্ত্রী : সেটা খুব ভালো। আমি আর একটা প্রস্তাব রাখছি—আমরা আমাদের পরিচারিকাকে রবিবারগুলো ছুটি দিতে পারি, যেমন আমরা পাই।

স্বামী : দারুণ! তাহলে আমরা রবিবারগুলো পিকনিক-এর [চড়ুইভাতির] মেজাজে উপভোগ করতে পারি।

●

Wife : Please get up, darling!

Husband : Please don't disturb me. Let me sleep a little more.

Wife : Aren't you going to your office today?

Husband : Why not? What's the time?

Wife : It's already seven. You are getting late for your office.

Husband : Really? I must get up at once. A cup of tea, please.

Wife : I'm preparing it. But before that (you) go to the bathroom.

Husband : All right. Where's my brush and paste?

Wife : Everything is near the washbasin.

[After a while]

Husband : Here I am. Where's my tea and breakfast?

Wife : Just bringing, dear.

Husband : Thank you, madam.

Wife : Have your breakfast and, in the meantime, I'll prepare your lunch box.

[Husband and wife—Both in outside job]

Husband : Hasn't our helpmaid come?

Wife : Not yet.

Husband : Darling! you see—we have to depend on our housemaid too much at home as both of us are engaged in outside job.

Wife : Yes, but what else can we do?

Husband : I think we can share our household work as much as possible.

Wife : That's fine. I suggest to offer our housemaid free time on Sundays too, as we have.

Husband : Grand! Then we can enjoy our Sundays in a picnic mood.

[22] RETURNING FROM OFFICE—MOTHER AND SON

[অফিস থেকে ফিরে এসে—মাতা ও পুত্র]

মাতা : অফিস থেকে ফিরতে এত দেরি কেন?

পুত্র : অফিসে আজ অনেক কাজ ছিল, মা।

মাতা : বেশ, তুমি এখন বাড়ি পৌঁছেছ। তাড়াতাড়ি হালকা হয়ে নাও।

পুত্র : ঠিক আছে। আমি বাথরুমে যাচ্ছি।

মাতা : তাড়াতাড়ি এসো। আমি চা বানাচ্ছি। চায়ের সঙ্গে কী খাবে?

পুত্র : খুব ক্ষিধে পেয়েছে। ভারী কিছু খাবার দাও।

মাতা : টম্যাটো স্যান্ডউইচ খাবে কি?

পুত্র : খুব ভালো হবে। কিন্তু একটু তাড়াতাড়ি করো।

মাতা : ঠিক আছে। তুমি পোশাক পাল্টাবে না?

পুত্র : না, চা খেয়ে আবার আমাকে বেরোতে হবে।

মাতা : কোথায়?

পুত্র : এক বন্ধুর বাড়িতে তার সঙ্গে দেখা করতে হবে।

মাতা : জরুরি কিছু?

পুত্র : হ্যাঁ, বাথরুমে পড়ে গিয়ে তার মার বাঁ পা-টা ভেঙে গেছে। বোধহয় তাঁকে হাসপাতালে ভর্তি করতে হবে।

মাতা : রাতে খাওয়ার আগে ফিরবে তো?

পুত্র : অবশ্যই চেষ্টা করব।

●

Mother : Why so late from office?

Son : There was a lot of work in the office, mummy.

Mother : Well, now you've come back home. Be quick and fresh-up.

Son : OK. I'm going to the bathroom.

Mother : Hurry up! I'm preparing tea. What would you like with tea?

Son : I'm quite hungry. Get me something heavy to eat.

Mother : Would you like tomato sandwiches?

Son : That's fine. But make haste.

Mother : OK. Won't you like to change?

Son : No. I've to go out again after tea.

Mother : Where?

Son : I've to meet a friend at his house.

Mother : Anything urgent?

Son : Yes, his mother has her left leg broken—she fell in the bathroom. Perhaps she has to be admitted to hospital.

Mother : Will you be back by dinner?

Son : I'll try my best.

[23] TWO FRIENDS—MEETING ON THE WAY [দুই বন্ধু—রাস্তায় সাক্ষাৎ]

রাকেশ : এই যে মুকেশ! কেমন আছ?

মুকেশ : মন্দ নয়। যাই হোক, তোমাকে দেখে মনে হচ্ছে তোমার নতুন কাজটা ভালো ভাবেই চালিয়ে যাচ্ছ।

রাকেশ : হ্যাঁ। তবে কাজটা খুবই পরিশ্রমের। যত গুরুত্বপূর্ণ ব্যাপারে আমাকে ঊর্ধ্বতন কর্তার সঙ্গে আলোচনা করতে হয়।

মুকেশ : তাহলে তো অফিসে সবসময় তোমাকে ব্যস্ত থাকতে হয়।

রাকেশ : হ্যাঁ, বড্ড চাপ পড়ে।

মুকেশ : তা যদি বলো, তাহলে বলব সব দায়িত্বপূর্ণ কাজই ঝঞ্ঝাটের। আমার কথাই ধর না, আমার ব্যাবসাতেও আমি খুব একটা অবসর সময় পাই না। সকাল থেকে রাত পর্যন্ত আমাকে কঠোর পরিশ্রম করতে হয়।

রাকেশ : তবু তুমি স্বাধীন। তুমি তোমার নিজের ইচ্ছেমতো কাজ করতে পার। কারও হুকুম মেনে চলতে হয় না।

মুকেশ : তা ঠিক। কিন্তু সব বিষয়েই আমাকে নিয়ম এবং সময় মেনে চলতে হয়। আমি যদি নিয়মানুবর্তিতা মেনে না চলি, তাহলে আমার কর্মচারীদের কাছ থেকে তা আশা করতে পারি না।

রাকেশ : দেখছি, সবারই জীবনে কিছু না কিছু সমস্যা আছে।

মুকেশ : ঠিক বলেছ। কঠোর পরিশ্রম ছাড়া জীবনে সাফল্য লাভের কোনো সংক্ষিপ্ত পথ নেই।

রাকেশ : আমাদের কর্মজীবন সম্বন্ধে বেশি দুশ্চিন্তা করে লাভ নেই।

মুকেশ : ধন্যবাদ, বন্ধু।

●

Rakesh : Hi Mukesh! How are you?

Mukesh : Not bad. However, you seem to be carrying on well with your new job.

Rakesh : Yes. Yet it's really an arduous job. I've to keep touch with my boss in all important matters.

Mukesh : Then you've to keep yourself always busy in the office.

Rakesh : It puts much strain on me.

Mukesh : If you say so, all responsible jobs are troublesome. Take it for me. I can hardly find any leisure from my business. I've to work hard from morning till night.

Rakesh : Still you are free. You can work at your sweet will. You're not to obey anybody.

Mukesh : That's right. But I have to be punctual in all matters. If I don't maintain punctuality, I can't expect it from my employees.

Rakesh : I see everybody has problems in life.

Mukesh : Right you are. There's no shortcut to success.

Rakesh : No need to worry much about our field of work.

Mukesh : Thank you, my friend.

[24] TWO HOUSEWIVES—DAY-TO-DAY DIFFICULTIES / PRICE HIKE

[দুই গৃহবধূ—দৈনন্দিন অসুবিধা / দ্রব্যমূল্য বৃদ্ধি]

দিশা : এই যে নিশা, কেমন আছ?

নিশা : খুব ভালো নয়। এইমাত্র বাজার থেকে ফিরছি।

দিশা : দেখছি, তুমি অনেক কিছু কিনেছ।

নিশা : না, খুব বেশি কিছু নয়। অত্যাবশ্যক পণ্যের দাম খুব বেড়ে যাচ্ছে।

দিশা : তুমি ঠিকই বলেছ। বাজেটের মধ্যে থাকা খুবই কঠিন ব্যাপার হয়ে দাঁড়িয়েছে।

নিশা : নিশ্চয়ই। তুমি জানো বেতনভোগী এবং দৈনিক মজুরি-পাওয়া লোকেরা খুব চাপের মধ্যে পড়েছে।

দিশা : দ্যাখো, চালের দাম বেড়ে গেছে। মাছ-মাংস ধরা-ছোঁওয়ার বাইরে। আমরা কী খাব বলো তো?

নিশা : মাছ, শাকসবজি, জামাকাপড় সবকিছুই হাত থেকে বেরিয়ে যাচ্ছে।

দিশা : দাম কমার তো কোনো লক্ষণ দেখা যাচ্ছে না।

নিশা : একদম খাঁটি কথা বলেছ। মুদ্রাস্ফীতি অনেক আগেই সহ্যসীমা অতিক্রম করেছে।

দিশা : হ্যাঁ, এটা এখন জ্বলন্ত সমস্যা।

নিশা : আর আমাদের কাছেও একটা চ্যালেঞ্জ।

দিশা : আমাদের হাতে প্রতিকারের একটাই পথ—যতটা সম্ভব আমাদের বাজেট ছাঁটাই করা।

নিশা : আমার মনে হয়, সরকার এই দ্রব্যমূল্য বৃদ্ধি রোধ করতে ব্যবস্থা গ্রহণ করবে।

●

Disha : Hi Nisha! How're you?

Nisha : Not so fine. Just back from the market.

Disha : I see, you've bought a lot.

Nisha : Not so much. Price of essential commodities is soaring too high.

Disha : You're right. It's becoming too hard to stay within the budget.

Nisha : Certainly. You know salaried people and the daily wage-earners are hard-pressed.

Disha : See, rice costs high. Fish and meat are beyond our reach. What should we eat?

Nisha : Fish, vegetables, cloth and everything seem to slip from our hands.

Disha : There's no sign of the prices coming down.

Nisha : True indeed! Inflation has crossed the bearable limit.

Disha : Yes, it's a burning problem.

Nisha : And a challenge too for us.

Disha : The only remedy in our hand is to curtail our budget as far as possible.

Nisha : I think govt must step in to check the hike.

[25] A STREET ACCIDENT [একটি পথ দুর্ঘটনা]

X : কী ব্যাপার? এখানে এত ভিড় কেন?

Y : একটু আগে একটা বাস আর একটা বাসকে ওভারটেক করার সময় ধাক্কা মেরেছে।

X : কোনো মৃত্যু ঘটেছে, নাকি কারও কারও সামান্য কিছু আঘাত লেগেছে?

Y : একজনের সঙ্গে সঙ্গে মৃত্যু হয়েছে, আর পাঁচজন গুরুতর জখম হয়েছে।

X : বাসচালকও কি আহত হয়েছে?

Y : বাসচালক এবং কন্ডাকটর পালিয়ে গেছে। ক্রুদ্ধ জনতা বাসে আগুন লাগিয়ে দিয়েছে।

X : এখনও কি পুলিশ আসেনি?

Y : পুলিশ এখনও আসেনি। কিছু লোক তামাশা দেখছে।

X : কিন্তু আহত যাত্রীদের তো এখনই হাসপাতালে নিয়ে যাওয়া উচিত।

Y : আরে, এত সময় কার আছে? তারপরে সাক্ষী দেওয়ার ঝামেলাও আছে।

X : হ্যাঁ, আজকাল কারও সাহায্য করা মানে নিজের ঝঞ্ঝাটও বাড়ানো!

Y : ঠিক বলেছ। আমাদের চারপাশে অপরাধ ঘটছে। কিন্তু কেউই পুলিশের ঝামেলায় ভয়ে সাহায্য করতে এগিয়ে আসে না।

X : পথ দুর্ঘটনার সবচেয়ে বড়ো কারণ হচ্ছে চালকের অসাবধানতা।

Y : তুমি জানবে যে, কিছু চালক ট্র্যাফিক নির্দেশ মেনে চলাকে নিজেদের মর্যাদা-বিরুদ্ধ মনে করে!

X : হ্যাঁ। তা ছাড়া কিছু চালক আবার গাড়ি চালানোর সময়েও মাতাল অবস্থায় থাকে!

Y : ও, পুলিশ আসছে। এসো, আমরা চলে যাই। এখানে আর অকারণে ভিড় বাড়িয়ে লাভ নেই।

●

X : What's the matter? Why have so many people gathered here?

Y : A few minutes ago a bus has collided with another while overtaking it.

X : Any casualty or just injury?

Y : One spot dead and five seriously injured.

X : Is the bus driver also hurt?

Y : The bus driver and the conductor have fled away. The angry mob has set the bus on fire.

X : Haven't the police come?

Y : No, they haven't come yet. Some people are just watching.

X : But the injured passengers should immediately be taken to hospital.

Y : Oh! Who has the time? Then there is the problem of witness.

X : Yes. Now-a-days, helping someone means inviting trouble for yourself!

Y : You are right. There are crimes all around us. But nobody takes the initiative as they are afraid of getting into trouble with the police.

X : The main reason for street accidents is the drivers' carelessness.

Y : You know some drivers think it against their dignity to obey the traffic rules!

X : Yes. Besides, some drivers are drunk while driving!!

Y : Oh! The police are coming. Let's go. It's no use adding to the crowd here.

[26] USE OF MOBILE PHONE ON THE WAY [পথে মোবাইল ফোনের ব্যবহার]

অর্পিতা : হ্যালো!

রোহিত : আমি কি অর্পিতার সঙ্গে কথা বলতে পারি?

অর্পিতা : হ্যাঁ, আমি অর্পিতা বলছি।

রোহিত : আমি রোহিত। আমি কয়েকদিন আগে তোমার এই ল্যান্ডফোনে ফোন করেছিলাম। কিন্তু ফোন বেজে গেল। কেউ ধরল না।

অর্পিতা : আমাদের ল্যান্ডফোন তখন খারাপ ছিল। সম্ভবত রিংটোনটা টেলিফোন এক্সচেঞ্জ থেকে হয়েছে। এখন ঠিক হয়ে গেছে।

রোহিত : তুমি একটা মোবাইল ফোন নিচ্ছ না কেন? তুমি ওটা বাড়িতে এবং বাইরেও ব্যবহার করতে পার।

অর্পিতা : আমি একটা মোবাইল ফোন পাওয়ার জন্য বাবাকে বলেছি। কিন্তু তিনি ইতস্তত করছেন।

রোহিত : ইতস্তত করছেন কেন?

অর্পিতা : তিনি বলেন তরুণ-তরুণীরা মোবাইল ফোনের খুব ভক্ত, কিন্তু তাতে বিপদের ঝুঁকিও থাকে।

রোহিত : তিনি এমন কথা বলেন কেন?

অর্পিতা : তিনি ওই কলেজে-পড়া মেয়েটির ভয়াবহ দুর্ঘটনার কথা বলেন যে মোবাইল ফোনে কথা বলতে বলতে রেললাইন পার হচ্ছিল।

রোহিত : ওটা খুব শোচনীয় ঘটনা। আমি একজন যুবককে জানি যার মোটরবাইক দুর্ঘটনা হয়েছিল। তার একটা হাত মোবাইল ফোনে কথা বলতে ব্যস্ত ছিল। আর একটা হাতে বাইকের হ্যান্ডেল ধরেছিল।

অর্পিতা : তুমি জানবে তরুণ-তরুণীরা প্রায়ই মোবাইল ফোনে গল্প করার সময় তাদের চারপাশ সম্বন্ধে অসতর্ক হয়ে পড়ে।

রোহিত : ঠিক বলেছ। তবু বলব, এখনকার দিনে বহির্জগতের সঙ্গে যোগাযোগ রক্ষা করতে মোবাইল ফোন খুব প্রয়োজন।

●

Arpita : Hello!

Rohit : May I speak to Arpita?

Arpita : Yes, Arpita speaking.

Rohit : I'm Rohit. I phoned you a few days back on this landphone. But it continued to ring. Nobody responded.

Arpita : Our landphone was out of order. I'm afraid, the ring tone might be from the telephone exchange. Now it is all right.

Rohit : Why don't you have a mobile phone? You can use it at home and outside as well.

Arpita : I've asked father for having a mobile phone. But he is hesitating.

Rohit : Hesitating? Why?

Arpita : He says teenagers are very fond of mobile phones, but they run a lot of risks too.

Rohit : Why does he say so?

Arpita : He points out the news of the fatal accident of that college girl talking over her mobile phone while crossing the railway line.

Rohit : That's very pathetic. I know a youngman who had a motorbike accident. His one hand was engaged in a mobile phone and the other hand was on the handle of the bike.

Arpita : You know, teenagers are often careless of the situation around them when they chat on mobile phones.

Rohit : That's true. Yet a mobile phone is of great use to get contact with the outside world nowadays.

[27] AN EXCITING CRICKET MATCH [একটি উত্তেজনাপ্রবণ ক্রিকেট ম্যাচ]

অনিল : এই যে শংকর! তোমাকে খুব উত্তেজিত দেখাচ্ছে!

শংকর : কেন নয়! আমরা এইমাত্র খেলায় জিতেছি, আর কী রোমহর্ষক খেলা!

অনিল : শেষ পর্যন্ত খেলাটা কীভাবে শেষ হল?

শংকর : আমরা তিন বল হাতে রেখে এক উইকেটে অস্ট্রেলিয়াকে পরাজিত করেছি।

অনিল : তাই?

শংকর : তুমি জানবে যে এটা একটা রুদ্ধশ্বাস খেলা। যে কোনো পক্ষ এই ম্যাচ জিততে পারতো।

অনিল : তাই বুঝি? তাই ছেলেরা রাস্তায় বাজি ফাটিয়ে বিজয়োল্লাসে মেতেছে। তা, ম্যান অফ্ দ্য ম্যাচ কে হল?

শংকর : অবশ্যই সৌরভ।

অনিল : আমার মনে হয় শচিন, দ্রাবিড়, ধোনি, সহবাগ—সবাই ভালো খেলেছে।

শংকর : শচিন আর ধোনি দুজনেই অর্ধশতরান করেছে আর বোলিং-এ আধিপত্য বিস্তার করে অসিদের আক্রমণ করেছে। কিন্তু সৌরভের ৬৯ বলে ৮৯ রান ভারতকে জয় এনে দিয়েছে।

অনিল : পিছু ধাওয়া করার লক্ষ্যমাত্রা কত ছিল?

শংকর : ৫০ ওভারে ভারতকে ৩০৪ রান করতে হত।

অনিল : এটা তাহলে একটা দারুণ জমজমাট ম্যাচ ছিল।

শংকর : হ্যাঁ। তুমি জানো, শেষ ওভারে আমাদের ১২ রান করতে হত। ধোনি পরপর তিনটে বাউন্ডারি মেরে ম্যাচটা শেষ করল!

অনিল : সাম্প্রতিক অতীতে আমি এমন রোমহর্ষক জয় মনে করতে পারছি না।

শংকর : হ্যাঁ। এটা মনে রাখবার মতোই খেলা।

●

Anil : Hi Sankar! You're looking so excited!
Sankar : Why not? We've just won the match and it's so thrilling!
Anil : What's the final score?
Sankar : We beat Australia by one wicket, three balls to spare.
Anil : Oh, really?
Sankar : It's a heart-throbbing game, you know. Any side could have won the match.
Anil : I see! That's why the boys in the street are celebrating victory by bursting crackers. Who's the man of the match?
Sankar : Of course, Sourav.
Anil : I think Sachin, Dravid, Dhoni, Sewbag—everyone played well.
Sankar : Sachin and Dravid both made half-centuries and attacked the Aussies by bowling in a commanding mode. But the knock of Sourav, who made 89 just against 69 balls, led India to victory.
Anil : What was the chasing target?
Sankar : India had to chase 304 in 50 overs.
Anil : Oh! It was a nail-biting match then.
Sankar : Yeah! you know, we had to make 12 runs in the last over. Dhoni hit three consecutive boundaries to end the match!
Anil : I can't remember such a thrilling victory in recent past.
Sankar : Yeah! It's a game to remember.

[28] ARRIVAL OF A GUEST [বাড়িতে অতিথির আগমন]

অতিথি : মি. দাস কি বাড়িতে আছেন?

অভিজিৎ : হ্যাঁ, আছেন, আপনার নাম?

অতিথি : আমি বিক্রম সিনহা।

অভিজিৎ : আপনি কোথা থেকে আসছেন?

অতিথি : আমি বেনারস থেকে আসছি।

অভিজিৎ : আপনি দয়া করে ভেতরে এসে বসুন। আমি বাবাকে ডেকে দিচ্ছি।

[মি. দাস বসার ঘরে ঢুকলেন]

অতিথি : এই যে মি. দাস! কেমন আছেন?

মি. দাস : ভালো আছি। আপনার খবর কী?

অতিথি : আমিও ভালো আছি।

মি. দাস : পথে আপনার কষ্ট হয়নি তো? আপনার ভ্রমণ সুখকর হয়েছে তো?

অতিথি : তেমন কিছু নয়। তবে ট্রেনটা চারঘণ্টা দেরিতে পৌঁছেছে।

মি. দাস : তাহলে তো আপনি খুব ক্লান্ত হয়ে পড়েছেন। এখন ফ্রেশ হয়ে নিন।

অতিথি : হ্যাঁ। দয়া করে আমাকে বাথরুমটা দেখিয়ে দিন।

মি. দাস : এই দিক দিয়ে আসুন। এই যে বাথরুম। সাবান ও তোয়ালে রাখা আছে।

অতিথি : ধন্যবাদ।

মি. দাস : আমার স্ত্রী আপনার জন্য ব্রেকফাস্ট তৈরি করছেন।

অতিথি : অনেক ধন্যবাদ। আমি এখুনি আসছি।

●

Guest : Is Mr Das at home?

Abhijit : Yes, he is in. Your name, please?

Guest : I'm Bikram Sinha.

Abhijit : Where are you from?

Guest : I'm coming from Benaras.

Abhijit : Please come in and be seated. I'll just call my father.

[Mr. Das entered the living room]

Guest : Hello, Mr. Das! How are you?

Mr. Das : Fine. What about you?

Guest : I'm also fine.

Mr. Das : Have you had any trouble in your journey? / Was your journey comfortable?

Guest : Not too much. But—you know—our train was four hours late.

Mr. Das : Then you must have been pretty tired. Make yourself fresh.

Guest : Yes. Please show me the bathroom/toilet.

Mr. Das : Come this way. Here is the bathroom/toilet. The soap and towel are already kept there.

Guest : Thank you.

Mr. Das : My wife is preparing breakfast for you.

Guest : Many thanks. I'm just coming.

[29] TWO FRIENDS—STARTING A NIGHT SCHOOL

[দুই বন্ধু—একটা নাইট স্কুল খোলার ব্যাপারে]

নাসির : এই যে সৈয়দ! কেমন চলছে?

সৈয়দ : খুব ভালো নয়। আমি প্রায়ই গ্রামবাসীদের দুঃখকষ্টের জন্য কষ্ট পাই। স্বাস্থ্য ও পরিচ্ছন্নতা সম্বন্ধে তাদের কোনো ধারণাই নেই। আর তারা সামান্য ব্যাপারে ঝগড়া করে।

নাসির : তুমি তো জানো—তাদের কোনো শিক্ষা নেই বলে এই অবস্থা।

সৈয়দ : এসো, তাদের জন্য কিছু করা যাক। একটা নাইট স্কুল খোলা যাক।

নাসির : কিন্তু আমার ভয় হয়—ওটা একটা বিরাট ব্যাপার।

সৈয়দ : ভয় পেয়ো না, নাসির। তুমি যতটা ভাবছ ততটা বড়ো ব্যাপার নয়। তুমি তো জানো, প্রতিটি সমস্যারই সমাধান আছে।

নাসির : হ্যাঁ, অবশ্যই। তোমার কথায় ভরসা পাচ্ছি।

সৈয়দ : তুমি যদি চাও, তাহলে আমি আমার বাড়ির একটা অংশ নাইট স্কুলের জন্য ছেড়ে দিতে পারি।

নাসির : আমি আমার অবসর সময়ে আনন্দের সঙ্গে একজন স্বেচ্ছাসেবী শিক্ষক হিসেবে কাজ করতে পারি।

সৈয়দ : আমি আশা করি অন্যান্যরাও আমাদের সাহায্য করবেন।

নাসির : বাস্তবিকই চমৎকার প্রস্তাব! কিন্তু আমাদের প্রথমে গ্রামবাসীদের সঙ্গে কথা বলতে হবে এবং এ ব্যাপারে তাদের উৎসাহিত করতে হবে।

●

Nasir : Hi Syed! How are you getting on?

Syed : Not so fine. I often brood over the sufferings of the villagers. They have no idea about health and sanitation, and they often quarrel over petty matters.

Nasir : You know—such is the condition as they have no education.

Syed : Let's do something for them. Let's start a night school for the illiterate adults.

Nasir : But, I'm afraid, it's a big affair.

Syed : Don't be afraid, Nasir. It's not a big affair as you think. You know, every problem has its solution.

Nasir : Yes, of course, I take heart at your words.

Syed : If you wish, I'll spare a part of my house for starting a night school.

Nasir : I'll be glad to work as a voluntary teacher in my spare time.

Syed : I hope there are others too who will help us.

Nasir : A very good idea indeed! But we must speak to the villagers first and encourage them in this matter.

[30] TWO FRIENDS ON CINEMA SHOWS [দুই বন্ধু—সিনেমা দেখা]

আরফিন : মাপ করবে। আমার ভয় হয় নাসরিন, তুমি সিনেমার খুব ভক্ত হয়ে উঠেছ।

নাসরিন : কিন্তু তুমি সেজন্য আমাকে দোষ দিতে পার না। সিনেমার ছবিগুলো আমাদের অনেক শিক্ষা দিতে পারে, আর সেইসঙ্গে আমাদের জীবনের একঘেয়েমি দূর করতে পারে।

আরফিন : তা হতে পারে। কিন্তু যে কোনো কিছুরই বাড়াবাড়ি করা খারাপ। তুমি জানবে, কিছু বাজে ছবি আছে যেগুলো আমাদের জীবন নষ্ট করে দিতে পারে, ওগুলি থেকে আমাদের দূরে থাকা উচিত।

নাসরিন : আমাদের বড়োরা যা বলেন, তুমি শুধু সেটাই আওড়াচ্ছ। কিন্তু জীবন হল জীবন, আর তার ভালো-মন্দ উভয়দিকই আমাদের দেখতে হবে। এই ছবিগুলো তোমাকে সবরকমই দেখাবে।

আরফিন : কিন্তু আমাদের কম বয়সে কেবল জীবনের ভালো দিকগুলোই দেখতে হবে। একবার আমাদের চরিত্র গঠন হয়ে গেলে খারাপ জিনিসগুলো দেখলেও ক্ষতি নেই।

নাসরিন : বন্ধু, এতটা যান্ত্রিক মনোভাবাপন্ন হয়ো না। কাউকে সব সময় শুধু ভালো জিনিসই খাওয়ানো যেতে পারে না। বরং একটু খারাপ হও আর চারদিকের ব্যাপারগুলো যেমন আছে তেমনভাবে দেখো। এটা তোমাকে জীবনযুদ্ধে সাহায্য করবে।

আরফিন : না, নাসরিন, ওটা একটা ভুল যা আজকাল অনেক লোকই করে। একজন মাতাল বা জুয়াড়িও তোমাকে একরকম যুক্তি দিতে পারে। কিন্তু মনে রাখবে, যা ভালো তা সবসময়েই ভালো।

●

Arfin : Excuse me. I'm afraid, Nasrin, you've been a filmfan./You are being addicted to films.

Nasrin : But you shouldn't curse me for that. The films can teach us a lot and can remove the monotony of life at the same time.

Arfin : That may be. But too much of anything is bad. You know, there are bad pictures which may spoil our life. We should keep ourselves aloof from them.

Nasrin : You simply repeat what our elders say! But life is life and we must see both the sides—good and bad. These pictures can show you that.

Arfin : But at our tender age we should see life on its good side alone. Once we have formed our character, there's no harm in seeing the bad things.

Nasrin : Don't be so mechanical, my friend. One cannot always be fed with good thing alone. Be a bit bad rather and see things as they are. It will help you in the struggle of life.

Arfin : No, Nasrin, that's a mistake that many people make now-a-days. A drunkard or a gambler may also provide you such reasons. But remember, good is always good—now and always.

[31] EVILS OF ADDICTION TO TV [টিভিতে বেশি আসক্ত হওয়া খারাপ]

সৃষ্টি : এই যে কৃষ্টি! গতকাল তুমি ক্লাস থেকে পালিয়েছিলে, তাই না?

কৃষ্টি : আমি পড়ায় মন দিতে পারি না। টিভি সিরিয়ালগুলো আমাকে চুম্বকের মতো আকর্ষণ করে।

সৃষ্টি : আমাকেও। আমি কার্টুন চ্যানেলগুলো দেখতে ভালোবাসি।

কৃষ্টি : আর আমার ভাই ঘন ঘন চ্যানেলগুলো ঘুরিয়ে যায়। ওটা ভীষণ বিরক্তিকর।

সৃষ্টি : নিশ্চিতভাবে, টিভি শুধু আমাদের মুল্যবান সময়টা খেয়ে নেয় না, আমাদের মনটাকেও চিবিয়ে দেয়।

কৃষ্টি : টিভির নেশায় আমি কোনো কাজে ঠিকভাবে মনোযোগ দিতে পারি না।

সৃষ্টি : তাই? আমারও ওই এক অবস্থা। এমনকি আমার চোখ যখন বই-এর পাতায় থাকে, তখনও আমার মন সিরিয়ালগুলোতে ঘুরে বেড়ায়।

কৃষ্টি : তবু তুমি জানবে টিভি আমাদের সারা দুনিয়ার খবর এবং মতামত সরবরাহ করে, আর বিশেষভাবে এটাই গণশিক্ষার মাধ্যম।

সৃষ্টি : আমি তা অস্বীকার করি না। আমি শুধু এটুকু বলতে চাই—ওর যা প্রকৃত গুরুত্ব তার চেয়ে বেশি গুরুত্ব যেন না দিই।

কৃষ্টি : নিশ্চয়ই। এই 'বোকা-বাক্স'র সঙ্গে আঠার মতো লেগে থাকার অভ্যাসটা আমাদের ছাড়া দরকার।

সৃষ্টি : ঠিক। যত তাড়াতাড়ি আমরা ছাড়তে পারি, ততই মঙ্গল।

●

Srishti : Hello, Krishti! You fled from the last period yesterday, didn't you?

Krishti : I can't concentrate on studies. TV serials always attract me like a magnet.

Srishti : Me too. I'm fond of the cartoon channels.

Krishti : And my brother's addiction lies in constantly surfing the channels. It's so disgusting!

Srishti : Sure, TV not only eats up our valuable time, it chews our mind too.

Krishti : Being a TV addict, I'm no more serious in work.

Srishti : Really? I'm in the same condition. Even when my eyes remain on books, my mind hovers over the serials.

Krishti : Yet, you know, the TV provides us with the news and views of the whole world, and particularly it's a useful medium of mass-education.

Srishti : I don't deny it. I only mean to say we shouldn't give greater value than it actually deserves.

Krishti : Sure. Let's give up this habit of getting glued to the 'idiot box'.

Srishti : Right. Sooner we get rid of, it's better.

[32] TWO FRIENDS—GIVE UP SMOKING [দুই বন্ধু—ধূমপানের অভ্যাস ত্যাগ করা]

অর্ক : এই যে বিভাস! কেমন আছ?

বিভাস : খুব ভালো নয়। আমি ঘনঘন সর্দিকাশিতে ভুগছি।

অর্ক : তুমি কি এখনও ধূমপানের অভ্যাস ছাড়নি?

বিভাস : এটা এত সহজ কাজ নয়। তুমি জানো, এটাই ডাক্তারের পরমার্শ; আর আমি অনেক চেষ্টা করেছি, কিন্তু সবই বৃথা।

অর্ক : তোমার দৃঢ় মনোবল দরকার। তুমি জানো, ধূমপান একটা ক্ষতিকর অভ্যাস। এ থেকে নানারকম সমস্যা সৃষ্টি হয়—হাঁপানি, টিবি, এমনকি ক্যানসার। তা ছাড়া এতে অর্থেরও অপচয় হয়।

বিভাস : আমি সবই জানি।

অর্ক : তুমি বোধহয় এই ব্যাপারটায় সচেতন নও যে এটা বাস, ট্রাম, রেলের কামরা, অফিস, সিনেমা এবং হাটেবাজারে লোকেদের বিরক্তির কারণ হয়।

বিভাস : বন্ধু, দয়া করে তোমার বক্তৃতা থামাও। আমিও বলতে পারি—এই অভ্যাস ছাড়া মানে ভালোভাবে প্রশ্বাস নিয়ে আরও ভালোভাবে বাঁচা। এতে জীবনের আয়ুও বেড়ে যায়। তা ছাড়া এতে সুন্দর ভবিষ্যতের জন্য পয়সাও বাঁচানো যায়।

অর্ক : বন্ধু, এটা শুধু হালকা কথার ব্যাপার নয়। এটাকে গুরুত্ব দিয়ে গ্রহণ করো। তুমি ধূমপান করো, আর তোমার পরিবার কষ্ট পায়। এই অভ্যাস তুমি নিজে ছাড়ো এবং অন্যদেরও অনুসরণ করতে সাহায্য করো।

●

Arka : Hi, Bibhas! How are you?

Bibhas : Not so fine. I'm frequently suffering from cough and cold.

Arka : Haven't you yet given up the habit of smoking?

Bibhas : It's not so easy. You know, it's my doctor's advice too. And I have tried hard, but all in vain.

Arka : You need strong determination. You know, smoking is a deplorable habit. It causes a number of problems—asthma, TB, and even cancer. Besides, it is nothing but wastage of money, too.

Bibhas : I know it all.

Arka : Perhaps you aren't aware that it causes public annoyance in bus, tram, railway compartments, office, cinema, and market places.

Bibhas : Friend, please stop your lecturing. I too can say—to give up this habit means better living by means of free breathing. It promotes longer life too. Besides, it causes more saving of money for decent future.

Arka : Friend, it's not a matter of light talk. Take it seriously. You smoke and your family suffers. Give up the habit yourself and help others to follow.

[33] TWO FRIENDS—DRUG ADDICTION [দুই বন্ধু—মাদকাসক্তি]

বিল : এই যে বব! কেমন চলছে?

বব : ভালো। তুমি?

বিল : আমার বন্ধু ডন-এর জন্য চিন্তিত আছি!

বব : কেন, কেন তুমি এত চিন্তিত?

বিল : এখন সে পুরোপুরি মাদকাসক্ত।

বব : আমি বলতে কুণ্ঠিত হচ্ছি, মাদকাসক্তি এখন আমাদের সমাজজীবনের একটা বড়ো সমস্যা হয়ে উঠেছে। অনেক যুবক-যুবতী এই ভয়ংকর অভিশাপের শিকার হচ্ছে।

বিল : অসৎ ব্যবসায়ীরা হাশিশ, কোকেন, হেরোইন, ব্রাউন সুগার, এল.এস্.ডি. এক্স্ট্যাসি, এবং আরও কিছু মাদকদ্রব্যের চোরাচালান করছে।

বব : ঠিক। এই ব্যবসায়ীরা অন্ধকার জগতে কারবার চালায়, আর বেশ কিছু যুবক-যুবতী সাময়িক আনন্দের জন্য এইসব মাদকদ্রব্য খুঁজে বেড়ায়।

বিল : তুমি জানবে, এই মাদকদ্রব্যগুলো একরকম মরণ ফাঁদ। প্রথম দিকে এই মাদকদ্রব্যগুলো উত্তেজনা বাড়ায়, কিন্তু ধীরে ধীরে মৃত্যুর দিকে ঠেলে দেয়।

বব : নিশ্চয়ই। আর এর ফলে আমাদের তরুণ সম্প্রদায়ের উজ্জ্বল ভবিষ্যৎ অঙ্কুরেই বিনষ্ট হয়।

বিল : মাদকাসক্তি নিয়ন্ত্রণে ফলপ্রসূ পদক্ষেপ নেওয়ার এটাই উপযুক্ত সময়।

বব : আমি আশা করি, শুভবুদ্ধিসম্পন্ন মানুষেরা আমাদের সমাজজীবনের এই ভয়ংকর অভিশাপের বিরুদ্ধে জনমত গঠন করার কাজে এগিয়ে আসবেন।

বিল : আমাদের শপথ নেওয়া উচিত—'মাদকমুক্ত পৃথিবী গড়ার জন্য আমরা সংঘবদ্ধ হব।'

●

Bill : Hi, Bob! How are you getting on?

Bob : Fine. You?

Bill : I'm worried for my friend, Don!

Bob : Why? Why are you so worried?

Bill : He's now fully drug-addict.

Bib : I'm afraid—drug addiction has now become a major problem of our social life. Many young men and women are falling victims to this dreadful curse.

Bill : Hashish, Cocains, Heroin, Brown sugar, LSD Ecstasy, and other narcotics are being smuggled by the dishonest traders.

Bob : Right. These traders operate underground and the young ones are fond of these drugs for temporary pleasure.

Bill : You know, these drugs are nothing but death traps. Initially, the drugs stimulate, but slowly they lead to death.

Bob : Sure. And as a result the rosy possibilities of our youths are nipped in the bud.

Bill : It is high time to take effective steps to control drug addiction.

Bob : I hope—right-thinking people will come forward to raise public opinion against this deadly curse of our social life.

Bill : We should take the pledge—'Let's unite for a drug-free world'.

[34] MISUSE OF MICROPHONES [মাইক্রোফোনের অপব্যবহার]

কামাত : এই যে মীরা, কেমন আছ?

মীরা : খুব ভালো নয়।

কামাত : কেন? সমস্যাটা কী?

মীরা : সম্প্রতি আমি কানে একটু কম শুনছি।

কামাত : কারণটা কী জানতে পারি কি?

মীরা : তুমি জানো, গত সপ্তাহে ছিল কালীপুজো। সেদিন দিন-রাত মাইক বেজেছিল, আর যথেচ্ছভাবে বাজি ফেটেছিল। এখন আমার মনে হচ্ছে, আমি কানে একটু কম শুনছি।

কামাত : একথা শুনে আমি দুঃখ পাচ্ছি। আজকাল যে কোনো উপলক্ষ্যে মাইক্রোফোনের যথেচ্ছ ব্যবহার জনজীবনে একটা অত্যাচার হয়ে উঠেছে।

মীরা : হ্যাঁ। একটা সীমার মধ্যে আনন্দ করা যেতে পারে, কিন্তু যখন দিনরাত তারস্বরে মাইক বাজে, তখন সেটা নোংরামি হয়ে যায়।

কামাত : ঠিক। এটা ছাত্রছাত্রীদের এবং এলাকার রুগ্ন ব্যক্তিদের বিরক্ত করে এবং বেশিরভাগ লোক নিদ্রাহীন রাত কাটাতে বাধ্য হয়।

মীরা : এটা শব্দদূষণের মারাত্মক উৎস। কিন্তু আমি বলতে কুণ্ঠিত হচ্ছি, উদ্যোক্তাদের কানে কোনো আবেদন পৌঁছায় না।

কামাত : সম্প্রতি উচ্চ আদালত মাইক্রোফোনের ব্যবহার নিয়ন্ত্রণ করার জন্য আদেশ দিয়েছে। কিন্তু ওই আইন মানার চেয়ে না মানাটাই প্রবল হয়ে উঠেছে।

মীরা : আমার মনে হয় এরকম কানে তালা-ধরানো মাইক্রোফোনের যথেচ্ছ ব্যবহার বন্ধ করতে পুলিশের আরও সক্রিয় হওয়া উচিত।

●

Kamat : Hi, Meera! How are you?

Meera : Not so fine.

Kamat : Why? What's the problem?

Meera : Of late, I'm a little hard of hearing.

Kamat : What's the reason, pray?

Meera : You know, last Saturday was our Kali Puja. And on that day mike blared out round the clock and crackers burst out indiscriminately. Now I feel—I've turned a bit deaf.

Kamat : I'm sorry to hear it. Nowadays indiscriminate use of microphones on all occasions has become a torture to public life.

Meera : Yes. There may be merry-making within the limit, but when mikes blare out so loud the whole day, it becomes a nuisance.

Kamat : Right. It disturbs the students and patients in the neighbourhood, and most people are compelled to pass sleepless nights.

Meera : It's a serious source of sound pollution. But, I'm afraid, appeals to the good sense of the organisers seem to fall on deaf ears.

Kamat : Of late, the High Court has issued orders restricting the use of microphones. But the rule is maintained more in violation than in observation!

Meera : I think the police should be more active to stop such careless use of microphones creating deafning sound.

[35] ABOUT NOISE POLLUTION [শব্দদূষণ]

কামাত : এই যে সালমা! কেমন চলছে?

সালমা : খুব ভালো নয়। আমি শব্দদূষণ নিয়ে এখন খুব বিরক্ত হয়ে উঠেছি। তুমি জান, গতকাল আমাদের এলাকায় একটা ধর্মীয় অনুষ্ঠান ছিল। সারা দিনরাত উচ্চগ্রামে মাইক বেজেছিল।

কামাত : তাই নাকি? সম্প্রতি শব্দদূষণ বিপজ্জনক পর্যায়ে পৌঁছেছে। আমাদের জীবনের প্রতি পদক্ষেপে এটা আমাদের পিছু ধাওয়া করছে।

সালমা : তুমি জান—এই শব্দদূষণ সমস্যার অনেক কারণ আছে। স্বয়ংচালিত যানবাহনের তীব্র হর্ন আছে। আর উৎসব অনুষ্ঠানে শব্দবাজি আর বোমা যথেচ্ছভাবে ফাটানো হয়।

কামাত : হ্যাঁ। এর ফলে সাধারণ জনগণ, বিশেষত শিশু ও বয়স্ক লোকেরা অনেক দুর্দশার সম্মুখীন হয়। শব্দদূষণ ঘুমের ব্যাঘাত ঘটায় এবং ছাত্রছাত্রীদের পড়াশোনার ব্যাঘাত ঘটায়।

সালমা : প্রায়শ লোকেদের কালা হয়ে যাওয়ার এবং স্নায়বিক দুর্বলতা ঘটার ঝুঁকি থেকে যায়।

কামাত : এই শব্দদূষণ নিয়ন্ত্রণ করার জন্য প্রয়োজনীয় পদক্ষেপ নেওয়ার উপযুক্ত সময় এসেছে। যদিও মহামান্য আদালত শব্দদূষণ নিয়ন্ত্রণ করার জন্য নির্দেশ দিয়েছে, তবু আমার বলতে ভয় হয়, পুলিশ তাতে কর্ণপাত করে বলে মনে হয় না।

সালমা : তুমি ঠিক বলেছ। শব্দদূষণের বিপদ সম্পর্কে জনগণের সচেতন হওয়া দরকার।

●

Kamat : Hi, Salma! How are you getting on?

Salma : Not so fine. I'm now too much disturbed with sound pollution. You know, yesterday there was a religious festival in our locality. And microphones blared out day in and day out.

Kamat : Really? Of late sound pollution has reached an alarming stage. It is chasing us in almost every step of life.

Salma : You know—many are the causes of this problem of sound pollution. There are the aggressive bullying horns of automobiles. During festivals, crackers and bombs are burst indiscriminately.

Kamat : Yeah. As a result, people in general and especially the children and the aged persons face a lot of troubles. Noise pollution causes disturbance of sleep and studies of the students.

Salma : Very often people run the risk of becoming deaf and severe nervous break-down too.

Kamat : It is high time to take necessary steps against it. Although our Hon'ble Court has imposed rules to restrict it, I'm afraid, the police seem to turn deaf ear to it.

Salma : Right you are! People must be aware of the dangers of sound pollution.

[36] TWO FRIENDS ON RAGGING [দুই বন্ধু—র‍্যাগিং-এর ব্যাপারে]

রোহিত : সুপ্রভাত রাহুল।

রাহুল : সুপ্রভাত রোহিত। কেমন চলছে?

রোহিত : আমি একটু উদ্‌বিগ্ন আছি।

রাহুল : কেন?

রোহিত : তুমি তো জান, আমি এবার শিবপুর বি. ই. কলেজে ভর্তি হয়েছি।

রাহুল : তাহলে তোমার সমস্যাটা কোথায়?

রোহিত : আমি র‍্যাগিং-এর ব্যাপারে ভয় পাচ্ছি।

রাহুল : হ্যাঁ, এটা ছাত্রছাত্রী এবং অভিভাবকদের কাছে দুঃস্বপ্নে পরিণত হয়েছে।

রোহিত : র‍্যাগিং-এর সমর্থনকারীরা একটা যুক্তি দেয় যে এটা ছাত্রছাত্রীদের ভবিষ্যৎ জীবনসংগ্রামে প্রস্তুত হতে সাহায্য করে।

রাহুল : আমি এটাকে একটা বাজে অজুহাত মনে করি। বাস্তবিক পক্ষে এটা একটা বর্বর প্রথা, যেমন—শীতের রাতে বরফের মতো ঠান্ডা জলে স্নান করা, হাজার ওয়াট বাল্বে চুমু খাওয়া, কার্নিশে উলঙ্গ হয়ে হাঁটা ইত্যাদি। অনেক মোটা মোটা ছাত্রকে খাটের তলায় বা গাড়ির তলায় বুকে ভর দিয়ে ঢুকতে বাধ্য করা হয়?

রোহিত : কিছু কিছু প্রখ্যাত শিক্ষাপ্রতিষ্ঠানে এরকম র‍্যাগিং-এর সাম্প্রতিক কিছু বিবরণ খুবই ভীতিদায়ক।

রাহুল : এটা লজ্জার বিষয় যে যদিও কয়েক দশক ধরে র‍্যাগিং-এর সমালোচনা করা হচ্ছে, তবু আমরা এই অমানবিক অত্যাচারের ঘটনা দেখতে পাচ্ছি।

রোহিত : হ্যাঁ, এর ফলে অনেক ছাত্রছাত্রী পড়া ছেড়ে দিয়ে বাড়ি ফিরে যাচ্ছে। কেউ কেউ মানসিক ভারসাম্য হারিয়ে ফেলছে, আবার কেউ কেউ গুরুতরভাবে আহত হচ্ছে।

রাহুল : মনে হচ্ছে শুধু মানবিক শুভবুদ্ধির কাছে আবেদন এবং মৌখিক সমালোচনা এই রোগ দূর করতে পারবে না।

রোহিত : তুমি ঠিক বলেছ। এরকম র‍্যাগিং বন্ধ করার জন্য সরকারের উচিত আরও কঠিন আইন প্রণয়ন করা।

●

Rohit : Good morning, Rahul!

Rahul : Good morning, Rohit! How are you getting on?

Rohit : I'm a little worried.

Rahul : Why?

Rohit : You know, I've been admitted to Shibpur B.E. College this year.

Rahul : Then what's your problem?

Rohit : I'm afraid of ragging.

Rahul : Yes, it has turned to a nightmare to students and their guardians.

Rohit : The supporters of ragging offer an argument that it helps the students to make them fit for the future struggle in life.

Rahul : I think it's a lame excuse. In fact, it's a barbaric practice, such as—bathing in ice-cold water in a wintry night, staring at or kissing a thousand watt bulb, walking naked along the cornice, etc. Many fat students are forced to crawl under a cot or a car!

Rohit : The recent reports of ragging in some reputed institutions are quite alarming.

Rahul : It's a matter of shame, even though ragging has been criticised for decades, we still see such incidents of inhuman torture.

Rohit : Yes, as a result, many students give up their studies and go back home. Some lose their mental balance, and some are seriously injured.

Rahul : It seems that a mere appeal to one's human sensibilities and verbal criticism cannot cure this disease.

Rohit : You are right. The government should pass more strict laws to stop such ragging.

[37] TWO FRIENDS ON DOWRY SYSTEM [দুই বন্ধু—পণপ্রথার ব্যাপারে]

রিনা : এই যে বীণা, কেমন আছ?

বীণা : খুব ভালো নয়।

রিনা : কেন, সমস্যাটা কী?

বীণা : তুমি তো জান, আমার বিয়ের কথা হচ্ছিল। আমি সেটা বন্ধ করে দিয়েছি।

রিনা : কিন্তু কেন?

বীণা : পাত্রপক্ষ বিরাট পণ দাবি করেছিল।

রিনা : ও! সেই নির্লজ্জ প্রথা! কীভাবে সভ্য সমাজে পাত্রপক্ষ পণ দাবি করতে পারে?

বীণা : আমি মনে করি এটা নারীজাতির পক্ষে অপমান।

রিনা : তুমি ঠিক বলেছ। তারা বিয়ের কনেকে গবাদি পশুর মতো মনে করে।

বীণা : তুমি জানো, অনেক ক্ষেত্রে নববধূর ওপর অমানবিক অত্যাচার করা হয় অথবা আত্মহত্যার দিকে ঠেলে দেওয়া হয় যাতে বর আবার একটা বিয়ে করতে পারে এবং আর একটি নিরপরাধ মেয়ের জীবন বিপন্ন করতে পারে।

রিনা : ঠিক। লোকসভায় পণপ্রথানিবারণী আইন পাস হয়েছে। কিন্তু আইন দিয়ে অর্থলালসা কীভাবে নিরাময় করা যাবে?

বীণা : আমার মনে হয়, তরুণ সম্প্রদায়—বিশেষত মেয়েদের—এই অমানবিক প্রথার বিরুদ্ধে দাঁড়াতে হবে আর একটা তীব্র জনমত গড়ে তুলতে হবে।

রিনা : নিশ্চয়ই। আমি তোমাকে আন্তরিকভাবে সমর্থন করি। নারীকে পুরুষের সমান অংশীদার হিসেবে গ্রহণ করা উচিত।

●

Rina : Hi, Bina? How are you getting on?

Bina : Not so fine.

Rina : Why? What's the problem?

Bina : You know, I was going to be married. Now I've postponed it.

Rina : But why?

Bina : The groom's family demanded a huge dowry.

Rina : Oh! That shameful practice! How in a civilised society they can demand dowry?*

Bina : I think it as an insult to the women folk.

Rina : Right you are! They treat the brides as cattle.

Bina : In some cases, you know, young brides are treated with inhuman torture or pushed to suicide so that the grooms can marry again and endanger the life of another innocent girl!

Rina : Right. The antidowry bill has been passed in the Parliament. But how can a law cure greed and lust for money?

Bina : I think our youths—especially the girls—should stand against this inhuman custom and a strong public opinion should be formed.

Rina : Sure. I support you whole-heartedly. We should recognise women as an equal partner of man.

[* In Spoken English a statement can be turned to a question by intonation only.]

[38] TWO FRIENDS ON STUDENTS AND POLITICS [দুই বন্ধু—ছাত্রছাত্রীদের রাজনীতি]

করিম : এই যে বাশার, কেমন আছ?

বাশার : আমি ভালোই আছি। তুমি কেমন আছ?

করিম : ছাত্রছাত্রীরা আমাদের শিক্ষাপ্রতিষ্ঠানে ধর্মঘট ডেকেছে। তারা প্রিন্সিপ্যালকে সারাদিন ঘেরাও করে রেখেছিল।

বাশার : কিন্তু তাদের দাবিটা কী?

করিম : তারা রাজ্যসরকারের প্রতি কেন্দ্রীয় সরকারের বঞ্চনার বিরুদ্ধে প্রতিবাদ করতে চায়।

বাশার : কিন্তু এতে কলেজে ধর্মঘট ডেকে এবং প্রিন্সিপ্যালকে ঘেরাও করে রেখে কী লাভ হয়?

করিম : তাদের এটা বোঝানো দুরূহ।

বাশার : তুমি কি ছাত্রছাত্রীদের এরকম রাজনীতি সমর্থন করো?

করিম : আমার মনে হয় তাদের রাজনীতি সম্বন্ধে অজ্ঞ থাকা উচিত নয়, কিন্তু তাদের এরকম সক্রিয় রাজনীতিতে জড়িয়ে পড়া উচিত নয়।

বাশার : নিশ্চয়ই। ছাত্রছাত্রীদের বর্তমান উচ্ছৃঙ্খল আচরণের একটা বড়ো কারণ রাজনীতিতে সক্রিয় অংশগ্রহণ। তুমি জানবে দলীয় রাজনীতিতে আলোর চেয়ে উত্তাপ বেশি ছড়ায়।

করিম : আমি এটা স্বীকার করি। তাদের দেশের সামাজিক ও রাজনৈতিক অবস্থার জ্ঞান থাকা দরকার। কিন্তু কোনোমতেই তাদের রাজনৈতিক দাবাখেলার ঘুঁটি হওয়া উচিত নয়।

●

Karim : Hi, Bashar! How are you getting on?

Bashar : Fine. How are you?

Karim : The students have called a strike in our institution. They gheraoed our Principal.

Bashar : But what's their demand?

Karim : They want to protest against the Central govt. for the deprivation of the State govt.

Bashar : But what good would they derive by the strike in the college and gheraoing the Principal?

Karim : It's very hard to convince them.

Bashar : Do you support such politics?

Karim : I think they should not be ignorant of politics, but they shouldn't be involved in such direct politics.

Bashar : Sure. The present indiscipline and urnest among students is largely due to their active participation in politics. You know, partisan politics generates more heat than light.

Karim : I admit it. They should have knowledge of the socio-political condition of the country. But, by no means, they should become the pawns on the political chessboard.

[39] TWO PERSONS ON CHILD LABOUR IN HOUSEHOLD WORK

[দুই ব্যক্তি—শিশু-গৃহভৃত্য সম্পর্কে]

কাসেম : সুপ্রভাত আয়েষা! কেমন চলছে?

আয়েষা : খুব ভালো নয়। বাড়ির কাজের মাসি এক সপ্তাহ কাজে আসছে না।

কাসেম : কেন? কোনো সমস্যা হয়েছে?

আয়েষা : আমি জানি না। কিছুদিন থেকে সে কম কাজ ও বেশি মাইনের কথা বলছে।

কাসেম : সে কি পুরো সময় নাকি আংশিক সময় কাজ করে?

আয়েষা : সে আংশিক সময়ে কাজ করে।

কাসেম : এইজন্য অনেক বাড়িতে এখন শিশুভৃত্য রাখতে পছন্দ করে। তারা বিনা প্রতিবাদে দিনরাত কাজ করে।

আয়েষা : কিন্তু সেটা তো অপরাধ। এখন এটা আইনের দ্বারাও নিষিদ্ধ হয়েছে।

কাসেম : কে আইন মানছে? তুমি দেখবে, এখনও অনেক লোক তাদের শোষণ করছে।

আয়েষা : আমি তা জানি। কিন্তু ওদের মতো আমি এমন অমানবিক হতে পারব না।

কাসেম : আমার ভয় হচ্ছে, তুমি একটু বেশিরকম আবেগপ্রবণ হয়ে পড়ছ! তুমি কি এই সমস্যার কোনো সমাধান খুঁজে পাও?

আয়েষা : আমার মনে হয় দারিদ্র্যসীমা কমিয়ে আনতে পারলে এই সমস্যার সমাধান হয়।

কাসেম : কিন্তু সেটা একটা বড়ো ব্যাপার, বরং বলা যায়, এটা গোটা দেশের সমস্যা।

আয়েষা : হ্যাঁ, তা হলেও আমাদের দেখা উচিত তাদের গরিব বাপ-মায়ের যাতে কর্মসংস্থান হয়, আর শিশুরা লেখাপড়া শিখে ভালোভাবে বড়ো হয়ে উঠতে পারে।

কাসেম : ওটা তো একটা মহান ধারণা। কিন্তু তুমি নিজে কী করতে পার?

আয়েষা : আমি ভাবছি, আমার কাজের মাসির একটু কাজ কমিয়ে মাইনে বাড়িয়ে দেব আর তার ছোট্ট মেয়ের লেখাপড়া শেখার জন্য একটু সাহায্য করব।

কাসেম : তোমার অনেক ধন্যবাদ প্রাপ্য।

আয়েষা : স্বাগত।

●

Kasem : Good morning, Ayesha! How are you getting on?

Ayesha : Not so fine. Our maid-servant is absent for a week.

Kasem : Why? Any problem?

Ayesha : I don't know. She is demanding less work and more pay for some days.

Kasem : Is she a whole-timer or a part-timer?

Ayesha : She's a part-timer.

Kasem : And so some people prefer child labour in their homes. They work round the clock without any protest.

Ayesha : But that's a crime. Now it is prohibited by law too.

Kasem : Who cares for the law? You see, many people are exploiting them.

Ayesha : I know it. But I can't be such inhuman.

Kasem : I'm afraid you're getting too much sentimental! Do you find any solution to this problem?

Ayesha : I think it can be solved by reducing the poverty line.

Kasem : But that's a big concern, rather a national concern.

Ayesha : Yes. Yet we should see that the poor parents may be provided with some work and the children may get proper education and grow healthy.

Kasam : That's a noble idea. But what can you do yourself?

Ayesha : I think I'll lessen the workload and pay a little more to our maid servant. And I'll help her little girl in schooling.

Kasem : You deserve a lot of thanks.

Ayesha : Welcome.

[40] TWO PERSONS ON HUMAN RIGHTS [দুই ব্যক্তি—মানবাধিকার সম্পর্কে]

গিল : এই যে বেদি! কেমন আছ?

বেদি : খুব ভালো নয়। তুমি তো জান, আমাদের দেশের অনেক লোক মানবাধিকার থেকে বঞ্চিত।

গিল : হ্যাঁ, ওটা খুবই বড়ো সমস্যা। কিন্তু আমরা কী করতে পারি?

বেদি : আমরা এ ব্যাপারে একটা আন্দোলন গড়ে তুলছি।

গিল : আমার ভয় হয়, তুমি যদি খুব বেশি জড়িয়ে পড়ো, তাহলে সেটা একটা ঝুঁকি হয়ে যাবে।

বেদি : সে যাই হোক; আমি আমার বিবেকের ডাকে সাড়া না দিয়ে পারি না।

গিল : এটা ততক্ষণ নিরাপদ যতক্ষণ এটা সমাজের দুর্বল অংশ, বিশেষত নারীজাতির জন্য দাবি করা হয়। এমনকি জেলবন্দিদের জন্যও এটা কিছুটা সমর্থনযোগ্য। কিন্তু এটা যখন উগ্রপন্থীদের জন্য দাবি করা হয়, তখন এটা বিতর্কের বিষয় হয়ে ওঠে।

বেদি : আমার মনে হয়, অর্থনৈতিক এবং রাজনৈতিক হতাশা থেকে উগ্রপন্থা বিকাশ লাভ করে।

গিল : তা হতে পারে। কিন্তু এই উগ্রপন্থা কঠোর হাতে দমন করা দরকার।

বেদি : হ্যাঁ, এটা একটা কঠিন ব্যাপার। তবু আমি বিশ্বাস করি, এই সমস্যা সমাধানের সবচেয়ে ভালো উপায় হল তথাকথিত উগ্রপন্থীদের খোলাখুলি আহ্বান করা এবং আন্তরিকভাবে জটিল বিষয়গুলির মীমাংসা করা।

গিল : নিশ্চয়ই। এখন কোনো কোনো দেশে মৌলিক মানবাধিকারের সংস্থান করা হচ্ছে। আর ভারতেও মানবাধিকারের শীর্ষ সংগঠন এবং রাজ্যগুলিতেও শাখা সংগঠন গড়ে তোলা হয়েছে।

বেদি : কিন্তু এ ব্যাপারে গণচেতনা গড়ে তোলাই সবচেয়ে জরুরি কাজ।

●

Gill : Hi, Bedi! How are you?

Bedi : Not so fine. You know, a lot of people are deprived of human rights in our country.

Gill : Yeah. It's a great concern. But what can we do?

Bedi : We are organizing a campaign about it.

Gill : I'm afraid—it must be a risk if you're too much involved in it.

Bedi : Whatever may be; I can't say 'no' to my conscience.

Gill : It's so far safe when it is claimed for the weaker section of the society, especially the womenfolk. Even it is acceptable for the prisoners to some extent. But it becomes a matter of debate when it is demanded for the terrorists.

Bedi : I think terrorism flourishes on frustration on economic and political grounds.

Gill : That may be. But we should control terrorism with heavy hands.

Bedi : Yeah. It's a grave concern. Yet, I believe, the best way to solve the problem is to offer an open call to the so-called terrorists and settle the knotty issues in a cordial spirit.

Gill : Sure. At present some of the countries have framed the provisions of basic human rights. In India too an Apex Body of Human Rights has been set up and its state branches have also been organised.

Bedi : But to create public awareness is our urgent need.

[41] TWO FRIENDS ABOUT HOBBY [দুই বন্ধু—শখ সম্বন্ধে]

[a] Gardening and Stamp Collecting

গৌতম : এই যে সৌরভ, কেমন চলছে?

সৌরভ : ভালোই। আমার শখের কাজে বেশ আনন্দে সময় কাটছে।

গৌতম : তোমার শখ কী?

সৌরভ : আমার শখ হল বাগান করা। আর তোমার?

গৌতম : ডাকটিকিট সংগ্রহ করা। তুমি তো জান, এটা খুব চিত্তাকর্ষক, যদিও দুর্লভ ডাকটিকিট সংগ্রহ করা খুব কষ্টকর।

সৌরভ : তা হতে পারে। তবে আমার বাগান করা ভালো লাগে। তুমি জান, শখ হল আনন্দের উৎস, লাভের নয়; কিন্তু আমার শখ দুটোকেই মিলিয়ে দেয়।

গৌতম : মজার ব্যাপার তো! কিন্তু কীভাবে এটা সম্ভব?

সৌরভ : আমার বাগানের একটা অংশ হল সবজিবাগান। আর আমার মা এখান থেকে টাটকা সবজি পেয়ে খুব খুশি হন।

গৌতম : বেশ। খোলাখুলি বলতে কী, কেউই জানে না কেন সে তার শখ নির্বাচন করছে।

সৌরভ : সম্ভবত, কোনো একজনের চরিত্রই ওর জন্য দায়ী, কারণ শখ হল একজন মানুষের চরিত্রনির্দেশক।

●

Goutam : Hello, Sourav! How are you?

Sourav : Fine. Now I'm pleasurably passing time in the pursuit of my hobby.

Goutam : What's your hobby?

Sourav : My hobby is gardening. And yours?

Goutam : Stamp-collecting. You know, it's very interesting, though it's hard to collect rare stamps.

Sourav : That may be. But I'm fond of gardening. You know, a hobby is a source of pleasure, not of profit; but my hobby combines the two.

Goutam : Funny! But how is it possible?

Sourav : A part of garden serves as a kitchen garden. And my mother is glad to have fresh vegetables from it.

Goutam : Fine. Frankly speaking, nobody knows why he has chosen his hobby.

Sourav : Possibly one's character is responsible for that, for a hobby is an index to a man's character.

[b] Book Reading and Photography

রাহুল : এই যে অর্চি, তোমার হবি (শখ) কী?

অর্চি : বই পড়া।

রাহুল : কী রকম বই তোমার পছন্দ?

অর্চি : রহস্য উপন্যাস, ঐতিহাসিক উপন্যাস আর প্রেমের গল্প।

রাহুল : তোমার প্রিয় উপন্যাস কী?

অর্চি : এরিক সেগাল-এর 'লাভ স্টোরি'।

রাহুল : বইটার কথা শুনেছি, হাতে পাইনি এখনও, বইটা তোমার কাছে আছে নাকি? কয়েকদিনের জন্য দেবে আমাকে?

অর্চি : নিশ্চয়ই।

রাহুল : মোপাঁসা তোমার কেমন লাগে?

অর্চি : ওঁর ছোটোগল্প আমার খুবই ভালো লাগে। আর ও. হেনরির লেখাও আমার পছন্দ।

রাহুল : আমার কিন্তু লিও টলস্টয় এবং অস্কার ওয়াইল্ড-এর গল্প বেশি ভালো লাগে।

অর্চি : হ্যাঁ, এগুলোও খুব চমৎকার। আচ্ছা, তোমার হবি (শখ) কী?

রাহুল : ছবি তোলা।

অর্চি : খুব ভালো। তাহলে তোমার নিশ্চয়ই SLR ক্যামেরা আছে?

রাহুল : অবশ্যই। আমার দুটো SLR ক্যামেরা আছে।

অর্চি : কী ধরনের ছবি তোলা তুমি পছন্দ করো?

রাহুল : ল্যান্ডস্কেপ আর পোর্ট্রেট।

●

Rahul : Hi, Archi! What's your hobby?

Archi : Reading books.

Rahul : What type of books do you prefer?

Archi : Thrillers, historical novels and love stories.

Rahul : What's your favourite novel?

Archi : 'Love Story' by Eric Segal.

Rahul : I've heard of it, but didn't have (happen to come across) it so far. By the way, have you got the book? Could you lend me the book for a few days?

Archi : Sure.

Rahul : How do you like Maupassant?

Archi : I love his short stories very much, and O. Henry's too.

Rahul : But I prefer short stories by Leo Tolstoy and Oscar Wilde.

Archi : Yeah! Those are excellent too. Well, what about your hobby?

Rahul : Photography.

Archi : Great! Then you must have an SLR camera.

Rahul : Of course. I've got two SLR cameras.

Archi : What sort of snaps do you like to shoot?

Rahul : Landscape and Portrait.

[42] PLANTING TREES [বৃক্ষরোপণ]

মুকেশ : কেমন চলছে, দাদা?

ঠাকুরদা : খুব ভালো নয়। এই গ্রীষ্মের গরমে আমি একটু ক্লান্ত ও দুর্বল বোধ করছি।

মুকেশ : আ! সত্যিই ভয়ানক গরম।

ঠাকুরদা : যথেচ্ছ গাছ কাটার ফলে এটা আরও বেড়ে গেছে।

মুকেশ : আমি তা স্বীকার করি। কিন্তু তুমি তো জান, জ্বালানি আর আসবাবপত্রের জন্য আমাদের কাঠের দরকার।

ঠাকুরদা : আমি তা জানি। কিন্তু ওটা হল বাজে অজুহাত। তুমি প্রকৃতির ভারসাম্যে ব্যাঘাত ঘটিয়ে তা করতে পার না। তুমি যদি একটা বড়ো গাছ কাট, তা হলে অন্তত তিনটে গাছ লাগাও।

মুকেশ : সেটা ঠিক। আমাদের একটা ভারসাম্যযুক্ত সামাজিক বনসৃজন প্রকল্প প্রয়োজন।

ঠাকুরদা : শুধু তাই নয়। আমাদের সুন্দরবন এবং পাহাড়ি এলাকায় বন ধ্বংস করা বন্ধ করতে হবে। তুমি জান, গাছপালা নিয়ে আসে মেঘ, মেঘ নিয়ে আসে বৃষ্টি, আর বৃষ্টি নিয়ে আসে ফসল।

মুকেশ : আমাদের ভূগোলের শিক্ষক বলছিলেন, বিশ্ব-উষ্মায়ন সম্পর্কে আমাদের সচেতন হওয়া দরকার, আর আমাদের পরিমণ্ডল ঠান্ডা রাখতে এবং বন্যার সময় ভূমিক্ষয় রোধ করতেও গাছ লাগানো প্রয়োজন।

ঠাকুরদা : একদম ঠিক কথা। যথেচ্ছ গাছপালা কেটে ফেলার বিপদ সম্পর্কে এবং আমাদের লোকালয়ে আরও বেশি গাছ রোপণ করা সম্বন্ধে আমাদের জনগণকে সচেতন করতে হবে।

• •

Mukesh : How are you getting on, Dada?

Grandpa : Not so fine. I feel a bit tired and weak in the summer heat.

Mukesh : Ah! It's awful temperature.

Grandpa : It has increased a lot for our reckless cutting down of trees.

Mukesh : I admit it. But you know, we need wood for fuel and furniture.

Grandpa : I know it. But it's a lame excuse. You can't do that causing a disorder of balance in the nature. If you cut down a grown-up tree, you must plant at least three plants instead.

Mukesh : That's right. We need a balanced social forestry programme.

Grandpa : Not only that. We must check deforestation in the Sundarbans and the hilly areas. You know, trees bring clouds, clouds bring rain and rain brings harvest.

Mukesh : Our Geography teacher said—we must be aware of global warming, and planting trees are useful to keep our atmosphrere cool and to check the soil-erosion during flood.

Grandpa : Exactly so. We must make the public aware of the danger of reckless felling of trees and the need of planting more trees in our locality.

[43] PLANNING A PICNIC [বনভোজনের পরিকল্পনা]

কামাত : এই বীভৎস পরীক্ষাটা শেষ হল আর আমরা এখন যা খুশি তাই করতে পারি। এখন একটা বনভোজনের আয়োজন করতে পারলে কেমন হয়?

কবিতা : ও! দারুণ। আমরা অনেকদিন কোনো বনভোজন করিনি। এসো আমরা একটা তারিখ ও জায়গা ঠিক করি।

কামাত : পরের রবিবার বোটানিকেল গার্ডেন-এ গেলে কেমন হয়?

কবিতা : হ্যাঁ, ওটা খুব ভালো জায়গা। আমাদের কখন রওনা হতে হবে?

কামাত : স্কুল থেকে সকাল ৭টায় যাওয়া যেতে পারে।

কবিতা : আমার মনে হয় সেটাই ঠিক।

কামাত : সেখানে আমরা কী রান্না করব?

কবিতা : লুচি আর মুরগির মাংস—বাস। ভালো খাবার না?

কামাত : তাই হবে। কিন্তু আমরা গাছের তলায় রান্না করব, আর রেকর্ড প্লেয়ার থেকে গান শুনব অথবা আমরা কোরাসও গাইতে পারি।

কবিতা : চমৎকার হবে। আমরা আমাদের ক্লাসে এই প্রস্তাব রাখব, আর আমরা আশা করি, আমাদের সহপাঠীরা এবং শ্রেণিশিক্ষক এই প্রস্তাব সমর্থন করবেন।

●

Kamat : So the awful exam is over and we are free. How would you like to have a picnic now?

Kabita : Oh! It's a grand idea. We haven't had a picnic for a long time. Let's fix up a date and the site for the same.

Kamat : What about going to the Botanical Gardens next Sunday?

Kabita : Yes, that's a good place to go. When are we going to start?

Kamat : Let's start at 7 am from school.

Kabita : That's all right I think.

Kamat : What are we going to cook there?

Kabita : Luchis and fowl curry—that's all. Isn't it a good menu?

Kamat : That's all right. But we'll cook our food under the trees and listen to songs from a record player, or we may do some chorus too.

Kabita : Simply wonderful. We'll put this proposal before our class and, we hope, our classmates as well as our class teacher will agree to this porposal.

[44] TWO FRIENDS ON A RAINY DAY [দুই বন্ধু—একটি বৃষ্টির দিনে]

ভিকি : এই যে বিল, কী দারুণ দিনটা। বৃষ্টি পড়ছে তো পড়ছেই, আর কেউ জানে না কখন বৃষ্টি থামবে। আমাদের এলাকার সব গলি রাস্তা আর বড়ো রাস্তা জলবন্দি। এই জলের মধ্যে পা ফেলে যাওয়ার কী মজা!

বিল : ওই জন্যই তো আমি বেরিয়ে এসেছি। আমি নিশ্চিত আজ আমরা স্কুলে একটা 'রেনি ডে' পাব।

ভিকি : তা হতে পারে। আমার জামাকাপড় সব ভিজে গেছে। ও! আরও অনেক ছেলে বৃষ্টিতে পুরোপুরি ভিজে গেছে। তারা স্কুলের সদর ফটকের সামনে খেলা করছে। তারা সবাই খুশির মেজাজে আছে। এসো, আমরা তাদের সঙ্গে যোগ দিই।

বিল : ওই দ্যাখো, স্কুলের সামনের রাস্তাটা নোংরা জলের নদীর মতো হয়ে গেছে। ট্রাম-বাস যাতায়াত বন্ধ করে দিয়েছে, আর তাই, এমনকি শিক্ষকদেরও আসতে দেরি হচ্ছে।

ভিকি : চুপ! প্রধান শিক্ষক ছাত্র-শিক্ষকদের কম অনুপস্থিতি গুণতে তাঁর অফিস থেকে বেরিয়ে আসছেন। বাইরে দাঁড়িয়ে থাক, আর শেষ ঘণ্টা শোনার জন্য অপেক্ষা করো।

বিল : হুররে! ওই ঘণ্টা বাজছে। আর তাই শেষ পর্যন্ত একটা 'রেনি ডে' পেলাম।

ভিকি : এই বৃষ্টির দিনে কী আনন্দ! এখন আমরা অনেক মজা করতে পারব।

●

Vicky : Hello, Bill! What a day! It has been raining and raining and nobody knows when it will stop. All the lanes and streets of our area are water-logged. What a fun it is to wade through it!

Bill : That's the reason why I've come out. I'm sure we shall have a rainy day at school.

Vicky : That may be. My clothes are all spoilt. Oh! There are lots of boys thoroughly drenched. They are playing before the main gate of the school. They're all in a jolly mood. Let's join them.

Bill : Look, the street before the school is almost like a stream of filthy water. Trams and buses have stopped plying and so even the teachers are delayed.

Vicky : Hush! The Headmaster is coming from his office to count the thin attendance of the teachers and the students. Stand out and wait for the final bell.

Bill : Hurrah! There goes the bell. So we've a rainy day at last.

Vicky : Three cheers for the rainy day! Now we will have a lot of fun.

[45] ABOUT A FIRE IN A BUILDING [একটা বড়ো বাড়িতে আগুন]

বব : ওই দ্যাখো টিম। কী ভয়ানক আগুন! আকাশ লাল হয়ে উঠেছে। এসো, ছুটে গিয়ে দেখি ব্যাপারটা কী!

টিম : বেশকিছু লোক ওইদিকে ছুটছে। আমি দেখতে পাচ্ছি অন্ধকার মেঘ আর তাতে বিদ্যুতের চমকের মতো আগুনের শিখা আর ধোঁওয়া। আমরা জায়গাটার খুব কাছাকাছি এসে গেছি।

বব : দ্রুতগতিতে ফায়ার ব্রিগেডের গাড়ি আসছে। চকচকে হেলমেট-পরা ফায়ার ব্রিগেডের লোকেরা কী সাহসী! তাদের দেখাচ্ছে সেইসব সৈন্যের মতো যারা শত্রুর বিরুদ্ধে যুদ্ধ করতে যাচ্ছে। তাই না?

টিম : হ্যাঁ, তাই। দ্যাখো, ফায়ার ব্রিগেডের আর একটা গাড়ি আসছে। এটা নিশ্চয়ই একটা বড়ো ধরনের আগুন। তুমি এখান থেকেই আগুনের উত্তাপ অনুভব করতে পারবে।

বব : এটা একটা বহুতল বাড়ি, আর লোকেরা বলছে একতলায় একটা বড়ো কাপড়ের গুদাম আছে। আগুনের কী ভয়ংকর শিখা! আমি জীবনে এরকম দেখিনি।

টিম : এখানে দ্যাখো। আগুন নেভানোর ইঞ্জিন কাজ শুরু করেছে। লম্বা মোটা হোসপাইপ থেকে আগুনের ওপর সোজাসুজি জল ছেটাচ্ছে। কয়েকজন ফায়ারম্যান জ্বলন্ত গুদামে ঢুকছে, আর কয়েকজন ওপরের সিঁড়ি থেকে আগুনে আটকে-পড়া লোকজনদের উদ্ধার করছে। আমার অবাক লাগছে, তাদের কি মৃত্যুভয় নেই!

বব : তারা এরকম কাজের জন্য বিশেষভাবে প্রশিক্ষিত। ঈশ্বরকে ধন্যবাদ, তারা এখন আগুনকে নিয়ন্ত্রণে এনেছে। আগুন নেভার লক্ষণ দেখা যাচ্ছে। চলো, ফিরে যাই।

●

Bob : Look, Tim. There's a fierce fire! The sky is red with it. Let's run and see what's the matter.

Tim : A crowd is rushing towards it. I see the flames and smoke like a dark cloud with sparks like lightning. We are very near the spot.

Bob : There comes the fire brigade at top speed. How gallant these firemen look with their glittering helmets on! They look like soldiers marching to fight against an enemy. Don't they?

Tim : Yes, they do. Look, another truck of the fire brigade is coming up. It must be a big fire. You can feel the heat even from here.

Bob : It's a multi-storeyed building and people say there's a big godown of clothes in the groundfloor. What a fierce blaze! I've never seen anything like it in my life.

Tim : Look here. The fire engine has started work. The long fat hosepipes are throwing water right on the fire. Some of the firemen have gone into the burning godown, and some others are rescuing the men encircled by fire upstairs. I wonder if they are not afraid of death!

Bob : They're specially trained for this kind of work. Thank God, they've now brought the fire under control. It's showing signs of dying out. Let's go back.

[46] VISITING A ZOO [চিড়িয়াখানা ভ্রমণ]

ইরফান : চিড়িয়াখানায় টিকিট কেনার কী ভিড়!

ফতিমা : মনে রেখো, আজ যে রবিবার, ইরফান।

ইরফান : এখন আমরা ভিতরে ঢুকে পড়েছি। এটা একটা আলাদা জগৎ, ফতিমা।

ফতিমা : হ্যাঁ, এখানে নানারকম পশুপাখি এবং সরীসৃপ আছে। চলো আমরা প্রথমে সিংহকে দেখি।

ইরফান : হ্যাঁ, এ হল পশুরাজ। সিংহের কেশর এবং রাজকীয় ভাবভঙ্গি দেখ।

ফতিমা : সত্যিই সুন্দর। কিন্তু আমার মনে হয় এরকম বন্যপ্রাণীকে বনেই বেশি মানায়।

ইরফান : এখানে দ্যাখো রয়্যাল বেঙ্গাল টাইগার-এর মহিমা। এর হলুদ শরীরে আছে লম্বা লম্বা কালো দাগ। এর দাঁত আর নখও ধারালো।

ফতিমা : সত্যিই মনোমুগ্ধকর। এখন আমরা হাতি দেখব। কী বিরাট মোটা শরীর! তার লম্বা শুঁড় দিয়ে আমাদের সেলাম করছে৮

ইরফান : তুমি তা ভাবতে পারো। আর এখানে দ্যাখো। এই প্রাণীটি ভীষণ লম্বা। এর লম্বা গলা দ্যাখো। এ হল জিরাফ। এর শরীরে ফোঁটা ফোঁটা দাগ আছে।

ফতিমা : এখানে তুমি উট দ্যাখো। এই প্রাণীটিও লম্বা। এর আছে লম্বা লম্বা সরু পা এবং পিঠে একটি কুঁজ।

ইরফান : এবার আমরা সরীসৃপ দেখব। কুমীরের লম্বা, বড়ো মুখ এবং ধারালো দাঁত আছে। আর দেখতেও ভয়ংকর। এখন রোদ পোহাচ্ছে।

ফতিমা : এসব তো হল। নানারকম পাখি দেখবে না? আমি রঙিন পালকওয়ালা ময়ূরের নাচ দেখতে ভালোবাসি।

ইরফান : চলো দেখা যাক। কিন্তু আমরা একদিনে এসব কিছু ভালোভাবে দেখতে পারব না। আমাদের আর একদিন আসতে হবে।

●

Irfan : What a long queue to buy tickets at the zoo!

Fatima : Mind it—it's Sunday, Irfan.

Irfan : Now we're inside the zoo. This is a different world, Fatima.

Fatima : Yeah. Here are various kinds of animals, birds and reptiles. Let's go to see the lion, first.

Irfan : Yeah! This is the king of beasts. Look at the mane and the gracious manners of the lion.

Fatima : Really grand! But such a wild beast looks more gracious in a forest.

Irfan : Here you see the majesty of the Royal Bengal Tiger. It has black stripes on its yellow body and it has sharp teeth and sharp claws.

Fatima : Really fascinating! Now we'll see the elephant. What a large and fat body! It is saluting us with its big trunk.

Irfan : You may think so. And look here. This animal is very tall. See its long neck. This is the giraffe. It has spots on its body.

Fatima : Here you see the camel. This animal is also tall. It has long thin legs and a hump on its back.

Irfan : Now we can see the reptiles. The crocodile has a large long mouth and sharp teeth. It's fierce to look at. It is now basking in the sun.

Fatima : Well, won't you see the birds? I love to see the dancing peacock with its colourful feathers.

Irfan : Let's see. But we can't see all these fully well in a day. We must come another day.

[47] IN A BOOK FAIR [একটি বইমেলায়]

কাপুর : এই যে টিনা! তুমি এখানে কতক্ষণ?

টিনা : প্রায় দু-ঘণ্টা। আমি বিকেল ৪টায় বইমেলায় এসেছি।

কাপুর : তাই? তোমার সঙ্গে কে কে আছে?

টিনা : আমি আমার মা-বাবার সঙ্গে এসেছি। তাঁরা বই ভালোবাসেন।

কাপুর : আমি কি তোমার সঙ্গে থাকতে পারি?

টিনা : কোনো সমস্যা নেই। আমার মা-বাবা তোমাকে ভালোবাসেন।

কাপুর : তুমি কতগুলো বই কিনেছ?

টিনা : আমি দশখানা বই কিনেছি। এখানে ক্রেতারা কয়েক'শ স্টল দেখে ঘুরে বেড়ায়, আর তারপর তাদের পকেটের সামর্থ্য এবং রুচি অনুযায়ী বই কেনে।

কাপুর : আমার প্রচুর বই কিনতে লোভ হয়েছিল, কিন্তু আমি মাত্র পাঁচখানা বই কিনেছি।

টিনা : বেশ, ওই দ্যাখো। এখানে নানারকম বিষয়ে অনেক চিত্তাকর্ষক বই দেখানোর জন্য রাখা আছে। তুমি বই দেখে পছন্দ করতে পারো এবং যখন সুযোগ পাবে তখন কিনতে পারবে।

কাপুর : তা ঠিক। আর সেইজন্য আমি অনেকগুলি বইয়ের ক্যাটালগ সংগ্রহ করেছি।

টিনা : বাবা বলেছিলেন, আমরা শুধু নিজেদের জন্য বই কিনব না, যে কোনো উৎসব অনুষ্ঠানে আমরা আমাদের আত্মীয়-স্বজনকেও বই উপহার দিতে পারি।

কাপুর : দারুণ আইডিয়া। আমার এটা সত্যিই খুব ভালো লাগছে।

●

Kapoor : Hi, Tina! How long are you here?

Tina : For about two hours. I've come to the book-fair just at 4 pm.

Kapoor : Really? Who are there with you?

Tina : I've come with my parents. They love books.

Kapoor : May I accompany you?

Tina : No problem. My parents are fond of you.

Kapoor : How many books have you bought?

Tina : I've bought ten books. Here the buyers visit hundreds of stalls and then buy according to their pocket and taste.

Kapoor : I was tempted to buy a lot, but I've bought only five.

Tina : Well. Look here! Many interesting books on various subjects are on display. You can choose the books and buy them whenever you get the chance.

Kapoor : That's right. And so I've collected a lot of catalogues.

Tina : Father says we should buy books not only for ourselves, but we can gift the books to our relatives on any occasion.

Kapoor : That's a grand idea! I really appreciate it.

[48] OPENING A BANK ACCOUNT [ব্যাংকে হিসাববই খোলা]

গ্রাহক : এই যে শুনছেন!

কাউন্টার ক্লার্ক : হ্যাঁ মহাশয়/মহাশয়া। আমি কীভাবে আপনাকে সাহায্য করতে পারি?

গ্রাহক : আমি একটা হিসাববই খুলতে চাই।

কাউন্টার ক্লার্ক : তাহলে দয়া করে হিসাবরক্ষকের কাছে যান। তিনি তাঁর টেবিলে আছেন।

[হিসাবরক্ষকের কাছে]

গ্রাহক : মাপ করবেন।

হিসাবরক্ষক : হ্যাঁ, বলুন। আমি আপনার জন্য কী করতে পারি?

গ্রাহক : একটা হিসাববই খুলতে হলে আমাকে কী করতে হবে?

হিসাবরক্ষক : কারেন্ট, না সেভিংস?

গ্রাহক : সেভিংস।

হিসাবরক্ষক : আপনার একার, না যুগ্ম?

গ্রাহক : যুগ্ম।

হিসাবরক্ষক : তাহলে আপনাকে আপনাদের দুজনের রেশনকার্ড বা ভোটার আইডেনটিটি কার্ডের জেরক্স কপি এবং দু-কপি পাসপোর্ট সাইজ ফটোগ্রাফ আনতে হবে।

গ্রাহক : আর কিছু?

হিসাবরক্ষক : এই নির্দিষ্ট ফর্মটা নিন এবং প্রয়োজনীয় কলমগুলি পূরণ করুন। আর নির্দিষ্ট জায়গায় আপনার আইডেনটিটির বিবরণ এই ব্যাংকের কোনো গ্রাহককে দিয়ে প্রত্যয়িত করিয়ে নিন।

গ্রাহক : প্রথমে ন্যূনতম কত টাকা জমা দিতে হবে?

হিসাবরক্ষক : অন্তত পাঁচশো টাকা।

গ্রাহক : ধন্যবাদ।

হিসাবরক্ষক : স্বাগত।

●

Customer : Hello!

Counter Clerk : Yes sir/madam! May I help you?/How can I help you?

Customer : I want to open an account.

Counter Clerk : Then please go to the accountant. He's there at his table.

[Approaching the Accountant]

Customer : Excuse me!

Accountant : Oh, yes! What can I do for you?

Customer : What should I do for opening an account?

Accountant : Current or Savings?

Customer : Savings.

Accountant : Single or joint?

Customer : Joint.

Accountant : Then you have to bring xerox copies of your ration cards or voter's identity cards and two passport size photographs of each of you.

Customer : Anything else?

Accountant : Take this prescribed form and fill up the required columns. Get your identity in the specific column attested by any customer of this bank.

Customer : What's the minimum amount of deposit at first?

Accountant : At least Rs. 500.

Customer : Thank you.

Accountant : Welcome.

[49] IN A LIBRARY FOR MEMBERSHIP [গ্রন্থাগারে সদস্যভুক্তি]

পাঠক : মাপ করবেন!

গ্রন্থাগারিক : আপনাকে কীভাবে সাহায্য করতে পারি?

পাঠক : আমি আপনার গ্রন্থাগারের একজন সদস্য হতে চাই।

গ্রন্থাগারিক : নিশ্চয়ই। আমি আপনাকে একটা ফর্ম দিচ্ছি। অনুগ্রহ করে এটা পূরণ করুন।

পাঠক : নিয়মকানুন সম্পর্কে কিছু বলবেন?

গ্রন্থাগারিক : আপনাকে আপনার ভোটার আইডি অথবা রেশনকার্ডের একটা জেরক্স কপি দিতে হবে—যে কোনো একটি হলেই চলবে। আর আমাদের গ্রন্থাগারের কোনো সদস্যের সুপারিশ থাকলে ভালো হয়।

পাঠক : আর কিছু?

গ্রন্থাগারিক : আপনাকে 'কশান মানি' হিসেবে পাঁচশো টাকা জমা দিতে হবে। আর আপনাকে পরবর্তী মাসের প্রথম সপ্তাহ থেকে দশ টাকা হিসেবে মাসিক চাঁদা দিতে হবে।

পাঠক : অনেক ধন্যবাদ।

গ্রন্থাগারিক : স্বাগত।

●

Reader : Excuse me!

Librarian : How can I help you?

Reader : I'd like to be a member of your library.

Librarian : Sure. Let me give you a form. Please fill it up.

Reader : What about rules and regulations?

Librarian : You must provide a xerox copy of voter's ID or ration card—any one of them will do. And we prefer a recommendation of any member of our library.

Reader : Anything else?

Librarian : You'll have to deposit Rs. 500/- as caution money. And you've to pay monthly subscription of Rs. 10 within a week of the next month.

Reader : Thank you very much.

Librarian : Welcome.

[50] BENEFIT OF READING NEWSPAPERS [সংবাদপত্র পাঠের উপযোগিতা]

দীপ : এই যে দিশা! কেমন আছ?

দিশা : খুব ভালো নয়। তুমি তো জান, আমি এখন বেকার।

দীপ : তুমি কি খবরের কাগজে কর্মখালি দেখছ?

দিশা : ও! আমি ওটা দেখে দেখে ক্লান্ত হয়ে পড়েছি। আমি এখন খবরের কাগজ পড়া বন্ধ করে দিয়েছি।

দীপ : না, ওরকম ভাবা ঠিক নয়। তোমার আশা ছেড়ে দেওয়া ঠিক নয়। তা ছাড়া আমাদের জীবনে খবরের কাগজের বিরাট ভূমিকা আছে। এটা আমাদের সাধারণ জ্ঞান অর্জন করতেও সাহায্য করে।

দিশা : তুমি ঠিক বলেছ দীপ। খবরের কাগজ না পড়ে কেউই বাইরের জগতের সঙ্গে সম্পর্ক রাখতে পারে না। আমি বুঝতে পারছি শুধু পুঁথিগত বিদ্যা আমাদের জীবনসংগ্রামের পক্ষে যথেষ্ট নয়।

দীপ : ঠিক কথা বলেছ। তুমি জান—যে প্রতিদিন খবরের কাগজ পড়ে না, সে কুয়োর ব্যাঙের মতো।

দিশা : হ্যাঁ, এটা যেন নানারকম সুস্বাদু খাবারের থালা। আমরা এতে পাই সাম্প্রতিক ঘটনা, ব্যাবসাবাণিজ্য, চলচ্চিত্র, খেলাধুলা ইত্যাদির খবর।

দীপ : তা ছাড়া এতে নানা বিষয়ে পণ্ডিতদের মতামতও আমরা পাই।

দিশা : কিন্তু তুমি তো জান, খবরের কাগজ কখনও কখনও পক্ষপাতদুষ্ট মতামত বা স্বার্থান্বেষী সংবাদ পরিবেশন করে। আমাদের সে সবের দ্বারা অন্ধভাবে প্রভাবিত হওয়া উচিত নয়। ঘটনাগুলো বিচার করতে আমাদের খোলা মন থাকা উচিত।

দীপ : সেটা ঠিক। তবু এসব কিছু ত্রুটি সত্ত্বেও খবরের কাগজের একটা শিক্ষাগত মূল্য আছে। আমাদের অবশ্যই খবরের কাগজ পড়ার অভ্যাস থাকা দরকার।

●

Deep : Hi Disha! How are you?

Disha : Not so fine. You know, I'm out of employment right now.

Deep : Do you follow the vacancy column in the newspapers?

Disha : Oh, I'm rather tired of it. I've stopped reading newspapers.

Deep : No, that's not the right way of thinking. You must not give up hope. Besides, the newspaper plays a vital role in our life. It helps us (to) acquire general knowledge.

Disha : You're right Deep. Nobody can keep contact with the world outside without reading newspapers. I see mere bookish knowledge is not sufficient in the struggle of life.

Deep : Right. You know—one who doesn't read a newspaper is like a frog in a narrow well.

Disha : Yeah! It's a dainty dish of varieties. We can have the news of current affairs, trade and commerce, films, games and sports, etc.

Deep : Moreover, views of different scholars are discussed in it.

Disha : But, you know, newspapers sometimes serve biased views or news on vested interests. We should not be blindly influenced by it. We should keep an open mind to judge the facts.

Deep : That's true. In spite of all these hazards, newspapers certainly have some educative value. We must have the habit of reading newspaper.

[51] **FREEDOM OF THE PRESS** [সংবাদপত্রের স্বাধীনতা]

নাসির : খবরের কাগজে এখন কী সব বাজে বকছে!

শাবানা : কেন, কেন তুমি এত উত্তেজিত হয়ে পড়েছ?

নাসির : বিখ্যাত ব্যক্তিদের ব্যক্তিগত ব্যাপারগুলোও খবরের কাগজের চাটনি হয়ে উঠছে।

শাবানা : আমি তোমার সঙ্গে একমত। কিন্তু তুমি তো জান, খবরের কাগজ হল জনগণের প্রকাশ্য মতামত প্রকাশের জায়গা, আর গণতন্ত্রে এটি একটি গুরুত্বপূর্ণ ভূমিকা পালন করে।

নাসির : হ্যাঁ। সংবাদপত্রের যথেষ্ট সাহস থাকা উচিত কোন্‌টা ভুল, কোন্‌টা ঠিক বলার। কিন্তু কোনো ক্ষেত্রেই তার সীমা ছাড়িয়ে যাওয়া উচিত নয়।

শাবানা : সংবাদপত্রের উচিত অবিচার, অত্যাচার আর অপশাসনের বিষয়গুলি জনসমক্ষে নিয়ে আসা, জনগণের ক্ষোভ প্রকাশ করা এবং কর্তৃপক্ষের ব্যর্থতার সমালোচনা করাও এর কর্তব্য।

নাসির : তুমি ঠিক বলেছ। আর এইভাবেই এটা হয়ে ওঠে জনমত গঠনের গুরুত্বপূর্ণ যন্ত্র। কিন্তু সংবাদ পরিবেশনের ক্ষেত্রে বিচারব্যবস্থার মতো এরও পক্ষপাতশূন্য দৃষ্টিভঙ্গি থাকা উচিত। তুমি তো জান, পক্ষপাতদুষ্ট মতামত আর তীব্র উত্তেজনা সৃষ্টিকারী সংবাদ জাতির ভীষণ ক্ষতি করতে পারে।

শাবানা : তবু আমি বিশ্বাস করি, সরকারের পক্ষে সংবাদপত্রের স্বাধীনতা খর্ব করা বা খবরে কাঁচি চালানো উচিত নয়।

নাসির : সেইসঙ্গে তোমার এটাও মনে রাখা দরকার যে স্বাধীনতা আর সবকিছু অনুমোদন করা সমার্থক নয়।

●

Nasir : What nonsense is now serving the newspapers!

Shabana : Why, why are you so aggrieved?

Nasir : Private affairs of the celebrities are now becoming news bites.

Shabana : I agree with you. But you know, the newspaper or the press is a public forum and it plays a vital role in democracy.

Nasir : Yeah. It should be bold enough to say what is wrong and what is right. But, in any case, it should not cross the limit.

Shabana : It should expose the grievances of the people and criticise the failure of the authorities.

Nasir : Right you are! And in this way it becomes a vital organ to form public opinion. But, like the judiciary, it should have an impartial outlook in reporting the news. You know, partial views and sensational news can do great harm to the nation.

Shabana : Yet I believe, the govt. should not impose a censorship or curb the freedom of the press.

Nasir : At the same time you should bear in mind that freedom and licence are not the same thing.

[52] USE OF LEISURE [অবকাশের উপযোগিতা]

বলবীর : সুপ্রভাত হরজিৎ! কেমন চলছে?

হরজিৎ : ভালোই। আর তোমার কেমন চলছে?

বলবীর : আমি আমার নতুন প্রকল্প নিয়ে দারুণ ব্যস্ত আছি।

হরজিৎ : সে তো ভালোই। কিন্তু তুমি তো জান—"খেলাধুলা বাদ দিয়ে সবসময় কাজ জ্যাককে বোকা বানিয়ে দেয়।"

বলবীর : তা ঠিক। কিন্তু আমি অবকাশের সময় খুঁজে পাই না।

হরজিৎ : আমার মনে হয়, এটা একটা বাজে অজুহাত। তুমি জান, ক্রমাগত কাজ যে কোনো লোকের ক্লান্তি নিয়ে আসে।

বলবীর : তুমি ঠিক বলেছ। অবকাশ আমাদের পেশি ও স্নায়ুকে বিশ্রাম দেয়।

হরজিৎ : শুধু তাই নয়, অবকাশ আমাদের কাজের একঘেয়েমি আর কর্তব্যের দুশ্চিন্তা থেকে মুক্তি দেয়। যন্ত্রের যেমন বিশ্রাম এবং অয়েলিং দরকার, তেমনি মানুষের শরীরেরও তা দরকার।

বলবীর : তোমর সঙ্গে আমি একমত। অবকাশ ছাড়া মানুষের জীবন একটা নীরস ব্যাপার হয়ে ওঠে।

হরজিৎ : অবশ্য অবকাশকেও সঠিকভাবে ব্যবহার করা উচিত। আলস্যের মধ্যে এটার অপচয় হওয়া ঠিক নয়। তুমি তো জান—"অলস মস্তিষ্ক শয়তানের কারখানা।"

বলবীর : তুমি ঠিক বলেছ। এ ব্যাপারে তোমার কি কোনো পরামর্শ আছে?

হরজিৎ : তুমি একা হাঁটতে পারো, ঘরের ভেতরে বা ঘরের বাইরে খেলাধুলো করতে পারো, অথবা কোনো শখ যা তোমার অবকাশকে আনন্দে পূর্ণ করতে পারে। কিন্তু অবকাশের অপব্যবহার থেকে সাবধান!

বলবীর : আর সেটা কীভাবে সম্ভব?

হরজিৎ : অনেকে তুচ্ছ বিষয়ে বাজে গল্প করে সময় কাটায়। এমন অনেকে আছে যারা রাস্তার মোড়ে দাঁড়িয়ে থাকে বা বসে থাকে আর মেয়েদের উত্যক্ত করে আনন্দ পায়! আবার কেউ কেউ মদ খেয়ে বা জুয়া খেলে তাদের অবকাশের অপচয় করে।

বলবীর : আমি তোমাকে কথা দিতে পারি, আমি কখনও তা করব না।

হরজিৎ : ধন্যবাদ ভাই।

বলবীর : স্বাগত।

●

Balbeer : Good morning, Harjeet! How are you getting on?

Harjeet : Fine. And you?

Balbeer : I'm terribly busy with my new project.

Harjeet : That's good. But you know—"All work and no play makes Jack a dull boy."

Balbeer : That's true. But I can hardly find any time for leisure.

Harjeet : I'm afraid—it's a lame excuse. You know, constant work brings fatigue to a man.

Balbeer : Right you are. Leisure gives our muscles and nerves rest.

Harjeet : Not only that, it releases a man from the monotony of toil and the worries of duty. As a machine needs rest and oiling, so it is for a human body.

Balbeer : I agree with you. Without leisure human life would have been a dull affair.

Harjeet : Of course, leisure should be properly used. It should not be wasted away in idleness. You know—"An idle brain is the devil's workshop."

Balbeer : Right you are. Have you any suggestions?

Harjeet : You can enjoy solitary walks, indoor or outdoor games, or any hobby that may fill your leisure with pleasure. But, beware of the abuses of leisure.

Balbeer : How that may be?

Harjeet : Many people spend it in idle gossips over trifle matters. There are many who sit or stand at street corners and find pleasure in eve-teasing! Some others waste their leisure by drinking, gambling, etc.

Balbeer : I can tell you—I'll never do that.

Harjeet : Thank you, brother.

Balbeer : Welcome.

[53] A TALK BETWEEN A SCIENCE STUDENT AND AN ARTS STUDENT

[একজন বিজ্ঞান বিভাগের ও একজন কলা বিভাগের ছাত্রের কথোপকথন]

যশদীপ : সুপ্রভাত জগজিৎ! কেমন চলছে?

জগজিৎ : ভালোই। তোমার কেমন চলছে?

যশদীপ : খুব ভালো নয়। তুমি তো জান, আমি বিজ্ঞান বিভাগে ভর্তি হয়েছি। আর আমি অঙ্ককে ভয় পাই।

জগজিৎ : তাহলে তুমি ওটা বেছে নিলে কেন?

যশদীপ : ওটা বাবা আমার ওপর চাপিয়ে দিয়েছেন।

জগজিৎ : আমার তেমন কোনো সমস্যা নেই। তুমি জান, আমি সাহিত্য ভালোবাসি। এ আমার দৃষ্টিভঙ্গিকে প্রসারিত করে, আর আমার হৃদয়ে আনন্দ দেয়। আর আমার কলাবিভাগ নিয়ে আমি গর্ববোধ করি।

যশদীপ : কিন্তু তুমি জান, কলাবিভাগের স্নাতকেরা বিজ্ঞান বিভাগের স্নাতকদের চেয়ে কর্মক্ষেত্রে কম সুযোগ পায়। আর বর্তমান বেকারত্বের যুগে এটা একটা সত্যিকার সমস্যা।

জগজিৎ : আমার বলতে ভয় হচ্ছে, তোমার ধারণাটা ভুল। যারা পরীক্ষায় ভালো ফল করে, তারা যে কোনো বিভাগই হোক, কাজ খুঁজে পায়।

যশদীপ : তা হতে পারে। তোমার সৌভাগ্য কামনা করি।

জগজিৎ : তোমারও।

●

Jasdeep : Good morning, Jagjeet! How are you getting on?

Jagjeet : Fine. And you?

Jasdeep : Not so fine. You know, I've taken the Science course. And I'm afraid of maths.

Jagjeet : Then why did you choose it?

Jasdeep : It was imposed upon me by my father.

Jagjeet : I've no such problem. You know, I'm fond of literature. It broadens my views and gladdens my heart. And I'm proud of my Arts course.

Jasdeep : But you know, Arts graduates have less chance of employment than that of Science graduates. And it's a real concern in these days of unemployment.

Jagjeet : I'm afraid—you've got a wrong notion. Those who have good results may find job in any faculty.

Jasdeep : That may be. Wish you best of luck.

Jagjeet : You too.

[54] A FREE TALK BETWEEN TWO YOUNGMEN

[দুজন যুবকের মধ্যে খোলাখুলি কথোপকথন]

বিল : এই যে গিল! কেমন আছ?

গিল : তোমার সঙ্গে দেখা হয়ে কী ভালোই না লাগছে, বিল!

বিল : তোমার একজন পুরাতন মক্কেল সম্বন্ধে আমি একটু খোঁজখবর নিতে চাই।

গিল : কে সে?

বিল : লোকটা রাজেন—রাজেন মল্লিক।

গিল : কোনো সমস্যা হয়েছে?

বিল : আমি তাকে পঞ্চাশ হাজার টাকা ধার দিয়েছিলাম, আর সে এখন আমার নাগালের বাইরে।

গিল : সে একজন ঠক। আমার ভয় হচ্ছে, তুমি তার ফাঁদে পড়েছ।

বিল : আমার এখনও ব্যাপারটা সম্বন্ধে অনেক সন্দেহ আছে।

গিল : ঠিক আছে। যা করবার আমি করছি। এখন একটু চা খাওয়া যাক।

বিল : তোমার বোনের খবর কী? তার কি বিয়ে ঠিক হয়েছে?

গিল : তোমার এত কৌতূহল কেন, বন্ধু?

বিল : দয়া করে ওটাকে অন্যভাবে নিও না।

গিল : ভনিতা করো না। আমি জানি, তুমি তার দিকে একটু ঝুঁকে আছো। একটু অপেক্ষা করো, আমি তোমাকে সব বলব।

বিল : আমি কি তাকে সরাসরি প্রস্তাব করতে পারি?

গিল : সেটা তোমাদের ব্যাপার। ভালো কথা, তোমার কি এখনও ছিপ ফেলার নেশা আছে?

বিল : হ্যাঁ, ওটা আমার শখ।

গিল : ওটা ত্যাগ করো না কেন? আমি তো দেখেছি, তুমি তিন দিন ধরে মাছ ধরতে বসেছ, একটা কেঁচোও ধরতে পারনি?

বিল : তুমি কি আমাকে উপহাস করছ?

গিল : মোটেই না। আমি একটু মজা করছি।

●

Bill : Hello, Gill! How are you?
Gill : How nice to meet you, Bill!
Bill : I just want to make some queries about a former client of yours.
Gill : Who is he?
Bill : That guy is Rajen—Rajen Mullick.
Gill : Any problem?
Bill : I lent him Rs. 50,000, and now he is beyond my reach.
Gill : He is a cheat. I'm doing the needful. Let's take some tea.
Bill : What about your sister? Is she getting married?
Gill : Why are you so curious, my friend?
Bill : Please don't take it otherwise.
Gill : Don't pretend. I know, you're hanging to her. Just wait. I'll tell you all.
Bill : Could I propose her straight?
Gill : That's your affair. Well, are you still fond of fishing?
Bill : Yes, that's my hobby.
Gill : Why don't you give it up? I see—you've been fishing for three days without a nibble.
Bill : You're kidding!
Gill : Not at all. I'm just making a little fun.

[55] A FREE TALK BETWEEN TWO YOUNG WOMEN

[দুজন তরুণীর মধ্যে খোলাখুলি কথোপকথন]

রিনা : এই যে টিনা! কেমন চলছে?

টিনা : ভালোই। তুমি কেমন আছ?

রিনা : খুব ভালো নয়।

টিনা : কেন? কোথায় সমস্যা?

রিনা : না, তেমন গুরুত্বপূর্ণ কিছু না।

টিনা : আমার বলতে ভয় হচ্ছে, তুমি রোগা হয়ে যাচ্ছ। ব্যাপার কী?

রিনা : আমার কোনো কিছু ভালো লাগছে না।

টিনা : তুমি কি প্রেমে পড়েছ? তোমার কি কেউ আছে? আর তুমি কি তার কাছ থেকে আঘাত পেয়েছ?

রিনা : ওসব কথা থাক।

টিনা : লুকিয়ে কী লাভ? সবকিছু খুলে বলো।

রিনা : বেশ, তোমাকে সব বলছি। সে তপন। আমরা পরস্পরকে ভালোবাসি বটে, কিন্তু আমার হৃদয় ভেঙে গেছে।

টিনা : কিন্তু কেন? তোমাদের মধ্যে ভুল বোঝাবুঝিটা কোথায়?

রিনা : সে একজন কম্পিউটার ইঞ্জিনিয়ার এবং কলকাতায় ভালোই কাজ করে। কিন্তু আরো ভালো সুযোগের জন্য সে ব্যাঙ্গালোর চলে যেতে দৃঢ়সংকল্প। সে এখন আমার সঙ্গে যোগাযোগ রাখতে চায় না।

টিনা : আমি তাকে চিনি। তোমাদের এখনই বিয়েটা সেরে ফেলা উচিত। তাহলে তোমরা দুজনেই সেখানে যেতে পারো।

রিনা : কিন্তু এরকম ক্ষেত্রে আমার কোনো সম্ভাবনাই নেই।

টিনা : তাহলেও আমি চেষ্টা করব। দয়া করে সব ব্যাপারটা আমার ওপর ছেড়ে দাও।

রিনা : ভগবান জানেন আমার বরাতে কী রয়েছে!

●

Rina : Hi, Tina! How are you getting on?
Tina : Fine. And you?
Rina : Not so fine.
Tina : Why? Where's the problem?
Rina : No, not so serious.
Tina : I'm afraid—you're getting lean and thin. What's the trouble?
Rina : I feel bored.
Tina : Are you in love? Have you got someone? And have you been hurt?
Rina : Please keep it aside.
Tina : What's the sense of hiding it? Make a clean breast of everything.
Rina : Well, I'll tell you. It's Tapan. Indeed, we are in love. But my heart is broken.
Tina : But why? What's wrong with you?
Rina : He is a computer engineer and well-placed in Kolkata. But to secure a better chance he is determined to go to Bangalore. He doesn't at all like to be engaged with me now.
Tina : I know him. You must get married right now. Then both of you can go there.
Rina : But there's no chance of such a settlement.
Tina : Yet I can try. Please leave the whole matter to me.
Rina : God knows what awaits me!

[56] A FREE TALK BETWEEN TWO SENIOR CITIZENS

[দুজন প্রবীণ নাগরিকের মধ্যে খোলাখুলি কথোপকথন]

অনিন্দ্য : সুপ্রভাত। বেশ কিছুদিন আপনাকে দেখতে পাইনি। কোথায় গিয়েছিলেন?

অপরেশ : আমি কেরালার কোজিকটে আমার ছোটো ছেলের কাছে গিয়েছিলাম।

অনিন্দ্য : ওই কি অনুপম? ও সেখানে কী করছে?

অপরেশ : সে কোজিকট আই আই এম-এ ভাষাতত্ত্বের অধ্যাপক।

অনিন্দ্য : আপনার আর দুই ছেলে কোথায়?

অপরেশ : তুমি তো জান, আমার বড়ো ছেলে এখন বর্ধমান বিশ্ববিদ্যালয়ে অধ্যাপক, আর আমার মেজো ছেলে আমেরিকা থেকে ফিরে কলকাতায় কম্পিউটার সায়েন্সের একটা প্রতিষ্ঠান গড়ে তুলছে।

আনিন্দ্য : আপনি সত্যিই ভাগ্যবান।

অপরেশ : ও কথা বলো না। তোমার ছেলেদের খবর কী?

অনিন্দ্য : আপনি তো জানেন, দীতু এখন লন্ডনে কম্পিউটার সায়েন্সে গবেষণা করছে, আর নীলু মুম্বাইতে মেকানিক্যাল ইঞ্জিনিয়ারের কাজ করছে।

অপরেশ : আমার মনে হয়, তুমি এখন তোমার কলেজের অধ্যক্ষের পদ থেকে অবসর গ্রহণ করেছ।

অনিন্দ্য : হ্যাঁ, আমি দু-বছর আগে অবসর নিয়েছি।

অপরেশ : তোমার স্ত্রী ডলি কি অবসর নিয়েছে?

অনিন্দ্য : না, সে সামনের বছর অবসর নেবে।

অপরেশ : অবসর জীবন কীভাবে কাটাচ্ছ?

অনিন্দ্য : আপনি তো জানেন, আমি বেড়াতে ভালোবাসি। আমি সবেমাত্র নেপাল থেকে বেড়িয়ে ফিরেছি। কিন্তু আপনি কীভাবে অবসর কাটাচ্ছেন?

অপরেশ : আমি আগের মতো সেই একই লেখার নৌকোতেই আছি। সম্প্রতি আমার 'বিশ্বপথিক রামমোহন' বইটা বেরিয়েছে।

অনিন্দ্য : আপনার অদম্য আগ্রহের জন্য ধন্যবাদ। আপনার সৌভাগ্য কামনা করি।

অপরেশ : স্বাগত।

●

Anindya : Good afternoon. I didn't see you for some time. Where had you been?
Aparesh : I went to visit my youngest son at Kojikat in Kerala.
Anindya : Is it Anupam? What's he doing there?
Aparesh : He is a professor of Linguistics at Kojikat IIM.
Anindya : Where are your two other sons?
Aparesh : My eldest son, you know, is now a professor in Burdwan University and my middle son has come back from US and now he is organizing an Institute of computer science in Kolkata.
Anindya : You're lucky enough.
Aparesh : No mention. What about your sons?
Anindya : You know, Deetu is now in London and going on in his research in Computer Science. And Nilu is now a mechanical engineer and he is in Mumbai.
Aparesh : I think you're now retired from the post of Principal in your college.
Anindya : Yes, I retired two years back.
Aparesh : Is Dolly, your wife, retired?
Anindya : No, she is to retire next year.
Aparesh : How do you pass your retired life?

Anindya : You know, I'm fond of travelling. I've just come back from Nepal. But how do you spend your leisure?

Aparesh : I'm in the same boat of writing, as before. My 'Biswapathik Rammohan' has been brought out recently.

Anindya : Thank you very much for your zeal and wish you best of luck.

Aparesh : Welcome.

[57] A TEACHER AND A GUARDIAN [একজন শিক্ষক ও অভিভাবক]

অভিভাবক : মাপ করবেন। আমি অরূপ রায়। আপনি আমাকে দেখা করতে বলেছিলেন।

শিক্ষক : বেশ, বসুন। হ্যাঁ, আমার মনে পড়েছে। আমি আপনাকে বলতে চাই যে আপনার ছেলে ক্লাসের অন্যান্য ছেলেমেয়েদের সঙ্গে খাপ খাওয়াতে পারছে না।

অভিভাবক : কেন, সমস্যাটা কী?

শিক্ষক : সে ঠিকমতো হোমটাস্ক করছে না। আর স্বভাবের দিক থেকে কিছুটা অলস।

অভিভাবক : তাই বুঝি? অনুগ্রহ করে বলবেন কি কোন্ কোন্ বিষয়ে সে পিছিয়ে পড়ছে?

শিক্ষক : বিশেষভাবে ইংরেজিতে।

অভিভাবক : অদ্ভুত ব্যাপার। কিন্তু অর্ধবাৎসরিক পরীক্ষায় ওতো ভালো নম্বর পেয়েছিল, তাই নয় কি?

শিক্ষক : নিশ্চয়ই। কিন্তু রিপোর্ট পাওয়া গেছে পরীক্ষায় সে অন্যের খাতা দেখে নকল করার সময় ধরা পড়েছে।

অভিভাবক : খুবই দুঃখের বিষয়! সামগ্রিকভাবে ওর আচরণ কেমন?

শিক্ষক : চিন্তা করবেন না—ওর আচরণ এমনিতে খুবই ভদ্র।

অভিভাবক : তাহলে ইংরেজিতে উন্নতি করার জন্য আপনি কি কিছু বলবেন?

শিক্ষক : ও বানানে খুব দুর্বল। তা ছাড়া ঠিকমতো বাক্যগঠনও করতে পারে না। এ ব্যাপারে ওকে আরও বেশি মনোযোগ দিতে হবে।

অভিভাবক : সেজন্য আমাকে কী করতে হবে? এবিষয়ে আপনার কি কোনো পরামর্শ আছে?

শিক্ষক : আপনি দেখবেন সে যাতে বাড়িতে ঠিকমতো হোমটাস্ক করে। আর মনে রাখবেন, ড. দাস-এর 'স্পোক্ন্ ইংলিশ অ্যান্ড ট্রানস্লেশন প্রফিসিয়েন্সি' বইটি ওর খুব উপকারে লাগবে। তা ছাড়া এমন একটা অভিধানও অনুসরণ করা দরকার যাতে 'ইউসেজ' আছে।

অভিভাবক : আপনার সদয় উপদেশের জন্য ধন্যবাদ।

●

Guardian : Excuse me. I'm Arup Roy. You had asked me to meet you.

Teacher : Yes, I remember. I want to tell you that your son is not keeping pace with the class.

Guardian : Why, what's the problem?

Teacher : He's not doing his hometask properly. And he is rather idle!

Guardian : Is it? Could you please tell me in which subjects he is lagging behind?

Teacher : Particularly in English.

Guardian : Strange! But he scored very good marks in Half-yearly Exam, didn't he?

Teacher : Sure! But it is reported—he was caught copying from another in the exam.

Guardian : Very regrettable! How is his general conduct?

Teacher : Don't worry! He is otherwise very well-behaved.

Guardian : Then what do you suggest for improving his English?

Teacher : He's very weak in spelling. Besides, he can't write sentences correctly. He should be more attentive to it.

Guardian : What should I do for that?

Teacher : You see that he does his hometask properly. And you know—Dr Das's 'Spoken English and Translation Proficiency' will be very helpful to him. Besides, he should follow a dictionary with usage.

Guardian : Thank you for your kind guidance.

[58] INVITATION FOR A WEDDING CEREMONY [একটি বিবাহ অনুষ্ঠানের নিমন্ত্রণ]

মি. দাস : ভেতরে আসতে পারি মি. রায়?

মি. রায় : আসুন, আসুন। অনেকদিন বাদে আপনি আমার বাড়ি এলেন। কী খাবেন বলুন—ঠান্ডা না গরম?

মি. দাস : ব্যস্ত হবেন না। সত্যি কথা বলতে কি, অনেকবার চেষ্টা করেছি আসতে, কিন্তু বিশ্বাস করুন, সময় করে উঠতে পারিনি। সেজন্য আমাকে মার্জনা করবেন।

মি. রায় : বেশ, মার্জনা করা হল! তারপর বলুন, ব্যাপার কী? বিশেষ কিছু আছে? আপনার স্ত্রী কেমন আছেন? আর আপনার মেয়ে টুয়া?

মি. দাস : তারা ভালোই আছে। টুয়ার বিয়ে ঠিক হয়েছে আগামী ১২ মে। ওটা শনিবার পড়ছে।

মি. রায় : তাই নাকি? খুব ভালো খবর। বিয়েটা কোথায় হচ্ছে?

মি. দাস : ম্যারেজ হল 'শিবম্', ৬১ প্রিন্স আনওয়ার শাহ রোড, কলকাতা ৩৩।

মি. রায় : তা, পাত্র কী করে?

মি. দাস : সে কেরালায় একটি আই.আই.এম.-এ প্রফেসার।

মি. রায় : খুব ভালো।

মি. দাস : যাই হোক, আপনি সেদিন অবশ্যই আসবেন। সন্ধ্যার আগেই আমরা আপনাকে এবং আপনার স্ত্রীকে আশা করি।

মি. রায় : নিশ্চয়ই। আমরা নিশ্চয়ই যাব। আপনি নিশ্চিন্ত থাকুন।

●

Mr Das : May I come in Mr Roy?

Mr Roy : Oh, yes. Come in. You are here at my place after a long time. What would you like to have—hot or cold?

Mr Das : Please don't go on formalities. Frankly speaking, I've tried several times to come down here, but believe me, I couldn't find time. Please excuse me.

Mr Roy : All right, you're excused! Now tell me what's the matter. Anything special? How is your wife? And your daughter Tua?

Mr Das : They are fine. Tua's marriage has been fixed (Tua is getting married) on 12 May. It's a Saturday.

Mr Roy : Is it? A very good news indeed! What's (Where's) the venu?

Mr Das : It's the marriage Hall—Shivam, 61 Prince Anwar Shah Road, Kolkata 33.

Mr Roy : What's the groom?

Mr Das : He is a professor at an IIM in Kerala.

Mr Roy : Very good.

Mr Das : Anyway, you must be there on that day. We expect you with your Misses before evening.

Mr Roy : Certainly. Be sure. We will surely come.

[59] GETTING VISA [ভিসা পাওয়ার ব্যাপারে]

মি. দাস : সুপ্রভাত মহাশয়! আমি প্রকাশ দাস বলছি। আমি আমেরিকায় আমার ছেলের সঙ্গে দেখা করতে যাওয়ার পরিকল্পনা করেছি। সে ইন্ডিয়ানা বিশ্ববিদ্যালয়ে গ্র্যাজুয়েট ছাত্র। আমাকে সেখানে যাওয়ার জন্য কী করতে হবে?

অফিসার : সুপ্রভাত মি. দাস! আমি এ ব্যাপারে আপনাকে সাহায্য করতে পারলে খুশি হব। আপনি B1/B2 ভিসার জন্য আবেদন করতে পারেন।

মি. দাস : আমি ঠিক বুঝতে পারছি না। B1/B2 Visa ব্যাপারটা কী?

অফিসার : বেশ, বুঝিয়ে বলছি—আমাদের দেশে ভ্রমণকারীদের জন্য আমরা বিভিন্ন রকম ভিসা দিয়ে থাকি যা নির্ভর করে আমেরিকায় যাওয়ার জন্য তাঁদের প্রয়োজনের ওপর। যেহেতু আপনি আপনার ছেলের সঙ্গে দেখা করতে আমেরিকা যাবেন, তাই আপনাকে ট্যুরিস্ট ভিসার জন্য আবেদন করতে হবে। আপনাকে ব্যাপারটা বোঝাতে পারলাম কি?

মি. দাস : হ্যাঁ, অবশ্যই। এটা বুঝিয়ে দেওয়ার জন্য আপনাকে অনেক ধন্যবাদ। প্রসঙ্গক্রমে বলি, আমার বয়স ষাটের ওপর, আর আমি পরবর্তী দু-মাসের মধ্যে আমার ছেলের সঙ্গে দেখা করতে যেতে চাই। আমাকে কি আপনাদের অফিসে যোগাযোগ করার ব্যবস্থা করতে হবে?

অফিসার : হ্যাঁ, যেহেতু এখন Drop-Box ব্যবস্থা বন্ধ হয়ে গেছে, তাই আপনাকে একটা সাক্ষাৎকার দেওয়ার ব্যবস্থা করতে হবে। আপনার আর কিছু জানার আছে?

মি. দাস : হ্যাঁ, আপনি যদি কিছু মনে না করেন, তাহলে আপনাকে দ্রুত আর কয়েকটা প্রশ্ন করতে চাই।

অফিসার : কোনোরকম ইতস্তত না করে বলে ফেলুন।

মি. দাস : B1/B2 ভিসার জন্য কি কোনরকম কোটা আছে?

অফিসার : না, B1/B2 ভিসার জন্য কোনোরকম কোটা নেই।

মি. দাস : আমার এক বন্ধু যিনি সম্প্রতি আমেরিকা গিয়েছিলেন তাঁর সঙ্গে আলোচনার সময় তিনি আমাকে বললেন যে, আমাকে ওদেশ থেকে ফেরার নিশ্চয়তা দিয়ে একটা প্রমাণপত্র দাখিল করতে হবে। আমি তাঁর কথাটা ঠিক বুঝেছি কিনা বলতে পারি না। আপনি কি ব্যাপারটা আমাকে বিস্তৃতভাবে বলবেন।

অফিসার : নিশ্চয়ই। কনসুলেট অফিসারকে আবেদনকারী বিশ্বাস করাবেন যে তাঁর নিজের দেশে স্থায়ী বাসস্থান আছে, যেটা ছেড়ে যাওয়ার তাঁর কোন ইচ্ছা নেই। আর তাই আবেদনকারীকে ফিরে আসার একটা প্রমাণপত্র দাখিল করতে হবে যাতে উল্লেখ থাকবে : তাঁর নিজের দেশে একটা ভালো চাকরি, তাঁর পরিবার, সম্পত্তি বা আর্থিক সংস্থান, ভালো সামাজিক অবস্থান, ইত্যাদি।

মি. দাস : মাপ করবেন, আর একটা কথা জানতে চাই। ভিজিটর ভিসা পেতে হলে কি পরিকল্পনা অনুযায়ী নির্দিষ্ট ভ্রমণসূচি দাখিল করা বাধ্যতামূলক?

অফিসার : না, আমেরিকায় তাৎক্ষণিক ভ্রমণের কোনো নির্দিষ্ট পরিকল্পনা না থাকলেও আপনি আবেদন করতে পারেন। আপনি পরবর্তী কোনো সময়েও যেতে পারেন। কিন্তু যদি আপনাকে ছ'মাসের ভিসা দেওয়া হয়, তাহলে পরবর্তী ছ'মাসের মধ্যে আপনাকে আমেরিকা যেতে হবে, নইলে আপনার ভিসা বাতিল হয়ে যাবে, আর আপনাকে নতুন ভিসার জন্য আবেদন করতে হবে। আর আপনি যদি দশ বছরের ভিসা পান, তাহলে আপনি পরবর্তী দশ বছরে যে কোনো সময় আমেরিকা যেতে পারেন।

মি. দাস : আপনি আমাকে যেভাবে সাহায্য করলেন তার জন্য আপনাকে অনেক ধন্যবাদ। আমি সত্যিই আনন্দ পেলাম। বাই।

•

Mr Das : Good morning, sir! This is Prakash Das. I plan to visit my son in the USA. He is a graduate student at Indiana University. What do I need to do?

Officer : Good morning, Mr Das! I'll be happy to assist you on this. You may apply for B1/B2 visa.

Mr Das : I'm sorry. What is B1/B2 visa?

Officer : Well, we issue different types of visa to our visitors depending on their nature of business in the USA. Since you plan to visit your son in the USA, you need to apply for a Tourist Visa. The Tourist Visa is referred to as B1/B2 visa. Does it explain your querry?

Mr Das : Oh yes, certainly. Thank you very much for clarifying it. By the way, I'm 60+ and I intend to visit my son in the next couple of months. Do I have to schedule an appointment with your office?

Officer : Yes, you'll have to schedule yourself for an interview as the Drop-Box facility has been discontinued. Is there anything else that you want to know?

Mr Das : Yes, I do have a few more quick questions if you don't mind.

Officer : Please go ahead without hesitation.

Mr Das : Is there a quota for B1/B2 visa?

Officer : No, there's no quota for B1/B2 visa.

Mr Das : While discussing a friend of mine, who has recently been to the USA, I was told that I must submit a proof assuming my return. I'm not sure if I understood him correctly. Can you please elaborate on this?

Officer : Sure. An applicant must convince the Consular Officer that he/she has a permanent residence in his/her home country which he/she has no intention of abandoning. And so an applicant has to present a proof of return which includes : a good job, family, property or financial holdings, a good social standing, etc.

Mr Das : Excuse me! one more question. Is it mandetory to have a specific and immediate plan of my trip to get a Tourist Visa?

Officer : No, you can apply even if you have no specific plan to go immediately on a trip to US. You may go on a later date too. But if you are given 6 months' visa, you'll have to go to US within next 6 months, else your visa will expire and you'll have to apply for a new visa. And if you get 10 years' visa, you may visit US anytime within next 10 years.

Mr Das : Thank you very much for your help. I really appreciate it. Bye.

[60] VISA INTERVIEW [ভিসা ইন্টারভিউ]

[a] Visa for Business Purpose [ব্যাবসাবাণিজ্যের জন্য ভিসা]

[কোনো একজন ভিসা পাওয়ার জন্য সাক্ষাৎকার করতে আমেরিকান কনসুলেট অফিসে ঢুকলেন]

মি. শর্মা : সুপ্রভাত, অফিসার! আমি কিরণ শর্মা।

অফিসার : স্বাগত মি. শর্মা। তা আপনার আমেরিকায় যাওয়ার উদ্দেশ্য কী?

মি. শর্মা : আমাদের কোম্পানির একটি ব্যাবসা-সংক্রান্ত অধিবেশন আছে এবং সেখানে আমাকে প্রতিনিধিত্ব করার জন্য পাঠানো হচ্ছে।

অফিসার : আমেরিকার কোন্ শহরে যাওয়ার জন্য আপনার পরিকল্পনা আছে?

মি. শর্মা : অধিবেশন হবে উপসাগরীয় এলাকার সান জোস-এ।

অফিসার : আপনার সেখানে কতদিন থাকার পরিকল্পনা আছে?

মি. শর্মা : প্রায় এক সপ্তাহ। তা ছাড়া কয়েকদিন চারপাশের দ্রষ্টব্য জায়গাগুলো ঘুরে দেখারও পরিকল্পনা আছে।

অফিসার : তা ভালো। কিন্তু আমেরিকা যাওয়ার এই খরচ কে বহন করবে?

মি. শর্মা : আমার কোম্পানি। আমি আমার ভিসা-আবেদনের সঙ্গে সব প্রয়োজনীয় নথি জমা দিয়েছি।

অফিসার : আপনি কি আগে কখনো আমেরিকায় গিয়েছেন?

মি. শর্মা : না, মশায়। এই প্রথমবার যাচ্ছি।

অফিসার : বেশ, অভিনন্দন। আপনার ভিসা অনুমোদিত হল। এটা আপনার বাড়ির ঠিকানায় ক্যুরিয়ারে পাঠানো হবে।

মি. শর্মা : ধন্যবাদ / অনেক ধন্যবাদ।

●

[Someone enters the US Consulate Office for VISA interview.]

Mr Sharma : Good morning, officer! I'm Kiran Sharma.

Officer : Welcome Mr Sharma. So what's the purpose of your visit to US?

Mr Sharma : Well, we've a business meeting to attend, and my Company has selected me to represent the Company there.

Officer : Which city are you planning to visit?

Mr Sharma : The meeting will be held in San Jose in the Bay Area.

Officer : How long do you plan to stay there?

Mr Sharma : About a week. I've planned to go around for sight-seeing also for a few days.

Officer : That's very good. But who will bear the expenses of this trip to US?

Mr Sharma : My company. I've furnished all the supporting documents along with my VISA application.

Officer : Have you been to United States earlier?

Mr Sharma : No, sir. This is the first time.

Officer : Well, congratulations! Your VISA in granted. It'll be sent to your home address by courier.

Mr Sharma : Thank you / Thank you so much.

[b] **Visa for a student's Higher Education** [উচ্চশিক্ষার জন্য ছাত্রের ভিসা]

[আবেদনকারী ভিসা সাক্ষাৎকারের জন্য আমেরিকান কনসুলেট অফিসে ঢুকলেন]

আবেদনকারী : সুপ্রভাত, মহাশয়! আমি অহন রায়। আমি এফ-ওয়ান ভিসা সাক্ষাৎকারের জন্য এসেছি। আমি শিকাগো বিশ্ববিদ্যালয়ে ভর্তির সুযোগ পেয়েছি।

অফিসার : অভিনন্দন! আমি কি আপনার অফার লেটারটা দেখতে পারি?

আবেদনকারী : এই যে নিন।

অফিসার : আমি দেখতে পাচ্ছি আপনি ওদের অর্থনীতি বিভাগের পি.এইচ.ডি. প্রোগ্রামে ভর্তি হয়েছেন। কিন্তু আপনি আর্থিক ব্যাপারটা কীভাবে সামলাবার পরিকল্পনা করেছেন?

আবেদনকারী : শিকাগো বিশ্ববিদ্যালয় আমাকে একজন সহায়ক শিক্ষকের পদ দিয়েছেন যার ফলে আমার টিউশান ফি লাগবে না, আমাকে মাসে দু হাজার ডলার স্টাইপেন্ড দেওয়া হবে এবং পাঁচ বছরের জন্য আমার একটা স্বাস্থ্যবিমা থাকবে।

অফিসার : আপনি কি আমাকে বিশ্ববিদ্যালয়ের দেওয়া আর্থিক বিবৃতি দেখাতে পারবেন?

আবেদনকারী : নিশ্চয়ই। এই যে, নিন।

অফিসার : বেশ, আপনি আমেরিকায় পিএইচ.ডি. করতে চাইছেন কেন?

আবেদনকারী : মহাশয়! ওর অনেকগুলি কারণ আছে। প্রথমত, শিকাগো বিশ্ববিদ্যালয় একটি বিশ্বমানের বিশ্ববিদ্যালয় যেখানে আমার মনে হয় আমি অনেক মূল্যবান চিন্তাধারার সঙ্গে পরিচিত হতে পারব। আরও নির্দিষ্টভাবে বলতে গেলে (ওই বিশ্ববিদ্যালয়ের) অর্থনীতি বিভাগে অনেক বিখ্যাত ব্যক্তিত্ব আছেন যাঁদের মধ্যে কেউ কেউ নোবেল পুরস্কারে সম্মানিত। আমার মনে হয় আমি তাঁদের কাছ থেকে প্রভূত উপকার পাব।

অফিসার : তারপর আপনার পরিকল্পনা কী?

আবেদনকারী : আমি শিক্ষকতা বৃত্তিতে থাকতে চাই, আর কোনো একটি ভালো বিশ্ববিদ্যালয়ে গবেষণার কাজও করতে চাই।

অফিসার : আপনি কি আমেরিকায় পাকাপাকিভাবে বসবাস করার পরিকল্পনা করেছেন?

আবেদনকারী : না, তা নয়। আমি ভারতে ফিরে এসে আই.আই.টি.-র মতো কোনো একটি ভালো শিক্ষাপ্রতিষ্ঠানে যোগদান করতে চাই। তা ছাড়া আমার কিছু পারিবারিক দায়বদ্ধতাও আছে।

অফিসার : ধন্যবাদ। আপনার পাঁচ বছরের জন্য ভিসা অনুমোদিত হল। আর এটা দু-এক দিনের মধ্যে আপনার কাছে স্পীড পোস্টে পাঠানো হবে।

আবেদনকারী : ধন্যবাদ, মহাশয়। আমি খুব খুশি হয়েছি।

●

[The applicant enters the US Consulate Office for VISA interview.]

Applicant : Good morning, sir! I'm Ahan Roy. I'm here for F-1 visa interview. I have been offered an admission at the University of Chicago.

Officer : Congratulations! May I see your offer letter?

Applicant : Here it is, sir.

Officer : So, I see you've been admitted to their Ph.D. program in Economics. That's great! But how do you plan to support yourself financially?

Applicant : Well, the University of Chicago has offered me a teaching assistantship that includes full tuition fee remission, a stipend of $2000 per month, and a health insurance for five years.

Officer : Could you please show the financial statement issued by the university?

Applicant : Sure. Here it is.

Officer : Well, why do you want to do your Ph.D. in the USA?

Applicant : Sir! There are multiple reasons. First of all, the University of Chicago is a world-class university where I think I'll be exposed to some valued lines of thoughts. More specifically, the Department of Economics has many renowned faculties including some Nobel Laureates. I think I'll benefit from them immensely.

Officer : What's your plan after that?

Applicant : I plan to remain in teaching profession and do research work in a good university.

Officer : Do you plan to settle in the USA?

Applicant : Not really. I would like to come back to India and join one of the good academic institutions like the IIT. Moreover, I have some family responsibilities.

Officer : Thank you. You're granted F-1 visa for five years. It will be sent to you by speed post in a day or two.

Applicant : Thank you very much, sir! I really appreciate it.

SECTION III

• Phonetics—Stress and Intonation
• Listening and Speaking Practice

In this Part, you will have some ideas about Phonetics, Stress and Intonation in Chapter 1, and in Chapter 2 you will find short conversations between two speakers [First voice and Second voice].

At the end of each conversation, a Third voice will ask a question. And as you will have to listen to it carefully, you [as the Fourth voice] would have to speak out the answer—choosing the right one from A, B, C, D given below each item.

CHAPTER

1

PHONETICS—STRESS AND INTONATION

Spoken English or Broken English comprises of some essential words with phonetics for correct pronunciation. The knowledge of phonetic 'symbols' and rules is a prerequisite as most of the non-native speakers of English language face a lot of problems in listening and speaking English with correct pronunciation and intonation.

Here we present some salient rules of phonetics.

PRONUNCIATION

Rule 1 In **British English** [r] before a consonant or at the end of a word is silent, while it is softly sounded in **American English**. However, in both **British English** and **American English** [r] is sounded before a vowel in a word, or, even at the end of the word, if the next word begins with a vowel sound.

[ব্রিটিশ ইংরেজিতে কোনো word-এর মধ্যে consonant-এর আগের [r] অথবা কোনো word-এর শেষ [r] উচ্চারিত হয় না, যদিও আমেরিকান ইংরেজিতে ওই [r] মৃদুভাবে উচ্চারিত হয়। যাই হোক, ব্রিটিশ এবং আমেরিকান উভয়ক্ষেত্রেই কোনো word-এর মধ্যে vowel-এর পূর্বে, এমনকি শব্দের শেষেও যদি পরবর্তী word-টি vowel দিয়ে শুরু হয়, তাহলে ওই [r] উচ্চারিত হয়।]

Examples : Corner [Br.E.—kɔ(r)nə(r), ক(র্) না(র্); Am.E.—kɔrnər, কর্নার]

Brother [Br.E.—brʌðər(r) ব্রাদা(র্); Am.E.—brʌðər, ব্রাদার]

My father is a teacher [Br.E.—mai fa:ðər iz æ ti:tʃə(r);—মাই ফাদা(র্) ইজ অ্যা টীচা(র্)]

Am.E.—mai fa:ðər iz æ ti:tʃər—মাই ফাদার ইজ অ্যা টীচার।]

Rule 2 **Plural Numbers** of Nouns with [-s / -es / -ves / -en] are pronounced in the following way :

A. [-s] for Plural Number of Nouns ending with k, p, t, f sounds as [s] :

book—books [buks—বুক্স্]; cat—cats [kæts—ক্যাট্স্];

cup—cups [kʌps—কাপ্স্]; chief—chiefs [tʃi:fs—চীফ্স্]

B. [-s/-es] or [-ves] for Plural Number of Nouns after b, d, g, l, m, n, r, e, y, w, h sounds as [z] .

cub—cubs [kʌbz—কাব্জ্]   arm—arms [a:(r)mz—আ(র্)ম্জ্]

hand—hands [haendz—হ্যান্ড্‌জ্]
dog—dogs [dɔgz—ডগ্‌জ্]
annal—annals [aenɔiz—অ্যানাল্‌জ্]
baby—babies ['beibiz—বেইবীজ্]
almirah—almirahs [æl'mairəz—অ্যালমাইরাজ্]
lion—lions ['laiənz—লায়্যান্‌জ্]
brother—brothers ['brʌð(r)əz—ব্রাদা(র্)জ্]
bee—bees [bi:z—বীজ্]
elbow—elbows ['elbouz—এল্‌বোজ্]
wife—wives ['waivz—ওয়াইভ্‌জ্]

C. [-s] for Plural Number ending with 'th' usually sounds as [s]:

cloth—cloths [klɔos—ক্লথ্‌স্]

But there are a few exceptions, such as, 'paths' in which [-s] sounds a [z]:

path—paths [pʌθz—পাথ্‌জ্]

D. [-s] or [-es] for Plural Number of Nouns ending with -s, -ch, -j or -z sounds as [iz] :

glass—glasses ['gla:siz—গ্লাসিজ্]
witch—witches ['witʃiz—উইচিজ্]
house—houses ['hausiz—হাউসিজ্]
badge—badges ['bædziz—ব্যাজিজ্]

E. [-en] for Plural Number of Nouns sounds as [in] or [ən]:

ox—oxen ['ɔksɔn—অক্‌সিন্]
brother—brethren ['briðrin—ব্রিদ্‌রিন্]
child—children [tʃildrən—চিল্ড্র্যান]
brother—brethren ['briðrin—ব্রিদ্‌রিন্]

In brief, we can say that [-s] for Plural Number sounds either as [s] or [z]; [-es] for Plural Number sounds as [iz] and [-en] sounds as [in] or [ən].

Rule 3 **Past and Past Participle** forms of Verbs especially '-d'/ -'ed' are pronounced in the following way :

Set A. If the last sound of the Verb is 'd' / 't' / 'i' / 'y', the ending of Past and Past Participle [-ed] sounds as [-id].

Present	Past	Past Participle
aid [eid—এইড়্]	aided [eided—এইডিড়্]	aided [eidid—এইডিড়্]
decide [disaid—ডিসাইড়্]	decided [disaidid—ডিসাইডিড়্]	decided [disaidid—ডিসাইডিড়্]
end [end—এন্ড্]	ended [endid—এনডিড়্]	ended [endid—এনডিড়্]
mend [mend—মেন্ড্]	mended [mendid—মেন্‌ডিড়্]	mendid [mendid—মেন্‌ডিড়্]
hate [heit—হেইট]	hated [heitid—হেইটিড়্]	hated [heitid—হেইটিড়্]
paint [peint—পেইন্ট]	painted [peintid—পেইন্‌টিড়্]	painted [peintid—পেইন্‌টিড়্]
nod [nɔd—নড়্]	nodded [nɔdid—নডিড়্]	nodded [nɔndid—নডিড়্]
start [sta:(r)t —স্টা(র্)ট্]	started [sta:(r)tid—স্ট(র্)টিড়্]	started [sta:(r)tid—স্ট(র্)টিড়্]
enjoy [inzɔi—ইন্‌জয়]	enjoyed [inzɔid—ইন্‌জয়িড়্]	enjoyed [inzɔid—ইন্‌জয়িড়্]
die [dai—ডাই]	died [daid—ডাইড়্]	died [daid—ডাইড়্]
carry [kæri—ক্যারি]	carried [kærid—ক্যারিড়্]	carried [kærid—ক্যারিড়্]

Set B. If the last sound of the Verb is 'k' / 'p' / 'f' / 's' / 'sh' / 'ch', the ending of Past and Past Participle [-ed] sounds as [t] :

Present	Past	Past Participle
ask [a:sk—আস্ক্]	asked [a:skt—আস্ক্‌ট্]	asked [a:skt—আস্কট্]
kick [kik—কিক্]	kicked [kikt—কিক্‌ট্]	kicked [kikt—কিক্‌ট্]

Present	Past	Past Participle
look [luk—লুক]	looked [lukt—লুক্ট্]	looked [lukt—লুক্ট্]
drop [drɔp—ড্রপ]	dropped [drɔpt—ড্রপ্ট্]	dropped [drɔpt—ড্রপ্ট্]
help [help—হেল্প]	helped [helpt—হেল্প্ট্]	helped [helpt—হেল্প্ট্]
laugh [la:f—লাফ]	laughed [la:ft—লাফ্ট্]	laughed [la:ft—লাফ্ট্]
pass [pa:s—পাস্]	passed [pa:st—পাস্ট্]	passed [past—পাস্ট]
push [puʃ—পুশ্]	pushed [puʃt—পুশ্ট্]	pushed [puʃt—পুশ্ট্]
fix [fiks—ফিক্স্]	fixed [fikst—ফিক্স্ট্]	fixed [fikst—ফিক্স্ট্]
wash [wɔʃ—ওঅশ্]	washed [wɔʃt—ওঅশ্ট্]	washed [wɔʃt—ওঅশ্ট্]
wish [wiʃ—উইশ্]	wished [wiʃt—উইশ্ট্]	wished [wiʃt—উইশ্ট্]
watch [wa:tʃ—ওয়াচ্]	watched [wa:tʃt—ওয়াচ্ট্]	watched [wa:tʃt—ওয়াচ্ট্]

Set C. If the last sound of the Verb is other than the two sets—**Set A** and **Set B**, the ending of Past and Past Participle [-ed] sounds as [d] :

Present	Past	Past Participle
allow [əlau—অ্যালাউ]	allowed [əlaud—অ্যালাউড্]	allowed [əlaud—অ্যালাউড্]
boil [bɔil—বয়িল]	boiled [bɔild—বয়িল্ড]	boil [bɔild—বয়িল্ড]
climb [klaim—ক্লাইম]	climbed [klaimd—ক্লাইমড্]	climbed [klaimd—ক্লাইমড্]
close [klouz—ক্লৌজ্]	closed [klouzd—ক্লৌজড্]	closed [klouzd—ক্লৌজড্]
delay [dilei—ডিলেই]	delayed [dileid—ডিলেইড্]	delayed [dileid—ডিলেইড্]
fail [feil—ফেইল্]	failed [feild—ফেইল্ড্]	failed [feild—ফেইল্ড্]
fill [fil—ফিল্]	filled [fild—ফিল্ড্]	filled [fild—ফিল্ড]
flow [flou—ফ্লৌ]	flowed [floud—ফ্লৌড্]	flowed [floud—ফ্লৌড্]
play [plei—প্লেই]	played [pleid—প্লেইড্]	played [pleid—প্লেইড্]
obey [obei—ওবেই]	obeyed [obeid—ওবেইড্]	obeyed [obeid—ওবেইড্]
love [lʌv—লাভ্]	loved [lʌvd—লাভড্]	loved [lʌvd—লাভড্]
move [muv—মুভ্]	moved [muvd—মুভড্]	moved [muvd—মুভড্]
rub [rʌb—রাব্]	rubbed [rʌbd—রাবড্]	rubbed [rʌbd—রাবড্]
sow [sou—সৌ]	sowed [soud—সৌড্]	sowed [soud—সৌড]
show [ʃou—শৌ]	showed [ʃoud—শৌড্]	showed [ʃoud—শৌড্]

[**Vide**—'An Introduction to Descriptive Linguistics' by H. A. Gleason and 'English Pronouncing Dictionary' by D. L. Jones]

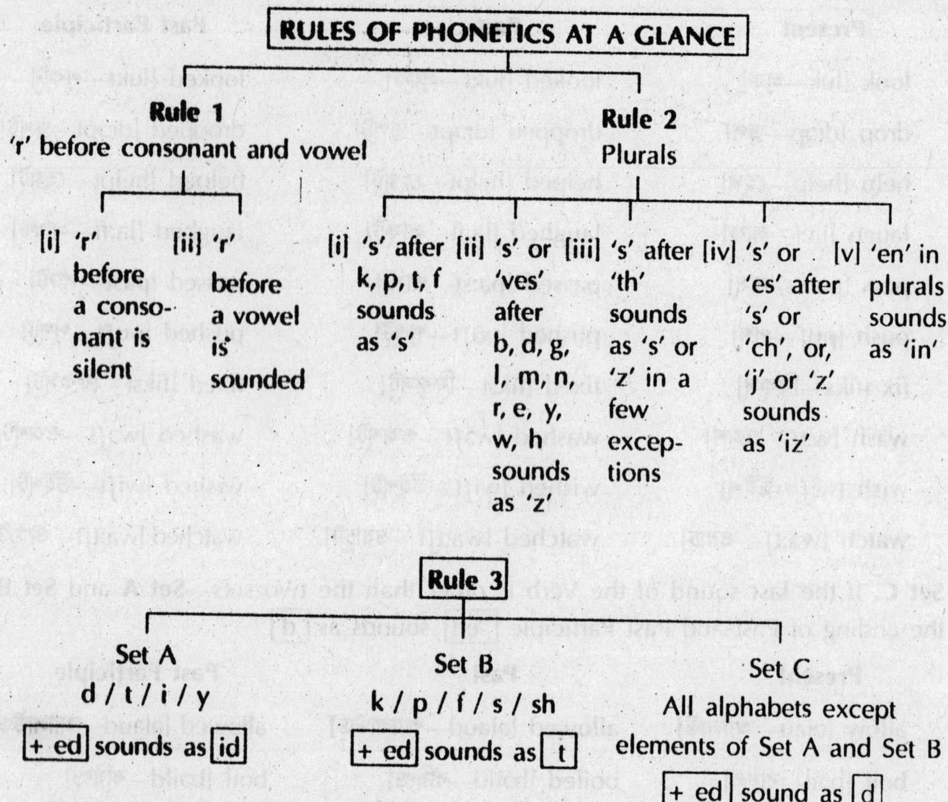

Now all the conjugations of Verbs and other words may be pronounced according to the above-mentioned three rules.

KEY TO PRONUNCIATION OF VOWELS AND DIPHTHONGS

Symbol	Examples
ɔ [short—অ]	hot [hɔt—হট্], pot [pɔt—পট্], clock [klɔk—ক্লক]
ɔ: [long—অ~]	all [ɔ:l—অ~ল্], ball [bɔ:l—ব~ল্], draw [drɔ:—ড্র~]
ʌ [short—আ]	sun [sʌn—সান্], gun [gʌn—গান্], come [kʌm—কাম্]
a: [long—আ~]	class [kla:s—ক্লা~স], glass [gla:s—গ্লা~স্], pass [pa:s—পা~স্]
ə [short—এ্যা]	ago [ə'gou—এ্যাগো], collect [kə'ləkt—ক্যা'ল্যাক্ট], convert [kɔn'və(r)t + কন্'ভা(র্)ট্]
ə: [long—অ্যা~]	first [fə:(r)st—ফা(র্)সট্], purr [pə:(r)—পা(র্)], word [wə:(r)d—ওয়া(র্)ড্]
æ [medium—অ্যা]	man [mæn—ম্যান], can [kæn—ক্যান্], pan [pæn—প্যান্]
i [short—ই]	sit [sit—সিট্], bid [bid—বিড্], tin [tin—টিন্]
i: [long—ঈ]	dream [dri:m—ড্রীম], green [gri:n—গ্রীন্], free [fri:—ফ্রী]
e [medium—এ]	bed [bed—বেড্], den [den—ডেন্], desk [desk—ডেস্ক্]
u [short—উ]	book [buk—বুক্], foot [fut—ফুট্], put [put—পুট্]
u: [long—ঊ]	food [fu:d—ফূড্], fool [fu:l—ফুল্], moon [mu:n—মূন্]

Symbol	Examples
ɔi [medium—অয়]	boy [bɔi—বয়], toy [tɔi—টয়], noise [ˈnɔiz—নয়িজ্]
ei [medium—আই]	day [dei—ডেই], main [mein—মেইন্], name [neim—নেইম্]
ai [medium—আই]	five [faiv—ফাইভ], nine [nain—নাইন্], high [hai—হাই]
au [medium—আউ]	how [hau—হাউ], now [nau—নাউ], mouth [mauθ—মাউথ]
iə [medium—ইয়া]	here [hiə(r)—হিয়া(র্)], hear [hiə(r)—হিয়া(র্)], near [niə(r)—নিয়া(র্)]
eə [medium—এয়া]	care [keə(r)—কেয়া(র্)], dare [deə(r)—ডেয়া(র্)], fair [feə(r)—ফেয়া(র্)]
əu [short—ও]	home [həum—হোম্], cooperate [kəuɔpəret—কো-অপারেট্]
ou [medium—ঔ]	go [gou—গৌ], toe [tou—টৌ], nose [nouz—নৌজ্]

SOME SPECIAL CONSONANTS

Symbol	Examples
θ [থ্]	thin [θin—থিন্], thick [θik—থিক্], mouth [mauθ—মাউথ্]
ð [দ্]	this [ðis—দিস্], these [ði:z—দীজ্], mother [mʌðə(r)—মাদা(র্)]
S [স্]	kiss [kis—কিস্], miss [mis—মিস্], biscuit [biskit—বিসকিট্]
ʃ [শ্, ষ্]	fish [fiʃ—ফিশ্], dish [diʃ—ডিশ্], shoe [ʃu:—শু]
ʧ [চ]	chair [ʧeə(r)—চেয়া(র্)], teach [ti:ʧ—টীচ্], church [ʧə:(r)ʧ—চা(র্)চ্]
ŋ [ং]	bring [briŋ—ব্রিং], cling [kliŋ—ক্লিং], sing [siŋ—সিং], thing [θiŋ—থিং]

AMERICAN AND BRITISH SPELLING

British	American	British	American
Analyse	Analyze	Litre	Liter
Acknowledgement	Acknowledgment	Labour	Labor
Catalogue	Catalog	Metre	Meter
Cheque	Check	Paralyse	Paralyze
Colour	Color	Practise(v.)	Practice(v.)
Defence	Defense	Programme	Program
Despatch	Dispatch	Realise	Realize
Grey	Gray	Skilful	Skillful
Honour	Honor	Theatre	Theater
Jewellery	Jewelry	Traveller	Traveler
Judgement	Judgment	Tyre	Tire

Note We should note that some words in American English are spelt nearer to their pronunciation. However, most of the English words are spelt according to their standard rules.

AMERICAN AND BRITISH WORDS

British	American	British	American
Aeroplane	Airplane	Lorry	Truck
Angry	Incensed	Queue	Line
Fellow	Guy	Railway	Railroad
Film	Movie	Rubber	Eraser
Flat	Apartment	Rubbish	Garbage
Ground floor	First floor	Shop	Store
In a team	On a team	Sweets	Candy
Lift	Elevator	Tap	Faucet
Mad	Crazy	Taxi	Cab
Main road	Highway	Timetable	Schedule
Pavement	Sidewalk	Tin	Can
Petrol	Gas/Gasoline	Torch	Flashlight
Post	Mail	Trousers	Pants
Toilet/Bathroom	Restroom	Underground	Subway

Note Nowadays, both American and British words are frequently used in international English.

SHORT FORM

PRONOUN + BE/HAVE/DO/SHALL/WILL & NOT

1. Pronouns used with the verb 'be' (full and short forms)

Full Form			Short Form		
Person	**Number**	**Pronoun & Verb**	**Person**	**Number**	**Pronoun & Verb**
1st	Singular	I am (not)	1st	Singular	I'm (not)
	Plural	We are (not)		Plural	We're (not)
		We are not			We aren't
2nd	Singular	You are (not)	2nd	Singular	You are (not)
	Plural	You are not		Plural	You aren't
3rd	Singular	He is/He is not	3rd	Singular	He's/He isn't
		She is/She is not			She's/She isn't
		It is/It is not			It's/It isn't
	Plural	They are not		Plural	They aren't
		They are (not)			They're (not)

Past form : 'was' with singular pronouns (I, He, She, It), 'were' with plural pronouns (We, They) and with You (both singular and plural) remain unchanged.

2. Pronouns used with the verb 'have' (full and short forms)

Full Form		Short Form	
	I have, We have, You have		I've, We've, You've
I We You They	have (not)	I We You They	haven't/'ve (not)
He She It	has (not)	He She It	hasn't/'s (not)

Past form = had not > hadn't

3. Pronouns used with the verb 'do' (full and short forms)

Full Form		Short Form	
I We You They	do not	I We You They	don't
He She It	does not	He She It	doesn't

4. Persons with 'shall'/'will'

Full Form		Short Form	
I We You	shall/will shall/will not	I We You	'll won't
He She They It	will will (not)	They He She It	'll won't

STREESS PATTERN AND SPEECH PAUSE

- When English is spoken, we can hear that some monosyllabic words and some syllables in multisyllabic words sound higher than the others. And thus Spoken English shows a marked contrast between its **stressed** (strong) and **unstressed** (weak) syllables. We can also draw special attention to our ideas by **stressing** certain **vital words** as we speak. Moreover, we can make **speech pauses** according to sense groups excepting some short sentences.

[ইংরেজি বলার সময় আমরা শুনতে পাই এক-syllable-word এবং কিছু বহু-syllable-যুক্ত word-এর নির্দিষ্ট কিছু syllable অন্যান্যগুলির তুলনায় জোরে উচ্চারিত হয়। আর এইভাবে কথ্য ইংরেজিতে

stressed (strong) এবং **unstressed** (weak) syllables-গুলির মধ্যে একটা বৈপরীত্য দেখা যায়। তা ছাড়া আমরা কথা বলার সময় কিছু গুরুত্বপূর্ণ **word**-এর ওপর জোর দিয়ে আমাদের ভাবনায় বিশেষ মনোযোগ আকর্ষণ করতে পারি। আবার কিছু ছোটো বাক্য ছাড়া একটু বড়ো বাক্যে উপযুক্ত অর্থগুচ্ছ বা **Speech Pause** অনুযায়ী বাক্যের মাঝে মাঝে থামতে পারি।]

Here are some examples :

The **stressed** monosyllabic **words** are printed in **bold type** :

[Stress-যুক্ত এক -syllable-এর word-গুলি মোটা হরফে দেওয়া হয়েছে।]

1. You **came** to **see** me.

   You should **come** | in order to **meet** me.

   You should have **come** | before it got so **late**.

2. He **bought** a **book**.

   He has **bought** | another **book**.

   He could have **bought** | another **book** for you.

- Now we can learn to stress only the **stressed syllable** of the multisyllabic words in sentences. Only the **stressed portions** are in **bold type.**

[এখন আমরা বাক্যে কীভাবে বহু-syllable-যুক্ত word-এর কেবল **stressed syllable**-এ জোর দিতে হয় তা দেখব। এখানে কেবল **stressed portion**-গুলি **bold type**-এ দেওয়া হয়েছে।]

3. I **want**ed you | to **write** about it.

   It's **interest**ing | to read about it.

   It's **not** the one | I bo**rrowed** from you.

   I've **of**ten **want**ed | to **meet** you.

   I'm **sor**ry, | you **can't** come.

   John wanted to **take** it a**way** | from her.

   He **came late** | to the **of**fice.

   Some **peo**ple are **al**ways | a **few** minutes **late**.

- Some words, mostly of two syllables, may be used as NOUNS, ADJECTIVES or VERBS. Such words usually take **forward-stress** as NOUNS or ADJECTIVES, and **end-stress** or **2nd syllable stress** as VERBS. **The stressed parts** of Nouns, Adjectives or Verbs are printed **in bold type**.

[কিছু word যেগুলি বেশিরভাগ দুই-syllable-যুক্ত সেগুলি NOUN, ADJECTIVE বা VERB হিসেবে ব্যবহৃত হতে পারে। এরকম word NOUN বা ADJECTIVE হিসেবে প্রয়োগ হলে আগের অংশে stress পড়ে, আর VERB হিসেবে প্রয়োগ হলে 2nd syllable-এ বা word-এর শেষ অংশে stress পড়ে। Noun, Adjective বা Verb-এর stress-যুক্ত অংশগুলি মোটা হরফে (**bold type**-এ) দেওয়া হয়েছে।] Here are some examples of **Stress patterns** of **Nouns, Verbs** and **Adjectives** in sentences :

1. **Absent :** He was ʼ**ab**sent from class | last week. [absent—Adjective]

   You shouldn't abʼ**sent** yourself | from class. [absent—Verb]

2. **Abstract :** Here is an ʼ**ab**stract | of the whole ʼargument. [abstract—Noun]

   Her aʼppearance absʼ**tract**ed our aʼttention | from the speech. [abstract—Verb]

3. **Addict :** He is, | I'm afraid, | a drug ʼ**ad**dict. [addict—Adjective]

   He is adʼ**dic**ted to taking drugs. [addict—Verb]

4. **Ally :** He was a faithful 'ally | to the party. [ally—Noun]

We shall al'ly ourselves | to them. [ally—Verb]

5. **Attribute :** Mercy is an '**att**ribute of a 'generous mind. [attribute—Noun]

They attri'**bute** this poem | to 'Chaucer. [attribute—Verb]

6. **Combine :** It's a part | of a large | 'business '**com**bine. [combine—Noun]

'Hydrogen and 'oxygen | com'**bine** to form 'water. [combine—Verb]

7. **Conduct :** His friends de'**fended** his '**con**duct. [conduct—Noun]

He **will** con'**duct** the 'meeting. [conduct—Verb]

8. **Conflict :** It was a '**con**flict | be'tween his wishes and his duties. [conflict—Noun]

These dates | con'**flict** with my a'ppointments. [conflict—Verb]

9. **Contest :** 'Many 'people | 'watched the 'final '**con**test. [contest—Noun]

We shall con'**test** his right | to the 'property. [contest—Verb]

10. **Contract :** He has 'signed | a new '**con**tract with the firm. [contract—Noun]

'Metals con'**tract** | as the 'temperature falls. [contract—Verb]

11. **Contrast :** The girl likes strong '**con**trasts | of 'colour. [contrast—Noun]

The 'critic con'**trast**ed | her style of 'writing. [contrast—Verb]

12. **Converse :** If that is so, | the '**con**verse is also true. [converce—Noun]

He con'**versed** | with his friend. [converse—Verb]

13. **Convert :** He is a '**con**vert | to 'Christinity. [convert—Noun]

Heat will con'**vert** 'water | into steam. [convert—Verb]

14. **Convict :** The '**con**vict es'caped | from 'prison. [convict—Noun]

They are sure | to con'**vict** him | of the 'crime. [convict—Verb]

15. **Decrease :** There's a '**de**crease | in the 'number of 'students. [decrease—Noun]

The 'number of 'students | continues to de'**crease**. [decrease—Verb]

16. **Detail :** He told the fact | in '**de**tail(s). [detail—Noun]

He tried to de'**tail** | the fact. [detail—Verb]

17. **Dictate :** He followed the '**dic**tates | of his heart. [dictate—Noun]

I'll dic'**tate** the 'letter | to you. [dictate—Verb]

18. **Desert :** He crossed the '**de**sert | in a week. [desert—Noun]

Don't de'**sert** your friend | in 'danger. [desert—Verb]

19. **Digest :** Give me a '**di**gest | of the 'lectures. [digest—Noun]

An old man can't di'**gest** | too much fat. [digest—Verb]

20. **Discourse :** We en'joy | 'friendly '**dis**course. [discourse—Noun]

We dis'**coursed** | on 'many 'topics. [discourse—Verb]

21. **Envelop(e)** : Put the 'letter | in the '**en**velope. [envelope—Noun]
The hill is now en'**veloped** | in mist. [envelop—Verb]
22. **Escort** : A 'police '**es**cort | was in a'ttendance. [escort—Noun]
May I es'**cort** you | to your room? [escort—Verb]
23. **Exploit** : We are very much 'interested | in your '**ex**ploits. [exploit—Noun]
We must not ex'**ploit** | your good will. [exploit—Verb]
24. **Export** : This tea | is for '**ex**port 'only. [export—Noun]
We try to ex'**port** this tea | as much as 'possible. [export—Verb]
25. **Extract** : He read out an '**ex**tract | from his new book. [extract—Noun]
They couldn't ex'**tract** a con'fession | from him. [extract—Verb]
26. **Frequent** : There were '**fre**quent 'showers | all day. [frequent—Noun]
I used to fre'**quent** | such 'theatres. [frequent—Verb]
27. **Import** : The 'trader re'quires | an '**im**port 'licence. [import—Noun]
We have to im'**port** | a great deal of food. [import—Verb]
28. **Incence** : We couldn't find out | the 'source of '**in**cence. [incence—Noun]
We were in'**cenced** | by his 'rudeness. [incence—Verb]
29. **Incline** : The ball | rolled down the '**in**cline. [incline—Noun]
I'm in'**clined** | to be'lieve him. [incline—Verb]
30. **Increase** : We ex'pect an '**in**crease | of 'profit | next week. [increase—Noun]
Their 'business con'tinued | to in'**crease**. [increase—Verb]
31. **Insult** : Your re'mark | is an '**in**sult to me. [insult—Noun]
I didn't mean | to in'**sult** you. [insult—Verb]
32. **Object** : Do you think | an 'earring | a 'useful '**ob**ject? [object—Noun]
I ob'**ject** to your pro'posal. [object—Verb]
33. **Overflow** : There was an '**o**verflow of 'people | in the 'meeting. [overflow—Noun]
The 'river may over'**flow** | in the 'rainy 'season. [overflow—Verb]
34. **Perfume** : I don't like | this strong '**per**fume. [perfume—Noun]
The wild 'flowers per'**fumed** | the 'evening air. [perfume—Verb]
35. **Permit** : You will need | a '**per**mit | for this trade. [permit—Noun]
Will you per'**mit** me | to say a few words? [permit—Verb]
36. **Perfect** : He speaks 'English | with a '**per**fect 'accent. [perfect—Noun]
He's 'trying to per'**fect** | his 'accent. [perfect—Verb]
37. **Present** : We are all '**pre**sent to'day | to give him a '**pre**sent. [present—Adjective & Noun]
I'll pre'**sent** her | with a 'necklace. [present—Verb]

38. **Produce :** Agri'cultural '**pro**duce | can be bought here. [produce—Noun]
They pro'**duce** | all kinds of 'glassware. [produce—Verb]
39. **Progress :** You have made good '**pro**gress | in 'English. [progress—Noun]
The work will pro'**gress** | 'gradually. [progress—Verb]
40. **Protest :** They made a '**pro**test | a'gainst the de'cision. [protest—Noun]
They will pro'**test** | a'gainst it. [protest—Verb]
41. **Rebel :** A '**reb**el fights | a'gainst ex'isting au'thority. [rebel—Noun]
They re'**bel** | a'gainst 'stupid con'ventions. [rebel—Verb]
42. **Record :** Here is a 'gramophone '**rec**ord./He's got '**rec**ord marks. [record—Noun & Adjective]
These 'instruments re'**cord** | 'weather con'ditions. [record—Verb]
43. **Redress :** There'll be no '**re**dress | for this wrong. [redress—Noun]
They hope to re'**dress** the wrong | they have done. [redress—Verb]
44. **Refuse :** All these '**ref**use | should be burnt. [refuse—Noun]
He may re'**fuse** to tell you. [refuse—Verb]
45. **Reject :** He bought it | as an ex'port '**re**ject. [reject—Noun]
They may re'**ject** your claim. [reject—Verb]
46. **Retail :** We got it | at the '**re**tail price. [retain—Noun]
He re'**tailed** the whole ad'venture. [retail—Verb]
47. **Subject :** He has taken 'English | as his main '**sub**ject. [Subject—Noun]
He'll sub'**ject** the book | to 'careful 'criticism. [Subject—Verb]
48. **Survey :** Let's make a '**sur**vey | of the 'area. [survey—Noun]
Let's sur'**vey** the situ'ation. [survey—Verb]
49. **Suspect :** The 'police have held him | as a '**sus**pect. [suspect—Noun]
The 'shopkeeper sus'**pects** him of theft. [suspect—Verb]
50. **Transfer :** He is ex'pecting a '**trans**fer | to a'nother 'office. [transfer—Noun]
He can trans'**fer** his 'property | to his wife. [transfer—Verb]
51. **Transport :** The '**trans**port of 'heavy goods | is ex'pensive. [transport—Noun]
We can't trans'**port** | all kinds of goods. [transport—Verb]
52. **Upset :** All the 'furniture | are quite '**up**set. [upset—Noun]
The waves up'**set** the little boat. [upset—Verb]

INTONATION

Intonation means the **"voice pattern of speech"**, that shows the changing pitch of the voice. While speaking, **intonation** may vary according to the mode of expression. Generally, we can classify all the English intonation patterns under two broad heads—[i] **Falling Intonation**, and [ii] **Rising Intonation**. Both types normally begin with the first stressed syllable fairly high, and fall or rise stepwise from stress to stress until the last significant stress in reached.

[**Intonation হল 'স্বরভঙ্গি'** যা স্বরের ওঠা-নামা দেখায়। কথা বলার সময় প্রকাশভঙ্গির তারতম্য অনুযায়ী স্বরের ওঠা-নামার পরিবর্তন হতে পারে। সাধারণত, আমরা সমস্ত ইংরেজি Intonation-কে দুটি বড়ো ভাগে ভাগ

করতে পারি—[১] নেমে আসা **Intonation,** [২] ওপরে উঠে-যাওয়া **Intonation**। এই দুটো **type**-ই সাধারণত শুরু হয় প্রথম stressed syllable-কে যথেষ্ট উঁচুতে রেখে এবং শেষ গুরুত্বপূর্ণ stress অনুযায়ী বাক্যটি ক্রমান্বয়ে ওঠা-পড়া করতে থাকে।]

- Generally, a **statement** ends with a **falling intonation**, while a **yes-no question** ends with a **rising intonation**. However, **Wh-questions** and **tag questions** end with a **falling intonation**. Of course, the Wh-word itself starts with a stress and rising intonation. And before ending a sentence, some important words or syllables are stressed and less significant words or syllables are not stressed. Here we can see the approximate upper and lower limits of the voice in the graphic transcription representing the **stressed** words or syllables by an underline and **unstressed** words or syllabus by **dots** (...), respectively.

  [সাধারণত কোনো বর্ণনামূলক বক্তব্য শেষ হয় falling intonation দিয়ে, আর কোনো হ্যাঁ-না-সূচক প্রশ্ন শেষ হয় rising intonation দিয়ে। অবশ্য, Wh-question এবং tag question শেষ হয় falling intonation দিয়ে। তবে প্রথম Wh-word-টি শুরু হয় stress এবং rising intonation দিয়ে। আর ওইভাবে বাক্য শেষ হওয়ার আগে গুরুত্বপূর্ণ word বা syllable-গুলিতে stress পড়ে, কম গুরুত্বপূর্ণ word বা syllable-গুলিতে stress পড়ে না। এখানে আমরা কণ্ঠস্বরের উচ্চ-নিম্ন স্তরকে দেখতে পারি stressed word বা syllable-কে underline-এর সাহায্যে এবং unstressed word বা syllable-কে dot (...)-এর সাহায্যে।]

Note However, intonation is a field where one has to tread cautiously, as it can vary with personal attitudes. All that we can do is to indicate some broad lines for the general shape of the pitch movements.

Examples :

He 'didn't' see me 'leave the 'house.

'Did you' see me 'leave the' house?

Who can do this?

'Where did you' put my 'hat?

'Can you hear'?

'Will you be in'?

Ali can speak English well, can't he?

- **Stress may vary according to the word we want to emphasize.**

[আমাদের জোর দেওয়া word-এর পরিবর্তন অনুযায়ী stress-এর পরিবর্তন হয়ে যায়।]

Examples :

'Did you' speak to him this morning?	Stress on 'morning'
'Did you speak to him this morning?	Stress on 'speak'

STRESS AND INTONATION IN IMPERATIVES

- An **Imperative**, being a definite **command**, is normally spoken with a stress on the important word and with a **falling intonation** at the end.

  [Imperative Sentence-এ যদি কোনো নির্দিষ্ট আদেশ থাকে, তাহলে সাধারণত যে word-এর ওপর আমরা গুরুত্ব দিতে চাই, তার ওপর stress পড়ে এবং শেষে falling intonation হতে পারে।]

Command with a falling intonation :

'Shut the' door. 'Don't' go a'way.

- The Imperative can be turned into a **request** by using a **rising intonation** at the last word. And 'please' may be added with a falling intonation.

'Bring me a chair. 'Take a'nother one!

'Bring me a , chair, please. 'Take a'nother one please.

STRESS AND INTONATION IN QUESTION-TAGS

- The final word or syllable of a statement and the first syllable of the **Question-tag** are stressed with a **falling intonation.**

[বক্তব্যের শেষ word বা syllable এবং Question-tag-এর প্রথম syllable-এর ওপর stress পড়ে এবং falling intonation হয়।]

It's a 'fine day, 'is'nt it? I'm 'rather 'late, 'aren't I ?

You 'came this 'morning, 'didn't you?

EXERCISE

A Use stress marks and intonation marks in the following sentences :

1. We're late.
2. What's the time?
3. Did you have a good holiday?
4. Have you heard the latest news?
5. Has that letter been answered?
6. Is it possible to get it out?
7. Will someone meet you at the station?
8. Are you sure it can't be done?
9. Can you come to lunch tomorrow?
10. May I use your phone?
11. Do you like breakfast in bed?
12. Would you like another slice of bread?
13. We went for a ride in the car.
14. There are some books on the shelf.
15. I must get my hair cut.
16. I'll come as soon as I can.
17. We'll meet you at the station.
18. That's the best shop for shoes.
19. I was up before five o'clock this morning.
20. We've been trying to get in touch with you all day.
21. It would be better to leave it.
22. It would be better to phone for the doctor.

23. You should have told me everything.
24. Mind you don't miss your train.
25. I'm surprised that you haven't forgotten me!

B **Use stress marks and intonation marks in the following sentences with Question-tags :**

1. Take care, won't you?
2. He is not angry, is he?
3. Don't go away, will you?
4. She is very attractive, isn't she?
5. Send me a card, won't you?
6. Tomorrow's Monday, isn't it?
7. You don't believe me, do you?
8. The children are at school, aren't they?
9. You'll stay to tea, won't you?
10. We shall see each other again, shan't we?
11. You'll be free this afternoon, won't you?
12. We had a very good time, didn't we?
13. She is a very good cook, isn't she?
14. That was most unfair, wasn't it?
15. I can't do two things at once, can I?
16. There was no answer, was there?
17. They were too late, weren't they?
18. He can come later, can't he?
19. It's a long way from here, isn't it?
20. It's quite impossible, isn't it?
21. He's got a new job, hasn't he?
22. You didn't tell it to anybody, did you?
23. They all agreed, didn't they?
24. He's learning the violin, isn't he?
25. She's quite attractive, isn't she?
26. I'm older than you, ain't I?
27. You don't want these, do you?
28. It's not the same as mine, is it?
29. This is the one you asked for, isn't it?
30. You'll bring it back, won't you?

CHAPTER

2

LISTENING AND SPEAKING PRACTICE

Listen to the First, Second and Third Voice carefully, and as the Fourth Voice speak for the Answer choosing the right one from A, B, C, D given below.

YOU CAN FIND THE RIGHT ANSWERS AT THE END OF THIS CHAPTER

1. **Man** [First Voice] : Where did Kapoor come from?
   Woman [Second Voice] : He was born in India and grew up in England, but now he's a citizen of America.
   Question [Third Voice] : Which country is the present home of the man?
   Answer [Fourth Voice] : ....
   A. India. **B.** England. **C.** Sweden. **D.** America.
2. **Man** [First Voice] : I think Abhijit and Tona are getting married in March.
   Woman [Second Voice] : No, that's inconvenient to both of them. They're getting married the following month.
   Question [Third Voice] : When are Abhijit and Tona getting married?
   Answer [Fourth Voice] : ....
   A. March. **B.** April. **C.** May. **D.** June.
3. **Man** [First Voice] : You're so late. I thought you'd never get here.
   Woman [Second Voice] : My car broke down on the highway, and I had to come by a public bus.
   Question [Third Voice] : Why was the woman iate?
   Answer [Fourth Voice] : ....
   A. She met a friend on the way. **B.** She got up too late to catch the bus. **C.** Something happened to her car. **D.** There was a traffic jam.
4. **Man** [First Voice] : Since it's rush hour, let's take the subway.
   Woman [Second Voice] : OK. It's faster and there'll be no chance of a traffic jam.
   Question [Third Voice] : Why do the man and woman decide to take the subway?

Answer [Fourth Voice] : ....

A. It's nearer to their destination. **B.** It will take less time. **C.** It's less expensive. **D.** It's a comfortable journey.

5. **Man** [First Voice] : What are you doing this weekend?

   Woman [Second Voice] : Abhijit and I are going to a party on Saturday night.

   Question [Third Voice] : What are the woman and Abhijit planning to do?

   Answer [Fourth Voice] : ....

   A. They'll go to a sea beach. **B.** They'll go to a hillside. **C.** They'll go to a party. **D.** They'll not go to a party for bad weather.

6. **Man** [First Voice] : Are you going to watch the soccer game this afternoon?

   Woman [Second Voice] : No, I think I'll watch the movie on TV.

   Question [Third Voice] : How does the woman like to spend the afternoon?

   Answer [Fourth Voice] : ....

   A. She'll watch the soccer game. **B.** She'll watch the cricket match. **C.** She'll go out for marketing. **D.** She'll watch a movie.

7. **Man** [First Voice] : Kamat looked very tired this morning.

   Woman [Second Voice] : He drove Bob's car from Bangalore to Mumbai without any halt and didn't sleep at all.

   Question [Third Voice] : What does the woman mean?

   Answer [Fourth Voice] : ....

   A. Kamat didn't drive the car from Mumbai to Bangalore. **B.** Kamat drove the car from Mumbai to Bangalore. **C.** Kamt slept all the way and Bill drove the car. **D.** Kamat didn't sleep at all on the trip.

8. **Man** [First Voice] : What did you do last night?

   Woman [Second Voice] : I should have studied the project papers but I was too tired.

   Question [Third Voice] : What does the woman mean to say?

   Answer [Fourth Voice] : ....

   A. He studied late hours last night. **B.** She tried to study last night, but the materials were too hard. **C.** She studied half-heartedly because she was bored. **D.** She couldn't study last night because she was very tired.

9. **Man** [First Voice] : Does Bill like tea or coffee?

   Woman [Second Voice] : He likes coffee, but no sugar in it.

   Question [Third Voice] : What does the woman say about Bill's liking?

   Answer [Fourth Voice] : ....

   A. He likes sugar in his coffee. **B.** He doesn't like sugar in his coffee. **C.** He likes sugar in the tea. **D.** There isn't enough sugar in his coffee.

10. **Man** [First Voice] : I think Arthur isn't teaching here this term.

    Woman [Second Voice] : You're right. He was fired.

    Question [Third Voice] : What does the woman say about Arthur?

    Answer [Fourth Voice] : ....

A. He is tired of teaching. B. He resigned from his post of teaching. C. He was dismissed from the post of teaching. D. The atmosphere of the institution was too hot.

11. **Man** [First Voice] : What do you think of Prof. Larry's class?

Woman [Second Voice] : Well, his lectures are pedantic, but his presentation is rather boring.

Question [Third Voice] : What's the woman's opinion about Larry's class?

Answer [Fourth Voice] : ....

A. She thinks his lectures are interesting. **B.** She thinks his lectures are boring. **C.** She thinks he prepares well enough for his lectures. **D.** She thinks his lectures are too burdened with quotations.

12. **Man** [First Voice] : Maria, I heard you were late for class today.

Woman [Second Voice] : I overslept and missed the bus.

Question [Third Voice] : Why was the woman late for her class?

Answer [Fourth Voice] : ....

A. She forgot her class. **B.** She got up later than usual. **C.** The bus was late. **D.** There was a traffic jam.

13. **Man** [First Voice] : Do you know what happened to Jane yesterday?

Woman [Second Voice] : She couldn't find her classroom, and she missed her class.

Question [Third Voice] : What happened to Jane yesterday?

Answer [Fourth Voice] : ....

A. She went to the wrong class. **B.** She couldn't attend the class. **C.** She didn't like to attend her class. **D.** She was late for class as she got lost.

14. **Man** [First Voice] : What happened to Dorothy today?

Woman [Second Voice] : Her face turned red when the teacher asked her a silly question.

Question [Third Voice] : What does the woman say about Dorothy?

Answer [Fourth Voice] : ....

A. She became arrogant. **B.** She felt embarrassed. **C.** She answered the question from the red book. **D.** She was too proud to answer the question.

15. **Man** [First Voice] : I heard John was criticised in class.

Woman [Second Voice] : Had he read the material, he shouldn't have face such a situation.

Question [Third Voice] : What does the woman say about John?

Answer [Fourth Voice] : ....

A. He was not prepared for the class. **B.** He knew the answer to the question. **C.** He had read the material, but he didn't know the answer. **D.** Even though he hadn't read the material, he knew the answer.

16. **Man** [First Voice] : I think we are going to have a quiz contest this afternoon.

Woman [Second Voice] : It was postponed because the judge had to attend a conference elsewhere.

Question [Third Voice] : What does the woman say about the quiz contest?

Answer [Fourth Voice] : ....

A. There won't be a quiz contest this afternoon. **B.** The students didn't attend the quiz contest. **C.** The judge postponed the conference. **D.** The students will attend the conference.

17. **Man** [First Voice] : Did everyone return the evaluation sheets?

Woman [Second Voice] : Forty people received them, but only a few returned them.

Question [Third Voice] : What does the woman say about the evaluation sheets?

Answer [Fourth Voice] : ....

A. Every one returned the evaluation sheets. **B.** No one returned the evaluation sheet. **C.** Nobody was interested to do that. **D.** Only a few could do that.

18. **Man** [First Voice] : We are supposed to submit our assignments tomorrow, right?

Woman [Second Voice] : No. Mrs Maria asked us to hand them over today.

Question [Third Voice] : What does the woman say about submitting the assignments?

Answer [Fourth Voice] : ....

A. Mrs Maria wanted to ask a question about the assignment. **B.** Mrs Maria wanted to have the assignments returned by that day. **C.** Mrs Maria gave the class an assignment. **D.** Mrs Maria asked the students to stand up to take the assignments.

19. **Man** [First Voice] : What does Olga do with her children while she goes to work?

Woman [Second Voice] : She takes them to a nursery on her way to work.

Question [Third Voice] : What does the woman say about Olga's children?

Answer [Fourth Voice] : ....

A. Olga works in a nursery. **B.** Olga's children won't go to a nursery. **C.** Olga takes her children to work with her. **D.** Olga's children will stay in a nursery while she works.

20. **Man** [First Voice] : I need to have this form filled. Could you help me, please?

Woman [Second Voice] : All right. But you'll have a fifteen-minute wait.

Question [Third Voice] : What does the woman say?

Answer [Fourth Voice] : ....

A. The woman refused to do that. **B.** The woman did that promptly. **C.** The woman requested to wait for a quarter of an hour. **D.** The woman could not understand what to do.

21. **Man** [First Voice] : I need to have this prescription served.

Woman [Second Voice] : OK. I'll do it now.

Question [Third Voice] : Where did this conversation take place?

Answer [Fourth Voice] : ....

A. A pharmacy. **B.** A supermarket. **C.** A departmental store. **D.** A railway station.

22. **Man** [First Voice] : Have you been to that new supermarket?

Woman [Second Voice] : Yeah! They have a great variety of articles, and the prices are quite reasonable. But they don't allow credit cards.

Question [Third Voice] : What does the woman dislike about the store?

Answer [Fourth Voice] : ....

A. A lack of variety of articles. **B.** The unreasonable prices. **C.** The attitude of the employees. **D.** Disallowing the credit cards.

23. **Man** [First Voice] : Are there any witnesses of that pick-pocket?

Woman [Second Voice] : No one but the hawker saw it.

Question [Third Voice] : What does the woman say about the pick-pocket?

Answer [Fourth Voice] : ....

A. No one saw it. **B.** Only the woman saw it. **C.** Only a hawker saw it. **D.** All the consumers saw it.

24. **Man** [First Voice] : Do you think I have a chance of proving my case?

Woman [Second Voice] : Definitely, and we're going to court for claiming damages, as well.

Question [Third Voice] : What do you think about the relation between the man and the woman?

Answer [Fourth Voice] : ....

A. Dentist-patient. **B.** Doctor-patient. **C.** Lawyer-client. **D.** Teacher-student.

25. **Man** [First Voice] : I have to go out of town for a conference tomorrow and I need someone to work for me here.

Woman [Second Voice] : If you allow me, sir, I can do that.

Question [Third Voice] : What does the woman want to do?

Answer [Fourth Voice] : ....

A. She wants to go out of town with her boss. **B.** She wants to help her boss to be prepared for the meeting. **C.** She wants to take a leave of absence. **D.** She wants to do the work left by her boss.

26. **Man** [First Voice] : How was the turnout at the meeting yesterday?

Woman [Second Voice] : Fewer people came than we had expected.

Question [Third Voice] : What does the woman say about attendance at the meeting?

Answer [Fourth Voice] : ....

A. Very few people came to the meeting. **B.** Too many people came to the meeting. **C.** There were not enough seats for all the people. **D.** The woman had expected more people to come to the meeting.

27. **Man** [First Voice] : I hope you'll be fit to return to work soon.

Woman [Second Voice] : I'm not quite up to it yet.

Question [Third Voice] : What does the woman mean?

Answer [Fourth Voice] : ....

A. She dislikes her work. **B.** She is very eager to do her work. **C.** She will be unable to work. **D.** She doesn't feel well enough to return to work.

28. **Man** [First Voice] : How long are you going to be away?
Woman [Second Voice] : I'm planning to spend the weekend at the beach.
Question [Third Voice] : What does the woman want to do?
Answer [Fourth Voice] : ....

A. She wants to stay at home. **B.** She wants to go on a long tour. **C.** She wants to go to the beach if the weather is nice. **D.** She wants to spend the weekend at the beach.

29. **Man** [First Voice] : What do you think about the pets while we are on vacation?
Woman [Second Voice] : An attendant will look after them.
Question [Third Voice] : What does the woman say about her pets?
Answer [Fourth Voice] : ....

A. The woman will take her pets with her. **B.** They will be put in a pet's boarding house. **C.** The woman will sell her pets. **D.** They will be at home.

30. **Man** [First Voice] : How are Harry and Maria doing lately?
Woman [Second Voice] : They had a quarrel, but they soon made it up.
Question [Third Voice] : What does the woman say about Harry and Maria?
Answer [Fourth Voice] : ....

A. They hate each other since their dispute. **B.** They are now on a trip. **C.** They could not come to a friendly term. **D.** They had a dispute, but now they are friends again.

31. **Man** [First Voice] : Rina had a disagreement with her boss. Didn't she?
Woman [Second Voice] : Yes, she says she is leaving her job.
Question [Third Voice] : What does the woman say about Rina?
Answer [Fourth Voice] : ....

A. She is taking a leave of absence from her job. **B.** She is going to return to her job. **C.** She is expecting a promotion in her service place. **D.** She did very good work, but now she is quitting her job.

32. **Man** [First Voice] : Is Salma successful as a sales representative?
Woman [Second Voice] : She spent eight hours knocking on doors, but she couldn't sell a single article.
Question [Third Voice] : What does the woman say about Salma?
Answer [Fourth Voice] : ....

A. She sold no articles. **B.** She sold only one article. **C.** She sold one article at one house. **D.** She has never sold as many articles as she sold today.

33. **Man** [First Voice] : Why are you putting the ointment all over your face?
Woman [Second Voice] : I ate egg curries at the picnic last week, and I broke out in a rash.
Question [Third Voice] : What happened to the woman?
Answer [Fourth Voice] : ....

A. She got scratched in the bushes. **B.** She got cut with a knife in her face. **C.** She applied a beauty cream. **D.** She was allergic to the egg curries.

34. Man [First Voice] : I heard Maria isn't going to her office this summer.
Woman [Second Voice] : That's right. She's taking sick leave.
Question [Third Voice] : What does the woman say about Maria?
Answer [Fourth Voice] : ....

A. She is tired of working all the time. **B.** She is going on vacation. **C.** During summer she often remains absent in her office. **D.** She is leaving temporarily for health reasons.

35. Man [First Voice] : A change has surely come over you.
Woman [Second Voice] : I had a nice time at a health resort in the hillside for a month.
Question [Third Voice] : What does the woman say about her health?
Answer [Fourth Voice] : ....

A. She was ill for a month. **B.** She had a pleasant trip in the hillside. **C.** She could recover her health in the hillside. **D.** She felt bored in the hillside.

36. Man [First Voice] : You look very bright today.
Woman [Second Voice] : I had my annual review meeting with my boss. It couldn't have gone better.
Question [Third Voice] : What does the woman mean?
Answer [Fourth Voice] : ....

A. She is displeased with the meeting. **B.** She is very pleased with the meeting. **C.** She is arrogant at the outcome of the meeting. **D.** She dislikes her boss.

37. Man [First Voice] : Did Nancy stop at the store?
Woman [Second Voice] : No, she had her purse, but not enough money to buy groceries.
Question [Third Voice] : What does the woman say about Nancy?
Answer [Fourth Voice] : ....

A. Nancy was pleased to buy her groceries. **B.** Nancy was dissatisfied with the groceries she bought. **C.** Nancy stopped at the store to buy groceries. **D.** Nancy couldn't find money to buy groceries.

38. Man [First Voice] : Did Robert have his house repaired?
Woman [Second Voice] : The contractor said the repairs would be very expensive, but he decided to have the work done.
Question [Third Voice] : What does the woman say about the repairs of Robert's house?
Answer [Fourth Voice] : ....

A. Robert got his house repaired by another contractor. **B.** Robert cannot afford the work on his house. **C.** Robert told the contractor that the cost was too high. **D.** Robert asked the contractor to do the work.

39. Man [First Voice] : Have the actors finished with their rehearsals?
Woman [Second Voice] : They are going over their lines once again before the presentation.
Question [Third Voice] : What does the woman say about the actors?
Answer [Fourth Voice] : ....

A. They presented the play very well. **B.** Their presentation was a flop. **C.** They realized that they were well-prepared. **D.** They reviewed their lines one more time.

40. **Man** [First Voice] : Catherin has the potential to be a professional musician. But she is too lazy to practice.

Woman [Second Voice] : What a shame!

Question [Third Voice] : What does the woman say about Catherin?

Answer [Fourth Voice] : ....

A. Catherin is a professional musician. **B.** She doesn't want to be a professional musician. **C.** She practises every day, but she will never be a professional musician. **D.** She is very talented, but she won't be a professional musician.

41. **Man** [First Voice] : I heard Martha had been admitted to a college.

Woman [Second Voice] : Yes, she's taking courses in accounting, economics and statistics.

Question [Third Voice] : What career does Martha probably plan to follow?

Answer [Fourth Voice] : ....

A. Home science. **B.** Pure science. **C.** Pharmacy. **D.** Business administration.

42. **Man** [First Voice] : Ketty writes in French very well.

Woman [Second Voice] : She writes it as well as she speaks it.

Question [Third Voice] : What does the woman say about Ketty?

Answer [Fourth Voice] : ....

A. She doesn't like to write French, but she speaks it well. **B.** Even though she writes French, she speaks it better. **C.** She writes and speaks French, but she writes it better. **D.** She writes and speaks French equally well.

43. **Man** [First Voice] : When did you see Jean last?

Woman [Second Voice] : It had been twenty years.

Question [Third Voice] : What does the woman mean?

Answer [Fourth Voice] : ....

A. She knows nothing about Jean. **B.** Jean was her best friend. **C.** She met Jean twenty years ago. **D.** Jean had left the country twenty years ago.

44. **Man** [First Voice] : Anna is not eating anything at dinner. What's the matter with her?

Woman [Second Voice] : She went to the dentist and had braces put on her teeth. She can't chew well.

Question [Third Voice] : What does the woman say about Anna?

Answer [Fourth Voice] : ....

A. She has no appetite. **B.** The food was tasteless. **C.** The dentist had taken out her bad teeth. **D.** She felt uneasy to chew her food.

45. **Man** [First Voice] : Bobby, how are you? I heard you were sick.

Woman [Second Voice] : You might have confused me with somebody else. I've never felt better.

Question [Third Voice] : What does the woman mean?

Answer [Fourth Voice] : ....

A. She is confused. **B.** She is sick. **C.** She is worse than before. **D.** She feels fine.

46. **Man** [First Voice] : Ariana, you look tired.
Woman [Second Voice] : Right. I've been working on the budget report for a week at a stretch.
Question [Third Voice] : What does the woman mean?
Answer [Fourth Voice] : ....

A. She's on a Finance Committee. **B.** She's been working hard. **C.** She couldn't sleep for nights together. **D.** Now she is in an easy mood.

47. **Man** [First Voice] : You ought to take it easy for a few days.
Woman [Second Voice] : I've no time to spare.
Question [Third Voice] : What problem does the woman have?
Answer [Fourth Voice] : ....

A. She has no work to do. **B.** She has a flat time. **C.** She has no time to relax. **D.** Her work is too easy to keep her interested.

48. **Man** [First Voice] : Why did Prof. Das get angry with John?
Woman [Second Voice] : He had neglected his study last night, and watched TV instead.
Question [Third Voice] : What did the woman say about John?
Answer [Fourth Voice] : ....

A. He was engaged in writing a TV script. **B.** He wrote his paper while he was watching TV last night. **C.** He didn't watch TV last night because he had to write a paper. **D.** He watched TV last night instead of working on his paper.

49. **Man** [First Voice] : I'm afraid, I'll have to work late hours tonight.
Woman [Second Voice] : Why don't you ask for someone's help?
Question [Third Voice] : What does the woman suggest the man to do?
Answer [Fourth Voice] : ....

A. The man should refuse to work overtime. **B.** The man should request to work overtime. **C.** The man should ask for assistance. **D.** The man should go to bed early.

50. **Man** [First Voice] : Where could Elena be?
Woman [Second Voice] : She must have forgotten our meeting.
Question [Third Voice] : What does the woman say about Elena?
Answer [Fourth Voice] : ....

A. She will come to the meeting immediately. **B.** She should have cancelled the meeting. **C.** She never forgets when she has a meeting. **D.** It seems that she forgot about their meeting.

51. **Man** [First Voice] : May I speak to Robert Brown, please?
Woman [Second Voice] : Nobody by that name works here.
Question [Third Voice] : What does the woman mean?
Answer [Fourth Voice] : ....

A. She doesn't know anybody by that name. **B.** Nobody by that name works in that office. **C.** The man is on leave now. **D.** The man has been dismissed from his job.

52. **Man** [First Voice] : Do you know why Rick and Fred are not at the meeting?

Woman [Second Voice] : I'm not sure. But I think they would have come if they had known about it.

Question [Third Voice] : What does the woman say about Rick and Fred?

Answer [Fourth Voice] : ....

A. They didn't want to attend the meeting. **B.** They didn't know about the meeting. **C.** They didn't let anybody know about the meeting. **D.** Although they knew it, they didn't come.

53. **Man** [First Voice] : Have you seen Peter in the past one hour?

Woman [Second Voice] : I think he has gone to the gas station to have his gas tank filled.

Question [Third Voice] : What does the woman say about Peter?

Answer [Fourth Voice] : ....

A. He is going to the gas station to pick up his car. **B.** He wants his gas tank filled with gasoline. **C.** His car is being repaired at the gas station. **D.** His car is not working properly because of bad gasoline.

54. **Man** [First Voice] : I'm taking my car downtown to be repaired.

Woman [Second Voice] : Be sure, you get an estimate.

Question [Third Voice] : What does the woman advise the man?

Answer [Fourth Voice] : ....

A. To repair it himself. **B.** To find out a good mechanic. **C.** To find out how long it will take to repair the car. **D.** To find out what will be the probable cost before the work is done.

55. **Man** [First Voice] : Did you hear Jones sold their house and are moving to Mumbai?

Woman [Second Voice] : Yes, and the man who bought the house is a lawyer from Kerala.

Question [Third Voice] : Who is the new owner and from where he is coming?

Answer [Fourth Voice] : ....

A. He's a doctor, and he's coming from Kerala. **B.** He's a lawyer and he's coming from Mumbai. **C.** He's a doctor and he's coming from Mumbai. **D.** He's a lawyer and he's coming from Kerala.

56. **Man** [First Voice] : I'd like to buy this TV, but I'm Rs. 500 short.

Woman [Second Voice] : Don't worry. I'll give you the balance.

Question [Third Voice] : Can the man buy the TV?

Answer [Fourth Voice] : ....

A. No, because it's not for sale. **B.** Yes, because he has enough money. **C.** Yes, if he takes the money from the woman. **D.** No, because the woman won't give the money.

57. **Man** [First Voice] : What's in that bag over there?

Woman [Second Voice] : I bought and put some groceries in that bag.

Question [Third Voice] : What does the bag contain?

Answer [Fourth Voice] : ....

A. The bag contains the TV. **B.** It contains something from a grocer's shop. **C.** It contains some equipments. **D.** It's empty.

58. **Man** [First Voice] : Did you return the books to the library?

Woman [Second Voice] : No, I got them renewed.

Question [Third Voice] : What does the woman say about the books?

Answer [Fourth Voice] : ....

A. She had lost the books. **B.** She's going to return the books. **C.** She had to pay a late fee for the books. **D.** She may keep the books for sometime more.

59. **Man** [First Voice] : Are the test results out?

Woman [Second Voice] : Yes. Most of the students scored seventy percent, but Ayan is worried to be the exception.

Question [Third Voice] : What does the woman imply about Ayan?

Answer [Fourth Voice] : ....

A. He is an exceptionally good student. **B.** He made the best grade in his class. **C.** He made better than many other students. **D.** His classmates made good results, but he didn't.

60. **Man** [First Voice] : Where did Alex and Maria go for their honeymoon?

Woman [Second Voice] : They decided to go to Kashmir, but they couldn't afford it. So they went to Goa for a week.

Question [Third Voice] : Why did the couple go to Goa?

Answer [Fourth Voice] : ....

A. They couldn't afford a honeymoon. **B.** Kashmir is too risky for them. **C.** Goa is a good alternative for them. **D.** They could meet their friends at Goa.

61. **Man** [First Voice] : How was the meal at the banquet?

Woman [Second Voice] : It was good enough, but too spicy.

Question [Third Voice] : What was the woman's experience about the meal at the banquet?

Answer [Fourth Voice] : ....

A. The food was salted. **B.** It was too rich to eat. **C.** It was too expensive. **D.** Everybody could relish it.

62. **Man** [First Voice] : Joe focused on the bison and snapped the shutter.

Woman [Second Voice] : What a great shot!

Question [Third Voice] : What do you understand from the speaker's talk?

Answer [Fourth Voice] : ....

A. Joe closed the door. **B.** Joe shot a bison with a rifle. **C.** Joe admired the bison's beauty. **D.** Joe took a photograph of a bison.

63. **Man** [First Voice] : Have you seen that movie about the girl who had twelve different personalities?

Woman [Second Voice] : No, I don't plan to. It sounds unbelievable.

Question [Third Voice] : Why does the woman say she doesn't like the movie?

Answer [Fourth Voice] : ....

A. She has other plans. **B.** She doesn't have enough time. **C.** The girl has a bad personality. **D.** She doesn't believe it to be a practical character.

64. **Man** [First Voice] : Nancy is not very sociable, is she?
Woman [Second Voice] : Yes, she has some silly manners; but she has a lot of friends.
Question [Third Voice] : What does the woman mean to say?
Answer [Fourth Voice] : ....
A. Nancy can avoid bad people. **B.** Nancy's friends have bad habits. **C.** Nancy doesn't have many friends because she is spiteful. **D.** Nancy has many friends although she has some bad habits.

65. **Man** [First Voice] : I wish Kapoor were coming to visit us.
Woman [Second Voice] : He won't be able to, because it's out of his way.
Question [Third Voice] : What does the woman mean?
Answer [Fourth Voice] : ....
A. Kapoor is unwilling to visit them. **B.** They hope Kapoor will visit them. **C.** They are sure that Kapoor will visit them. **D.** Kapoor won't visit them because it's not on his way.

66. **Man** [First Voice] : Have you seen Arthur recently?
Woman [Second Voice] : Yes, I was puzzled by the expression on his face.
Question [Third Voice] : What does the woman imply to say about Arthur?
Answer [Fourth Voice] : ....
A. Arthur was confused. **B.** Arthur was puzzled to see the woman. **C.** Arthur's expression puzzled the woman. **D.** The woman has not seen Arthur recently.

67. **Man** [First Voice] : Can I still get registered for the Physics class?
Woman [Second Voice] : Sorry. Registration closed the day before yesterday.
Question [Third Voice] : What does the woman mean to say?
Answer [Fourth Voice] : ....
A. It closed yesterday. **B.** It should have closed yesterday. **C.** It closed two days ago. **D.** The last chance will be available for one day more.

68. **Man** [First Voice] : I hope you'll back me up. I missed the last class.
Woman [Second Voice] : You can count on me.
Question [Third Voice] : What does the woman mean to say?
Answer [Fourth Voice] : ....
A. She will count the coins. **B.** She will count the votes. **C.** She will support the man in the election. **D.** She will help the man about the last class.

69. **Man** [First Voice] : Are you prepared for the test, Ketty?
Woman [Second Voice] : I found it extremely difficult to learn all that materials.
Question [Third Voice] : What does the woman say about her preparation for the test?
Answer [Fourth Voice] : ....
A. She found the materials after a difficult search. **B.** She learned the difficult materials easily. **C.** She couldn't understand the difficulties. **D.** She found it hard to learn so much materials before the test.

70. **Man** [First Voice] : When can I have an appointment with Dr. Joseph?
Woman [Second Voice] : He should be free to see you in the evening.
Question [Third Voice] : When can the man have an appointment?
Answer [Fourth Voice] : ....

A. He can see the man if the bills are paid. **B.** He will see the man tomorrow evening. **C.** He is too busy today, yet he'll see the man in the evening. **D.** He won't find any time to meet the man.

71. **Man** [First Voice] : Do you think this black skirt goes well with this blouse for the girl?
Woman [Second Voice] : I'm afraid, it's not elegant for the reception.
Question [Third Voice] : What does the woman say about the girl's dress?
Answer [Fourth Voice] : ....

A. She does not want to make any comment. **B.** The skirt goes well with the blouse. **C.** The skirt is pretty but not with the blouse. **D.** The dress is not suitable for the occasion.

72. **Man** [First Voice] : Do you think your grandfather is aware of our plans for the surprise visit?
Woman [Second Voice] : No, he's partially deaf and pretends to understand everything.
Question [Third Voice] : What does the woman mean to say?
Answer [Fourth Voice] : ....

A. Her grandfather is very intelligent. **B.** Her grandfather is absent-minded. **C.** Her grandfather doesn't hear very well. **D.** Her grandfather is old-fashioned.

73. **Man** [First Voice] : Do you need some help, Jean?
Woman [Second Voice] : Could you give me a hand with these packages?
Question [Third Voice] : What does the woman mean to say?
Answer [Fourth Voice] : ....

A. She wants to give the man her hand. **B.** She wants to touch the man's hand. **C.** Her hand is stuck under the packages. **D.** She asks the man's help to carry the packages.

74. **Man** [First Voice] : I'm afraid, we're going to exceed our budget on the project.
Woman [Second Voice] : They must have miscalculated the cost of the materials.
Question [Third Voice] : What does the woman mean to say?
Answer [Fourth Voice] : ....

A. The project may be cancelled. **B.** There may be an error in estimate. **C.** They must give a complete report on the estimated costs. **D.** They have to change some items on the project.

75. **Man** [First Voice] : The Manager says we've to postpone the outing until Sunday for bad weather.
Woman [Second Voice] : I'm afraid, the food that has been already delivered will spoil.

Question [Third Voice] : What do you understand from the conversation?

Answer [Fourth Voice] : ....

A. The food has already spoiled. **B.** The order of the food will be cancelled. **C.** The woman thinks it a good proposal. **D.** The Manager wants to have the outing on another day and the food might be spoiled.

76. **Man** [First Voice] : Has Davis got another job?

Woman [Second Voice] : He's searching for a new job as a typist yet.

Question [Third Voice] : What does the woman mean to say about Davis?

Answer [Fourth Voice] : ....

A. He has got a new job. **B.** He's trying to find a new job. **C.** He has accepted the employment as a typist. **D.** He no more likes the job of a typist.

77. **Man** [First Voice] : Bill is not doing well in school.

Woman [Second Voice] : It's a pity that he hates school.

Question [Third Voice] : What does the woman mean to say?

Answer [Fourth Voice] : ....

A. Bill follows a strange method in studying. **B.** Bill is fond of studying at home. **C.** Bill gets good grades although he doesn't study. **D.** It's too bad that he dislikes studying in school.

78. **Man** [First Voice] : What is Ariana going to do with her children while she's in office?

Woman [Second Voice] : She's trying to find a nursery near her office.

Question [Third Voice] : What does the woman say about Ariana?

Answer [Fourth Voice] : ....

A. She is going to resign her job in the office. **B.** She wants to have a long leave from office. **C.** She is trying to find a boarding house for her children. **D.** She wants a nursery to keep her children when she's away from home.

79. **Man** [First Voice] : Did you go to the concert yesterday?

Woman [Second Voice] : I could have attended if the tickets had not been too costly.

Question [Third Voice] : What does the woman mean?

Answer [Fourth Voice] : ....

A. She wanted to attend the concert, but the tickets were sold out. **B.** She could not find any seat as the hall was too crowded. **C.** She couldn't afford the tickets for the concert. **D.** She attended the concert even though the tickets were expensive.

80. **Man** [First Voice] : I'd like to go to the concert tonight, but it starts at nine, and I've to work until eight, and find no time for dinner at home.

Woman [Second Voice] : I've got an idea. I'll pick you up after work and we'll have plenty of time to get dinner at downtown before the concert.

Question [Third Voice] : If the man follows the woman's suggestion, what will happen?

Answer [Fourth Voice] : ....

A. The man will go home for dinner. **B.** The woman won't go downtown. **C.** The man and woman will go home for dinner. **D.** Both of them will eat dinner together and go to the concert.

81. **Man** [First Voice] : Did many people want to buy tickets for the rock concert?

Woman [Second Voice] : All the tickets were sold out by noon on the opening day.

Question [Third Voice] : What do you think of the rock concert?

Answer [Fourth Voice] : ....

A. The rock concert created a great craze. **B.** The rock concert was a flop. **C.** There were lots of tickets left unsold. **D.** Only a few tickets were left unsold.

82. **Man** [First Voice] : I'm sorry to bother you, but I can't see when you hold the banner up.

Woman [Second Voice] : Sorry. I couldn't realise it blocked your view.

Question [Third Voice] : What will the woman probably do?

Answer [Fourth Voice] : ....

A. She will stand up. **B.** She will sit down. **C.** She will keep herself aside. **D.** She will stop raising the sign.

83. **Man** [First Voice] : How many people do you expect coming to the reunion on Sunday?

Woman [Second Voice] : We had to cut twenty names off from our original list of two hundred.

Question [Third Voice] : How many people are expected finally?

Answer [Fourth Voice] : ....

A. 75. **B.** 85. **C.** 175. **D.** 180.

84. **Man** [First Voice] : I understand Robert has been somewhat depressed.

Woman [Second Voice] : He's got so many bills that his wife can't find any means to pay them.

Question [Third Voice] : What does the woman mean to say?

Answer [Fourth Voice] : ....

A. Robert is a close-fisted man. **B.** Robert is extravagant. **C.** Robert is an unmanagable person. **D.** Robert's wife is constrained to meet the bills.

85. **Man** [First Voice] : What sort of response did you get for additional funding?

Woman [Second Voice] : It is not very encouraging at the initial stage.

Question [Third Voice] : What does the woman mean?

Answer [Fourth Voice] : ....

A. People welcomed the proposal. **B.** People did not respond at all. **C.** She is happy to see the response. **D.** They have to wait for some time more.

86. **Man** [First Voice] : Did Fred apply for the post that was advertised in the paper?

Woman [Second Voice] : Although he has no experience in the field, he applied for the job.

Question [Third Voice] : What does the woman say about Fred?

Answer [Fourth Voice] : ....

A. He was highly qualified for the job, so he applied. **B.** He has enough experience for the job. **C.** He was selected for the job for his simplicity. **D.** He was in great need of a job, so he applied.

87. **Man** [First Voice] : I hear that Philip's car is being repossessed by the finance company.

Woman [Second Voice] : Yes, he's failed to pay the instalments.

Question [Third Voice] : What does the woman mean?

Answer [Fourth Voice] : ....

A. Philip's car is being rapaired. **B.** Philip will be allowed to get another car. **C.** The finance company has lost its goodwill. **D.** Philip will not be allowed to possess the car anymore.

88. **Man** [First Voice] : We missed you at Mike's party last night.

Woman [Second Voice] : I was badly engaged elsewhere. Moreover, I can't tolerate Mike any more.

Question [Third Voice] : What does the woman mean?

Answer [Fourth Voice] : ....

A. She doesn't like to drink. **B.** She doesn't like being snubbed at a party. **C.** She was too fond of Mike. **D.** She had another appointment and she wished to avoid Mike.

89. **Man** [First Voice] : Where are you going in such a rush?

Woman [Second Voice] : I've to deposit my payslip before the bank closes, or else I won't have any funds to pay these bills.

Question [Third Voice] : What does the woman mean to say?

Answer [Fourth Voice] : ....

A. The woman hurried to deposit her payslip. **B.** The woman has to get some money from the bank before it closes. **C.** The bank is closing the woman's account. **D.** The bank closed before the woman could deposit her check.

90. **Man** [First Voice] : Where are the keys of the cupboard?

Woman [Second Voice] : I can't find them, but I'm sure they'll show up soon.

Question [Third Voice] : What does the woman mean?

Answer [Fourth Voice] : ....

A. The keys are lost for good. **B.** She expects to find her keys soon. **C.** Her keys were lost, but now she has found them. **D.** Somebody showed up her keys.

91. **Man** [First Voice] : I'm going to market. Do you need anything?

Woman [Second Voice] : Well, I'm low on detergent.

Question [Third Voice] : What does the woman imply?

Answer [Fourth Voice] : ....

A. The woman needs nothing. **B.** She is suffering from low fever. **C.** Her detergent is of low quality. **D.** She needs some detergent.

92. **Man** [First Voice] : I really thought I'd win the match.

Woman [Second Voice] : Oh, well, try your luck next time.

Question [Third Voice] : What can be inferred from the conversation?

Answer [Fourth Voice] : ....

A. The man had won the match. **B.** He didn't expect to win the match. **C.** He did well but couldn't win the match. **D.** He couldn't perform well.

93. **Man** [First Voice] : If I'm not mistaken, your birthday's coming up. Has your boyfriend sent you anything?

Woman [Second Voice] : Not yet. He never forgets, though.

Question [Third Voice] : What does the woman imply?

Answer [Fourth Voice] : ....

A. The woman is angry with her boyfriend. **B.** She loves her boyfriend no more. **C.** She is afraid her boyfriend may forget her birthday. **D.** She is sure her boyfriend won't forget her birthday.

94. **Man** [First Voice] : Larry's voice sounds awful. I could barely hear him.

Woman [Second Voice] : Yes, he's got a terrible sore throat—the doctor forbade him even to whisper.

Question [Third Voice] : What does the woman imply about Larry?

Answer [Fourth Voice] : ....

A. Larry can't speak well. **B.** His voice is usually awful. **C.** He is unwilling to speak. **D.** He can't speak audibly for his sore throat.

95. **Man** [First Voice] : Have you heard? There's going to be an aptitude test next Saturday?

Woman [Second Voice] : That's fine...two days more!

Question [Third Voice] : What does the woman imply?

Answer [Fourth Voice] : ....

A. The woman is afraid of the aptitude test. **B.** She hasn't heard of the aptitude test. **C.** She warned the man of the aptitude test. **D.** She is not worried as she'll get enough time.

96. **Man** [First Voice] : We're having all kinds of trouble finding a new apartment here. What about you?

Woman [Second Voice] : I think my uncle will help me.

Question [Third Voice] : What does the woman mean?

Answer [Fourth Voice] : ....

A. The woman is finding a new apartment. **B.** She doesn't like the new apartment. **C.** Her uncle will help her to find an apartment. **D.** Her uncle will help the man in this matter.

97. **Man** [First Voice] : How did you like the concert?

Woman [Second Voice] : I love classical music, but the singer seemed a novice.

Question [Third Voice] : What does the woman mean?

Answer [Fourth Voice] : ....

A. The concert was well-arranged. **B.** There was no classical music in the concert. **C.** The singer performed well. **D.** The singer couldn't perform well.

98. **Man** [First Voice] : I can't believe Prof. Das is going to retire.

Woman [Second Voice] : He's still going to lead our last semester, though.

Question [Third Voice] : What does the woman imply?

Answer [Fourth Voice] : ....

A. Prof. Das won't retire. **B.** Prof. Das will immediately retire. **C.** Prof. Das won't lead the last semester. **D.** Prof. Das will retire after taking the last semester.

99. **Man** [First Voice] : I haven't studied much French this week at all.

Woman [Second Voice] : Why worry? We are getting a vacation, and you'll have a lot of time for the test.

Question [Third Voice] : What does the woman imply?

Answer [Fourth Voice] : ....

A. They should be worried. **B.** They shouldn't be worried. **C.** The test will be difficult. **D.** They won't get much time for preparation.

100. **Man** [First Voice] : Smith got a very high mark on his lab report.

Woman [Second Voice] : How he managed that is a mystery.

Question [Third Voice] : What does the woman mean?

Answer [Fourth Voice] : ....

A. Smith is very intelligent. **B.** Smith is not so intelligent. **C.** Smith got poor marks. **D.** Smith deserved high marks.

ANSWERS

1. D. **2.** B. **3.** C. **4.** B. **5.** C. **6.** D. **7.** D **8.** D. **9.** B. **10.** C. **11.** B. **12.** B. **13.** B. **14.** B. **15.** A. **16.** A. **17.** D. **18.** B. **19.** D. **20.** C. **21.** A. **22.** D. **23.** C. **24.** C. **25.** D. **26.** D. **27.** D. **28.** D. **29.** D. **30.** D. **31.** D. **32.** A. **33.** D. **34.** D. **35.** C. **36.** B. **37.** D. **38.** D. **39.** D. **40.** D. **41.** D. **42.** D. **43.** C. **44.** D. **45.** D. **46.** B. **47.** C. **48.** D. **49.** C. **50.** D. **51.** B. **52.** B. **53.** B. **54.** D. **55.** D. **56.** C. **57.** B. **58.** D. **59.** D. **60.** C. **61.** B. **62.** D. **63.** D. **64.** D. **65.** D. **66.** C. **67.** C. **68.** D. **69.** D. **70.** C. **71.** D. **72.** C. **73.** D. **74.** B. **75.** D. **76.** B. **77.** D. **78.** D. **79.** C. **80.** D. **81.** A. **82.** D. **83.** D. **84.** D. **85.** D. **86.** D. **87.** D. **88.** D. **89.** A. **90.** B. **91.** D. **92.** C. **93.** D. **94.** D. **95.** D. **96.** C. **97.** D. **98.** D. **99.** B. **100.** B.

PART II

FUNCTIONAL GRAMMAR

[This section is not overburdened with the details of Grammar, but deals with the salient points that we need to know in everyday Spoken English]

CHAPTER

1 FUNCTIONAL GRAMMAR

1

SENTENCE PATTERN

ইংরেজি বাক্য কীভাবে তৈরি করব?

ইংরেজিতে বাক্য বা sentence গঠন করতে হলে, Subject এবং Verb অবশ্যই প্রয়োজন। কিন্তু বাক্যটি বড়ো হলে Subject ও Verb-এর সঙ্গে remaining অংশ যুক্ত হবে। যেমন—

Robert will come. → Robert will come *here today.*

Subject কাকে বলে?

বাক্যের প্রধান অংশ Subject বা কর্তা, যা কাজ সম্পন্ন করে। যেমন—Robert, Dona, He, She, A man, The sun, The moon ইত্যাদি। The sun shines on the earth.

Verb কাকে বলে?

বাক্যের ক্রিয়াপদকে ইংরেজিতে Verb বলে। Verb-এর পরিবর্তনের মাধ্যমে প্রয়োজন অনুযায়ী বাক্যের গঠন পাল্টে যায়। Verb-এর উদাহরণ—do, come, read, play, sit, walk ইত্যাদি। অনেক সময় বাক্যে প্রধান ক্রিয়াপদের সঙ্গে সাহায্যকারী ক্রিয়া বা Auxiliary Verb অর্থাৎ am, is, are, was, were ইত্যাদি ব্যবহৃত হয়। Principal Verb-টি যখন এককভাবে বাক্যের অর্থকে সম্পূর্ণরূপে প্রকাশ করতে পারে না, তখন Auxiliary Verb-এর প্রয়োজন হয়। যেমন, Continuous Tense-এর ক্ষেত্রে am, is, are, was, were; Future Tense-এর ক্ষেত্রে shall, will; Perfect Tense-এর ক্ষেত্রে have, has, had—এই Auxiliary Verb-গুলো ব্যবহার করা হয়।

Object কাকে বলে?

ক্রিয়াপদকে কী বা কাকে দিয়ে প্রশ্ন করলে, যে উত্তর পাওয়া যায়, তাকে Object বলা হয়। I need a book.

Person বিষয়টি কী?

Person তিন রকম। 1st Person, 2nd Person এবং 3rd Person

I [আমি], We [আমরা], Me [আমাকে], My [আমার], Our [আমাদের], Us [আমাদেরকে]—1st Person You [তুমি বা তোমাকে], Your [তোমার বা তোমাদের]—2nd Person

আমি বাচক বা তুমি-বাচক শব্দগুলি ছাড়া বাকি সব 3rd Person—He, She (সে), It (ইহা), They (তারা), Boy (ছেলে), Book (বই), Pen (কলম), ইত্যাদি 3rd Person.

Number বিষয়টি কী?

Number দু-রকম। Singular Number এবং Plural Number. একটি সংখ্যা বোঝালে, Singular Number হয়। যেমন—A man. একের বেশি সংখ্যা বোঝালে Plural Number হয়। যেমন—Two men.

Number of Pronouns

Number	Singular	Plural
1st Person	I, Me, My	We, Us, Our
2nd Person	You, Your	You, Your
3rd Person	John, Ratan, He, She, It, etc.	They, Them, Their

আমি একজন ছাত্র/ছাত্রী—I am (I'm) a student.

আমি এখন শ্রেণিকক্ষে আছি—I am (I'm) now in a classroom.

আমার বন্ধু বাড়িতে আছে—My friend is at home.

সে বাড়িতে একা আছে—He is alone at home.

রাহুল ও রোহিত দুই ভাই—Rahul and Rohit are two brothers.

ঈশা ও নিশা দুই বোন—Isha and Nisha are two sisters.

বইটি টেবিলের ওপর আছে—The book is on the table.

আমাদের একটি রঙিন টিভি আছে—We have (We've) a colour TV.

হারাধনের দশটি ছেলে আছে—Haradhan has ten sons.

এই গাছের অনেক শাখা আছে—This tree has many branches.

DO IT YOURSELF

A Translate into English [Each carries 1 mark]

1. আমার বাবা একজন শিক্ষক। ....
2. তোমার বাবা একজন চিকিৎসক। ....
3. তার বাবা একজন কৃষক। ....
4. আমি এখন খুব ব্যস্ত। ....
5. তোমার ক্যামেরাটি খুব সুন্দর। ....
6. কম্পিউটার একটি আধুনিক যন্ত্র। ....
7. টেলিফোন একটি প্রয়োজনীয় যন্ত্র। ....
8. কলকাতা পশ্চিমবঙ্গের রাজধানী। ....
9. দিল্লি ভারতের রাজধানী। ....
10. মুরশিদাবাদ একটি ঐতিহাসিক স্থান। ....

B Translate into English [Each carries 1 mark]

1. আমি ভালো আছি। ....
2. তারা এখন কষ্টের মধ্যে আছে। ....
3. সে এখন বিপদের মধ্যে আছে। ....

4. আমরা সর্বদাই তোমার সঙ্গে আছি। ....

5. যাত্রীরা ট্রেনের মধ্যে আছে। ....

6. বইগুলি আলমারিতে আছে। ....

7. আমাদের বাড়ির সামনে একটি মন্দির আছে। ....

8. সূর্য এখন আকাশের মাঝখানে আছে। ....

9. আমার কাকা এখন কলকাতায় আছেন। ....

10. তোমার বাবা এখন কাশ্মীরে আছেন। ....

11. আমার দাদা এখন বাংলাদেশে আছেন। ....

12. তার বোন এখন জাপানে আছে। ....

C **Translate into English** [Each carries 1 mark]

1. আমার কিছু সন্দেহ আছে। ....

2. তোমার কিছু সমস্যা আছে। ....

3. আমার জীবনে একটি লক্ষ্য আছে। ....

4. তার সঙ্গে আমার ভালো সম্পর্ক আছে। ....

5. নীলিমার কয়েকটি নতুন বাড়ি আছে। ....

6. সোনামনির একটি নতুন ছাতা আছে। ....

7. বোসেদের একটা ভালো কুকুর আছে। ....

8. কুকুরের ধারালো দাঁত আছে। ....

9. ঘোড়ার শক্ত খুর আছে। ....

10. উপেনবাবুর অনেক টাকা আছে। ....

11. হরিবাবুর তিনটি ছেলে ও একটি মেয়ে আছে। ....

12. আমাদের দুটো পা, দুটো চোখ, দুটো কান ও একটা নাক আছে। ....

2

PRESENT INDEFINITE TENSE

ইংরেজিতে Verb প্রধানত দু-রকম : **State Verb** এবং **Event Verb.**

State Verbs : যেসব Verb-এর দ্বারা কোনো কিছু হয়, থাকে বা কোনো কাজের অবস্থা বোঝায় সেগুলিকে State Verb বলা হয়। যেমন : **be** (হওয়া), **have** (থাকা), **feel** (অনুভব করা) ইত্যাদি।

Event Verbs : যেসব Verb-এর দ্বারা কোনো কাজ করা বা ঘটনা ঘটা বোঝায় সেগুলিকে Action Verb বা Event Verb বলা হয়। যেমন : **do** (কাজ করা), **go** (যাওয়া), **come** (আসা), ইত্যাদি।

খায়, যায়, খেলে, পড়ে, ইত্যাদি...	**Subject + Verb (Verb + s/es) + Object + Remaining**

ভারতীয়রা ভাত খায়—The Indians eat rice. ....

ছাত্রছাত্রীরা স্কুলে যায়—Students go to school. ....

আমরা গ্রামে বাস করি—We live in a village. ....

তারা শহরে বাস করে—They live in a town/city. ....

সুমিতা নদীতে সাঁতার কাটে—Sumita swims in a river. ....

ঘোড়া খুব দ্রুত ছোটে—The horse runs very fast. ....

বাক্য-গঠন প্রণালী : Subject-এর পরে মূল **Verb**-এর **Present Form** ব্যবহৃত হয়। Subject যদি 3rd Person Singular Number হয়, তাহলে Verb-এর শেষে **-s** বা **-es** যোগ হয়। একে ইংরেজিতে বলে **Present Indefinite Tense.**

এই ধরনের বাক্যগুলি না-বাচক হলে Verb-এর আগে **do not (don't)**, (3rd Person Singular Number-এর ক্ষেত্রে, **does not** (doesn't), **can not (can't)** ব্যবহার করা হয়।

আমি চা খাই না।—I do not (don't) take tea.

সে গাড়ি চালাতে জানে না।—He does not (doesn't) know how to drive a car.

সে রোজ স্কুলে যায় না।—He does not (doesn't) go to school everyday.

সে ছবি আঁকতে পারে না।—He cannot (can't) draw pictures.

[**Spoken English** বা কথ্য ইংরেজিতে Do not = **don't**; does not = **doesn't**]

হও (উহ্য), আছে / আছি ... **Subject + Verb (be / have) + Remaining**

অয়ন খুব বুদ্ধিমান—Ayan is very intelligent.

রবিন ডানপিটে ছেলে—Rabin is a head-strong/daredevil boy.

তারা ভারতের সমর্থক—They are Indian supporters.

পাকিস্তান ভারতের পশ্চিমে অবস্থিত—Pakistan is at the west of India.

আমাদের কলকাতায় একটা বাড়ি / ফ্ল্যাট আছে—We have a house/flat in Kolkata.

রাধানগরে আমাদের একটা বাগান আছে—We have a garden at Radhanagar.

আমরা এখন রাধানগরে আছি—We are now at Radhanagar.

রবিন ডানপিটে ছেলে নয়—Rabin is not a head-strong/daredevil boy.

তার কোন শত্রু নেই—He has no enemy.

বাক্য-গঠন প্রণালী : Subject-এর পর **am, is, are** বা **have, has** হয়। এই ধরনের বাক্যগুলি না-বাচক হলে be (am, is, are) বা have (has, have)-এর পর **not** বা **no** বসে।

'নিত্য সত্য' বা **'Universal Truth'** ও **'অভ্যাসগত কাজ'** বা **'Habitual action'** বোঝায় এমন কতগুলি বাক্য

সূর্য পূর্বদিকে ওঠে—The sun rises in the east.

পৃথিবী সূর্যের চারিদিকে ঘোরে—The earth moves round the sun.

নক্ষত্রগুলি রাতে মিটমিট করে—The stars twinkle in the sky.

আমরা রাত্রে ঘুমাই—We sleep at night.

তারা প্রতিদিন ফুটবল খেলে—They play football everyday.

DO IT YOURSELF

A Translate into English [Each carries 1 mark]

1. কুকুর মাংস খায়। ....
2. বিড়াল দুধ ভালোবাসে। ....
3. শিশু দুধ পান করে। ....
4. বরুণবাবু রোজ সকালে চা খান। ....
5. ছেলেরা বিকালে ফুটবল খেলে। ....
6. মা ও বাবা সন্ধ্যায় টিভি দেখেন। ....

7. কুকুরগুলো ঘেউ ঘেউ করে। ....
8. বানরগুলো গাছে গাছে লাফায়। ....
9. গোরু আমাদের দুধ দেয়, কিন্তু মুরগি আমাদের ডিম দেয়। ....
10. গোরু আমাদের ডিম দেয় না, মুরগি আমাদের দুধ দেয় না। ....

B **Translate into English** [Each carries 1 mark]

1. হরিবাবু আমাদের ইংরেজি পড়ান। ....
2. নির্মলবাবু আমাদের ইংরেজি পড়ান না। ....
3. সৌরভ প্রতিদিন ক্রিকেট খেলে না। ....
4. সৌরভ প্রতিদিন ক্রিকেট খেলে না। ....
5. সোহিনী প্রতিদিন বিকালে পার্কে বেড়ায়। ....
6. সোহিনী প্রতিদিন বিকালে পার্কে বেড়ায় না। ....
7. আমি প্রতিদিন পুকুরে স্নান করি। ....
8. আমি প্রতিদিন পুকুরে স্নান করি না। ....
9. চাঁদ পৃথিবীর চারদিকে ঘোরে। ....
10. সততাই সর্বোৎকৃষ্ট পথ। ....

C **Translate the following passages into English :**

[a] আমি সকাল ছ'টায় উঠি। তারপর একঘণ্টা বেড়াই। সাতটা থেকে সাড়ে নটা পর্যন্ত পড়াশোনা করি। দশটায় স্নান করি এবং ভাত খাই। এগারোটায় স্কুলে যাই। সেখানে চারটে পর্যন্ত পড়াশোনা করি। বিকেল সাড়ে চারটায় বাড়ি ফিরে আসি। তারপর টিফিন খাই। তারপর ছটা পর্যন্ত ফুটবল খেলি। সন্ধ্যা সাতটা থেকে নটা পর্যন্ত আবার পড়াশোনা করি। সাড়ে নটায় রাতের খাবার খাই। রাতে দশটার সময় বিছানায় শুতে যাই। রাতে কিছুক্ষণ ঠাকুরমা আমাকে গল্প শোনান।

[b] আমার বাবা একজন শিক্ষক নন। তিনি একজন ডাক্তার। আমরা গ্রামে বাস করি না। আমরা শহরে বাস করি। আমার কোন ভাইবোন নেই। আমি এখন স্কুলে যাই না। আমি এখন কলেজে পড়ি। আমার মা একজন অধ্যাপিকা। তিনি কলেজে অর্থনীতি পড়ান। মা সন্ধ্যাবেলা আমাকে আমার পড়াশোনায় সাহায্য করেন। বাবা রাত নটার পর চেম্বার থেকে ফিরে আসেন। রাত নটা থেকে সাড়ে নটা আমরা সবাই মিলে টিভি দেখি। অন্য সময় আমরা টিভি দেখি না। টিভিকে এখন অনেকে 'বোকাবাক্স' বলেন।

3

PRESENT CONTINUOUS TENSE

এখন দেখুন, কোনো কাজ চলছে অথবা কোনো ঘটনা ঘটছে এরকম ভাবপ্রকাশ করে; এমন কতকগুলি বাক্য :

যাচ্ছি, খেলছি, লিখছি, পড়ছি, পড়ছে, ইত্যাদি...

Subject + am / is / are + verb-ing + Object / Remaining

[I am, he is, she is, it is, Ram is, They are + Verb -ing.]

আমি ক্রিকেট খেলছি—I am playing cricket.
বাবা অফিসে যাচ্ছেন—Father is going to office.
মা ভাত রাঁধছেন—Mother is cooking rice.
নুরুল বই পড়ছে—Nurul is reading a book.
নার্গিস একটি চিঠি লিখছে—Nargis is writing a letter.

বাক্য-গঠন প্রণালী : Subject বা কর্তার পরে **Person** ও **Number** অনুসারে **am, is, are** বসে এবং মূল Verb-এর সাথে **-ing** যোগ হয়। যেমন—going, cooking, reading ইত্যাদি।

এখন আমরা দেখলাম, কোনো কাজ চলছে, অথবা কোনো ঘটনা ঘটছে এমন কতগুলি বাক্য। ইংরেজিতে একে বলে, **Present Continuous Tense.**

আরও কিছু উদাহরণ দেখুন

আমি অফিসে যাচ্ছি—I am (I'm) going to office.

নার্গিস টেলিফোনে কথা বলছে—Nargis is talking over the telephone.

তুমি তোমার সময় নষ্ট করছ—You are wasting your time.

ছাত্রছাত্রীরা স্কুলে যাচ্ছে—The students are going to school.

কুকুরগুলো বাইরে ডাকছে—The dogs are barking outside.

মেয়েরা এখন ঝগড়া করছে—The girls are quarrelling now.

Negative বা না-বাচক বাক্যের ক্ষেত্রে, শুধু Auxiliary verb-টির পরিবর্তন হয়। Auxiliary verb-এর সঙ্গে not যুক্ত হয়ে am not, is not বা are not হয়।

Sub. + am / is / are + not + verb-ing + Object / Remaining

উদাহরণগুলি দেখুন :

আমি অফিসে যাচ্ছি না—I am not going to office.

নার্গিস চিঠি লিখছে না—Nargis is not writing a letter.

নুরুল বই পড়ছে না—Nurul is not reading a book.

মেয়েরা এখন আর ঝগড়া করছে না—The girls are not quarrelling now.

DO IT YOURSELF

A Translate into English [Each carries 1 mark]

1. আমি একটি গল্পের বই পড়ছি। ....
2. আমি এখন কোনো বই পড়ছি না। ....
3. অনুরাধা পড়াশুনা করছে। ....
4. অনুরাধা পড়াশুনা করছে না। ....
5. আমি একটি চিঠি লিখছি। ....
6. আমি কোনো চিঠি লিখছি না। ....
7. রোহিত বাজারে যাচ্ছে। ....
8. রোহিত বাজারে যাচ্ছে না। ....
9. ডলি একটি ছবি আঁকছে। ....
10. ডলি কোনো ছবি আঁকছে না। ....
11. কিছু লোক টিভি দেখছে। ....
12. কিছু লোক টিভি দেখছে না। ....
13. মেয়েটি গান গাইছে। ....
14. মেয়েটি আর কোন গান গাইছে না। ....
15. তুমি আমার কথা শুনছ। ....

16. তুমি আমার কথা শুনছ না। ....
17. ছেলেরা আজ মাঠে খেলছে। ....
18. ছেলেরা আজ মাঠে খেলছে না। ....
19. আমাদের ক্লাব গরিবদের সাহায্য করছে। ....
20. এ ব্যাপারে আমি উৎসাহ পাচ্ছি না। ....

B **Translate the following passages into English :**

[a] আকাশে চাঁদ উঠেছে। তারাগুলি মিটমিট করছে। পাখিগুলি বাসায় ফিরে আসছে। মাঠ থেকে গোরুগুলিও গোয়ালে ফিরে আসছে। চাষিরা লাঙল কাঁধে ঘরে ফিরছে।

[b] মা রান্নাঘরে রান্না করছেন। বাবা তাঁকে রান্নায় সাহায্য করছেন। আমার বোন তার বন্ধুকে একটা চিঠি লিখছে। আমার ছোটো ভাই বিড়ালের পিছনে ছুটোছুটি করছে। আমার দিদি হারমোনিয়াম বাজিয়ে গান গাইছে। আমি আমার পড়া তৈরি করছি।

4

PRESENT PERFECT TENSE

কোনো কাজ এইমাত্র শেষ হয়েছে, কিন্তু তার ফল এখনও বর্তমান আছে—এই রকম কতকগুলি বাক্য :

গিয়েছি, খেয়েছি, খেলেছি, জিতেছি, ইত্যাদি...

Subject + have / has + V.p.p. + Object / Remaining

আমি চাউমিন খেয়েছি—I have eaten chowmien.

অরূপ বাজারে গিয়েছে—Arum has gone to market.

আমি খবরটা শুনেছি—I have heard the news.

আমি এইমাত্র তোমার চিঠিটি পেয়েছি—I have got your letter just now.

সৌরভ অনেকগুলো ম্যাচ খেলেছে—Sourav has played many matches.

আজ আমরা ম্যাচটি জিতেছি—Today we have won the match.

সাবিনা আগেই বাড়ি গিয়েছে—Sabina has already gone home.

ঈশ্বর এই পৃথিবী সৃষ্টি করেছেন—God has created this world.

বাক্য-গঠন প্রণালী : Subject-র পরে **has** বা **have** বসিয়ে মূল Verb-এর **Past Participle** ব্যবহার করা হয়। [I have, We have, You have, They have, Tom has, The boy has, It has, ইত্যাদি] এখানে আমরা দেখলাম, কোনো কাজ এইমাত্র শেষ হয়েছে, কিন্তু তার ফল এখনও বর্তমান আছে এমন কতকগুলি বাক্য। ইংরেজিতে একে বলে **Present Perfect Tense.**

না-বাচক বাক্যের ক্ষেত্রে has not অথবা have not হয়।
[Subject + have not / has not + V.p.p. + Obj. + Remaining]

আমি চাউমিন খাইনি—I have not (haven't) eaten chowmien.

সে তার বাড়ির কাজ শেষ করেনি—He has not (hasn't) completed his homework.

[Spoken English বা কথ্য ইংরেজিতে—Have not = haven't, has not = hasn't]

আমি এইমাত্র তোমার চিঠিটি পেয়েছি—I have got your letter just now.

আবার এক্ষুনি হয়েছে বোঝাতে **just now,** কখনো না বোঝাতে **never** ব্যবহৃত হয়। আগেই হয়ে গেছে বোঝাতে **already** ব্যবহৃত হয়। আর না-বাচক বাক্যে **not yet** ব্যবহৃত হয়।

আমি এইমাত্র বইটা পড়েছি—I have just read the book.

তারা এইমাত্র বাড়ির কাজ শেষ করেছে—They have finished their home task just now.

আমি তার সম্পর্কে কখনো কোনো কথা শুনিনি—I have never heard about him.

মিতা এখনও হোমওয়ার্ক শেষ করেনি—Mita has not yet completed her homework.

সে এখনও গাড়ি চালাতে শেখেনি—He / She has not learnt how to drive a car yet.

Note Spoken English-এ Present Perfect Continuous Tense বেশি ব্যবহার হয় না। তথাপি এর একটা উদাহরণ দেওয়া হল : আমি গত রবিবার থেকে জ্বরে ভুগছি—I have been suffering from fever since last Sunday.

DO IT YOURSELF

A **Translate into English** [Each carries 1 mark]

1. আমি আমার হোমটাস্ক করেছি। ....
2. আমি এখনও আমার হোমটাস্ক করিনি। ....
3. আমিনা তার ছাতাটি হারিয়েছে। ....
4. আমিনা তার ছাতাটি হারায়নি। ....
5. আমি এইমাত্র তোমার চিঠিটি পেয়েছি। ....
6. আমি এখনও তোমার চিঠিটি পাইনি। ....
7. সমীর সাঁতার কাটতে শিখেছে। ....
8. সমীর এখনও সাঁতার কাটতে শেখেনি। ....
9. আজ আমরা ক্রিকেট ম্যাচটি জিতেছি। ....
10. আজ আমরা ক্রিকেট ম্যাচটি জিতিনি। ....
11. তুমি তোমার ছবি-আঁকা শেষ করেছ। ....
12. তুমি তোমার ছবি-আঁকা শেষ করোনি। ....
13. আমি তোমার নাম শুনেছি। ....
14. আমি তোমার নাম কখনও শুনিনি। ....
15. ট্রেনটি সময়মতো স্টেশনে পৌঁছেছে। ....
16. ট্রেনটি এখনও স্টেশনে পৌঁছায়নি। ....
17. শ্রমিকরা ধর্মঘট প্রত্যাহার করেছে। ....
18. শ্রমিকরা ধর্মঘট প্রত্যাহার করেনি। ....
19. পুলিশ চোরটিকে গ্রেফতার করেছে। ....
20. পুলিশ চোরটিকে গ্রেফতার করেনি। ....

B **Translate the following passages into English :**

দিগন্তে সূর্য উঠেছে। কুয়াশা কেটে গেছে। পাখিরা তাদের বাসা ছেড়েছে। ছেলেমেয়েরা বিছানা ছেড়ে জেগে উঠেছে। ফুলগুলি ফুটে উঠেছে। মালি বাগানের গাছগুলিতে জল দিয়েছে (has watered)। মা চা তৈরি করেছেন। দিদি রুটিতে মাখন মাখিয়েছে। বাবা প্রাতঃভ্রমণ থেকে ফিরে এসেছেন। তাঁর সঙ্গে তাঁর কয়েকজন বন্ধুও এসেছেন। আমি হাতমুখ ধুয়েছি। দাঁত মেজেছি। আমি চা ও জলখাবার খেয়েছি।

5

PAST INDEFINITE TENSE

এবার দেখুন, অতীতে কিছু হয়েছিল বা কোন ঘটনা ঘটেছিল—এরকম ভাব প্রকাশকারী কয়েকটি বাক্য :

হয়েছিল, গিয়েছিলাম, দেখেছিলাম, খেয়েছিলাম	**Subject + Verb (Past) + Object / Remaining**

তিনি খুব ভালো লোক ছিলেন—He was a noble man.

ওটা একটা মজার ব্যাপার হয়েছিল—It was a funny thing.

আমি বাড়ি গিয়েছিলাম—I went home.

গতকাল আমি তাকে দেখেছিলাম—I saw him yesterday.

সে আমাকে একটি গল্প বলেছিল—He told me a story.

ভারতের খেলোয়াড়েরা ভালো খেলেছিল—Indian players played well.

১৮৯৩ সালে বিবেকানন্দ চিকাগো গিয়েছিলেন—Vivekananda went to Chicago in 1893.

রবীন্দ্রনাথ ১৮৬১ সালে জন্মেছিলেন—Rabindranath was born in 1861.

শেকসপিয়র ১৬১৬ সালে মারা গিয়েছিলেন—Shakespeare died in 1616.

বাক্য-গঠন প্রণালী : Subject-এর পরে মূল Verb-এর অতীত রূপ বা **Past form** ব্যবহৃত হয়। (যেমন, go-এর past form 'went', see-এর past form 'saw', send-এর past form 'sent', tell-এর past form 'told', die-এর past form 'died' ইত্যাদি)। ইংরেজিতে একে বলে **Past Indefinite Tense.** এই Past Indefinite Tense-এর আরও কয়েকটি উদাহরণ :

অভিজিৎ আমেরিকায় গবেষণা করতে গিয়েছিল—Abhijit went to America for research work.

মহাত্মা গান্ধী একজন মহান নেতা ছিলেন—Mahatma Gandhi was a great leader.

কার্ল মার্কস ছিলেন একজন জার্মান দার্শনিক—Karl Marx was a German philosopher.

না-বাচক বাক্যের ক্ষেত্রে Subject-এর পরে did not, was not অথবা were not ব্যবহৃত হয়।
[Subject + did not + Verb + Object / Remaining]

তিনি ভালো লোক ছিলেন না—He was not a good man.

আমি এক সপ্তাহ বাড়ি যাইনি—I did not go home for a week.

এ কাজটা রাজীব করেনি—Rajib did not do this work.

ছাত্ররা ক্লাসে গোলমাল করেনি—The students did not make a noise in the class.

Note 'Home' after 'Go' verb-এর পর home একটি special adverb, তাই go to home হয় না। অবশ্য, অন্য ক্ষেত্রে home-এর আগে preposition বসতে পারে। যেমন : তিনি বাড়িতে ছিলেন —He was at home.

PAST HABIT [USED TO]

অতীতে কোনো ঘটনা রোজ ঘটত এরকম বোঝাতে বা অতীতকালের অভ্যাস বোঝাতে কিছু বাক্য :

(রোজ) করতাম, খেতাম, যেতাম, করত, পড়ত ...

Subject + would (used to) + Verb + Object / Remaining

আমি রোজ ব্যায়াম করতাম—I would take (used to take) physical exercise everyday.

ঠাকুরমা রোজ রামায়ণ পড়তেন—Grandma would (used to) read the Ramayana everyday.

বিদ্যাসাগর ছোটোবেলায় ল্যাম্পপোস্টের আলোয় পড়তেন—Vidyasagar used to study at lamp-post light in his boyhood days.

লোকেরা তাঁকে ভগবান বলত—People used to call him a god.

শেখরবাবু আয়নার সামনে অভিনয়-চর্চা করতেন।—Sekharbabu used to practise acting in front of the mirror.

বৃদ্ধ লোকটি সন্ধ্যাবেলায় আফিম খেতেন—The old man used to take opium in the evening.

বাক্য-গঠন প্রণালী : Subject-এর পরে **would** বা **'used to'** বসিয়ে **মূল Verb-এর সাধারণ রূপ** ব্যবহৃত হয়।

DO IT YOURSELF

A **Translate into English** [Each carries 1 mark]

1. আখতার অত্যন্ত ভালো লোক ছিলেন।
2. আখতার ভালো লোক ছিলেন না।
3. আমি অঙ্কটি কষেছিলাম।
4. অনিমেষ সেখানে গিয়েছিল।
5. অনিমেষ সেখানে যায়নি।
6. ইদ্রিশ কাজটি করেছিল।
7. ইদ্রিশ কাজটি করেনি।
8. সোহিনী একটি গান গেয়েছিল।
9. উদয় তার সঙ্গে নেচেছিল।
10. ছেলেরা খেলার মাঠে ফুটবল খেলেছিল।
11. আমরা আনন্দে চিৎকার করেছিলাম।
12. খগেনবাবু একটি ভালো বক্তৃতা দিয়েছিলেন।
13. শিক্ষকমশায় আমাদের অনেক উপদেশ দিয়েছিলেন।
14. সমীরের বাবা গতবছর মারা গিয়েছিলেন।
15. বৃদ্ধ লোকটি পথের ওপর বসে পড়ল।
16. আমরা একটানা দশ মাইল হেঁটেছিলাম।
17. উপেনবাবু একটা সুন্দর দৃশ্য বর্ণনা করলেন।
18. ক্ষিপ্ত জনতা (angry mob) তার বাড়ি আক্রমণ করল।
19. পুলিশ চোরটিকে গ্রেফতার করেছিল।
20. আমরা ভারত-পাকিস্তান খেলাটি উপভোগ করেছিলাম।

B **Translate the following passages into English :**

1. বাবা প্রতিদিন রাতে রুটি খেতেন।
2. ঠাকুরমা প্রতিদিন গঙ্গাস্নান করতেন।
3. ছেলেবেলায় আমরা মাঠে ঘুড়ি ওড়াতাম।
4. রাখাল বালকেরা মাঠে গোরু চরাত (tend the cows)।
5. তারা নিজেদের মধ্যে গল্প করত।

C **Translate the following passages into English :**

এক বনে এক খেঁকশিয়াল থাকত। একদিন সেই খেঁকশিয়ালটি বনের পাশে একটি আঙুরক্ষেতে এল। সেখানে সে থোকা থোকা আঙুর দেখতে পেল। আঙুর ফলগুলি ছিল পাকা। সে ভাবল আঙুর ফলগুলি অবশ্যই মিষ্টি। আঙুরগুলো তার মাথার ওপর খুব উঁচু থেকে ঝুলছিল। সে আঙুরগুলি পাওয়ার জন্য বারবার লাফাল। কিন্তু সেগুলির নাগাল পেল না। তখন সে বলল, "আঙুরফলগুলি টক"। একথা বলে সে চলে গেল।

6

PAST CONTINUOUS TENSE

এবার দেখুন, অতীতকালে কোন একটি কাজ হচ্ছিল বা চলেছিল, এরকম ভাবপ্রকাশকারী বাক্য :

যাচ্ছিলাম, পড়ছিলাম, শুনছিলাম	Subject + was / were + verb-ing + Object / Remaining

শিশুটি বিছানার ওপর ঘুমোচ্ছিল—The baby was sleeping in bed.

তুমি মাছ কিনতে বাজারে যাচ্ছিলে—You were going to market to buy some fish.

রফিক খুব জোরে গাড়ি চালাচ্ছিল—Rafik was driving at top speed.

তারা নিজেদের মধ্যে ফিস্ ফিস্ করছিল—They were whispering among themselves.

নমিতা একটি রবীন্দ্রসংগীত গাইছিল—Namita was singing a Tagore song.

বাইরে টিপ্ টিপ্ বৃষ্টি পড়ছিল—It was drizzling (raining pater-piter) outside.

পুলিশ চোরটির পিছনে ছুটছিল—The policeman was chasing the thief.

আমি টলস্টয়ের লেখা একটি উপন্যাস পড়ছিলাম—I was reading a novel written by Tolstoy.

আমরা 'স্পোকেন ইংলিশ অডিও লারনিং' কোর্সটি শুনছিলাম—We were listening to 'Spoken English audio learning course'.

বাক্য-গঠন প্রণালী : Subject-এর পরে **person** বা **number** অনুযায়ী **was** বা **were** বসে এবং মূল **Verb**-এর সঙ্গে **-ing** যোগ হয়। ইংরেজিতে একে বলে **Past Continuous Tense.**

না-বাচক বাক্যের ক্ষেত্রে শুধু Auxiliary-টির পরিবর্তন হয়। Auxiliary-এর সঙ্গে not যুক্ত হয়ে was not বা were not হয়।

[Subject + was / were + verb-ing + Object / Remaining]

শিশুটি বিছানার ওপর ঘুমোচ্ছিল না—The baby was not sleeping in bed.

রফিক খুব জোরে গাড়ি চালাচ্ছিল না—Rafik was not driving very fast.

পুলিশটি চোরটির পিছনে ছুটছিল না—The policeman was not chasing the thief.

লোকটি মিথ্যা কথা বলছিল না—The man was not telling a lie.

ছাত্রছাত্রীরা গোলমাল করছিল না—The students were not making a noise.

ছেলেরা নিজেদের মধ্যে ঝগড়া করছিল না—The boys were not quarrelling among themselves.

আমরা পড়াশোনায় অবহেলা করছিলাম না—We were not neglecting our studies.

মেয়েটি গান গাইছিল কিন্তু নাচছিল না—The girl was singing, but not dancing.

সভাপতি বক্তৃতা দিচ্ছিলেন, কিন্তু কেউ শুনছিল না—The President was delivering his speech, but nobody was listening to him.

DO IT YOURSELF

A Translate into English [Each carries 1 mark]

1. ছেলেরা নদীতে সাঁতার কাটছিল।
2. ছেলেরা নদীতে সাঁতার কাটছিল না।
3. গতকাল তুমি অফিসে যাচ্ছিলে।
4. গতকাল তুমি অফিসে যাচ্ছিলে না।
5. আমি তখন গিটার বাজাচ্ছিলাম।
6. আমি তখন গিটার বাজাচ্ছিলাম না।
7. অর্ণব মোটর বাইক চালিয়ে যাচ্ছিল।
8. অর্ণব মোটর বাইক চালিয়ে যাচ্ছিল না।
9. তারা লনে ব্যাডমিন্টন খেলছিল।
10. তারা লনে ব্যাডমিন্টন খেলছিল না।

B **Translate the following passages into English :**

আমরা বিকেলবেলা মেলায় যাচ্ছিলাম। আমার সঙ্গে আমার ভাই অমল ও বোন বীণা যাচ্ছিল। মিষ্টির দোকানের দোকানদারেরা রসগোল্লা, সন্দেশ, জিলিপি বিক্রি করছিল। অনেক লোকদোকানের সামনে মিষ্টি খাচ্ছিল। ছোটো ছোটো ছেলেমেয়েরা ফুচকা এবং আলুকাবলি খাচ্ছিল। অনেকগুলি ছেলেমেয়ে নাগরদোলায় (merry-go-round) চড়ছিল। একটি তাঁবুতে একজন জাদুকর জাদুর খেলা দেখাচ্ছিল।

7

PAST PERFECT TENSE

এবার দেখুন, অতীতকালে পরপর দুটি কাজ ঘটেছে, এরকম ভাব প্রকাশ করে এমন কয়েকটি বাক্য :

[Sub. + had + vpp] + before + [sub + verb-এর Past form]

তোমার আসার আগে আমি সেখানে ছিলাম—I had been there before you came.

ডাক্তার আসার আগে রোগীটি মারা গিয়েছিল—The patient had died before the doctor came.

স্টেশনে পৌঁছাবার আগে, ট্রেন ছেড়ে দিয়েছিল—The train had started before we reached the station.

ঘন্টা বাজবার পূর্বে আমরা সেখানে পৌঁছেছিলাম—You had reached there before the bell rang.

সূর্য ওঠার পর আমি বিছানা ছেড়ে উঠেছিলাম—I rose from my bed after the sun had risen.

রিয়া আসার আগে আমি চিঠিটি লিখেছিলাম—I had written the letter before Riya arrived.

বাক্য-গঠন প্রণালী : দুটি ঘটনার মধ্যে যেটি আগে ঘটেছিল তা **Past Perfect Tense** এবং যে ঘটনাটি পরে ঘটেছিল, তা **Past Indefinite Tense** হয়।

এবার অতীতকালের সম্ভাবনা বোঝাতে আর একরকম বাক্য দেখুন :

[Sub + would have / might have vpp] + before [sub + vp]

সে আসার আগে আমি সেখানে পৌঁছাতে পারতাম—I would have (might have) reached there before he came.

[Had + Sub + vpp] + [Sub. + could have + vpp]

তুমি আর একটু মনোযোগী হলে আরও ভালো ফল করতে পারতে—Had you ben a bit more attentive, you could have done better.

DO IT YOURSELF

A **Translate into English** [Each carries 1 mark]

1. রোগী মারা যাওয়ার আগে ডাক্তার এসেছিলেন।
2. রোগী মারা যাওয়ার পর ডাক্তার এসেছিলেন।
3. আমার বন্ধুর চিঠি পাওয়ার আগেই আমি তাকে চিঠি লিখেছিলাম।
4. তোমরা তাজমহল দেখার আগেই আমি তাজমহল দেখেছিলাম।

B **Translate into English** [Each carries 1 mark]

1. সূর্যাস্তের আগে আমি সেখানে পৌঁছাতে পারতাম।
2. সারাদিন কঠিন কাজ করলে সে ক্লান্ত হতে পারত।

C Translate into English [Each carries 1 mark]

1. তুমি সময়মতো সাহায্য করতে না এলে ছেলেটি ডুবে মরতে পারত।
2. সারাদিন কঠিন কাজ করলে সে ক্লান্ত হতে পারত।

Note Past Perfect Continuous Tense বাক্যে বেশি ব্যবহার হয় না।

8

FUTURE INDEFINITE TENSE

এবার দেখুন, ভবিষ্যতে ঘটবে এমন কয়েকটি বাক্য :

করব, যাব, দেখব, হবে, দেবে ইত্যাদি	**Subject + shall / will + Verb + Object / Remaining**

ছাত্রছাত্রীরা পরীক্ষার জন্য প্রস্তুত হবে—The students will be prepared for the exam.

জগজিৎ বি.এস.সি. পরীক্ষা দেবে—Jagjit will sit for the B.Sc. exam (examination).

কালাম সাহেব আজকে আসবেন—Mr. Kalam will come today.

আগামীকাল তোমার সঙ্গে দেখা করতে যাব—Tomorrow I'll go to meet you.

সামনের মাসে আমি অফিসে যোগদান করব—I'll join my office next month.

আগামী সপ্তাহে আমরা মুম্বাই যাব—We'll go to Mumbai next week.

পরশুদিন তাঁরা কলকাতায় আসবেন—They'll come to Kolkata the day after tomorrow.

ঈশ্বর তোমাকে বিপদ থেকে রক্ষা করবেন—God will save you from danger.

বাক্য-গঠন প্রণালী : Subject ও Person অনুযায়ী **shall** বা **will**-এর পর মূল **Verb** ব্যবহৃত হয়। একে বলে **'Future Indefinite Tense'**। Spoken English বা কথ্য ইংরেজিতে I shall বা I will দুটি সংক্ষেপে I'll বা You will = You'll হয়। অর্থাৎ ইংরেজির কথ্যরূপে shall ও will-এর কোনো প্রভেদ হয় না।

আবার দেখুন, ভবিষ্যতের এরকম কিছু বাক্য :

আগামীকাল রবিবার—Tomorrow will be Sunday.

সামনের জন্মদিনে আমার ১৬ বছর বয়স হবে—I will be 16 on my coming birthday.

আগামী বছর আমাদের ক্লাবের সুবর্ণজয়ন্তী—Next year will be the Golden Jubillee of our club.

এটা একটা স্মরণীয় দিন হবে—It will be a memorable day.

বাক্য-গঠন প্রণালী : বাক্যগুলিতে Object বা কমিটি প্রধান, Subject বা কর্তা প্রধান নয়। তাই এরকম বাক্যে Verb হিসেবে shall be বা will be বসানো হয়।

না-বাচক বাক্যের ক্ষেত্রে shall বা will-এর সঙ্গে not যুক্ত হয়ে shall not বা will not হয়, যা সংক্ষেপে won't বা shan't হয়ে থাকে।

Subject + shall / will + not + Verb + Object / Remaining

আমি আর এরকম কিছু করব না—I shall not (shan't) do this any more.

এখন আমি বাইরে যাব না—I shall not (shan't) go out now.

লতিকা তোমাকে বাইরে যেতে দেবে না—Latika won't let you go out.

তুমি আগামীকাল মুম্বাই যাবে না—You won't go to Mumbai tomorrow.

তুমি তোমার পড়াশোনায় ফাঁকি দেবে না—You won't neglect your studies.

পড়ার সময় তুমি টিভি দেখবে না—You wan't watch TV during study hours.

[Spoken English বা কথ্য ইংরেজিতে **shall not = shan't; will not = won't**]

Note Future Continuous, Future Perfect এবং Future Perfect Continuous Tense বাক্যে বেশি ব্যবহার হয় না।

DO IT YOURSELF

A **Translate into English** [Each carries 1 mark]

1. আমার ভাই আগামীকাল বাড়ি আসবে।
2. আমার ভাই আগামীকাল বাড়ি আসবে না।
3. আগামীকাল আমরা সিনেমা দেখতে যাব।
4. আগামীকাল আমরা সিনেমা দেখতে যাব না।
5. ডাক্তারবাবু আজ রোগী দেখতে আসবেন।
6. ডাক্তারবাবু আজ রোগী দেখতে আসবেন না।
7. আগামী পরশু জয়িতা আমাদের বাড়িতে আসবে।
8. আগামী পরশু জয়িতা আমাদের বাড়িতে আসবে না।
9. তারা যথাসময়ে (in due time) বাড়ি পৌঁছাবে।
10. তারা যথাসময়ে বাড়ি পৌঁছাবে না।
11. আমি তোমাকে তার ঠিকানা বলব।
12. আমি তোমাকে তার ঠিকানা বলব না।
13. শিক্ষক মশায় তোমাকে ক্ষমা করবেন।
14. শিক্ষক মশায় তোমাকে ক্ষমা করবেন না।
15. মোহনবাগান ইস্টবেঙ্গলের সঙ্গে ফাইনাল ম্যাচ খেলবে।
16. মোহনবাগান ইস্টবেঙ্গলের সঙ্গে ফাইনাল ম্যাচ খেলবে না।
17. শ্রমিকরা কারখানায় ধর্মঘট করবে।
18. শ্রমিকরা কারখানায় ধর্মঘট করবে না।
19. সামনের জন্মদিনে আমার কুড়ি বছর বয়স হবে।
20. সামনের জন্মদিনে আমার কুড়ি বছর বয়স হবে না।

B **Translate the following passages into English :**

আজ আমি বিকেলে মেলায় যাব। মেলায় অনেক লোক আসবে। আমার সঙ্গে আমার বন্ধুরাও মেলায় যাবে। আমরা সেখানে একটা গ্রুপ ফটো তুলব। তারপর অনেক দোকান দেখব। যে যার পছন্দমতো জিনিস কিনবে। ববি মিস্টির দোকানে গিয়ে কিছু মিষ্টি খাবে। তারপরে নাগরদোলায় চড়ব। মেলায় খাঁচায়-ভরা অনেক পাখি (caged birds) বিক্রি হবে। কিন্তু আমরা খাঁচায়-ভরা কোনো পাখি কিনব না। সবশেষে আমরা ফুলের চারা বিক্রির দোকানে যাব। সেখান থেকে আমরা পছন্দমতো ফুলের চারা কিনব।

9

INTRODUCTORY 'THERE' [PRESENT]

এখন দেখুন, ব্যক্তিগত নয়, সাধারণভাবে ভাবপ্রকাশকারী কতকগুলি বাক্য :

আছে (সাধারণ ভাব প্রকাশক)	**There + is / are + Object / Remaining**

আমাদের স্কুলে আটশো ছাত্রছাত্রী আছে—There are eight hundred students in our school.

এখানে একটি সাইবার কাফে-আছে—There is a cyber cafe here.

আমাদের ক্লাবে একটি টেবিল-টেনিস বোর্ড আছে—There is a table tennis board in our club.

আমাদের লাইব্রেরিতে অনেক বই আছে—There are a lot of books in our library.

বাক্য-গঠন প্রণালী : There দিয়ে বাক্য শুরু করে **is** বা **are** বসিয়ে বাকি অংশটি হয়। এরকম আরও কিছু বাক্য শুনুন এবং গঠনপ্রণালী অনুধাবন করুন :

এই পাত্রে অনেক দুধ আছে—There is a lot of milk in this pot.

এই বোতলে অনেক মধু আছে—There is a lot of honey in this bottle.

এখানে অনেক টেলিফোন বুথ আছে—There are many telephone booths here.

ব্যাংক-এর কাছে একটি ডাকবাক্স আছে—There is a letter-box near the bank.

আমাদের গ্রামে একটি পুরোনো মন্দির আছে—There is an old temple in our village.

এই শহরে একটি ক্রিকেট স্টেডিয়াম আছে—There is a cricket stadium in this city.

রামধনুতে সাতটি রং আছে—There are seven colours in the rainbow.

না-বাচক বাক্যে There is বা There are-এর পর no বা not যুক্ত হয়।

There + is / are + no / not + Object / Remaining

এই পাত্রে দুধ নেই—There is no milk in this pot.

এই বোতলে মধু নেই—There is not honey in this bottle.

এ বিষয়ে কোনো সন্দেহ নেই—There is no doubt about it.

এই মন্দিরে কোন পুরোহিত নেই—There is no / not a priest in this temple.

এখানে কোনো পুলিশ নেই—There are no police here.

DO IT YOURSELF

A Translate into English [Each carries 1 mark]

1. এই পুকুরে অনেক মাছ আছে। ....
2. এখানে অনেক গাছপালা আছে। ....
3. আমাদের স্কুলে কুড়িখানি ক্লাসরুম আছে। ....
4. আমাদের স্কুলে এক হাজার ছাত্রছাত্রী আছে। ....
5. আমাদের অফিসে অনেক কর্মী আছে। ....
6. চৌমাথার কাছে একটি পুলিশ-বুথ আছে। ....
7. আমাদের শহরে একটি অডিটোরিয়াম আছে। ....
8. আমাদের বাগানে দশটি আমগাছ আছে। ....
9. আমগাছগুলিতে প্রচুর আম আছে। ....
10. এই থলিতে অনেক আম আছে। ....
11. দেওয়ালে রবীন্দ্রনাথের একটি ছবি আছে। ....
12. টেবিলের ওপর একটি ফুলদানি আছে। ....

B Translate into English [Each carries 1 mark]

1. আমাদের বিদ্যালয়ে ভালো ইংরেজি শিক্ষক নেই। ....
2. এই ঘরে কোনো লোক নেই। ....

3. এই পুকুরে বেশি জল নেই। ....
4. এই বোতলে এক ফোঁটাও জল নেই। ....
5. এই নদীতে কোনো কুমির নেই। ....
6. এই গ্রামে কোনো পাঠাগার নেই। ....
7. তাদের পরিবারে কোনো শান্তি নেই। ....
8. এই কাজে কোনো ভয়/ঝুঁকি নেই। ....
9. তোমার জন্য কোনো সুযোগ নেই। ....
10. তোমার চিন্তার কোন কারণ নেই। ....
11. তোমার বক্তব্যে কোনো যুক্তি (reason) নেই। ....

10

INTRODUCTORY 'THERE' [PAST]

এখন দেখুন, ব্যক্তিগত নয়, সাধারণভাবে 'ছিল' এমন ভাবপ্রকাশকারী কতকগুলি বাক্য :

ছিল (সাধারণভাবে)	**There + was / were + Object / Remaining**

এই বনে একটি বাঘ ছিল—There was a tiger in this forest.

ওই গ্রামে একটি স্কুল ছিল—There was a school in that village.

ওই স্কুলে দশজন শিক্ষক ছিলেন—There were ten teachers in that school.

আমাদের গ্রামে একটি স্বাস্থ্যকেন্দ্র ছিল—There was a health centre in our village.

নদীর তীরে একটি বটগাছ ছিল—There was a banyan tree on the river side.

শহরের কেন্দ্রস্থলে একটি মিনার ছিল—There was a monument at the centre of the city.

অবশেষে দেশে এক ভয়াবহ দুর্ভিক্ষ হয়েছিল—At last there came a terrible famine in the country.

বাক্য-গঠন প্রণালী : There দিয়ে বাক্য শুরু করে was বা were দিয়ে বাদবাকি অংশটি বসানো হয়। এই Introductory There স্থানবাচক।

না-বাচক বাক্যে There was বা There were-এর পর no বা not যুক্ত হয়।

There + was / were + no / not + Object / Remaining

ওই গ্রামে কোনো স্কুল ছিল না—There was no school / not a school in that village.

ওই বাড়িতে একজন বৃদ্ধ ছাড়া কেউ ছিল না—There was none but an old man in that house.

তার প্রতিবেদনে কোন ভুল ছিল না—There was nothing wrong in his report.

আকাশে কোন মেঘ ছিল না—There was no cloud in the sky.

DO IT YOURSELF

A **Translate into English** [Each carries 1 mark]

1. এই গ্রামে একটি পুরোনো মন্দির ছিল। ....
2. এখানে একটি বড়ো পুকুর ছিল। ....
3. পুকুরপাড়ে অনেক তালগাছ ছিল। ....
4. শহরের প্রান্তভাগে একটা গম্বুজ ছিল। ....

5. গম্বুজের তলায় একটি প্রবেশদ্বার ছিল। ....
6. নালন্দায় একটি বিশ্ববিদ্যালয় ছিল। ....
7. দুর্ভিক্ষের আগে এখানে অনেক গ্রাম ছিল। ....
8. এ ব্যাপারে অনেক ঝঞ্ঝাট হয়েছিল। ....
9. তার প্রতিবেদনে কিছু ভুল ছিল। ....
10. গ্রিস দেশে অ্যারিস্টট্‌ল নামে এক মহান দার্শনিক ছিলেন। ....

B **Translate into English** [Each carries 1 mark]

1. ওই ঘরে কোন লোক ছিল না। ....
2. এই ঘরে কোনো আসবাবপত্র ছিল না। ....
3. আমাদের বাগানে কোনো আমগাছ ছিল না। ....
4. তোমার বক্তব্যে কোনো যুক্তি ছিল না। ....

11

INTRODUCTORY 'THERE' [FUTURE]

এখন দেখুন, ব্যক্তিগতভাবে নয়, সাধারণভাবে কিছু 'হবে' বা 'হবে না' এমন কিছু বাক্য :

হবে / হবে না (সাধারণভাবে)	**There + will be + Remaining**

আগামীকাল একটি সভা হবে—There will be a meeting tomorrow.

আজ কোন সভা হবে না—There will be no conference / meeting today.

DO IT YOURSELF

A **Translate into English** [Each carries 1 mark]

1. আগামী বছর বন্যা হবে। ....
2. আগামী বছর বন্যা হবে না। ....
3. আগামীকাল আবহাওয়ার পরিবর্তন হবে। ....
4. আগামীকাল আবহাওয়ার পরিবর্তন হবে না। ....
5. রাত দশটার পরেও এই পথে বাস থাকবে। ....
6. রাত দশটার পরে এই পথে কোনো বাস থাকবে না। ....

12

INTRODUCTORY 'IT' [TIME READING]

দৈনন্দিন জীবনে আমরা প্রায়শই সময় সম্পর্কিত প্রশ্নের মুখোমুখি হই। আর প্রশ্নকর্তা যদি প্রশ্নটা ইংরেজিতে করেন, সেক্ষেত্রে ইংরেজিতে উত্তর দেওয়াটাই বাঞ্ছনীয়। এক্ষেত্রে **Introductory It** ব্যবহার করা হয়। এই **Introductory It** সাধারণত সময়বাচক :

এখন দুপুর বারোটা—It is (It's) 12 noon. ....

এখন দুপুর একটা বাজে—It is (It's) 1 pm. ....

এখন দেড়টা বাজে—It is (It's) half past one. ....

এখন সন্ধ্যা সাড়ে ছ'টা—It is (It's) half past six in the evening. ....

এখন সোয়া সাতটা বাজে—It is (It's) a quarter past seven. ....

এখন পৌনে আটটা বাজে—It is (It's) a quarter to eight.

এখন রাত বারোটা বাজে—It is (It's) twelve o'clock at midnight.

এখন দুটো বাজতে দশ মিনিট বাকি—It is (It's) ten minutes to two.

এখন তিনটে বাজতে কুড়ি মিনিট বাকি—It is (It's) twenty minutes to three.

এখন পাঁচটা বেজে পঁচিশ মিনিট হয়েছে—It is (It's) twenty five minutes past five.

Note দুপুর ১২টার আগে বোঝাতে a.m. (am) এবং দুপুর ১২টার পরে বোঝাতে p.m. (pm) বলা হয়। a.m. হল, Ante Meridian অর্থাৎ 'পূর্বাহ্ণ'। আর p.m. হল Post Meridian অর্থাৎ 'অপরাহ্ণ'।

SOME OTHER EXPRESSIONS WITH 'IT'

এখন আমরা দেখব, আর কোন্ কোন্ ক্ষেত্রে It দিয়ে বাক্যের সূচনা হয় :

- **বর্তমান সময়** বোঝাতে বাক্যটি শুরু হয় **'It'** দিয়ে :

এটা যাবার সময় / এখন যাবার সময়—It is (It's) time to go.

এটা শুরু করার সময়—It is (It's) time to start.

- **অতীত সময়** বোঝাতে বাক্যটি শুরু হয় **'It'** দিয়ে :

এক বছর আগে তোমায় দেখেছিলাম—It is (It's) one year since I saw you.

চার বছর হল রাহুল এখানে এসেছিল—It is (It's) four years since Rahul came here.

- **আবহাওয়া** বলতে বাক্যটি শুরু হয় **'It'** দিয়ে :

এখন বৃষ্টি হচ্ছে—It is (It's) raining.

এটা মেঘলা দিন—It is (It's) a cloudy day.

এটা রৌদ্রোজ্জ্বল দিন—It is (It's) a sunny day.

আজ বড়ো শীত—It is (It's) very cold day.

এটা একটা শীতের রাত—It is (It's) a wintry night.

- **দূরত্ব** বোঝাতে বাক্যটি শুরু হয় **'It'** দিয়ে :

এই পথটা দশ কিলোমিটার—It is (It's) 10 kilometres.

এই পথটা কুড়ি মাইল—It is (It's) 20 miles.

এটা লম্বা পথ—It is (It's) a long way.

এটা সবচেয়ে সংক্ষিপ্ত পথ—It is (It's) the shortest way.

- **গুণ বা অবস্থার কথা** বোঝাতে বাক্যটি শুরু হয় **'It'** দিয়ে :

এটা ভালো—It is (It's) good.

এটা খুব বাজে—It is (It's) very bad.

এটা নিরর্থক—It is (It's) nonsense.

একটু দেরি হয়েছে—It is (It's) a little late.

Note Spoken English বা কথ্য ইংরেজিতে It is = It's.

DO IT YOURSELF

A **Translate into English** [Each carries 1 mark]

1. এখন রাত একটা / দুটো। ....
2. এখন সকাল সাতটা বেজেছে। ....

3. এখন বেলা তিনটে বেজেছে। ....

4. এখন বিকেল সাড়ে পাঁচটা। ....

5. এখন বেলা সওয়া একটা। ....

6. এখন বেলা পৌনে দুটো। ....

7. এখন দুটো বাজতে কুড়ি মিনিট বাকি। ....

8. এখন দুপুর দুটো বেজে পঁচিশ মিনিট। ....

B **Translate into English** [Each carries 1 mark]

1. এখন গ্রীষ্মকাল / বর্ষাকাল। ....

2. এখন শরৎকাল / শীতকাল। ....

3. এখন হেমন্তকাল / বসন্তকাল। ....

4. এখন গুঁড়িগুঁড়ি বৃষ্টি পড়ছে। ....

5. আজ সকাল থেকে বৃষ্টি পড়ছে। ....

6. আজ রাতে বরফ পড়তে পারে। ....

C **Translate into English** [Each carries 1 mark]

1. এখান থেকে আগ্রা 15 মাইল / 20 কিলোমিটার। ....

2. এটা 10 সেন্টিমিটার লম্বা এবং 5 সেন্টিমিটার চওড়া। ....

D **Translate into English** [Each carries 1 mark]

1. এটা চাঁদনি রাত। ....

2. এটা মেঘে-ঢাকা রাত। ....

3. এটা স্বাস্থ্যকর / স্বাস্থ্যের পক্ষে ভালো। ....

4. এটা বিপজ্জনক। ....

5. এটা একটা বদ অভ্যাস। ....

6. এটা আমার ইচ্ছার বিরুদ্ধে। ....

7. এটা আমার পরিকল্পনার বিরোধী। ....

8. এটা বলা সহজ কিন্তু করা কঠিন। ....

9. এটা একটা বিরাট সম্মানের ব্যাপার। ....

10. আমাদের পক্ষে এটা একটা গর্বের (গৌরবের) বিষয়। ....

13

INTRODUCTORY 'LET'

করা যাক্, পড়া যাক্, যাওয়া যাক্, খাওয়া যাক্—এরকম বাক্যগুলির ক্ষেত্রে প্রথমে **Let** শব্দটি ব্যবহৃত হয়। এখন এরকম বাক্যগুলি শোনা যাক :

যাওয়া যাক—Let us / Let's go.

প্রাতরাশ খাওয়া যাক—Let us / Let's have our breakfast.

জানলাটা খোলা যাক—Let us / Let's open the window.

এখন আমাকে পড়তে দাও—Let me read now.

আমাকে এখন বলতে দাও—Let me say / speak.

তাকে ভেতরে আসতে দাও—Let him / her come in.

আমাকে এটা করতে দিন—Let me do it.

আমাকে শেষ করতে দিন—Let me finish.

আমাকে আগে বলতে দিন—Let me say at first.

এই ছবিটা প্রথমে দেখতে দিন—Let us / Let's see this picture first.

Note Let-এর ব্যবহার কখনো 2nd person-এ হয় না। শুধু 1st Person এবং 3rd Person-এর ক্ষেত্রে ব্যবহৃত হয়। Spoken English-এ Let us = Let's.

DO IT YOURSELF

Translate into English [Each carries 1 mark]

1. করা যাক। ....
2. বসা যাক। ....
3. পড়া যাক। ....
4. খেলা যাক। ....
5. দেখা যাক। ....
6. শোনা যাক। ....
7. খাওয়া যাক। ....
8. যাওয়া যাক। ....
9. রোহন বাইরে যাক। ....
10. ছেলেরা মাঠে খেলতে যাক। ....
11. এবার শুরু করা যাক। ....
12. মাধুরী ভেতরে আসুক। ....
13. এখন আমায় যেতে দাও। ....
14. এখন আমায় পড়তে দাও। ....
15. আমায় আগে বলতে দাও। ....
16. আমায় শেষ করতে দাও। ....

14

HYPOTHECATED SENTENCES [OBLIGATION]

এবার দেখুন, এমন কতকগুলি বাক্য যা **'অবশ্যই করতে হবে'**, **'অবশ্যই যেতে হবে'** এরকম ভাব প্রকাশ করে :

করব, যাব, দেখব, হবে, দেবে ইত্যাদি

Subject + have to / has to + Verb + Object / Remaining

আমাকে এখন বাড়িতে যেতেই হবে—I have to go home now.

আমাকে কাজটা করতেই হবে—I have to do this work.

প্রীতমকে ইংরেজি শিখতেই হবে—Preetam has to learn English.

শচিনকে আজ ভালো খেলতেই হবে—Sachin has to play well today.

ভারতের খেলোয়াড়দের আজ ভালো খেলতেই হবে—Indian players have to play well today.

বাক্য-গঠন প্রণালী : Subject-এর পরে **'have to'** বা **'has to'** বসিয়ে মূল **verb**-টি ব্যবহার করা হয়। শুধু 3rd person singular number-এর ক্ষেত্রে 'have to'-এর পরিবর্তে 'has to' বসে।

Note এরকম বাধ্যতা-প্রকাশক বাক্যে **'have to / has to'-এর পরিবর্তে অনেক সময় 'must'** ব্যবহার করা যায়।

আমাকে ইংরেজি শিখতেই হবে—I have to learn English. [or] I must learn English.

আবার দেখুন, যেখানে Subject-কে পরিষ্কারভাবে জানা যাচ্ছে না, কাজটাই প্রধান, সেক্ষেত্রে **'have to be'** বা **'has to be'** ব্যবহার করতে হয়।

Subject + have / has + to be + Verb + Object / Remaining

আমাদের দাবি মানতে হবে—Our demand has to be fulfilled.

চিঠিটা আজ ডাকে পাঠাতেই হবে—The letter has to be posted today.

নিয়মশৃঙ্খলা মানতেই হবে—Discipline has to be maintained.

হত্যাকারীকে শাস্তি পেতেই হবে—The murderer has to be punished.

15

SMALL SPEECHES : COMMAND

এখন শিখব, একটি বা দুটি শব্দের মাধ্যমে কীভাবে ইংরেজিতে **Command** বা আদেশ প্রকাশ করা হয় সে বিষয়ে :

করো, বলো, এসো, খাও, যাও ইত্যাদি	**Main Verb + Remaining**

ওদিকে যাও—Go there.

এদিকে এসো—Come here.

এটা নাও—Take it.

জোরে বলো—Speak out.

এদিকে দ্যাখো—Look here.

এগিয়ে যাও—Go ahead.

সোজা যান—Go straight.

সাবধান—Be careful.

সাবধানে থাকুন—Take care.

উপরে যাও—Go up.

নীচে যাও—Get down.

বেরিয়ে যাও—Get out.

এখানে থোমো—Stop here.

চুপ করো—Keep quiet.

আবার চেষ্টা করো—Try again.

বাইরে অপেক্ষা করো—Wait outside.

DO IT YOURSELF

Translate into English [Each carries 1 mark]

1. বইটা খোলো। ....
2. পনেরো পৃষ্ঠাটা খোলো। ....
3. প্রথম লাইনটা পড়ো। ....
4. এখনই এটা করো। ....
5. দরজাটা বন্ধ করো। ....
6. জানলাটা খোল। ....

16

DESCEND

এবার শিখব নিষেধসূচক সংক্ষিপ্ত বাক্য	**Do not / Don't + Main verb**

যেও না—Don't go.

দৌড়িও না—Don't run.

কথা বলো না—Don't talk.

ভুলো না—Don't forget.

এটাকে ভেঙো না—Don't break it.

বাজে কথা বলো না—Don't talk rubish.

এমন কথা বলো না—Don't say this.

পরিহাস করো না—Don't cut jokes.

চিৎকার করো না—Don't shout.

নড়ো না—Don't move.

চিন্তা করো না—Take care.

দেরি করো না—Go up.

অপেক্ষা করো না—Get down.

ওকে রাগিও না—Get out.

কখনো ভুলো না—Stop here.

কিছু ভেবো না—Keep quiet.

মাত্রা ছাড়িও না—Try again.

বোকা হয়ো না—Wait outside.

বোকার মতো কথা বলো না—Don't talk nonsense.

জ্বালাতন করো না—Don't trouble / disturb me.

Note Spoken English বা কথ্য ইংরেজিতে Do not = Don't হয়।

17

IMPERATIVE MOOD

এবার দেখুন, **Imperative mood**-এর কতগুলি বাক্য। বাক্যগুলিতে Verb-এর রূপ সর্বদাই অপরিবর্তিত থাকে। বাক্যগুলি শিখে ফেলুন এবং সুযোগ পেলেই ব্যবহার করুন :

তাড়াতাড়ি এসো—Come soon.
দেরি করো না—Don't be late.
পুনরায় চেষ্টা করো—Please try again.
ন্যাকামি করো না—Don't be silly.
যাক গে / ছেড়ে দাও—Leave it.
কথা বলো না—Don't talk.
চিন্তা করো না—Don't worry.
কিছু মনে করো না—Never mind.
কখনো ভুলো না—Never forget.
আসল কথায় এসো—Come to the point.

POLITE EXPRESSIONS—REQUESTS

ভদ্রতা বজায় রাখতে, বিশেষত পদমর্যাদায় বড়ো বা বয়স্ক ব্যক্তিদের কিছু **অনুরোধ করতে হলে Please** দিয়ে বাক্য শুরু করতে হয়। বাক্যগুলি শিখে ফেলুন এবং সুযোগ পেলেই ব্যবহার করুন :

দয়া করে, অনুগ্রহ করে, ইত্যাদি... **Please + Verb + Remaining**

দয়া করে এই পথ দিয়ে আসুন—Come this way please.
দয়া করে আসন গ্রহণ করুন—Please be seated. / Please take your seat.
দয়া করে এইখানে স্বাক্ষর করুন—Please sign here.
দয়া করে তাড়াতাড়ি করুন—Please hurry up.
দয়া করে চুপ করে থাকুন—Please keep quiet.
দয়া করে আমাকে উত্তর দিন—Please answer me.
দয়া করে আবার আসবেন—Do come again please.

18

ASCEND, DOUBT, ETC.

এবার শুনুন, আরও কিছু সংক্ষিপ্ত কথা, যার সাহায্যে **সম্মতি, অসম্মতি, সন্দেহ** প্রভৃতি ভাব প্রকাশ করা যায় :

অবশ্যই—Of course.
প্রকৃতপক্ষে—Actually.
একেবারেই নয়—Not at all.
সব রকমেই—By all means.
অতি সত্যি—That's quite true.
আমার কথা শোন—Listen to me.
তুমি যা ভাব—As you like.
যদি তুমি মনে করো—If you like.
এখনও নয়—Not yet.
অবশ্যই নয়—Of course not.
মোটেই নয়—Not in the least.
কোনো মতেই নয়—By no means.
যত্ন নাও / নিন—Take care.
সম্ভবত তাই—Perhaps so.
আমি তাই মনে করি—I think so.
আমি তা মনে করি না—I don't think so.

19

EXCLAMATION

এবারে শিখব, কীভাবে ইংরেজিতে বিস্ময়, উচ্ছ্বাস ইত্যাদি প্রকাশ করা হয়—অর্থাৎ **'Different Exclamatory Expressions'** বা **'মনের আবেগ প্রকাশ'** :

খুব ভালো—Excellent!
বেশ বেশ—Bravo!.
বাঃ বেশ!—Not yet.
চুপ! চুপ!—Hush!

অদ্ভুত ! আশ্চর্য—Wonderful!
অসাধারণ !—Splendid!
কী মিষ্টি !—How sweet!
কী সুন্দর !—How lovely!
কী সর্বনাশ !—How tragic!
কী ভয়ানক !—How terrible!
কী আস্পর্ধা !—How daring!
কী অসহ্য !—How disgusting!
কী দুঃখের ব্যাপার—What a pity!
সাবধান !—Beware!
তাই নাকি !—Really!
হঠাৎ যে !—What a surprise!
কী সব অবাস্তব !—How absurd!
কী দুঃখের !—How sad!
কী আনন্দের !—How joyful!
কী মূর্খ !—What a nonsense!
কী লজ্জার কথা !—What a shame!
অত্যন্ত পরিতাপের—How disgraceful!

20

DEGREES OF COMPARISONS

ইংরেজিতে **Adjective**-এর তিনটি ডিগ্রী থাকে। **Positive Degree, Comparative Degree, Superlative Degree**. যেমন—**tall—taller—tallest**.

নীলাঞ্জন লম্বা—Nilanjan is tall.
দীপায়ন নীলাঞ্জন-এর চেয়ে লম্বা—Deepayan is taller than Nilanjan.
দীপায়ন ক্লাসের সবার চেয়ে লম্বা—Deepayan is the tallest of all in the class.
মাউন্ট আবু উঁচু পর্বতশৃঙ্গ—Mount Abu is a high mountain.
কাঞ্চনজঙ্ঘা মাউন্ট আবুর চেয়ে উঁচু—Kanchanjangha is higher than Mount Abu.
এভারেস্ট পৃথিবীর উচ্চতম শৃঙ্গ—Everest is the highest mountain in the world.
নার্গিস ছোটো মেয়ে—Nargis is a young girl.
আমিনা নার্গিসের চেয়ে ছোটো—Amina is younger than Nargis.
মৌমিতা সবার চেয়ে ছোটো—Moumita is the younger than Nargis.
টেম্‌স একটি দীর্ঘ নদী—The Thames is a long river.
গঙ্গা টেম্‌সের চেয়ে দীর্ঘতর—The Ganga is longer than the Thames.
নীলনদ পৃথিবীর দীর্ঘতম নদী—The Nile is the longest river in the world.
রুপো তামার চেয়ে মূল্যবান ধাতু—Silver is more valuable than copper.
সোনা অন্য সব ধাতুর চেয়ে বেশি মূল্যবান—Gold is the most valuable metal of all.

Note দুজন ব্যক্তি বা দুটো বস্তুর মধ্যে তুলনার ক্ষেত্রে taller, longer, younger, higher ইত্যাদি Comparative Degree বসে। দুই-এর বেশির মধ্যে বোঝাতে tallest, longest, youngest, highest ইত্যাদি Superlative Degree বসে। কিছু ক্ষেত্রে Adjective-এর আগে more এবং most বসানো হয়।

SOME POSITIVE, COMPARATIVE AND SUPERLATIVE DEGREES

Positive	Comparative	Superlative
Brave	Braver	Bravest
Big	Bigger	Biggest

Positive	Comparative	Superlative
Cool	Cooler	Coolest
Hot	Hotter	Hottest
Tall	Taller	Tallest
High	Higher	Highest
Much	More	Most
Great	Greater	Greatest
Small	Smaller	Smallest
Thin	Thinner	Thinnest
Thick	Thicker	Thickest
Easy	Easier	Easiest
Happy	Happier	Happiest
Young	Younger	Youngest
Weak	Weaker	Weakest
Wise	Wiser	Wisest

কিছু বেশি letter-যুক্ত Adjective-এর আগে more এবং most বসিয়ে Comparative এবং Superlative Degree করা হয় :

Beautiful	more beautiful	most beautiful
Valuable	more valuable	most valuable

21

MODALS

MAY [Suspected Sentences]

এবার দেখুন, **'থাকতে পারে'**, **'হতে পারে'** এরকম সম্ভাবনাপূর্ণ বা আশঙ্কাপূর্ণ কয়েকটি বাক্য :

হতে পারে, থাকতে পারে | **There + may be + object / remaining**

আমার বলায় ভুল হতে পারে—There may be a mistake in my speech.

জলে জীবাণু থাকতে পারে—There may be germs in the water.

হিসেবে ভুল থাকতে পারে—There may be mistake in the account.

তোমার অনেক টাকা থাকতে পারে—There may be a lot of money with you.

টেলিফোন বুথটিতে ফ্যাক্স পরিষেবা থাকতে পারে—There may be fax facility in that telephone booth.

বাক্য-গঠন প্রণালী : এরকম সম্ভাবনাপূর্ণ বা আশঙ্কাপূর্ণ বাক্যের শুরু হয় **'There may be'** দিয়ে, এরপর বাকি অংশটি বসানো হয়।

Possibility (May) : সাধারণভাবে 'সম্ভাবনা'-র ক্ষেত্রেও **may** ব্যবহৃত হয়।

সম্ভাবনামূলক বাক্য | **Subject + may + verb + remaining**

বৃষ্টি আসতে পারে—Rain may come.

আজ আমাদের অতিথি আসতে পারে—Our guest may come today.

সে বাড়িতে থাকতে পারে—He may be at home.

Prayer (May) : প্রার্থনামূলক বাক্যের ক্ষেত্রেও may, ব্যবহৃত হয়।

প্রার্থনামূলক বাক্য	**May + subject + verb + remaining**

তুমি সুখী হও—May you be happy.

দীর্ঘজীবী হও—May you live long.

ঈশ্বর তোমার মঙ্গল করুন—May God bless you.

তোমার জয় হোক—May glory / success attend you.

Permission (May) : এবার দেখুন অনুমতি চাইবার অথবা অনুমতি দেবার বাক্যের গঠন কীরকম হয় :

আসতে পারি, যেতে পারি, করতে পারি	**May + subject + verb + remaining**

আমি কি ভেতরে আসতে পারি?—May I come in?

ভেতরে আসতে পারেন—You may come in.

আমরা কি বাইরে যেতে পারি?—May we go outside?

তোমরা বাইরে যেতে পারো—You may go outside.

আমি কি এ বিষয়ে কিছু বলতে পারি?—May I say something about this?

আপনি অবশ্যই পারেন—You may certainly say something about this.

বাক্য-গঠন প্রণালী : অনুমতি চাইবার ক্ষেত্রে প্রথমে May তারপর Subject এবং তারপর Verb বসবে। অনুমতি দেবার ক্ষেত্রে প্রথমে Subject, তারপর may এবং এরপর verb বসবে।

না-বাচক বাক্যে may-এর পর not ব্যবহৃত হয়	**Subject + may + not + verb + remaining**

তুমি বাইরে নাও যেতে পার—You may not go outside.

আমি ড্রয়ারে মানিব্যাগটা নাও রাখতে পারি—I may not have the moneybag / purse / wallet in the drawer.

সন্ধেবেলা বৃষ্টি নাও হতে পারে—It may not rain in the evening.

DO IT YOURSELF

A Translate into English [Each carries 1 mark]

1. জলে ময়লা থাকতে পারে। ....
2. ফলের মধ্যে কীট থাকতে পারে। ....
3. খাবারে বিষ থাকতে পারে। ....
4. এই নদীতে কুমির থাকতে পারে। ....
5. তোমার অনেক ক্ষমতা থাকতে পারে। ....
6. ওষুধের দোকানটিতে প্রাথমিক চিকিৎসার পরিষেবা থাকতে পারে। ....

B Translate into English [Each carries 1 mark]

1. আজ বৃষ্টি হতে পারে। ....
2. আজ বৃষ্টি নাও হতে পারে। ....
3. বলবীর এখানে আসতে পারে। ....
4. বলবীর এখানে নাও আসতে পারে। ....

5. সে বাড়িতে থাকতে পারে। ....

6. সে বাড়িতে নাও থাকতে পারে। ....

C **Translate into English** [Each carries 1 mark]

1. আমি কি ভেতরে আসতে পারি? ....
2. তুমি ভেতরে আসতে পারো। ....
3. আমি কি বাইরে যেতে পারি? ....
4. হ্যাঁ, তুমি বাইরে যেতে পারো। ....
5. আমরা কি এ ব্যাপারে কিছু বলতে পারি? ....
6. আপনি অবশ্যই কিছু বলতে পারেন। ....

D **Translate into English** [Each carries 1 mark]

1. দীর্ঘজীবী হও। ....
2. ভগবান তোমার মঙ্গল করুন। ....
3. তোমার জয় হোক। ....

CAN [Ability—কিছু করতে পারা]

এবার দেখুন, **'যেতে পারে', 'করতে পারে', 'খেলতে পারে'**—এরকম সক্ষমতা প্রকাশকারী কতকগুলি বাক্য :

খেলতে পারে, নাচতে পারে, আঁকতে পারে	**Subject + can + verb + object / remaining**

মাসুদ ভালো সাঁতার কাটতে পারে—Masud can swim well.

রাইমা ছবি আঁকতে পারে—Raima can draw pictures.

মেয়েটি সুন্দর নাচতে পারে—The girl can dance gracefully.

ছেলেগুলি ফুটবল / ভলিবল খেলতে পারে—The boys can play football / volleyball.

সে কবিতা লিখতে পারে—He / She can write a poem.

আমার মা ভালো রান্না করতে পারেন—My mother can cook well.

বাক্য-গঠন প্রণালী : Subject-এর পরে **'can'** বসিয়ে, তারপর মূল **verb**-এর সাধারণ রূপ বসানো হয়।

না-বাচক বাক্যের ক্ষেত্রে মূল verb-এর আগে cannot শব্দটি বসে	**Subject + cannot + verb**

বৃদ্ধ লোকটি হাঁটতে পারে না—The old man cannot walk.

রোগীটি খাবার খেতে পারে না—The patient cannot take any food.

সে গাড়ি চালাতে পারে না—He / She cannot drive a car.

শিশুটি কথা বলতে পারে না—The child cannot speak.

আমি কোনো অজুহাত সহ্য করতে পারি না—I cannot tolerate any excuse.

তিনি কোনো অন্যায় বরদাস্ত করতে পারেন না—He / She cannot accept any injustice.

Note Spoken English বা কথ্য ইংরেজিতে [cannot = can't] হয়।

DO IT YOURSELF

A **Translate into English** [Each carries 1 mark]

1. আমি ভালো ইংরেজি বলতে পারি। ....
2. আমার বোন গান গাইতে পারে। ....
3. রাবেয়া ছবি আঁকতে পারে। ....

4. সে একটানা পাঁচ মাইল ছুটতে পারে। ....
5. হরিণ দ্রুত দৌড়াইতে পারে। ....
6. ইদ্রিশ সাইকেল চালাতে পারে। ....
7. আমি গাছে চড়তে পারি। ....
8. আমি ভালো রান্না করতে পারি। ....
9. পাপিয়া ভালো পিয়ানো বাজাতে পারে। ....
10. তুমি সেখানে বাসে করে বা পায়ে হেঁটে যেতে পারো। ....

B **Translate into English** [Each carries 1 mark]

1. আমি ভালো ইংরেজি বলতে পারি না। ....
2. আমার বোন গান গাইতে পারে না। ....
3. রাবেয়া ছবি আঁকতে পারে না। ....
4. সে একটানা পাঁচ মাইল ছুটতে পারে না। ....
5. শিশুটি হাঁটতে পারে না। ....
6. ইদ্রিশ সাইকেল চালাতে পারে না। ....
7. আমি গাছে চড়তে পারি না। ....
8. আমি ভালো রান্না করতে পারি না। ....
9. পাপিয়া ভালো পিয়ানো বাজাতে পারে না। ....
10. তুমি সেখানে বাসে করে বা পায়ে হেঁটে যেতে পারো না। ....

22

NEED (দরকার)

এবার দেখুন, এই বাক্যগুলি যা কিছু **প্রয়োজন** বা **দরকারের বিষয়** বলছে :

যাওয়া দরকার, খাওয়া দরকার, করা দরকার	**Subject + need + object / remaining**

আমার একটি কালার টিভি চাই—I need a colour TV.

আমার গাড়িতে একটি নতুন চাকা দরকার—My car needs a new tyre.

তার অন্যের সাহায্যের প্রয়োজন—He / She needs help from others.

তার কাছ থেকে তোমার নৈতিক সমর্থন প্রয়োজন—You need moral support from her.

জিততে হলে ভারতের ২৭৪ রান প্রয়োজন—India needs 274 runs to win.

এই প্রকল্প ঠিক ঠিক চালাতে হলে অনেক টাকার প্রয়োজন—This project needs a lot of money for proper running.

বাক্য-গঠন প্রণালী : Subject-এর পরে **'need'** অথবা modal auxiliary হলে **'need to'** বসিয়ে মূল Verb-টি ব্যবহৃত হবে।

আমার এখনই সেখানে যাওয়া দরকার—I need to go there immediately.

আমাদের সকলেরই বইটি পড়া দরকার—We all need to read the book.

না-বাচক বাক্যের ক্ষেত্রে need not শব্দটি বসে।

তোমার এখন ওটা করার দরকার নেই—You need not (needn't) do this now.

তোমার ওখানে যাওয়ার দরকার নেই—You need not (needn't) go there.

আজকের ফাংশানে রুমার গান গাইবার দরকার নেই—Ruma need not (needn't) sing in the function today.

আমাদের কোনরকম গুণ্ডামি সহ্য করার দরকার নেই—We need not [needn't] allow any hooliganism.

ওদের ব্যাপারে তোমার মনোযোগ দেবার দরকার নেই—You need not [needn't] pay your attention to their problem / business.

Note Spoken English বা কথ্য ইংরেজিতে [need not = need'nt] হয়।

DO IT YOURSELF

A **Translate into English** [Each carries 1 mark]

1. আমার একটি কম্পিউটার চাই। ....
2. রোহনের কিছু টাকার দরকার। ....
3. তোমার অন্যের সাহায্যের দরকার। ....
4. তোমার এখন কিছুটা বিশ্রাম দরকার। ....
5. তোমার হাতের লেখা অভ্যাস করার প্রয়োজন। ....
6. এই বইটি তোমাদের পড়া দরকার। ....
7. এরকম গুণ্ডামি বন্ধ করা দরকার। ....
8. সাবিনার আজকের ফাংশানে গান গাইবার দরকার আছে। ....
9. ওদের ব্যাপারে আমার মনোযোগ দেওয়ার দরকার আছে। ....
10. কাজটা পেতে হলে তোমার ওপরওয়ালার তোষামোদ করার দরকার আছে। ....

B **Translate into English** [Each carries 1 mark]

1. আমার কোন কম্পিউটার চাই না। ....
2. রোহনের টাকার দরকার নেই। ....
3. তোমার অন্যের সাহায্য দরকার নেই। ....
4. তোমার এখন আমোদে গা ভাসিয়ে দেওয়ার দরকার নেই। ....
5. তোমার হাতের লেখা অভ্যেস করার প্রয়োজন নেই। ....
6. এই বইটি তোমাদের পড়ার দরকার নেই। ....
7. আমাদের এরকম নোংরামি সহ্য করার দরকার নেই। ....
8. সাবিনার আজকের ফাংশানে গান গাইবার দরকার নেই। ....
9. ওদের ব্যাপারে আমার মনোযোগ দেওয়ার দরকার নেই। ....
10. কাজটা পাওয়ার জন্য তোমার ওপরওয়ালার তোষামোদ করার দরকার নেই। ....

23

SHOULD (উচিত)

এবার দেখুন, **'করা উচিত', 'খাওয়া উচিত', 'যাওয়া উচিত'** এরকম কিছু বাক্য :

করা উচিত, খাওয়া উচিত, যাওয়া উচিত	**Subject + should + verb + object / remaining**

এই বইটি তোমার পড়া উচিত—You should read this book.

আমাদের বাড়ির কাজ নিয়মিত করা উচিত—We should do homework regularly.

তোমার একজন হার্টের ডাক্তার দেখানো উচিত—You should consult a cardiologist / heart specialist

বৃদ্ধ লোকটির এখন বিশ্রাম করা উচিত—The old man should take rest now.

আমাদের সরকারকে কর দেওয়া উচিত—We should pay taxes to our Government.

বাক্য-গঠন প্রণালী : Subject-এর পরে **should** বসিয়ে, মূল **verb**-টি ব্যবহৃত হবে।

'করা উচিত নয়', 'খাওয়া উচিত নয়'—এরকম **না-বাচক বাক্যে** মূল **verb-এর আগে should not** শব্দটি বসাতে হয় :

তার এখন শক্ত খাবার খাওয়া উচিত নয়—He / She should not (shouldn't) take solid food now.

তার এখন তাস খেলা উচিত নয়—He / She should not (shouldn't) play cards now.

আগুন নিয়ে খেলা করা উচিত নয়—You should not (shouldn't) play with fire.

আমাদের ট্রাফিক আইন ভাঙা উচিত নয়—We should not (shouldn't) break the traffic rules.

রাহুলের এখন চুপ করে থাকা উচিত নয়—Rahul should not (shouldn't) keep silent now.

আমাদের আলস্যে সময় কাটানো উচিত নয়—We should not (shouldn't) idle away our time.

[Spoken English বা কথ্য ইংরেজিতে should not = shouldn't হয়।]

DO IT YOURSELF

A Translate into English [Each carries 1 mark]

1. তোমার এখন কঠোর পরিশ্রম করা উচিত। ....
2. বিপদের সময় বন্ধুকে সাহায্য করা উচিত। ....
3. তোমার এখন সত্য কথা বলা উচিত। ....
4. তোমাদের নিয়মিত ক্লাসে যাওয়া উচিত। ....
5. তোমার প্রতিদিন সকালে বেড়ানো উচিত। ....

B Translate into English [Each carries 1 mark]

1. এখন আলস্যে সময় কাটানো উচিত নয়। ....
2. বিপদের সময় বন্ধুকে পরিত্যাগ করা উচিত নয়। ....
3. তোমার এখন মিথ্যা কথা বলা উচিত নয়। ....
4. তোমাদের ক্লাস কামাই করা উচিত নয়। ....
5. সকালবেলায় বিছানায় শুয়ে থাকা উচিত নয়। ....

24

SHOULD HAVE (উচিত ছিল)

এবার দেখুন, **করা হয়নি কিন্তু করা উচিত ছিল** এরকম ভাবপ্রকাশকারী কতকগুলি বাক্য :

করা উচিত ছিল, যাওয়া উচিত ছিল, পড়া উচিত ছিল

Subject + should have + v.p.p. + Object / Remaining

আমার মায়ের কথা শোনা উচিত ছিল—I should have obeyed my mother's word.

তোমার সত্যি কথা বলে দেওয়া উচিত ছিল—You should have told the truth.

তোমার কাজটি করে রাখা উচিত ছিল—You should have done (completed) your task.

আমাদের শোকসভায় যাওয়া উচিত ছিল—We should have gone to the condolence meeting.

গরিব মানুষটিকে তোমার সাহায্য করা উচিত ছিল—You should have helped the poor man.

বাক্য-গঠন প্রণালী : এরকম বাক্যে **Subject**-এর পর **should have** বসিয়ে, মূল verb-এর **past participle** ব্যবহার করতে হয়।

DO IT YOURSELF

A **Translate into English** [Each carries 1 mark]

1. তোমার শিক্ষকের কথা শোনা উচিত ছিল। ....
2. আমাদের আলোচনা সভায় যাওয়া উচিত ছিল। ....
3. তোমার প্রত্যেককে ডাকা উচিত ছিল। ....
4. কথা দিয়ে কথা রাখা উচিত ছিল। ....
5. সবাইকে আসল সত্য বলা উচিত ছিল। ....
6. তোমার ঋণের টাকাটা শোধ করে দেওয়া উচিত ছিল। ....
7. পায়েলের একটি ইঞ্জেকশন নিয়ে নেওয়া উচিত ছিল। ....
8. তোমাদের অসুস্থ মানুষটিকে হাসপাতালে পাঠিয়ে দেওয়া উচিত ছিল। ....

25

MUST

এবার দেখুন, **'অবশ্যই যাব'**, **'অবশ্যই করব'**, **'অবশ্যই পড়ব'** ইত্যাদি ভাবপ্রকাশকারী বাক্য :

অবশ্যই যাব, অবশ্যই খেলব, অবশ্যই পড়ব	**Subject + must + verb + remaining**

এটা অবশ্যই ভালো হবে—It must be good.

তোমাকে অবশ্যই যেতে হবে—You must go.

তুমি অবশ্যই ইংরেজিতে কথা বলবে—You must speak in English.

আমরা অবশ্যই সত্যি কথা বলব—We must speak the truth.

আমরা অবশ্যই আইন মেনে চলব—We must obey the law.

আমরা অবশ্যই ভোটাধিকার প্রয়োগ করব—We must cast our votes.

শ্রীলঙ্কা আজ অবশ্যই ক্রিকেটে জিতবে—Sri Lanka must win the cricket match today.

বাক্য-গঠন প্রণালী : এরকম বাক্যে **Subject**-এর পর **must** বসিয়ে, মূল **verb** ব্যবহার করা হয়।

DO IT YOURSELF

A **Translate into English** [Each carries 1 mark]

1. আমরা অবশ্যই সেখানে যাব। ....
2. উর্মিলা অবশ্যই স্কুলে যাবে। ....
3. তারা অবশ্যই খেলায় জিতবে। ....
4. পাকিস্তান আজ অবশ্যই ক্রিকেট ম্যাচটিতে জিতবে। ....
5. তুমি অবশ্যই তোমার শিক্ষকদের মান্য করবে। ....
6. গাড়ি চালাবার সময় অবশ্যই ড্রাইভিং লাইসেন্স সঙ্গে রাখবে। ....

26

COULD NOT HELP

এবার দেখুন, **'না করে পারল না'**, **'না হেসে পারল না'**, **'না কেঁদে পারল না'** এরকম ভাবপ্রকাশকারী বাক্য :

না গিয়ে, না করে, না কেঁদে পারল না	**Subject + could not help + v-ing + remaining**

আমি না হেসে পারলাম না—I could not (couldn't) help taughing.

মেঘা না কেঁদে পারল না—Megha could not (couldn't) help weeping.

আমি সত্যি কথা না বলে থাকতে পারলাম না—I could not (couldn't) help telling the truth.

সে উপন্যাসটি না পড়ে পারল না—He could not (couldn't) help reading the novel.

আমি বন্যাত্রাণে টাকাটা না দিয়ে পারলাম না—I could not (couldn't) help donating the money to the flood relief fund.

বাক্য-গঠন প্রণালী : এরকম বাক্যে **Subject**-এর পরে **could not help** বসিয়ে **verb + ing** ব্যবহার হয়। Spoken English বা কথ্য ইংরেজিতে—could not = couldn't হয়।

COULD NOT BUT

আবার দেখুন, 'could not help'-এর জায়গায় 'could not but' বসিয়েও এরকম বাক্য করা যায়।

Subject + could not but + Verb + remaining

আমি না হেসে পারলাম না—I could not (couldn't) but laugh.

মেঘা না কেঁদে পারল না—Megha could not (couldn't) but cry (weep).

আমি সত্যি কথাটা না বলে পারলাম না—I could not (couldn't) but tell the truth.

সে উপন্যাসটি না পড়ে পারল না—He / She could not (couldn't) but read the novel.

আমি বন্যাত্রাণে টাকাটা না দিয়ে পারলাম না—I could not (couldn't) but donate the money to the flood relief fund.

বাক্য-গঠন প্রণালী : এরকম বাক্যে **Subject**-এর পরে **could not but** বসিয়ে, মূল **verb**-টি বসানো হয়।

DO IT YOURSELF

A **Translate into English** [Each carries 1 mark]

1. আমি সভায় না গিয়ে পারলাম না। ....
2. অপর্ণা না হেসে পারল না। ....
3. সুদেষ্ণা না কেঁদে পারল না। ....
4. পুষ্পা সত্যি কথাটা না বলে পারল না। ....
5. রোহিত ঋণ শোধ না করে পারল না। ....

27

PRESENT PARTICIPLE [I]

এবার দেখুন, কীভাবে Present Participle ব্যবহার করা হয়।

চলন্ত, ছুটন্ত, ফুটন্ত, ঘুরন্ত ইত্যাদি | **Pr. Participle as an Adjective**

চলন্ত ট্রেনে ওঠার চেষ্টা করো না—Don't try to get into a *running* train.

ফুটন্ত জলে হাত দিও না—Don't put your hand in *boiling* water.

Note 'চলন্ত'-কে 'চলমান', 'ঘুরন্ত'-কে 'ঘূর্ণমান'—এভাবেও বাংলায় বলা হয়। ইংরেজিতে এরকম verb + ing পরবর্তী Noun-এর Adjective রূপে ব্যবহৃত হয়।

DO IT YOURSELF

A **Translate into English** [Each carries 1 mark]

1. ফুটন্ত ফুল দেখতে সুন্দর। ....
2. ঘুমন্ত সিংহকে জাগিও না। ....

3. ঘূর্ণমান পাথরে শেওলা জড়ায় না। ....

4. শিকারি একটা উড়ন্ত পাখিকে গুলি করল। ....

5. উদীয়মান / অস্তায়মান সূর্যের দিকে তাকাও। ....

PRESENT PARTICIPLE [II]

এবার দেখুন, আরও কীভাবে Present Participle ব্যবহার করা হয় :

গিয়ে, খেলে, পড়ে, কেঁদে ইত্যাদি	**Present Participle phrase + Main sentence**

আলো নিভিয়ে, আমি বিছানায় যাই—*Putting off* the light, I go to bed.

হইচই শুনে, ছেলেটি জেগে উঠল—*Hearing* the noise, the boy woke up.

ঘরে ঢুকে, মেয়েটি দরজা বন্ধ করল—*Entering* the room, the girl shut the door.

বাস থেকে নেমে, ছোটো মেয়েটি কাঁদতে শুরু করল—*Getting off* the bus, the little girl began to cry.

জলে ঝাঁপ দিয়ে, ছেলেটি সাঁতরাতে লাগল—*Jumping into the river,* the boy started to swim.

পেখম মেলে, ময়ূরটি নাচতে শুরু করল—*Stretching its wings,* the peacock started to swime.

হাত ধরে, তার বন্ধু তাকে পথ দেখিয়ে নিয়ে গেল—*Seizing by the arm,* his friend led him away.

আমাদের সঙ্গে কোন পথপ্রদর্শক না পেয়ে, আমরা পথ হারালাম—*Having no guide with us,* we lost our way.

বাক্য-গঠন প্রণালী : এরকম বাক্যে **Present Participle** অর্থাৎ **verb + ing** (যেমন, doing, running, playing ইত্যাদি) দিয়ে শুরু করা হয়।

PRESENT PARTICIPLE [III]

এবার দেখুন, আরও এক রকম Present Participle-এর ব্যবহার :

করে, নিয়ে, এসে, খেলে ইত্যাদি	**Main sentence + (by) verb-ing phrase**

আমি মনকে একাগ্র করে পড়াশোনা করি—I study (by) *concentrating* my mind.

আমি ধ্যান করে মনকে একাগ্র করি—I concentrate my mind (by) *doing* meditation.

তিনি কঠোর পরিশ্রম করে সংসার চালান—He maintains his family (by) *doing* hard work.

ভিখারিটি রোজ ভিক্ষা করে জীবন কাটায়—The beggar maintains himself (by) *begging* everyday.

লোকটি হকারি করে অর্থ উপার্জন করে—The man earns money by *peddling.*

মুচি ভাইয়েরা জুতো সারাই করে অর্থ উপার্জন করে—The cobbler earns money (by) *mending* shoes.

দমকলকর্মীরা অনেক ঝুঁকি নিয়ে আগুন নেভায়—The Fire service men extinguish fire (by) *taking* great risk.

বেকার ছেলেটি টিউশানি করে সংসার চালায়—The unemployed young man maintains his family (by) *doing* tuition.

দাবা খেলে বিশ্বনাথন আনন্দ বিরাট খ্যাতি অর্জন করেছেন—Biswanathan Anand has won great fame (by) *playing* chess.

বাক্য-গঠন প্রণালী : এরকম বাক্যে মূল বাক্যাংশের পর **by doing, by playing** ইত্যাদি ব্যবহার করা হয়। অবশ্য by উহ্যও থাকতে পারে, আর তখন একটি কমা (,) বসাতে হয়।

DO IT YOURSELF

Translate into English [Each carries 1 mark]

1. পেছন ফিরে আমার বন্ধু আমাকে ডাকল। ....
2. ড্রয়ার খুলে আমি মানিব্যাগটা বার করলাম। ....
3. তাকে সিঁড়ি থেকে পড়তে দেখে আমি ছুটে গেলাম। ....
4. বিরক্ত হয়ে তিনি পদত্যাগ করলেন। ....
5. বিদেশ থেকে ফিরে তিনি চাকরি ছেড়ে দিলেন। ....

PRESENT PARTICIPLE [IV]

এবার দেখুন, **'যেতে যেতে'**, **'খেলতে খেলতে'**, **'কাঁদতে কাঁদতে'** ইত্যাদির ক্ষেত্রে কীভাবে Present Participle ব্যবহার করা হয়।

'যেতে যেতে', 'খেলতে খেলতে', 'কাঁদতে কাঁদতে'	**Main sentence + verb-ing phrase**

রাস্তা দিয়ে যেতে যেতে তার সঙ্গে দেখা হল—I met him while *going* on the street.

শিশুটি কাঁদতে কাঁদতে স্নান করে—The baby / child takes its bath, *weeping*.

মেয়েটি গান গাইতে গাইতে শস্য কাটে—The girl reaps grains, *singing* a song.

আমি টিভি দেখতে দেখতে খাবার খাই—I eat dinner while *watching* television.

সে রাতে ঘুমোতে ঘুমোতে ভয়ে চিৎকার করল—He / She cried in fear, *sleeping* at night.

ছেলেটি ছেঁড়া কাগজ কুড়াতে কুড়াতে রাস্তা দিয়ে যায়—The boy walks in the street, *gathering* torn papers.

কুকুরটা লাফাতে লাফাতে শিকারির পাশে এল—The dog came *bounding* to the hunter.

বাক্য-গঠন প্রণালী : এরকম বাক্যে মূল বাক্যাংশের পর কমা দিয়ে Present Participle ব্যবহার করা যায়।

DO IT YOURSELF

A **Translate into English** [Each carries 1 mark]

1. মেয়েটি কাঁদতে কাঁদতে চলে গেল। ....
2. ছেলেটি হাঁপাতে হাঁপাতে কথাগুলো বলে গেল। ....
3. ছাগলছানাটি লাফাতে লাফাতে বাগানে ঢুকল। ....
4. আমি টিভি দেখতে দেখতে খবরের কাগজ পড়ি। ....
5. গান শুনতে শুনতে আমি কবিতা লিখি। ....

B **Translate into English** [Each carries 1 mark]

1. একঘন্টা কেঁদে কেঁদে মেয়েটি চোখ লালা করেছে। ....
2. মাঠে হাঁটতে হাঁটতে আমি একটি মরা গরু দেখলাম। ....

28

PAST PARTICIPLE AND PERFECT PARTICIPLE

এবার দেখুন, কিছু Past Participle এবং Perfect Participle-এর ব্যবহার। যখন কোনো কাজ সম্পন্ন হয়েছে বোঝায়, তখন Verb-এর **Past Participle** বা **Perfect Participle** হয়।

ভগ্ন, শুকনো, পরিত্যক্ত, নিমন্ত্রিত ইত্যাদি	**Past Participle as an Adjective + Noun**

এটি একটি ভগ্ন মন্দির—It is a *ruined* temple.

এগুলো কিছু শুকনো ফুল / ফল—These are some *dry* flowers / fruit.

এটি একটি জমাট দুধের টিন—It is a tin of *condensed* milk.

নিমন্ত্রিত অতিথিরা সকলেই এসে গেছেন—All the *invited* guests have come.

অবশেষে আমাদের ভগ্নহৃদয়ে ফিরতে হল—At last we had to return with a *broken* heart.

আমি দুজন ইঞ্জিনিয়ারকে দিয়ে বাড়িটি তৈরি করিয়েছিলাম—I had the building *constructed* by two engineers.

বৃদ্ধ লোকটির কোটরগত চোখের দিকে তাকাও—Look at the *sunken* eyes of the old man.

জলমগ্ন লোকটিকে উদ্ধার করা হল—The *drowned* man was rescued.

নগ্নপদ বালকটি রাস্তা দিয়ে হাঁটছে—The *bare-footed* boy is walking in the street.

তিনি একজন স্পষ্টবাদী ব্যক্তি—He is an *outspoken* man.

ঘরপোড়া গোরু সিঁদুরে মেঘ দেখলে ডরায়—A *burnt* child dreads the fire.

পরিত্যক্ত হয়ে, বাধ্য হয়ে ইত্যাদি | Past Participle + *by* phrase

বন্ধুদের দ্বারা পরিত্যক্ত হয়ে সে সব আশা ছেড়ে দিল—*Deceived* by his friends, he lost all hope.

ধুলোঝড়ের ফলে কিছু দেখতে না পেয়ে তারা তাদের পথ হারিয়ে ফেলল—*Blinded* by a dust-storm, they lost their way.

ক্ষুধায় তাড়িত হয়ে সে এক টুকরো রুটি চুরি করল—*Driven* by hunger, he stole a piece of bread.

এছাড়া Present Participle ও Past Participle-এর সমন্বয়ে Perfect Participle-ও হতে পারে।

বিশ্রাম করে, উদিত হলে, ইত্যাদি | Having + Past Participle

কিছুক্ষণ বিশ্রাম করে আমরা আবার যাত্রা শুরু করলাম—*Having rested* a while, we continued our jouney.

কাজটা শেষ করে আমরা খেলতে গেলাম—*Having finished* the work, we got out to play.

DO IT YOURSELF

Translate into English [Each carries 1 mark]

1. এটি একটি পরিত্যক্ত পল্লি। ....
2. তিনি এখন ধ্যানে মগ্ন। ....
3. তিনি একজন হতাশ ব্যক্তি। ....
4. তিনি একজন অবসরপ্রাপ্ত সরকারি কর্মচারী। ....
5. তাদের বন্ধুত্ব ছিন্ন হয়েছে। ....

1. আমরা ফলভারাক্রান্ত গাছগুলি দেখলাম। ....
2. এটা আগেই ব্যাপকভাবে প্রচারিত হয়েছে। ....
3. আজ জ্যোৎস্নালোকিত / চাঁদনি রাত। ....
4. সূর্য উদিত হলে কুয়াশা কেটে গেল। ....
5. কুয়াশা কেটে গেলে সৈন্যরা অগ্রসর হল। ....

29

GERUND

এবার দেখুন কিছু Gerund-এর ব্যবহার।

হাঁটা, সাঁতার কাটা, রান্না করা ইত্যাদি	**Sub / Obj / Complement of a Verb or a Preposition**

রান্না করা একটা ভালো শিল্প—*Cooking* is a good art.

হাঁটা একটা ভালো ব্যায়াম—*Walking* is a good exercise.

আমি হেঁটে হেঁটে ক্লান্ত হয়ে পড়েছি—I am tired of *walking*.

আমরা নদীতে সাঁতার কাটা উপভোগ করলাম—We enjoyed *swimming* in the river.

নদীতে সাঁতার কাটতে তার ভালো লাগে—He / She is fond of *swimming* in the river.

30

CONDITIONAL SENTENCE

এবার দেখুন, কতকগুলি শর্তসাপেক্ষ বাক্যের উদাহরণ :

যদি পেতে চাও, যদি করতে চাও, যদি খেতে চাও ইত্যাদি

(If + subject + verb) + sub + should + verb + remaining

যদি কাজটা সময়মতো শেষ করতে চাও, এখনই শুরু করো—If you want to finish the work in tme, you should start now.

যদি ট্রেনটি পেতে চাও, এখনই দৌড়াও—If you want to catch the train, you should run now.

যদি দাম কমাও, জামাটি কিনতে পারি—If you lessen the price, I can buy this shart.

যদি ওজন কমাতে চাও, কম খাও—If you want to lose your weight, you should eat less.

যদি তাই হয়, তাহলে আমরা অসহায়—If that be (is নয়) the case, we are helpless.

যদি ভালো করতে চাও, ভালো করে পড়ো—If you expect a good result, you should study sincerely.
[Or] You should study sincerely if you expect a good result.

আমি যদি তুমি হতাম, তাহলে ওটা করতাম না—If I were (was নয়) you, I should not (shouldn't) do that.

বাক্য-গঠন প্রণালী : শর্তসাপেক্ষ বাক্য বা **Conditional Sentence-এর মধ্যে দুটি ভাগ থাকে যা একটি অপরটির শর্তনির্ভর**। If দিয়ে বাক্য শুরু হলে if-phrase-এর পরে একটি কমা (,) বসে এবং বাক্যের শেষে ফুলস্টপ বসে। কিন্তু if-phrase-টি মূল বাক্যাংশের পরে বসলে কমা (,) বসে না।

DO IT YOURSELF

A Translate into English [Each carries 1 mark]

1. যদি বৃষ্টি হয়, আমরা বাইরে যাব না। ....
2. যদি সে আবার আমাকে গালাগালি দেয়, তাহলে তাকে ভালোমতো শিক্ষা দেব। ....
3. যদি তুমি সত্যি কথা বলো, তাহলে তোমাকে ক্ষমা করা হবে। ....

31

CORRELATIVE : EITHER-OR

এবার দেখুন, দুটি জিনিসের মধ্যে একটিকে বোঝাতে, 'হয় ... না হলে'-যুক্ত কতকগুলি বাক্য।

দুটি জিনিসের মধ্যে একটি	**Either ... or**

হয় তুমি ভুল করেছ, না হলে সে—*Either* you *or* he has mistaken.

হয় তুমি, না হলে তোমার ভাই দোষী—*Either* you *or* your brother is guilty.

হয় তুমি বলো, নইলে আমাকে বলতে দাও—*Either* you say *or* let me say.

আমাকে হয় চেকে, নতুবা ক্যাশে দাও—*Either* you pay me by cheque *or* in cash.

অর্চি হয় স্কুলে যাক, নতুবা বাড়িতে পড়ুক—Archi may *either* go to school or study at home.

তুমি চা বা কফি খেতে পার—You may take *either* tea or coffee.

তুমি বাজার যেতে পারো অথবা বাড়িতেও থাকতে পার—You may either go to market or stay at home.

বাক্য-গঠন প্রণালী : 'হয় ... না হলে'-যুক্ত বাক্যের ক্ষেত্রে **Correlative** হিসেবে আগে **'either'** ও পরে **'or'** ব্যবহার করা হয়।

Note যে দুটি বিষয় বিকল্প হিসেবে ব্যবহৃত হয়, ঠিক তার পূর্বে **Either ... or** বসে।

DO IT YOURSELF

A Translate into English [Each carries 1 mark]

1. হয় সে পাগল, না হলে পাগলামির ভান করছে। ....
2. হয় তুমি বলো, না হলে তাকে বলতে দাও। ....
3. হয় করো, নইলে মর। ....
4. হয় তুমি যাবে, না হলে তোমার ভাই যাবে। ....
5. হয় সে আসবে, না হয় আমি যাব। ....
6. হয় আমাকে বইটা দাও, না হয় টাকাটা ফেরত দাও। ....
7. হয় মনোযোগ দিয়ে পড়াশোনা কর, না হয় পড়াশোনা একেবোরে ছেড়ে দাও। ....

32

CORRELATIVE : NEITHER-NOR

এবার দেখুন, দুটি জিনিসের মধ্যে কোনটাই নয় এরকম ভাবপ্রকাশকারী কতকগুলি বাক্য :

দুটির মধ্যে কোনোটিই নয়	**Nneither ... nor**

আমি চাও খাব না, কফিও খাব না—I'll take *neither* tea *nor* coffee.

ছেলেটি কথা বলতেও পারে না, শুনতেও পায় না—The boy *neither* speaks *nor* hears.

সে পড়াশোনাও করে না, কাজও করে না—He *neither* studies *nor* works.

টুয়া সারাদিন স্কুলেও যায়নি, বইও পড়েনি—Tua *neither* went to school *nor* studied.

এই বাড়িতে টোনিও থাকে না, প্রীতিও থাকে না—Neither Tony nor Preeti lives in this house.

ধার দিও না, ধার করো না—*Neither* a borrower *nor* a lender be.

বাক্য-গঠন প্রণালী : দুটির মধ্যে 'কোনোটিই নয়' বোঝাতে, ইংরেজিতে **Correlative** হিসেবে আগে **neither** ও পরে **nor** ব্যবহার করা হয়।

Note যে দুটি বিষয় না-বাচক বিকল্প হিসেবে ব্যবহৃত হয়, ঠিক তার পূর্বে **Neither ... nor** বসে।

DO IT YOURSELF

A **Translate into English** [Each carries 1 mark]

1. বটুক লিখতেও পারে না, পড়তেও পারে না। ....
2. ছেলেটি বুঝতেও পারে না, বোঝাতেও পারে না। ....
3. শ্রীলা নাচতেও জানে না, গাইতেও জানে না। ....
4. গফুর চাষও করে না, তাঁতও বোনে না। ....
5. সে নিজেও কাজটা করবে না, অন্যকেও করতে দেবে না। ....
6. ধন বা মান কোনটাই চিরদিনের জন্য নয়। ....
7. দুঃখ বা দারিদ্র্য কিছুতেই তার মনের শান্তি নষ্ট করতে পারে না। ....

33

CORRELATIVE : NOT ONLY-BUT ALSO

এবার দেখুন, দুটি বিষয় একত্রে প্রকাশকারী কতকগুলি বাক্য :

দুটি বিষয় একত্রে প্রকাশ	**Not only ... but also**

আমি শুধু ইংরেজি নয়, হিন্দিও পড়ি—I study *not only* English, *but* Hindi *also* (*but also* Hindi).

সৌরভ শুধু একজন ভালো ছাত্রই নয়, ভালো খেলোয়াড়ও বটে—Sourav is *not only* a good student, *but also* a good sportsman.

সে শুধু নেতা নয়, একজন ভালোমানুষও—He is *not only* a leader, *but also* a noble man.

সে শুধু দয়ালুই নয়, ধর্মপরায়ণও [ন্যায়পরায়ণও] বটে—He is *not only* kind-hearted, *but also* a righteous man.

বাক্য-গঠন প্রণালী : দুটি বিষয় একত্রে প্রকাশের বেলায় ইংরেজিতে **Correlative** হিসেবে আগে **not only** ও পরে **but also** ব্যবহার করা হয়।

DO IT YOURSELF

A **Translate into English** [Each carries 1 mark]

1. এই লোকটি কেবল বোকা নয়, দুষ্টও বটে। ....
2. সে শুধু নির্বোধ নয়, একগুঁয়েও বটে। ....
3. সে শুধু চোরই নয়, খুনিও বটে। ....
4. সে শুধু ইংরেজিই নয়, জার্মানও পড়ে। ....
5. তিনি শুধু একজন নেতা-ই নন, একজন ব্যারিস্টারও বটে। ....
6. রাহুল শুধু একজন ভালো ছাত্রই নয়, ভালো খেলোয়াড়ও বটে। ....
7. রবীন্দ্রনাথ শুধুমাত্র কবি নন, একজন দার্শনিকও বটে। ....

34

CORRELATIVE : TOO-TO

এবার দেখুন, আর এক রকম Correlative-এর ব্যবহার :

এত বেশি যে পারে না	**too ... to**

সে এত বেশি দুর্বল যে হাঁটতে পারে না—He / She is *too* weak to walk.

দিলসান ছোটার ক্ষেত্রে বড়ো বেশি মোটা—Dilsan is *too* fat *to* run.

সে এত দ্রুত কথা বলে যে বোঝা যায় না—He / She speaks *too* fast *to* be understood.

আজ বাইরে বেড়াবার পক্ষে বড়ো বেশি গরম—It is *too* hot to go outside..

আলোচনার যোগদানের পক্ষে সে বড়ো বেশি নাবালক—He / She is *too* young to join the discussion.

তুমি এত বেশি বয়স্ক যে ছেলেমানুষি করা মানায় না—You are *too* old *to* behave-like a baby.

বাক্য-গঠন প্রণালী : এরকম বাক্যে আগে **too** এবং পরে **to** এই **Correlative**-ব্যবহার করা হয়।

DO IT YOURSELF

A **Translate into English** [Each carries 1 mark]

1. সে এত ক্লান্ত যে হাঁটতে পারছে না। ....
2. বয়ে নিয়ে যাওয়ার পক্ষে ব্যাগটি বড্ড বেশি ভারী। ....
3. ছেলেটি ছোটার পক্ষে বড্ড বেশি মোটা। ....
4. বাস্কেটবল খেলার পক্ষে তুমি বড্ড বেশি বেঁটে। ....
5. বাচ্চাদের পক্ষে প্রশ্নগুলি বড্ড বেশি কঠিন। ....
6. সে এত অহংকারী যে কোন কিছু শিখতে পারে না। ....

35

CORRELATIVE : NO LESS-THAN

এবার দেখুন, আর একরকম Correlative-এর ব্যবহার :

কারও চেয়ে বা কোনো কিছুর চেয়ে কম নয়	**no less ... than**

আমি, তোমার চেয়ে কম চালাক নয়—I am *no less* clever *than* you.

তুমি, আমার ভাইয়ের চেয়ে কম দুষ্টু নও—You are *no less* naughty *than* your brother.

দিলশান তোমার চেয়ে কম দোষী নয়—Dilshan is *no less* guilty *than* you.

ডলি পলির চেয়ে কম সুন্দরী নয়—Dolly is *no less* beautiful *than* Polly.

তুমি, তার চেয়ে কম পাগল নয়—You are *no less* mad *than* he.

আমি পঞ্চাশ টাকার কম কিছুতেই নেব না—I'll accept *no less than* fifty rupees.

বাক্য-গঠন প্রণালী : এরকম বাক্যে আগে **no less** এবং পরে **than** এই **Correlative**-ব্যবহার করা হয়।

DO IT YOURSELF

A **Translate into English** [Each carries 1 mark]

1. আমি তোমার চেয়ে কম বুদ্ধিমান নই। ....
2. তুমি আমার চেয়ে কম দোষী নয়। ....

3. এই ছেলেটি ওই ছেলেটির চেয়ে কম দুষ্টু নয়। ....

4. অপর্ণা শর্মিলার চেয়ে কম সুন্দরী নয়। ....

5. আমি এই ক্যামেরাটা পাঁচ হাজার টাকার কমে দিতে পারব না। ....

36

CORRELATIVE : THE MORE-THE MORE

এবার দেখুন, 'যত-তত' এরকম ভাবপ্রকাশকারী কতকগুলি বাক্য :

যত তত	The more ... the more

সে যত পায়, তত চায়—The *more* he gets, *the more* he wants.

যত উপরে উঠবে, তত ঠান্ডা বাড়বে—*The higher* you go, *the colder* it is.

যত দান করবে, তত বৃদ্ধি পাবে—*The more* you donate, *the more* it increases.

যত বেশি ইংরেজিতে কথা বলা অনুশীলন করবে, তত বেশি উন্নতি লাভ করবে—*The more* you practise speaking in English, *the more* you improve.

বাক্য-গঠন প্রণালী : ইংরেজিতে 'যত ...তত' এরকম বাক্য গঠনের ক্ষেত্রে **The more ... the more** এই Correlative ব্যবহার হয়।

DO IT YOURSELF

A Translate into English [Each carries 1 mark]

1. যত পরিশ্রম করবে, তত উন্নতি হবে। ....
2. যত চিনি দেবে, তত মিষ্টি হবে। ....
3. যত বেশি, তত আনন্দ। ....
4. যত বেশি ঋণ করবে, তত কষ্ট ডেকে আনবে। ....
5. পড়াশোনায় যত ফাঁকি দেবে, পরীক্ষায় তত ফল খারাপ করবে। ....

37

CORRELATIVE : WOULD RATHER-THAN

এবার দেখুন, আর একরকম গুরুত্বপূর্ণ Correlative-এর কিছু উদাহরণ :

বরং-তবু	would rather ... than

আমি বরং হেরে যাব, তবু এমন অন্যায় করব না—I would *rather* accept defeat, *than* do such injustice.

আমি বরং মরে যাব, তবু চুরি করব না—I would *rather* die, *than* steal.

তুমি বরং ফেল করো, তবু নকল করবে না—You would *rather* fail, *than* copy from others.

তুমি বড় চাকরিটি ছেড়ে দেবে, তবু দুর্নীতির সঙ্গে আপোস করবে না—You would *rather* leave the job, *than* compromise with corruption.

বাক্য-গঠন প্রণালী : ইংরেজিতে **'বরং-তবু'** এরকম বাক্য গঠনের ক্ষেত্রে **'would rather ... than'** ব্যবহৃত হয়।

DO IT YOURSELF

A Translate into English [Each carries 1 mark]

1. আমি বরং ফেল করব, তবু নকল কবব না। ....

2. আমি বরং মরে যাব, তবু অসম্মান সহ্য করব না। ....

3. সে বরং ভিক্ষে করবে, তবু ঘুষ নেবে না। ....

38

A LOT OF / MUCH / MANY

এবার দেখুন, ইংরেজিতে 'অনেক' বা 'প্রচুর' শব্দটি কীভাবে ব্যবহার করা হয় :

অনেক, প্রচুর ইত্যাদি	a lot of / much / many

আমার পড়ার ঘরে অনেক বই আছে—There are many / a lot of books in my study.

থলিতে অনেকগুলি আপেল আছে—There are a lot of apples in the bag.

আমার পকেটে অনেক টাকা আছে—I have much / a lot of money in my pocket.

আমার কফিতে অনেক চিনি পছন্দ করি না—I don't like a lot of sugar in my coffee.

তোমার সাথে গল্প করার অনেক সময় আছে—I have a lot of time to gossip with you.

এ ব্যাপারে অনেক / প্রচুর ঝঞ্ঝাট আছে—There are a lot of hazards in this matter.

বাক্য-গঠন প্রণালী : ইংরেজিতে অনেক বোঝাতে **much** এবং **many** এই দুটি Adjective ব্যবহার করা হয়। **Much** ব্যবহৃত হয় যা গোনা যায় না এমন ক্ষেত্রে অর্থাৎ পরিমাণগত এমন জিনিসের ক্ষেত্রে। আর **Many** ব্যবহৃত হয় যা গোনা যায় এমন ক্ষেত্রে। ইংরেজিতে **much, many** উভয়ের পরিবর্তে **a lot of** বা **plenty** ব্যবহার করা হয়। তাই যেমন a lot of books হয়, তেমনি a lot of sugar-ও হয়। তবে সংখ্যায় অনেক হলে **There are** এবং পরিমাণে অনেক হলে **There is** হয়।

DO IT YOURSELF

A **Translate into English** [Each carries 1 mark]

1. আমার কাছে অনেক / প্রচুর চকোলেট আছে। ....
2. লাইব্রেরিতে অনেক বই আছে। ....
3. গাছটিতে অনেক আম আছে। ....
4. থলিতে অনেক নুন আছে। ....
5. বোতলে অনেক মধু আছে। ....

39

ALL BUT

এবার দেখুন, 'সম্পূর্ণ নয়, প্রায়'—এরকম ভাব প্রকাশকারী কতকগুলি বাক্য :

সম্পূর্ণ নয়, প্রায়	all but

লোকটি প্রায় পাগল—The man is all but mad.

মাছের ঝোলটি প্রায় নষ্ট হয়ে গেছে—The fish curry is all but spoilt.

একজন ছাড়া প্রায় সব সদস্যই এসে গেছেন—The members are present all but one.

দুর্ঘটনা থেকে একজন ছাড়া প্রায় সবাই বেঁচে গেছে—The victims were rescued all but one.

পৌর নির্বাচন প্রায় শেষ—The corporation election is all but over.

কারখানা বন্ধ হওয়ায় শ্রমিকেরা প্রায় শেষ হয়ে গেল—The workers are all but ruined for the lock-out of the factory.

বাক্য-গঠন প্রণালী : আধুনিক ইংরেজিতে **'পুরোপুরি'** নয়, 'প্রায়' বোঝাতে **'all but'** শব্দটি ব্যবহার করা হয়। এসব ক্ষেত্রে আপনিও 'all about' শব্দটি ব্যবহার করুন। এই **'all but' ব্যবহার করতে হয় কোনো adjective বা past participle-এর** আগে। যেমন—all but mad বা all but ruined.

DO IT YOURSELF

A **Translate into English** [Each carries 1 mark]

1. দুধটা প্রায় নষ্ট হয়ে গেছে। ....
2. ছেলেটি প্রায় নষ্ট হয়ে গেছে। ....
3. তাকে মিথ্যাবাদী বললেই হয়। ....
4. এই বুথের নির্বাচন প্রক্রিয়া প্রায় শেষ হয়ে গেছে। ....

40

FEELINGS

এবার দেখুন, কয়েকটি **অনুভূতি প্রকাশক** বাক্য :

তোমাকে খুব খুশি দেখাচ্ছে—You look very cheerful.
তোমাকে ক্লান্ত দেখাচ্ছে—You look tired.
ছবিটি অস্পষ্ট দেখাচ্ছে—The picture looks hazy.
রহিমকে সপ্রতিভ দেখাচ্ছে—Rahim looks smart.
তাকে বিষণ্ন মনে হচ্ছে—He / She looks gloomy..
আমাদের গর্ব হচ্ছে—We feel proud.
পাথর শক্ত—The stone feels hard.
মেঝেটা খসখসে—The floor feels rough.
খাবারটি সুস্বাদু—The food tastes delicious.
মাংসটা ঝাল হয়েছে—The mutton tastes hot.
ফুলটির সুন্দর গন্ধ—The flower smells sweet.

Remember :

দেখার ক্ষেত্রে = look   গন্ধের ক্ষেত্রে = smell
স্পর্শের ক্ষেত্রে = feel   স্বাদের ক্ষেত্রে = taste

DO IT YOURSELF

A **Translate into English** [Each carries 1 mark]

1. তোমাকে হতাশ (depressed) দেখাচ্ছে। ....
2. তাকে খুব ফিটফাট (smart) দেখাচ্ছে। ....
3. এই পোশাকে তোমাকে খুব সুন্দর (pretty) দেখাচ্ছে। ....
4. মধু খেতে মিষ্টি। ....
5. কাঁচা লংকা খুব ঝাল। ....

41

INTERROGATION [YES-NO QUESTION]

ইংরেজিতে প্রশ্নসূচক বাক্য দু-রকম : [1] **Yes-No Question** বা হ্যাঁ-না উত্তর প্রত্যাশার প্রশ্ন, [2] **Wh-Question** বা কোনো তথ্য জানার জন্য প্রশ্ন।

প্রশ্ন কি? উ. হ্যাঁ-না **Be / Have + Sub + remaining**

বিমল কি তোমার ভাই?—Is Bimal your brother?

আপনি কি একজন ডাক্তার?—Are you a doctor / physician?

ঘোড়ার কি ল্যাজ আছে?—Has the horse a tail?

Modal + Sub + Verb + remaining

সে কি কাজটা করতে পারবে?—Can he do the work?

আমি কি ভেতরে আসতে পারি?—May I come in?

Auxiliary verb + Sub. + main verb + remaining

মেয়েটি কি হলঘরে নাচছে?—Is the girl dancing in the hall?

দাঁতের ডাক্তার কি খারাপ দাঁতটা তুলে দেবেন?—Will the dentist pull out the bad tooths.

Do verb + Sub. + main verb + remaining

তুমি কি প্রতিদিন ফুটবল খেল?—Do you play football everyday?

মালা কি তার বাড়ির কাজ ঠিকমতো করে?—Does Mala do her homework perfectly?

Note এই Yes-No Question না-বাচক হলে Subject (noun)-এর আগে not এবং Subject (pronoun)-এর পরে not যুক্ত হয়। যেমন—তিনি কি কর্মরত নন?—Is he not at work? ছেলেটি কি দুষ্টু না?—Is not the boy naughty?

DO IT YOURSELF

A **Translate into English** [Each carries 1 mark]

1. সে কি ক্ষুধার্ত? ....
2. সে কি ক্ষুধার্ত নয়? ....
3. তোমার বাবা কি বাড়িতে আছেন? ....
4. তোমার বাবা কি বাড়িতে নেই? ....
5. ঘরের মেঝে কি পরিষ্কার ছিল? ....
6. ঘরের মেঝে কি পরিষ্কার ছিল না? ....
7. তোমার কি কোনো কাণ্ডজ্ঞান আছে? ....
8. তোমার কি কোনো কাণ্ডজ্ঞান নেই? ....
9. তার কি কোনো সুযোগ ছিল? ....
10. তার কি কোনো সুযোগ ছিল না? ....
11. তুমি কি গল্পের বই পড়ো? ....
12. তুমি কি গল্পের বই পড়ো না? ....
13. গরিব লোকটি কি ভিক্ষা করে? ....
14. সে কি ভিক্ষা করে না? ....
15. তুমি কি ভারত-অস্ট্রেলিয়া খেলা দেখেছিলে? ....
16. তুমি কি ভারত-অস্ট্রেলিয়া খেলা দেখনি? ....
17. তুমি কি আমাকে তোমার ঠিকানা বলবে? ....
18. তুমি কি আমাকে তোমার ঠিকানা বলবে না? ....
19. তুমি কি ভবিষ্যতে সতর্ক হবে? ....
20. আপনি কি দয়া করে নুনের পাত্রটা বাড়িয়ে দেবেন (pass over)? ....

42

INTERROGATION [WH-QUESTION]

Wh-Question হল কোনো তথ্য জানার জন্য প্রশ্ন। এগুলি Wh-word (who, what, which, where, when, why, how ইত্যাদি) দিয়ে শুরু করা হয়।

Who, What, Which, Where, When, Why + Be / Have / Modal + Sub + Main verb

এই বইটির লেখক কে?—Who is the author of this book?

আমি তোমার জন্য কী করতে পারি?—What can I do for you?

কোন্‌টা তোমার বই?—Which is your book? Which book is yours?

এটা কার বই?—Whose book is this?

তুমি কাকে চাও?—Whom (Who) do you want?

সে কখন স্কুল থেকে / অফিস থেকে ফিরেছিল?—When did he come back from school / office?

সে কোথায় গিয়েছিল?—Where did he go?

কেন পুলিশ চোরটির পিছনে তাড়া করল না?—Why did not the police run after the thief?

কেন সে পাহাড়ে চড়তে পারল না?—Why could he not climb (up) the hill?

এটা কীভাবে সম্ভব?—How is it possible?

তুমি এটা কীভাবে জেনেছিলে?—How could you know it?

বাঁধাকপির দাম কত?—How much is the cabbage?

এই পাত্রে কতটা চিনি আছে?—How much sugar is there in the pot?

সভায় কতজন লোক হয়েছিল?—How many people attended the meeting?

এই লোকটি কতটা লম্বা?—How tall is this man?

এই রাস্তাটা কতটা লম্বা?—How long is this road?

স্কুল থেকে তোমার বাড়ি কত দূর?—How far is your house from school?

কত তাড়াতাড়ি তুমি কাজটা শেষ করতে পারবে?—How quickly can you complete the task?

বাক্য-গঠন প্রণালী : প্রথমে **Wh-word,** তারপর **Be / have / Modal Aux.** তারপর **Subject,** তারপর **main verb** এবং বাক্যের বাকি অংশ বসাতে হয়। Spoken English-এ এখন Whom-এর জায়গায় Who ব্যবহার করা হয়।

DO IT YOURSELF

A **Translate into English** [Each carries 1 mark]

1. কে / কারা এই কাজ করতে পারে? ....
2. আমাদের রাজ্যের মুখ্যমন্ত্রী কে? ....
3. তুমি কার সঙ্গে দেখা করতে চাও? ....
4. তুমি কী জানতে চাও? ....
5. কিসের জন্য ছেলেরা চিৎকার করছে? ....

6. তুমি কী ধরনের চা পছন্দ কর? ....
7. মি. সেন কোন্ গাড়িটা চালাচ্ছেন? ....
8. কখন আমরা মন্দির দর্শন করব? ....
9. কখন আমরা আবার মিলিত হব? ....
10. তোমার অফিসটা কোথায়? ....
11. আমার জন্য তুমি কোথায় অপেক্ষা করবে? ....
12. তোমার এত দেরি হল কেন? ....
13. তুমি সেক্রেটারির সঙ্গে দেখা করেছিলে কেন? ....
14. তোমার ব্যবসা কেমন চলছে? ....
15. তুমি আমার কাছ থেকে কতটা সাহায্য আশা কর? ....

43

QUESTION TAG / TAIL END QUESTIONS

ইংরেজি কথ্য ভাষায় **Wh question**-এর মতো **Tail End Question**-এর বহুল ব্যবহার দেখা যায়। এবারে আমরা শিখব Question Tag বা Tail End Question কীভাবে করা হয়?

তোমরা ছাত্র, নও কি?—You are students, aren't you?

আজ রবিবার, তাই নয় কি?—Today is Sunday, isn't it?

আজ খুব ঠান্ডা, তাই নয় কি?—It is cold today, isn't it?

করিম অতি সজ্জন ব্যক্তি, নয় কি?—Karim is a gentleman, isn't he?

আমাদের দেরি করা উচিত নয়, উচিত কি?—We should not (shouldn't) be late, should we?

তুমি স্বস্তি বোধ করছ নিশ্চয়ই, করছ কি?—You are getting comfort, aren't you? / you're feeling comfortable, aren't you?

বাক্য-গঠন প্রণালী : একটি সম্পূর্ণ বাক্য তৈরি হওয়ার পর, বাক্যের 'সহায়ক ক্রিয়া' বা **auxiliary verb-টি ল্যাজের মতো** পুনরায় উপস্থিত হয়ে একটি লেজুড় প্রশ্ন তৈরি হয়। একে বলে **Question Tag** বা **Tail End Question.**

Note মূল বাক্যটি **Affirmative বা হ্যাঁ-বাচক হলে Question Tag-টি হয় না-বাচক, আর মূল বাক্যটি Negative হলে Question Tag-টি হয় হ্যাঁ-বাচক।** এইভাবে শ্রোতার কাছে বক্তা মূল বক্তব্যটি সম্পর্কে সম্মতি বা অসম্মতি জানতে চান।

DO IT YOURSELF

A Translate into English [Each carries 1 mark]

1. আজ সোমবার, তাই নয় কি? ....
2. তুমি ইংরেজি বলতে পার না, পার কি? ....
3. তুমি তো খেলার মাঠে যাচ্ছ, তাই নয় কি? ....
4. তুমি তো তোমার কাজ শেষ করে নিয়েছিল, করোনি কি? ....
5. তুমি আমার জন্য আর একটুও অপেক্ষা করতে পারনি, পেরেছ কি? ....

44

NARRATION CHANGE

এবার আমরা দেখব কীভাবে ইংরেজিতে **Narration Change** করা যায়। ইংরেজিতে প্রত্যক্ষ উক্তিকে বলা হয় **Direct Speech** এবং পরোক্ষ উক্তিকে বলা হয় **Indirect Speech.**

Assertive Senten | **Rep. verb : say / tell + Linker : that**

Direct : তিনি বললেন, "আমি একটা চিঠি লিখছি।"—He said, "I am writing a letter."

Indirect : তিনি বললেন যে তিনি একটা চিঠি লিখছেন।—He said that he was writing a letter.

Direct : তিনি বললেন, "আমি একটা চিঠি লিখেছিলাম।"—He said, "I wrote a letter."

Indirect : তিনি বললেন যে তিনি একটা চিঠি লিখেছিলেন।—He said that he had written a letter.

Direct : তিনি আমাকে বললেন, "আমি অসুস্থ।"—He said to me, "I am ill."

Indirect : তিনি আমাকে বললেন যে তিনি অসুস্থ।—He told me that he was ill.

Direct : তিনি আমাকে বললেন, "আমি আজ মুম্বাই যাচ্ছি।"—He said to me, "I am going to Mumbai today."

Indirect : তিনি আমাকে বললেন যে তিনি ওই দিন মুম্বাই যাচ্ছিলেন।—He told me that he was going to Mumbai that day.

Note Object না থাকলে Rep. verb হয় 'say'; আর Object থাকলে Rep. verb হয় 'tell'; তা ছাড়া place এবং time expression-এর আরও কিছু নমুনা : here > there; this > that; now > then, tonight > that night; tomorrow > the next day, etc.

Interrogative Sentence | **Rep. verb : ask + Linker : if / wh-word**

Direct : আমি তাকে বললাম, "তুমি আমার নাম জান?"—I said to him, "Do you know my name."

Indirect : আমি তাকে জিজ্ঞাসা করলাম সে আমার নাম জানে কিনা—I asked him if he knew my name.

Direct : শিক্ষকমশাই ছেলেটিকে বললেন, "তুমি হাসছ কেন?"—The teacher asked the boy, "Why are you laughing?"

Indirect : শিক্ষকমশাই ছেলেটিকে জিজ্ঞাসা করলেন সে হাসছে কেন?—The teacher asked the boy why he was laughing.

Imperative Sentence | **Rep. verb : ask / advice / order / request + Linker : to**

Direct : মা আমাকে বললেন, "আমার জন্য এক গ্লাস জল আন।"—Mother said to me, "Bring me a glass of water."

Indirect : মা আমাকে তাঁর জন্য এক গ্লাস জল আনতে বললেন—Mother asked me to bring her a glass of water.

Direct : শিক্ষকমশাই ছেলেটিকে বললেন, "ক্লাস থেকে বেরিয়ে যাও।"—The teacher said to the boy, "Get out of the class."

Indirect : শিক্ষকমশাই ছেলেটিকে ক্লাস থেকে বেরিয়ে যেতে বললেন।—The teacher ordered the boy to get out of the class.

Direct : আগন্তুক গৃহস্বামীকে বললেন, "দয়া করে দরজাটা খুলুন।"—The visitor said to the host, "Please open the door."

Indirect : আগন্তুক গৃহস্বামীকে দরজাটা খুলতে অনুরোধ করলেন।"—The visitor requested the host to open the door.

Direct : ডাক্তার রোগীকে বললেন, "এই ওষুধটা দিনে দু-বার খাবেন।"—The doctor told the patient, "Take this medicine twice daily."

Indirect : ডাক্তার রোগীকে ওই ওষুধটা দিনে দু-বার খেতে উপদেশ দিলেন।—The doctor advised the patient to take that medicine twice daily.

'Let' Expression	**Rep. verb : propose / suggest / request / wish + Linker : that + sub + should / might**

Direct : সোমা তার বন্ধুকে বলল, "এখন একটু গান শোনা যাক।"—Soma said to her friend, "Let us (Let's) have (listen to) some music."

Indirect : সোমা তার বন্ধুকে একটু গান শোনার প্রস্তাব করল।—Soma proposed to her friend that they might have (listen to) some music.

Direct : সে তার মাকে বলল, "আমাদের কাকিমাকে দেখে আসা যাক।"—She said to her mother, "Let's (Let us) visit our aunt."

Indirect : সে তার মায়ের কাছে তাদের কাকিমাকে দেখে আসার প্রস্তাব করল।—She proposed / suggested to her mother that they should visit their aunt.

Direct : সে বলল, "আমাকে ভেতরে আসতে দাও।"—She said, "Let me come in."

Indirect : সে ভেতরে আসার জন্য অনুমতি প্রার্থনা করল / অনুরোধ করল—She requested that she might be allowed to come in.

Optative Sentence	**Rep. verb : wish / pray + Linker : that**

Direct : আমি তাকে বললাম, "তুমি সুখী হও।"—I said to him, "May you be happy."

Indirect : আমি তাকে সুখী হওয়ার ইচ্ছা প্রকাশ করলাম।—I wished that he might be happy.

Direct : মা আমাকে বললেন, "ঈশ্বর তোমাকে আশীর্বাদ করুন।"—Mother said to me, "May God bless you."

Indirect : মা প্রার্থনা করলেন, ঈশ্বর যেন আমাকে আশীর্বাদ করেন।—Mother prayed that God might bless me.

Exclamatory Sentence	**Rep. verb : exclaim in joy / sorrow / wonder, etc. + Linker : that**

Direct : ছেলেরা চেঁচিয়ে উঠল, "কী আনন্দ! আমরা খেলায় জিতেছি।"—The boys shouted, "Hurrah! we have won the match."

Indirect : ছেলেরা আনন্দে বলে উঠল যে তারা খেলায় জিতেছে।—The boys exclaimed in joy that they had won the match.

Direct : সে বলল, "হায়! আমার সর্বনাশ হয়েছে।"—He said, "Alas! I'm ruined."

Indirect : সে দুঃখের সঙ্গে বলল যে তার সর্বনাশ হয়েছে।—He exclaimed in sorrow that he was ruined.

Direct : মেয়েটি বলল, "কী আশ্চর্য দৃশ্য।"—The girl said, "What a marvellous sight!"

Indirect : মেয়েটি আবেগের সঙ্গে বলল যে ওটা দারুন আশ্চর্যজনক দৃশ্য।—The girl exclaimed (in wonder) that it was a very marvellous sight.

Direct : লোকটি বলল, "আমি কী বোকা!"—The man said, "What a fool I am!"

Indirect : লোকটি বলল যে সে খুব বোকা।—The man exclaimed that he was a great fool.

Direct : সে বলল, "বাড়িটা কী বিশ্রী!"—"How dirty the house is!"—he said.

Indirect : সে বাড়িটা লক্ষ করে বলল যে বাড়িটা ভীষণ বিশ্রী।—He observed that the house was very dirty.

Note যদি **Exclamatory sentence**-টি **What** বা **How** দিয়ে শুরু হয়, তাহলে **Noun**-এর আগে **great** এবং **Adjective**-এর আগে **very** বসে।

DO IT YOURSELF

A **Translate into English** [Each carries 1 mark]

1. বিভাস বলল, "দীপা ভালো মেয়ে।" ....
2. আমার বাবা আমাকে বললেন, "আমি তোমাকে আগামীকাল চিড়িয়াখানায় নিয়ে যাব।" ....
3. বৃদ্ধ লোকটি বললেন, "ভগবান দয়াময়।" ....
4. আমার বাবা বললেন, "সততাই শ্রেষ্ঠ নীতি।" ....
5. বিচারক অভিযুক্তকে বললেন, "তুমি দোষী নও।" ....
6. বাবা আমাকে জিজ্ঞাসা করলেন, "তুমি আজ স্কুলে (অফিসে) যাবে না।" ....
7. আমার কাকাবাবু বললেন, "ব্যাপার কী?" ....
8. শিক্ষকমশাই ছাত্রীটিকে বললেন, "বাড়ির কাজ নিয়মিত করো।" ....
9. গৃহকর্ত্রী অতিথিকে বললেন, "দয়া করে এক কাপ চা খান।" ....
10. আমি আমার বন্ধুকে বললাম, "আমাকে আমার কাজ শেষ করতে দাও।" ....
11. শিক্ষক ছাত্রদের বললেন, "তোমরা সকলে সাফল্য লাভ করো।" ....
12. ছেলেরা বলল, "কী আনন্দ! আমরা বৃষ্টির জন্য ছুটি পেয়েছি।" ....

B **Translate into English** [Each carries 1 mark]

1. বিভাস বলল যে দীপা ভালো মেয়ে। ....
2. আমার বাবা আমাকে বললেন যে তিনি আমাকে চিড়িয়াখানায় নিয়ে যাবেন। ....
3. বৃদ্ধ লোকটি বললেন যে ভগবান দয়াময়। ....
4. আমার বাবা বললেন, সততাই শ্রেষ্ঠ নীতি। ....
5. বিচারক অভিযুক্তকে বললেন যে সে দোষী নয়। ....
6. বাবা আমাকে জিজ্ঞাসা করলেন আমি সেদিন স্কুলে (অফিসে) যেতাম কিনা। ....
7. আমার কাকাবাবু জানতে চাইলেন ব্যাপারটা কী? ....
8. শিক্ষকমশাই ছাত্রীটিকে বাড়ির কাজ নিয়মিত করতে বললেন। ....
9. গৃহকর্ত্রী অতিথিকে এক কাপ চা খেতে অনুরোধ করলেন। ....
10. আমি আমার বন্ধুকে প্রস্তাব দিলাম যে আমি যেন আমার কাজটা শেষ করতে পারি। ....
11. শিক্ষক কামনা করলেন যে ছাত্ররা সকলে যেন সাফল্য লাভ করে। ....
12. ছেলেরা আনন্দের সঙ্গে বলল যে তারা বৃষ্টির জন্য ছুটি পেয়েছে। ....

45

VOICE CHANGE

What is 'voice' in grammar?

'Voice' is the **form of the Verb** which indicates whether the **Subject does the work** or **something has been done to it.**

[ক্রিয়া প্রকাশের ভঙ্গিমাকেই Voice বা বাচ্য বলা হয়। ক্রিয়ার প্রকাশভঙ্গি বলে দেয় কর্তা কাজটি নিজে করছে, না কর্তার দ্বারা কোনো কাজ সম্পন্ন হচ্ছে।]

ইংরেজিতে Voice বা বাচ্য তিনরকমের—[1] **Active Voice** (কর্তৃবাচ্য), [2] **Passive Voice** (কর্মবাচ্য), [3] **Quasi-passive Voice** (কর্মকর্তৃবাচ্য)।

Active Voice : কর্তা নিজেই যখন ক্রিয়ার কাজ সম্পন্ন করে, তখন ক্রিয়া Active voice-এ থাকে। কারণ তখন Subject বা কর্তা সক্রিয়। যেমন—I do this work.

Passive Voice : কর্তার দ্বারা যখন কোন কাজ সম্পন্ন হয়, তখন ক্রিয়ার Passive Voice হয়। এখানে কাজের তুলনায় কর্তার গুরুত্ব কমে যায়। যেমন—This work is done by me.

Quasi-Passive Voice : এটি বাক্য গঠনরীতিতে Active কিন্তু অর্থের দিক থেকে Passive; সেজন্য একে বলা হয় কর্মকর্তৃবাচ্য। যেমন—Honey tastes sweet > Honey is sweet when it is tasted.

বাংলায় বাচ্য চার রকমের—(১) কর্তৃবাচ্য, (২) কর্মবাচ্য, (৩) কর্মকর্তৃবাচ্য, (৪) ভাববাচ্য। ইংরেজিতে Active Voice এবং Passive Voice-এর বহুল ব্যবহার থাকলেও বাংলায় কর্তৃবাচ্য (আমি এই কাজ করি) এবং ভাববাচ্য (অকর্মক ক্রিয়ার ক্ষেত্রে—আপনার কোথায় থাকা হয়?)—এই দু-রকম বাচ্যই বেশি ব্যবহৃত হয়। Passive Voice বা কর্মবাচ্য বাংলায় খুব বেশি ব্যবহৃত হয় না।

ইংরেজি Passive Voice—This work is done by me. এর বাংলায় কর্মবাচ্যে অনুবাদ—এই কাজ আমার দ্বারা কৃত হয়েছে বা করা হয়েছে—খুব কৃত্রিম শোনায়। তাই এরকম ক্ষেত্রে বাংলায় শুধু Active Voice বা কর্তৃবাচ্যই [আমি এই কাজ করেছি] বেশি ব্যবহৃত হয়।

এইভাবে—Something should be done for the future generation—এর বাংলা অনুবাদ ভাববাচ্যে করতে হবে—পরবর্তী প্রজন্মের জন্য কিছু করা দরকার। [পরবর্তী প্রজন্মের জন্য কিছু কৃত হওয়া উচিত—এরকম নয়।]

ACTIVE—PASSIVE RELATION

	Subject	Verb	Object
Active :	Manika	opened	the door.
Passive :	The door	was opened	by Manika.

Passive Structure : Sub (transferred Obj) + be verb + V.p.p + by + Object (transferred Sub)

VERB PATTERNS OF PASSIVE VOICE

PRESENT **Verb 'be' / 'have' + Past Participle of the main verb**

Simple : am, is, are + Verb in Past Participle.
Continuouns : am, is, are + being + Verb in Past Participle
Perfect : has, have + been + Verb in Past participle

PAST **Verb 'be' / have + past participle of the main verb**

Simple : was, were + verb in Past Participle
Continuous : was, were + being + Verb in Past Participle.
Perfect : had + been + verb in Past Participle

FUTURE **shall / will + Verb 'be' + Past Participle of the main verb**

Simple : shall, will + be + Verb in Past Participle
Continuous : [Not in frequent use]
Perfect : should, would + have been + Verb in Past Participle

VOICE CHANGE OF ASSERTIVE SENTENCES

Passive : be (is, am, are, was, were, being, been) + Past Participle

Active	Passive
আমি কাজটি করি —I do the work.	The work is done by me.
লীলা চিঠি টাইপ করে —Lila types a letter.	A letter is typed by Lila.
বিল্টু তাকে সাহায্য করেছিল —Biltu helped her.	She was helped by Biltu.
রেবা গান গাইছে —Reba is singing a song.	A song is being sung by Reba.
সে গান গাইছিল —She was singing a song.	A song was being sung by her.
সে আমাকে ডেকেছে —He has called me.	I have been called by him.
তারা আগেই ছবিটি দেখেছিল —They had already seen the picture.	The picture had already been seen by them.
সে গান গাইবে—She will (would) sing a song.	A song will (would) be sung by her.
সে বইটি পড়ে থাকবে—He / She would have read the book.	The book would have been read by her.
এক সপ্তাহের মধ্যে সে কাজটা শেষ করবে—He will finish the work in a week.	The work will be finished by him in a week.

Note Adverbials etc. in the end position (e.g. in a week) in Active Voice remains in the end position in Passive Voice too.

VOICE CHANGE OF IMPERATIVE SENTENCES

Passive : Let + Object + be + Past Participle [-or, (should/may) be/get + p.p.]

Active	Passive
কাজটি করো —Do this work.	Let this work be done.
দরজাটি খোলো —Open the door.	Let the door be opened.
দরজাটি বন্ধ করো —Shut the door.	Let the door be shut.
তাকে যেতে বলো —Tell him to go.	Let him be told to go.
তোমার কথা রাখো —Keep your word.	Your word should be kept.
তোমার শিক্ষককে মান্য করো—Obey your teacher.	Your teacher should be obeyed.
এখন এটা করো—Do it now.	It may / must be done now.
শিশুদের ভালোবাসো —Love the children.	The children should be loved.
দুঃসময়ের জন্য প্রস্তুত হও — Prepare for the worst.	Be (Get) prepared for the worst.
দয়া করে এটি করেন—Please do this.	This may please be done.
দয়া করে কাজটি করুন —Please do the work.	You are requested to do the work.
দয়া করে ঘাস মাড়াবেন না —Please keep off the grass.	You are requested to keep off the grass. [or] Let the grass be kept off.
সেখানে যাও —Go there.	You are ordered (advised) to go there.

Active	Passive
দয়া করে সেখানে যান —Please go there.	You are requested to go there.
অনুগ্রহ করে ধূমপান করবেন না —Please do not smoke.	You are requested (advised) not to smoke.

Note Usually Transitive Verbs are converted to Passive Voice. However, some Intransitive Verbs (only in Imperative sentences) may be converted to Passive Voice by adding 'requested / advised / ordered' + to-infinitive.

'LET' IN ACTIVE AND PASSIVE

(i) 'Let' may be used in both Active and Passive Voice.
(ii) 'Let' takes the objective-type of Pronouns (me, us, him, her, them).
(iii) 'Let' may be replaced by 'may be allowed' in the Passive Voice.

Passive : Let + object + be + Past Participle

Active	Passive
তাকে একটা ক্যামেরা কিনতে দাও—Let him buy a camera.	Let a camera be bought by him.
আসুন, আমরা ঝগড়া ভুলে যাই —Let us forget a quarrel.	Let the quarrel be forgetten (by us).
তাকে যেতে দাও—Let him/her go.	He / She may be allowed to go.

VOICE CHANGE OF YES-NO QUESTIONS

Passive : by placing the appropriate helping Verb first

Active	Passive
তুমি কি পাখিটা দেখতে পাচ্ছ?—Do you see the bird?	Is the bird seen by you? [Helping verb 'do'-এর পরিবর্তে 'is']
তুমি কি লোকটিকে দেখেছিলে? —Did you see the man?	Was the man seen by you? [Helping verb 'did'-এর পরিবর্তে 'was']
সে কি এটা করেছে —Has he done it?	Has it been done by him?
তুমি কি বইটা পড়েছ? —Have you read the book?	Has the book been read by you?

VOICE CHANGE OF WH-QUESTIONS

Passive : by placing the Wh-Word first

Active	Passive
কে তোমাকে আইসক্রিম দিয়েছিল?—Who gave you the icecream?	By whom were you given the icecream?
তুমি কাকে ডেকেছিলে? —Whom did you call?	Who was called by you?
তুমি কী চাও?—What do you want?	What is wanted by you?

Active	Passive
তুমি কোন বইটি চাও? —Which book do you want?	Which book is wanted b you?
শিক্ষক কেন তোমাকে শাস্তি দিয়েছিলেন? —Why did the teacher punish you?	Why were you punished by the teacher?
এটা তুমি কীভাবে করলে? —How did you do it?	How was it done by you?

VOICE CHANGE OF NEGATIVE SENTENCES

Passive : by placing 'not' before the Past Participle

Active	Passive
আমি মুড়ি ভালোবাসি না —I do not like puffed rice.	Puffed rice is not liked by me.
ছেলেটি গ্লাস ভাঙেনি —The boy did not break the glass.	The glass was not broken by the boy.
রেবা তোমাকে ডাকবে না — Reba will not call you.	You will not be called by Reba.
আমি তাকে চিঠি দিইনি— I have not given him the letter.	He has not been given the letter by me. [or] The letter has not been given him by me.
সে কি ছবিটা দেখেনি? —Has he not seen the picture?	Has not the picture been seen by him?
তুমি কি তাকে ডাকোনি? —Have / Had you not called him?	Has / Had he not been called by you?

Note (i) One of the two Objects becomes the Subject and the other remains as the retained Object in the Passive voice.

(ii) 'not' between 'shall/will' and 'be' in future tense in the Passive Voice.

(iii) 'not' is usually placed before a noun (has not the picture ...) and after a pronoun (had he not ......) in questions.

PASSIVE OF INFINITIVE [to + verb]

Passive : to + be + Past Participle of verb

Active	Passive
অনেক কাজ করতে হবে—There are lots of things to do	There are lots of things to be done.
নষ্ট করার মতো সময় নেই —There is no time to lose.	There is no time to be lost.
তোমাকে এটা মানতেই হবে —You have to admit this.	This has to be admitted by you.
আমাকে একটা টেলিফোন করতে হবে —I have to make a telephone call.	A telephone call has to be made by me.
তোমাকে এই চুক্তি করতে হবে —You have to make this agreement.	This agreement has to be made by you.

PASSIVE WITHOUT 'BY'

When the action is important, not the doer, or the doer is unknown, the doer with 'by' is omitted.

Active	Passive
আমি আমার বইটা হারিয়ে ফেলেছি—I have lost my book.	My book has been lost.
কেউ আমার মানিব্যাগটা চুরি করেছে —Someone has stolen my purse.	My purse has been stolen.
রাজমিস্ত্রি বাড়িটা তৈরি করছে —A mason is building the house.	The house is being built.
সারা পৃথিবী জুড়ে লোকেরা ইংরেজিতে কথা বলে—People speak English all over the world.	English is spoken all over the world.

PASSIVE WITH DIFFERENT PREPOSITIONS [Other than 'by']

Active	Passive
আমি তাকে চিনি—I know him.	He is known to me. (Pseudo Passive)
রাম সীতাকে বিয়ে করেছিলেন—Ram married Sita.	Sita was married to Ram.
তার আচরণ আমাকে আঘাত করেছিল—His conduct shocked me.	I was shocked at his conduct.
চোখের জল তার দু চোখ ভরিয়ে দিয়েছিল—Tears filled her eyes.	Her eyes were filled with tears.
আলো ঘরটিকে আলোকময় করেছিল—Light filled the room.	The room was filled with light.
সংবাদটা আমাদের খুশি করেছিল—The news pleased us.	We were pleased with the news.

QUASI-PASSIVE VOICE (কর্মকর্তৃবাচ্য)

A Quasi-Passive voice is Active in form, but Passive in sense. It may be changed in the Passsive form by adding a when-clause.

Active	Passive
মধু খেতে মিষ্টি —Honey tastes sweet.	Honey is sweet when it is tasted.
গোলাপ মিষ্ট গন্ধ দেয়—The rose smells sweet.	The rose is sweet when it is smelt.
তোমার দোষ তেমন কিছু নয় —Your blame counts nothing.	Your blame is worth nothing when it is counted.

Note However, the following sentences in Quasi-Passive Voice should not be changed mechanically.

শাঁখ বাজে—A conch blows. [It expresses the quality of a conch]

ঘরটাকে সুন্দর দেখাচ্ছে —The room looks nice. [It is nonsense to make it passive]

চাউল সস্তা দরে বিকোয়—Rice sells cheap. [We cannot say : Rice is cheap when it is sold.—কারণ, চাল যখনই বিক্রি হয়, তখনই সস্তা হয়—এরকম হয় না।]

DOUBLE PASSIVES IN A SIMPLE SENTENCE OR IN ONE CLAUSE SHOULD BE AVOIDED AS THEY ARE LIABLE TO GIVE A WRONG MEANING

Simple Sentence-এ অথবা একটি Clause-এর মধ্যে Double Passive হলে ভুল অর্থ হয়ে যায়।

Active	Passive
তারা একটি সভা করার প্রস্তাব করল—They proposed to hold a meeting	**Incorrect :** A meeting was proposed to be held by them. **Correct :** It was proposed by them to hold a meeting. [**Or**] : It was proposed by them that a meeting should be held.
বিচারক কয়েদিকে ফাঁসি দেওয়ার হুকুম করলেন—The judge ordered to hang the convict	**Incorrect :** The convict was ordered to be hanged by the judge. **Correct :** The judge ordered the convict to be hanged. [**Or**] **:** The judge ordered that the convict would be hanged.

Note যদি to be hanged by the judge বলা হয়, তাহলে judge নিজেই যে ফাঁসিতে ঝোলাবেন, এমন বোঝায়, তাই এরকম Passive করলে অর্থ ভুল হবে।

Remember : Some sentences are always active or always passive :

(a) I have/take breakfast late on Sundays. [Always Active Voice]

(b) I was born on s April, 1990. [Always Passive Voice]

WHEN TO USE THE PASSIVE

1. **For narrating an incident/events :**

   একজন বৃদ্ধ লোক বাসের ধাক্কায় পড়ে গিয়েছিলেন। তাঁকে হাসপাতালে নিয়ে যাওয়া হয়েছিল। সেখানে তাঁকে মৃত বলে ঘোষণা করা হয়েছিল।

   An old man was knocked down by the bus and was taken to the hospital where it was declared that the poor fellow was dead.

2. **For historical incidents :**

   পলাশিতে একটা ভীষণ যুদ্ধ হয়েছিল—A great battle was fought at Plassey.

3. For defining :

   Short stories usually with animal characters and a moral are called bables.

4. **For Classifying :**

   খাদ্যকে চারভাবে ভাগ করা হয়—কার্বোহাইড্রেট, ভিটামিন, ফ্যাট এবং প্রোটিন।

   Food can be classified into four groups—carbohydrates, vitamins, fat and protein.

5. **For Writing a notice :**

   আগামী ৪ মার্চ দুটোয় বিদ্যালয় প্রাঙ্গনে একটি সভা হবে—A meeting will be held in the school premises at 2 pm on 4 March.

6. **For making announcement :**

খারাপ আবহাওয়ার জন্য জাপানগামী বিমানের উড়ান তিন ঘন্টা দেরি হবে।—The flight to Japan will be delayed by three hours for foul weather.

7. **For making requests and invitations :**

ঘাস না মাড়াতে অনুরোধ করা হচ্ছে।—You are requested to keep of off the grass.

আপনাদের প্রদর্শনী দেখতে সাদর আমন্ত্রণ জানানো হচ্ছে—You are cordially invited to visit the exhibition.

8. **For giving warning, advice, suggestion, etc. :**

ধূমপান না করা উচিত—Smoking should be avoided.

অসদুপায় নিলে উত্তরপত্র বাতিল হতে পারে।—Answer scripts may be cancelled for taking unfair means.

9. **For impersonal scientific writing :**

তিনটি ফ্লাস্ক এবং কয়েকটি চকচকে পেরেক নেওয়া হল। প্রথম ফ্লাস্কে তিনটি পেরেক ফেলে দেওয়া হল এবং জল ঢালা হল। ফ্লাস্কে কর্ক আঁটা হল না। —Three flasks and a few brightly polished nails are taken. In the first flask three nails are dropped and water is poured. The flask is left uncorked.

10. **For describing a process :**

প্রথমে বাজার থেকে কমলালেবু কিনে আনা হল। তারপর যদি কোনো পচা লেবু থাকে, তাহলে সেগুলি ফেলে দেওয়া হল। ভালো লেবুগুলি ধুয়ে নিয়ে খোসা ছাড়ানো হল, তারপর বিশেষ ধরনের তৈরি পাত্রে লেবুগুলি থেকে রস নিংড়ে নেওয়া হল। এবার বীজগুলি ছেঁকে ফেলা হল। এরপর চিনি মেশানো হল। সবশেষে কমলালেবুর রস এবং চিনির দ্রবণটিকে ভালো করে ঘেঁটে নেওয়া হল। এভাবেই কমলালেবুর সরবৎ প্রস্তুত হল।

First oranges are brought from market. Then the rotten ones, if any, are rejected. After that the wholesome oranges are washed and pealed. Then the oranges are crushed in a specially designed bowl. Now the seeds are seeds are strained away. After that sugar is added. Finally, the solution of sugar and orange juice is stirred and the orange syrup is ready.

DO IT YOURSELF

A **Translate into English** [Each carries 1 mark]

1. মহিলাদের সম্মান করা উচিত। ....
2. এখন এই কাজটা করা যাক। ....
3. তাকে এখান থেকে বেরিয়ে যেতে বলা হোক। ....
4. গুরুজনদের মান্য করা উচিত। ....
5. আপনাকে এই কাজটা করতে অনুরোধ করা হচ্ছে। ....
6. আপনাকে ধূমপান না করতে পরামর্শ দেওয়া হচ্ছে। ....
7. আপনাকে ঘাস মাড়াতে নিষেধ করা হচ্ছে। ....
8. আসুন, ঝগড়া ভুলে যাওয়া যাক। ....

9. তুমি কি সভায় আমন্ত্রিত হওনি? ....

10. তাকে সভা ছেড়ে বেরিয়ে যেতে অনুমতি দেওয়া হোক। ....

B. Use the Passive Voice and write in your own English :

পৌর এলাকায় বাড়ি তৈরি করতে হলে কতকগুলি পদক্ষেপ (steps) নিতে হয়। প্রথমে পরিকল্পনা ও টাকা পয়সা খরচের আনুমানিক হিসেব (estimate) তৈরি করতে হয়। তাপর পৌরসংস্থার (municipality/corporation) কাছ থেকে পরিকল্পনা অনুমোদিত করা হয়। তারপর রাজমিস্ত্রি (mason) এবং শ্রমিকদের নিযুক্ত করা হয়। এরপর ছাদ পর্যন্ত নির্মাণ কাজ শেষ হয়। এরপর দরজা এবং জানলা লাগানো হয়। ভেতরের এবং বাইরের দেওয়াল প্লাস্টার করা হয়। এরপর ইলেকট্রিক তার বসানোর কাজ (wiring) করা হয়। ভেতরের এবং বাইরের দেওয়াল রঙ করা হয়। এরপর জলের সংযোগ এবং পয়ঃপ্রণালীর (sewerage) সংযোগের বন্দোবস্ত করা হয়। এখন ধরা যেতে পারে যে গৃহনির্মাণের কাজ সম্পূর্ণ হল।

46

COMMON ERRORS

USE OF ARTICLES

Examples :

বাংলা	ইংরেজি
মানুষ মরণশীল	*Man* is mortal. [মানবজাতি অর্থে ব্যবহৃত হলে *The Man* নয়, (শুধু *Man*)]
গোলমাল করো না।	Don't make *a noise.* (শুধু *noise* নয়, *a noise*)
চলো আমরা বেড়াতে যাই।	Let us go for *a walk.* (*for walk* নয়, *for a walk*)
সর্বদা সত্য কথা বলো।	Always speak *the truth.* (শুধু *truth* নয়, *the truth*)
মিথ্যা বলিও না।	Don't tell *a lie.* (শুধু *lie* নয়, *a lie*)
এতে আড়াই ঘন্টা সময় লাগবে	It will take *two and a half* hours. (two and half hours নয়)
সেখানে সমস্ত জেলা থেকে প্রতিনিধিরা এসেছিলেন।	Representatives from *the whole district* came there. (*whole district* নয়)
আমাকে অনেক কাজ করতে হবে।	I have *a good many things* to do. (শুধু *good many things* নয়)
এখন পৌনে দশটা।	It is *a quarter* to ten now. (শুধু *quarter* নয়)

USE OF NOUNS AND NUMBER

Examples :

বাংলা	ইংরেজি
ঘরটি মুল্যবান আসবাবপত্রে সজ্জিত।	The room is equipped with valuable *furniture.* (*furnitures* নয়)
আমি তোমার পরিবারের সব সংবাদ পেয়েছি।	I have got all *information* about your family. (*informations* নয়)

বাংলা	ইংরেজি
তিনি ঘরের বাইরে গেছেন	He / She has gone *out of doors.* (*out of door* নয়)
তিনি আমাকে সদুপদেশ দিলেন।	He gave me good *advice.* (*advises* নয়)
আমি কিছু খাবার খেলাম।	I took some *food* to eat. (*foods* নয়)
আমার কিছু যন্ত্রপাতি দরকার।	I need some *equipment.* (*equipments* নয়)
আমার শরীরটা খারাপ মনে হচ্ছে।	I feel *out of sorts.* (*out of sort* নয়।)
আমি চেষ্টার কোনো ত্রুটি করিনি।	I spared *no pains.* (*no pain* নয়।)
তার সমস্ত শরীরে যন্ত্রণা।	There is *pain* all over his/her body. (*pains* নয়।)
তার সব চুল সাদা হয়ে গেছে	*All his/her hair* is grey. (*All his / her hairs* নয়।)
বাড়িটি ইটের তৈরি।	The building is made of *brick.* (*bricks* নয়।)
আমি আমার কথা রেখেছি।	I have kept my *word.* (*words* নয়।)
আমি শাকসবজি খেতে ভালোবাসি।	I am fond of *vegetables.* (*vegetable* নয়।)
সে আর পড়াশোনা চালাতে পারল না।	He / she could not continue his / her *studies.* (*study* নয়।)

USE OF PRONOUNS

Examples :

বাংলা	ইংরেজি
তোমার চিঠি আমার হস্তগত হয়েছে।	Your letter is *to hand.* (*my hand* নয়।)
সে আমার কাছ থেকে বিদায় নিল।	He took leave *of me.* (*from me* নয়।)
আমি তোমার বিরহ সহ্য করতে পারি না।	I cannot bear *separation from you.* (*your separation* নয়।)
আমি অসুস্থ বোধ করছি।	I feel *unwell.* (*feel myself unwell* নয়।)
আমার হাতে এখন অনেক কাজ	I have a lot of work *on hand.* (*on my hand* নয়।)
আমি আপ্রাণ চেষ্টা করলাম।	I tried *heart and soul.* (*my heart and soul* নয়।)
আমি তার চেয়ে শক্তিশালী	I am stronger *than he / she.* (*than him/her* নয়।)

USE OF ADJECTIVES

Examples :

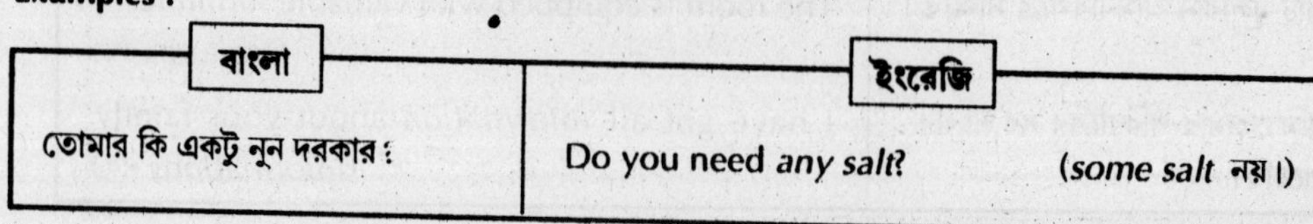

বাংলা	ইংরেজি
তোমার কি একটু নুন দরকার?	Do you need *any salt?* (*some salt* নয়।)

বাংলা	ইংরেজি
সে কাল রাত্রে এখানে এসেছে।	He/she came here *last* night. (*yesterday night* নয়।)
আমার খুব মাথা ধরেছে।	I have got a *bad headache*.(*strong headache* নয়।)
আমি তোমাকে দেখে খুব সুখী হয়েছি	I am *very happy* to see you. (*much happy* নয়।)
এটা সত্য সংবাদ।	It is a *true report* (*truthful report* নয়।)
কুড়ি জনের কম লোক সেখানে ছিল না।	*No fewer than twenty men* were there. (*No less than twenty men* নয়।)
যে চিনি নষ্ট হয়েছে তা পাঁচ কিলোগ্রামের কম নয়।	*No less than* five kilograms of sugar was wasted. (*No fewer than* five kilograms নয়।)
অল্প সংখ্যক ছেলেরা নীরব রইল।	*A small number* of boys remained silent. (*A little* নয়।)
মেয়েটি মাথায় ঢাকা না দিয়ে বাইরে গেল।	The girl went out with her head *bare*. (*open* নয়।)

USE OF VERBS

Examples :

বাংলা	ইংরেজি
তুমি ভুল করেছ।	You are *mistaken*. / You *made a mistake*.(*mistook* নয়।)
ছেলেটি পুকুরে ডুবে গিয়েছিল।	The boy *was drowned* in the pond. (*sank* নয়।)
জাহাজটি সমুদ্রে ডুবে গিয়েছিল।	The ship *sank* in the sea (*was drowned* নয়।)
আমি কাল তোমার চিঠি পেয়েছি।	I *received* your letter yesterday. (*yesterday* আছে বলে *have received* নয়।)
ডাক্তার রোগীর নাড়ি দেখছেন।	The doctor *feels the pulse* of the patient. (*is seeing the pulse* নয়।)

USE OF ADVERBS

Examples :

বাংলা	ইংরেজি
আমি সাঁতার কাটতে জানি না।	I do not know *how to swim*. (*to swim* নয়।)
সে সময়মতো আসবে।	He / She will come *in time*. (*timely* নয়।)
তিনি স্কুলে প্রধানশিক্ষক হিসেবে নিযুক্ত হলেন।	He was *appointed Headmaster* in the school. (*as the Headmaster* নয়।)
শত্রুকে তাড়িয়ে দাও।	*Drive out* the enemy.(*Drive the enemy* নয়।)
আমি তোমাকে দেখে খুব আনন্দিত হয়েছি।	I am *very glad* to see you. (*too glad* নয়)
এটা এত গরম যে পান করা যায় না।	It is *too hot* to drink. (*very hot* নয়।)

বাংলা	ইংরেজি
আমি তোমার গল্পে খুব আগ্রহ বোধ করছি।	I am *much interested* in your story. (*very interested* নয়।)
সে তাকে জোরে আঘাত করেছিল।	He / She hit him / her *hard*. (*hardly* নয়।)
সে তার কাজ খুব ভালোভাবে করে।	He / She does his / her work *very well*. (*very good* নয়।)
সে কাপুরুষের মতো কাজ করল।	He acted *in a cowardly manner / like a coward*. (*cowardly* নয়।)
রোগীটি আজ তুলনামূলকভাবে ভালো।	The patient is *better / comparatively well* todday. (*comparatively better* নয়।)

USE OF PREPOSITIONS

Examples :

বাংলা	ইংরেজি
তাকে বসতে একটা চেয়ার দাও।	Give him / her a chair *to sit on*. (শুধু *to sit* নয়।)
আমাকে লেখার জন্য একটা কলম দাও।	Give me a pen *to write with*. (শুধু *to write* নয়।)
তোমার কাছে বইটি রেখে দাও।	Keep the book *with you*. (*near you* নয়।)
আমি তাঁর কাছে ইংরেজি পড়ি।	I read English *with him/her*.(*near him / her* নয়।)
আমি তাঁর মুখের ওপর একথা বললাম।	I told him / her this *to his / her face*. (*on his / her face* নয়।)
তিনি আমার ওপর রাগ করেছেন।	He / She is angry *with me*. (*upon me* নয়।)
বইটির দশের পাতা খোলো।	Open *at page 10* of the book. (শুধু *page 10* নয়।)
তোমার ঘড়িতে কটা বাজে?	What's the time *by your watch*? (in *your watch* নয়।)
তিনি কমিটিতে আছেন।	He / She is *on the committee* (*in the committee* নয়।)
সে এই সভায় আমন্ত্রিত হয়েছিল।	He / She was invited *to this meeting*. (*in this meeting* নয়।)
তিনি এই সভায় অনুপস্থিত ছিলেন।	He / She was absent *from the meeting*. (*in the meeting* নয়।)
সে বিছানায় শয্যাশায়ী ছিল।	He/She was *confined to bed*. (*confined in bed* নয়।)
অর্ণবের সঙ্গে অপর্ণার বিবাহ হল।	Arnab was *married to* Aparna.(*married with* নয়।)
সে সাতদিন ধরে পীড়িত।	He / She has been ill *for seven days*. (*from* নয়।)
সে সাতদিন পরে এখানে আসবে।	He / She will come here *in seven days*. (*after* নয়।)

বাংলা	ইংরেজি
সে সাতদিন পরে এখানে এল।	He / She came here *after* seven days. (*in* নয়।)
সে অসুস্থতার জন্য আসতে পারেনি	He / She could not come *on account of* illness. (*due to* নয়।)
মেয়েটি তার সৌন্দর্যের জন্য গর্বিত।	The girl is *proud of* her beauty. (*proud for* নয়।)
আমি আমার শিক্ষকের পায়ের তলায় বসেছিলাম	I sat *at the feet* of my teacher (*under the feet* নয়।)
আমি তাকে এ কথা জানিয়েছিলাম।	I *informed him / her of* this. (*informed this to him / her* নয়।)

MISUSE OF POSSESSIVE FORM

Examples :

বাংলা	ইংরেজি
সকলেই কীট্স এবং শেলির কবিতা পড়তে ভালোবাসে।	Everybody loves *Keats' and Shelley's* poems. (*Keat's and Shelley's* নয়।)
আমি আমার মাস্টারমশাই-এর বাড়িতে গিয়েছিলাম।	I went to *the house of my teacher.* (*my teacher's house* নয়।)

USE OF NEGATIVES

Examples :

বাংলা	ইংরেজি
এখানে কেউ থাকে না।	*Nobody* lives here. (*Not anybody* নয়।)
কেউই সত্যি ঘটনাটি জানে না।	No one (Nobody) knows the true episode. (*Anyone does not know* নয়।)

MISCELLANEOUS USE

Examples :

বাংলা	ইংরেজি
সে কে জান কি?	Do you know who *he / she is*? (*who is he / she* নয়।)
তোমার নাম কী আমাকে বালো।	Tell me *what your name is.* (*what is your name* নয়।)
আমি লেখার চেয়ে পড়া বেশি পছন্দ করি।	I *prefer* reading *to* writing. (*prefer than* নয়।)
তার ইংরেজি জ্ঞান কম।	His / Her *knowledge of English* is poor. (English knowledge নয়।)
তুমি ঘন্টা না বাজালে চাকরটি আসবে না।	The servant won't come *unless you ring.* (*unless you do not ring* নয়।)

বাংলা	ইংরেজি
আমি না আসা পর্যন্ত এখানে অপেক্ষা করো।	Wait here *till / until I come.* (*till / until I do not come* নয়।)
এটা আমরা প্রতিদিন ব্যবহার করি।	We use it *every day.* (*everyday* নয়।)
এটা প্রতিদিনের ব্যবহারযোগ্য।	It is for *everyday* use. (*every day* নয়।)

Note **'every day'**—adverb as separate words; **'everyday'**—adjective as a single word.

47

BRITISH AND AMERICAN ENGLISH

কখনো কখনো be এবং have verb-এর পরিবর্তে আধুনিক আমেরিকান ও ব্রিটিশ ইংরেজিতে get verb-এর ব্যবহার হয়।

Special usage of Be, Have and Get

TRADITIONAL BRITISH	MODERN BRITISH & AMERICAN
তৈরি হও / প্রস্তুত হও—Be ready.	তৈরি হও / প্রস্তুত হও—Get ready.
বাথরুমে পড়ে আমার বাঁ পা ভেঙে গিয়েছিল —I slipped in the bathroom and my left leg *was broken.*	বাথরুমে পড়ে আমার বাঁ পা ভেঙে গিয়েছিল— I slipped in the bathroom and *got* my left leg *broken.*
আমি আশ্চর্য হয়ে গেছি—I *have been* struck dumb with wonder.	আমি আশ্চর্য হয়ে গেছি—I got struck dumb with wonder.
আমি বিয়ে করতে যাচ্ছি—I *am going* to be married.	আমি বিয়ে করতে যাচ্ছি—I *am getting* married.
আমি দাড়ি কামিয়েছি—I *have shaved* my beard.	আমি দাড়ি কামিয়েছি—I *got* my beard *shaved.*
আমি চুল ছেঁটেছি—I *have* my hair *cut.*	আমি চুল ছেঁটেছি—I *got* my hair cut.
আমি গোঁফ এবং জুলফি ছেঁটেছি—I *have* my moustache and sideburns *trimmed.*	আমি গোঁফ এবং জুলফি ছেঁটেছি—I *got* my moustache and sideburns *trimmed.*

48

SIMILES / COMPARISON PHRASES

এবার দেখুন কতকগুলি তুলনামূলক বাক্য :

Subject + verb + as + object / comp. + as + remaining

যে আলকাতরার মতো কালো—He is as black as pitch.

তিনি ছিলেন সিংহের মতো সাহসী—He was as brave as a lion.

প্রশ্নটি জলের মতো সোজা—The question is as easy as ABC.

তার মাংসপেশীগুলি পাথরের মতো শক্ত—His muscles are as hard as stone.

দ্বীপটি ছিল সমাধিভূমির মতো নিস্তব্ধ—The island was as silent as a grave.

তোমার কথাগুলি কাকের মতো কর্কশ—Your tongue is as hoarse as a crow.

মেয়েটি গোলাপের মতো তরতাজা।—The girl is as fresh as a rose.

তার সিদ্ধান্ত ছিল কাঁচের মতোই ভঙ্গুর।—Her decision was as brittle as glass.

সে ঘড়ির কাঁটার মতো নিয়মিত।—He is as regular as clockwork.

কাপড়টি যেন পালকের মতো হালকা।—The cloth seems as light as a feather.

মা মূর্তির মতো নির্বাক হয়ে দাঁড়িয়ে ছিলেন।—Mother stood as dumb as a statue.

বাক্য-গঠন প্রণালী : এরকম বাক্যে একটির সাথে আরেকটির তুলনা করা হয়। একে ইংরাজিতে বলে **Simile;** বাক্যগুলি **as ... as** ব্যবহার করে বলা হয়।

SOME MORE SIMILES

As black	as coal / pitch	As graceful	as a swan
As blind	as a bat	As greedy	as a dog
As brave	as a lion	As green	as a grass
As bright	as silver	As happy	as a king
As brittle	as glass	As harmless	as a dove
As busy	as a bee	As heavy	as lead (লেড—সীসা)
As clear	as crystal / day	As hoarse	as a crow
As cold	as ice	As hot	as fire
As cunning	as a fox	As innocent	as a dove
As dark	as midnight	As large	as life
As dirty	as a hog	As light	as a feather
As dry	as a bone	As loud	as thunder
As dumb	as a statue	As merry	as a butterfly
As deep	as a well	As mute	as a fish
As dry	as dust	As old / patient	as the hills
As drunk	as a lord	As pale	as a ghost
As easy	as ABC	As poor	as a church mouse
As fierce	as a tiger	As pointed	as a needle
As fleet	as deer	As proud	as a peacock
As fresh	as a rose	As quick	as lightning
As gentle	as a lamb	As red	as blood
As fat	as a pig	As regular	as clockwork
As flat	as board	As round	as a ball
As free	as the air	As sharp	as a razor
As gaudy	as a butterfly	As silent	as the dead/a grave
As good	as gold	As smooth	as butter / glass
(here good = valuable)		As soft	as wax

As sour	as vinegar	As thick	as thieves
As straight	as an arrow	As thin	as water
As stupid	as a donkey	As tricky	as a monkey
As sure	as death	As true	as a steel
As sweet	as honey	As ugly	as a toad
As swift	as the wind	As unstable	as water
As tall	as a maypole	As weak	as a kitten
As tame	as a cat	As white	as snow

49

ONE WORD SUBSTITUTES [এককথায় প্রকাশ]

Enrich Your Vocabulary

In English some phrases or non-finite clauses may be expressed in single words. A careful study of this, would enrich the vocabulary of the learners.

কোনো ব্যক্তির জীবনকাহিনি [**জীবনী**]—The history of the life of a person [**Biography**] Martyr.

নিজের লেখা জীবনকাহিনি [**আত্মজীবনী**]—A life story of a man written by himself [**Autobiography**]

যে মহৎ কারণে প্রাণ দেয় [**শহিদ**]—One, who dies for a great cause [**Martyr**]

কাউকে, বলপূর্বক ধরে নিয়ে যাওয়া [**অপহরণ**]—To carry away a person, forcibly [**Kidnap**]

অবস্থার অবনতি হওয়া [**অবনমন**]—To go from bad to worse [**Deteriorate**]

যা চোখে দেখা যায় না [**অদৃশ্য**]—That which cannot be seen [**Invisible**]

যা কানে শোনা যায় না [**শ্রবণাতীত**]—That which cannot be heard [**Inaudible**]

যার পরিবর্তন করা যায় না [**অপরিবর্তনীয়**]—That which cannot be changed [**Irreversible**]

যার মৃত্যু নেই [**অবিনশ্বর**]—Having no death [**Immortal**]

যা নিশ্চিত ঘটবেই [**অবশ্যম্ভাবী**]—That which cannot be avoided [**Inevitable**]

যা কার্যত করা অসম্ভব [**অব্যবহারিক**]—That which cannot be practiced [**Impracticable**]

যা বিশ্বাস করা যায় না [**অবিশ্বাস্য**]—That which cannot be believed [**Incredible**]

যে মানুষ, মানুষের মাংশ খায় [**স্বগোত্রভোজী**]—A man, who eats human flesh [**Cannibal**]

যে অপরের মাংস খায় [**পরগোত্রভোজী / মাংসাশী**]—One who lives on flesh [**Carnivorous / Non-Vegetarian**]

যে প্রাণী ঘাস খেয়ে বেঁচে থাকে [**তৃণভোজী**]—One who lives on grass [**Graminivorous**]

যে প্রাণী লতাগুল্ম খেয়ে বেঁচে থাকে [**গুল্মভোজী**]—One who lives on herbs [**Herbivorous**]

যে প্রাণী সবরকম খাদ্য খায় [**সর্বভুক**]—One who devours all things [**Omnivorous**]

যে শাকসবজি খেয়ে বেঁচে থাকে [**নিরামিষাশী / শাকাহারী**]—One who lives on vegetables [**Vegetarian**]

যে বই পড়তে খুব ভালোবাসে [**পুস্তকপ্রেমি**]—A great lover of books [**Bibliophil(e)**]

যে নিজের দেশকে ভালোবাসে [**দেশপ্রেমিক**]—One who loves his country [**Patriot**]

যে ব্যক্তির বা বস্তুর সুনাম আছে [**বিখ্যাত**]—One who has earned fame [**Famous**]

যে ব্যক্তির দুর্নাম আছে [**কুখ্যাত**]—Having bad reputation [**Notorisous**]

যে সর্বদা নিজের কথা ভাবে এবং নিজেকে বড় বলে মনে করে [**আত্মম্ভরী**]—A person, who always thinks of himself [**Egotist / Egoist**]

যে ব্যক্তি, ভাগ্যের উপর নির্ভর করেন [**অদৃষ্টবাদী**]—A person, who believes in fate [**Fatalist**]

যে ভয়ানক রোগ বিস্তির্ন এলাকায় দ্রুত ছড়িয়ে পড়ে বহু জীবনহানি ঘটায় [**মহামারী**]—A disease which spreads over vast area [**Epidemic**]

যে সমস্যার, সমাধান করা যায় না [**সমাধানহীন**]—A problem, which cannot be solved [**Insolubele**]

যে কর্মপদের জন্য, বেতন দেওয়া যায় না [**অবৈতনিক**]—A position, which carries not salary [**Honorary**]

যে শিশুটির পিতামাতা নেই [**অনাথ**]—A child, whose parents are dead [**Orphan**]

যে পশুকে পোষ মানানো যায় না এমন [**বন্য**]—An animal that cannot be tamed [**Wild**]

যে ব্যক্তি কোনো পেশায় নতুন [**শিক্ষানবিশ**]—One, who is new in profession [**Novice**]

যে ব্যক্তি, মানুষের ভালো চান [**লোকহিতৈষী**]—One, who tries to benefit mankind [**Philanthropist**]

যিনি জনসাধারণের প্রিয় [**জনপ্রিয়**]—One who or which is admired by everybody [**Popular**]

যিনি সব কিছু জানেন [**সর্বজ্ঞ**]—One who knows everything [**Omniscient**]

যিনি একটি কাজে পারদর্শী [**বিশেষজ্ঞ**]—One having a special study of something [**Specialist**]

যিনি একই প্রতিষ্ঠানে কাজ করেন [**সহকর্মী**]—A co-worker in the same organization [**Colleague**]

যিনি, সখের জন্য কলাচর্চা করেন [**শৌখিন**]—A person, who persues some art as a hobby and not for money [**Amateur**]

যিনি দুটি ভাষায় কথা বলেন [**দোভাষী**]—One who speaks two languages [**Bilinguist**]

যিনি, সর্বদা ভালো দিকটি দেখেন [**আশাবাদী**]—One, who looks on the bright-side [**Optimist**]

যিনি, সর্বদা খারাপ দিকটি দেখেন [**নিরাশাবাদী**]—One, who looks on he dark-side [**Pessimist**]

যিনি প্রচুর খরচ করেন [**অমিতব্যায়ী**]—One, who spends too much [**Spendthrift**]

যিনি দেশের স্বাধীনতার জন্য লড়াই করেন [**স্বাধীনতাসংগ্রামী**]—One, who fights for his countries [**Freedom fighter**]

যারা ভিটে থেকে বিতারিত [**উদ্‌বাস্তু**]—People, those are eradicated from their residence [**Refugee**]

বিনা প্রস্তুতিতে বক্তব্য রাখা [**তাৎক্ষণিক ভাষণ**]—A speech, made without previous preparation [**Extempore**]

অন্যায় প্রথার সমূলে উচ্ছেদ করা [**নির্মূল করা**]—To root out bad practice [**Eradicate**]

শিশুকে হত্যা করা [**শিশুহত্যা**]—The murder of infants [**Infanticide**]

নিজের পিতাকে হত্যা করা [**পিতৃহত্যা**]—The murder of one's own father [**Patricide**]

নিজের মাকে হত্যা করা [**মাতৃহত্যা**]—The murder of one's own mother [**Matricide**]

নিজের মা অথবা বাবাকে হত্যা করা [**পিতৃহত্যা বা মাতৃহত্যা**]—The murder of either of the parents [**Paricide**]

নিজেকে, নিজে হত্যা করা [**আত্মহত্যা**]—The murder of one's himself [**Suicide**]

মানুষকে হত্যা করা [**নরহত্যা**]—The murder of humans [**Suicide**]

একটি জাতিকে হত্যা করা [**গণহত্যা**]—The murder of people [**Genocide**]

পানভোজনে শিষ্ট রুচিসম্পন্ন ব্যক্তি [**আভিজাত্য**]—A person, of refined taste, esp. in eating and drinking [**Epicure**]

বাছাই কবিতার সংকলণ গ্রন্থ [**কাব্য-সংকলন**]—A collection of choice poems [**Anthology**]

জনসাধারণের শাসনতন্ত্র [**গণতন্ত্র**]—Government of the people [**Democracy**]

সহজাত সৃজণ ক্ষমতাশালী ব্যাক্তি [**প্রতিভা বা প্রতিভাবান**]—One, who has inborn creative faculty [**Genius**]

50

PROVERBS [প্রবাদ প্রবচন]

"Proverbs may be said to be the abridgements of wisdom."—*Joubert*

Proverbs contain homely but universal truths. Some of them are gems from the works of great masters like Shakespear, Pope and Aesop. Others go back to antiquity.

অতিরিক্ত কৌতুহল বিপদের কারণ হয়—Curiosity kills cats.

অপচয় করো না, অভাবও হবে না—Waste not, want not.
[Be careful about your money, and you will bever be in want]

অভ্যাসই স্বভাবে দাঁড়ায়—Habit is second nature.
[The habit of doing something gets into our nature]

অসৎ উপায়ের আয় অসৎ পথেই যায়—Iill go ill spent.
[Money procured by bad means is spent on bad things]

উদ্যোগী লোকেদের ভগবান সাহায্য করেন—God helps those who helps themselves.
[God favours those who spares no pains]

এক ঢিলে দুই পাখি মারা—Kill two birds with one stone. [Gain two ends at one]

এক হাতে তালি বাজে না—It takes two to make a quarrel. [Both are to blame in a quarrel]

এক পয়সা জমানো মানে এক পয়সা রোজগার করা—A penny saved is a penny earned.
[Little savings make a mighty sum]

একেবারে না হওয়ার চেয়ে দেরিতে হওয়াও ভালো—Better late than never.
[It is better to do a thing later, than never]

একতায় উত্থান, বিভেদে পতন—United we stand, divided we fall.
[Unity is strenght, disruption is ruin]

কোনো ঝুঁকি না নিলে সাফল্যও আসে না—No risk, no gain. [Strive and you will win]

গুজব অতি দ্রুত ছড়ায়—Rumour is a great traveller. [Rumour spreads very fast]

ঘরপোড়া গরু সিঁদুরে মেঘ দেখলেই ডরায়—A burnt child fears the fire.
[Experience teaches us caution]

তরবারির চেয়ে কলমের ধার বেশি— The pen is sharper than the sword.
[The writers and hinkers exercise a much greater influencee on men than any military conqueror]

দেরি হলেও সংশোধনের সময় থাকে।—It is never too late to mend.
[It is always possible to rectify a wrong]

দাঁত থাকতে দাঁতের মর্যাদা বোঝে না—The worth of a tooth is not appreciated until it is gone.
[The worth of teeth is not appreciated until they are gone]

দুঃখের পরে সুখ আসে—After cloud comes fair weather.

[Weal and woe come one after another]

ধোঁয়া থাকলে আগুন আছে—No smoke without fire. [There can be no effect without a cause]

নিজের চরকায় তেল দাও—Oil your own machine.

[Don't poke your nose into the affairs of others]

নিজের রুচিতে খাও, পরের রুচিতে পরিধান কর—Eat to please yourself but dress to please others.

নিজের উপর আস্থা থাকলে অবশ্যই সফল হওয়া যায়—Self-help is the best help.

[Depend on yourself and you will succeed.)

ন্যাবা চোখে সবকিছু হলদেদে দেখায়—All seems yellow to the jaundiced eye.

[A prejudiced eye sees faults that are not]

নেই মামার চেয়ে কানা মামা ভালো—Something is better than nothing.

[Half a loaf is better than no bread]

জ্ঞানই বল—Knowledge is power. [Knowledge rules the world]

বিপদ আসবার আগেই সাবধান হওয়া ভালো—Prevention is better than cure.

[It's wise to dig the well before the fire breaks out]

বেশি কথার লোক, কম কাজ করে—Great talkers are little doers.

[Those who talk much do little work.)

বৃক্ষ তোমার নাম কি, ফলে পরিচয়—A tree is know by it's fruit.

[A man's actual character is known by his action]

ভীরুরা মরার আগেই দুবেলা মরে—Cowards die many times before their deaths.

[By becoming slaves for fear and trying to avoid the pawas of death we suffer them repeatedly]

মানুষ মাত্রই ভুল করে—To err is human. [It is natural for man to make mistakes]

মুখে বলা সহজ কাজে করা কঠিন—Easier said than done.

[Easy to say something but it is always difficult to perform it]

যত গর্জে, তত বর্ষে না—Barking dogs seldom bite.

[Angry words and threats lead nothing worse]

যা চলে গেছে তা নিয়ে ভেবো না— Let bygones be bygones. [Let the dead past bury its dead]

লুকোনো আনন্দের মজা বেশি—Bread eaten in secret is pleasant. -Bible. [Proverbs ix. 17]

শুরু দেখে শেষটা আন্দাজ করা যায়—Morning shows the day.

[A good beginning holds out a good prospect]

সততাই সর্বোৎকৃষ্ট পথ—Honesty is the best policy. [One gains by being honest]

সবজান্তা কিন্তু কোনোটিতে ওস্তাদ নয়—Jack of all trades, master of none.

(One does many things fairly well, but is not expert at anything.)

সব ভালো, যার শেষ ভালো—All's well that ends well.

CHAPTER
2

ACTION WORDS IN SENTENCES

ACTION WORDS IN SENTENCES WITH ACCENT

Action words are **Verbs**—those important words in English without which no sentence is normally complete. They help us to talk about the things **that people do** and **the things that happen arround us**. These Verbs form an important part of English vocabulary. Here are some short sentences with their usage in **Simple Present, Present Continuous**, and **Simple Past Tense** which are **often used in speech.**

[**Action words**-গুলি হল **Verb** বা ক্রিয়াপদ—এই গুরুত্বপূর্ণ word-গুলি ছাড়া ইংরেজিতে সাধারণত কোনো বাক্য সম্পূর্ণ হয় না। এগুলি সেইসব বিষয় সম্বন্ধে কথা বলতে সাহায্য করে যেগুলি লোকেরা **করে** এবং যেগুলি আমাদের চারপাশে **ঘটে**। এই Verb-গুলি ইংরেজি শব্দভাণ্ডারের একটি গুরুত্বপূর্ণ অংশ। এখানে তাদের প্রয়োগসহ কিছু ছোটো ছোটো বাক্য দেওয়া হল। **Simple Present, Present Continuous এবং Simple Past**—এই তিনটি Tense কথোপকথনে খুব বেশি ব্যবহৃত হয় বলে এগুলির প্রয়োগ দেখানো হল।]

এছাড়া আরও একটি গুরুত্বপূর্ণ তথ্য হল—আমরা আমাদের চেনা word-গুলিকে BBC News ইত্যাদিতে বা কোনো ইউরোপীয়ান বা আমেরিকান সাহেবের সঙ্গে কথোপকথনের সময় বুঝতে পারি না, কারণ আমরা এগুলির সঠিক accent দিয়ে উচ্চারণ জানি না। সেজন্য এখানে FIVE HUNDRED ACTION WORDS IN SENTENCES-এর মধ্যে কিছু Common Words-এর accent ['] বা Word-এর যে Syllable-এ ঝোঁক পড়ে তা দেওয়া হল।

সাধারণত monosyllabic [এক syllable-যুক্ত] word-এ কোনো accent পড়ে না। কিন্তু bisyllabic, trisyllabic বা multisyllabic [দুই, তিন বা বহু syllable-যুক্ত] word-এ কখনো প্রথমে, কখনো মাঝে যে syllable-টি বেশি গুরুত্বপূর্ণ সেটির আগে accent ['] হয়।

Abide [মেনে চলা], abiding, abode.

Try to a'bide by the rules. [নিয়ম মেনে চলতে চেষ্টা করো।]

Add [কোনো কিছু যোগ করা] adding, added.

My 'little 'sister can't (cannot) add 5 to 7 (7 to 5). [আমার ছোটো বোন পাঁচ-এর সঙ্গে সাত যোগ করতে পারে না।]

'Mother is a'dding some milk to her 'coffee. [মা তাঁর কফিতে কিছুটা দুধ ঢালছেন (ঢালছেন = যোগ করছেন)।]

'Mother a'dded some milk to her 'coffee. [মা তাঁর কফিতে কিছুটা দুধ ঢেলেছিলেন।]

Act [কাজ করা, অভিনয় করা], acting, acted.

'Sudha acts as a 'dancer in the play. [সুধা নাটকে নর্তকীর অভিনয় করে।]

She is 'acting as a 'dancer in the play. [সে নাটকে নর্তকীর অভিনয় করছে।]

She 'acted as a 'dancer in the play. [সে নাটকে নর্তকীর অভিনয় করেছিল।]

Aim [লক্ষ্য স্থির করা], aiming, aimed.

'Uday aims at the bird. [উদয় পাখিটির দিকে লক্ষ্য স্থির করে।]

He is 'aiming at the bird. [সে পাখিটির দিকে লক্ষ্য স্থির করছে।]

He 'aimed at the bird. [সে পাখিটির দিকে লক্ষ্য স্থির করেছিল।]

Ache [ব্যথা করা], aching, ached.

His 'stomach aches be'cause he eats too much. [সে খুব বেশি খায় বলে তার পেট ব্যথা করে।]

Accept [স্বীকার করা, গ্রহণ করা], accepting, accepted.

I ac'cept your o'pinion. [আমি তোমার মত স্বীকার করি।]

'Mini ac'cepted a gift from her' uncle. [মিনি তার কাকার কাছ থেকে একটি উপহার নিল (গ্রহণ করল)।]

Admire [প্রশংসা করা], admiring, admired.

I ad'mire your 'courage. [আমি তোমার সাহসের প্রশংসা করি।]

Advise [উপদেশ দেওয়া], advising, advised.

'Father ad'vised me to be 'honest. [বাবা আমাকে সৎ হতে উপদেশ দিলেন।]

Agree [রাজি হওয়া], agreeing, agreed.

I a'greed to help her to do the sum. [আমি তাকে অঙ্কটি কষতে (কষার ব্যাপারে) সাহায্য করতে রাজি হয়েছিলাম।]

Allow [অনুমতি দেওয়া], allowing, allowed.

Dogs are not a'llowed in the bus. [বাসে কুকুর নিয়ে যাওয়ার অনুমতি দেওয়া হয় না।]

Amuse [আনন্দ দেওয়া], amusing, amused.

The 'joker a'mused us with his tricks in the 'circus. [সার্কাসে জোকার তার কসরৎ দেখিয়ে আমাদের আনন্দ দিল।]

Annoy [বিরক্ত করা], annoying, annoyed.

Why are you a'nnoying your 'sister? [কেন তুমি তোমার বোনকে বিরক্ত করছ?]

Answer [উত্তর দেওয়া], answering, answered.

'Kamal is an'swering the 'questions. [কমল প্রশ্নগুলির উত্তর দিচ্ছে।]

Appear [আবির্ভূত হওয়া], appearing, appeared.

He a'ppeared like a ghost. [সে ভূতের মতো আবির্ভূত হল।]

Arrange [ব্যবস্থা করা, গুছিয়ে রাখা], arranging, arranged.

I can a'rrange a feast. [আমি একটা ভোজের ব্যবস্থা করতে পারি।]

'Mother is a'rranging the pots on the shelf. [মা শেলফের (তাকের) উপর পাত্রগুলি গুছিয়ে রাখছেন।]

Arrive [পৌঁছানো], arriving, arrived.

'Mini a'rrived at the 'station too late. [মিনি স্টেশনে বড্ড দেরিতে পৌঁছাল।]

Ask [জিজ্ঞাসা করা বা চাওয়া], asking, asked.

The boy asks his 'friend's 'address. [ছেলেটি তার বন্ধুর ঠিকানা জিজ্ঞাসা করে।]

The boy is 'asking his 'mother for a 'slice of bread. [ছেলেটি তার মার কাছে এক টুকরো রুটি চাইছে।]

The girl asked her 'mother for a'nother 'slice of cake. [মেয়েটি তার মার কাছে আর এক টুকরো কেক চেয়েছিল।]

Attack [আক্রমণ করা], attacking, attacked.

'Why are you a'ttacking me? [তুমি কেন আমাকে আক্রমণ করছ?]

Attend [উপস্থিত হওয়া, যোগদান করা], attending, attended.

'Mini a'ttended her friend's 'birthday party. [মিনি তার বন্ধুর জন্মদিনের উৎসবে যোগদান করেছিল।]

Awake [জাগা], awaking, awoke.

The a'larm clock a'woke me from sleep. [অ্যালার্ম ঘড়ি আমাকে ঘুম থেকে জাগিয়ে দিল।]

Bark [ঘেউ ঘেউ করা], barking, barked.

The dog is 'barking 'loudly. [কুকুরটি জোরে জোরে ঘেউঘেউ করছে।]

Bath [n. স্নান] Bath [v. স্নান করানো]/Bathe [বেইদ] [স্নান করা], bathing, bathed.

'Mother baths the 'baby. [মা শিশুকে স্নান করান।]

He bathes in a pond. [সে পুকুরে স্নান করে।]

She is 'bathing in the 'bathroom. [সে (মেয়েটি) স্নানঘরে স্নান করছে।]

Beg [ভিক্ষা করা], begging, begged.

The 'beggar is be'gging for alms. [ভিক্ষুকটি ভিক্ষা চাইছে।]

Bend [নোয়ানো, বাঁকানো], bending, bent.

'Dipu is' bending a stick. [দীপু একটি ছড়ি বাঁকাচ্ছে।]

He bent the rod 'easily. [সে সহজেই ছড়িটাকে বাঁকিয়ে ফেলল।]

Beat [প্রহার করা, বাজানো, পরাজিত করা], beating, beat, (pp.) beaten.

'People are' beating a 'pickpocket. [লোকেরা একজন পকেটমারকে প্রহার করছে।]

'Shibu is 'beating [on] a drum. [শিবু ড্রাম বাজাচ্ছে।]

'Rita beats 'Gita in the race. [রীতা গীতাকে দৌড়ে পরাজিত করে।]

Bet [বাজি রাখা], betting, bet.

Do you ever bet? [তুমি কি কখনো বাজি ধরেছ/রেখেছ?]

Bite [কামড়ানো], biting, bit.

The dog is 'biting (on) a bone. [কুকুরটি একটি হাড় কামড়াচ্ছে।]

Bid [নিলাম ডাকা], bidding, bid.

Is 'anybody else 'going to bid? [নিলাম ডাকার কি আর কেউ আছে?]

Bind [বাঁধা], binding, bound.

We 'bound the thief 'tightly. [আমরা চোরটিকে শক্ত করে বাঁধলাম।]

Bleed [রক্তক্ষরণ হওয়া], bleeding, bled.

If you cut your 'finger, it will bleed. [যদি তুমি আঙুল কেটে ফেল, তাহলে তা থেকে রক্তক্ষরণ হবে।]

Block [অবরোধ করা], blocking, blocked.

The ex'cited mob is 'blocking the road. [উত্তেজিত জনতা রাস্তা অবরোধ করছে।]

Blow [বাতাস বয়ে যাওয়া], blowing, blew.

The wind is 'blowing 'gently. [মৃদু মৃদু বাতাস বইছে।]

Blow [বাজানো], blowing, blew.

Don't blow horn near the 'hospital. [হাসপাতালের কাছে হর্ন বাজাবে না।]

The 'referee blew his 'whistle for a goal. [গোল হওয়া মাত্রই রেফারি বাঁশি বাজালেন।]

Boil [ফোটানো], boiling, boiled.

The 'water is 'boiling. Don't put your hand into it. [জল ফুটছে। ওতে হাত ডুবিও না।]

Borrow [ধার করা], borrowing, borrowed.

'Neither 'borrow, nor lend. [ধার করো না, ধার দিও না।]

Break [ভাঙা], breaking, broke.

'Subrata broke the stick into 'pieces. [সুব্রত ছড়িটি টুকরো টুকরো করে ভেঙে ফেলল।]

Break down [খারাপ হয়ে যাওয়া]

'Father's car broke down on his way to 'work. [বাবার গাড়িটি তাঁর কাজে যাবার পথে খারাপ হয়ে গেল।]

Breed [জন্ম নেওয়া], breeding, bred.

'Money breeds 'money. [টাকা খাটালে টাকা বাড়ে।]

Bring [আনা], bringing, brought.

'Mother is 'bringing some food for us. [মা আমাদের জন্য (কিছু) খাবার আনছেন।]

Broadcast [সম্প্রচার করা], broadcasting, broadcast.

The 'radio/TV is broad'casting the news. [রেডিও/টি.ভি. সংবাদটি সম্প্রচার করছে।]

Brush [মাজা, আঁচড়ানো], brushing, brushed.

'Ditu is 'brushing his teeth. [দীতু দাঁত মাজছে।]

'Lila is 'brushing her hair. [লীলা তার চুল ব্রাশ করছে (আঁচড়াচ্ছে)]

Build [নির্মাণ করা], building, built.

'Someone built this 'building. [কোনো একজন এই বাড়িটি তৈরি করেছিল।]

Bump [ধাক্কা খাওয়া, বাধা পাওয়া], bumping, bumped.

Our car 'bumped onto (not 'into') a 'bumper on the road. [আমাদের গাড়িটা রাস্তার বাম্পারে ধাক্কা খেল (বাধা পেল)।]

Burn [পোড়া, পোড়ানো], burning, burnt.

The dry wood is 'burning. [শুকনো কাঠ পুড়ছে।]

The girl is 'burning some dry 'leaves. [মেয়েটি কিছু শুকনো পাতা পোড়াচ্ছে।]

Burst [ফেটে যাওয়া], bursting, burst.

The ba'lloon burst and 'Nilu began to cry. [বেলুনটি ফেটে গেল এবং নীলু কাঁদতে শুরু করল।]

Buy [কেনা], buying, bought.

'Father bought him a'nother ba'lloon. [বাবা তাকে আর একটি বেলুন কিনে দিলেন।]

Bury [কবর দেওয়া, মাটি চাপা দেওয়া], burying, buried.

'Uncle Tom is 'buried here. [টম চাচাকে/কাকাকে এখানে কবর (সমাধি) দেওয়া হয়েছে।]

Call [ডাকা], calling, called.

'Why are you 'calling me? [তুমি আমাকে ডাকছ কেন?]

Call the 'firemen to put out the fire. [আগুন নেভাতে দমকলের লোকেদের ডাকো।]

Call for [চাওয়া]

'Shibu called for help in 'trouble. [শিবু বিপদে পড়ে সাহায্য চাইল।]

Call in [ডেকে পাঠানো]

Call in a 'doctor. [একজন ডাক্তার ডেকে পাঠাও।]

Call on [গিয়ে দেখা করা]

He called on me in my 'office. [সে অফিসে গিয়ে আমার সঙ্গে দেখা করেছিল।]

Cancel [খারিজ করা], cancelling, cancelled.

He can'celled my 'proposal. [সে আমার প্রস্তাব খারিজ করল।]

Care [যত্ন করা, গ্রাহ্য করা], caring, cared.

'Peter cares for his pet dog. [পিটার তার পোষা কুকুরের যত্ন করে।]

I don't (do not) care for you. [আমি তোমাকে গ্রাহ্য করি না।]

Carry [বহন করা], carrying, carried

The old man 'cannot carry the load. [বৃদ্ধ লোকটি বোঝা বইতে পারে না।]

Carry on [চালিয়ে যাওয়া]

'Carry on your 'studies. [তোমার পড়াশোনা চালিয়ে যাও।]

Cast [নিক্ষেপ করা], casting, cast.

The 'fisherman cast his net 'into the 'water. [জেলে তার জাল জলে নিক্ষেপ করল।]

Catch [ধরা], catching, caught.

The brave man caught the thief. [সাহসী লোকটি চোর ধরল।]

Chase [পিছু ধাওয়া করা], chasing, chased.

'People chased the thief on the way. [লোকেরা রাস্তায় চোরটির পিছু ধাওয়া করল।]

Change [পরিবর্তন করা], changing, changed.

Please change your 'habit. [দয়া করে তোমার অভ্যাস পরিবর্তন করো।]

Charge [আক্রমণ করা, ঝাঁপিয়ে পড়া, অভিযোগ করা], charging, charged.

The 'soldiers 'charged the 'enemy. [সৈনিকেরা শত্রুদের আক্রমণ করল।]

The 'angry bull 'charged at the fence. [রাগী ষাঁড়টি বেড়াটার ওপর ঝাঁপিয়ে পড়ল।]

He was 'charged with 'murder. [সে খুনের অভিযোগে অভিযুক্ত হল।]

Cheer [উৎসাহিত করা], cheering, cheered.

The boys are 'cheering their team on the 'playground. [ছেলেরা খেলার মাঠে তাদের দলকে উৎসাহিত করছে।]

Cheer up [আনন্দিত করা]

The car'toon show 'cheered up the 'children. [কার্টুন শো ছেলেমেয়েদের আনন্দিত করল।]

Check [পরীক্ষা করে দেখা], checking, checked.

'Moumita is 'checking her school books. [মৌমিতা তার স্কুলের সব বই ঠিক আছে কিনা দেখছে।]

Chew [চিবানো], chewing, chewed.

The 'baby is 'chewing the doll. [শিশুটি পুতুল চিবোচ্ছে।]

Cheat [ঠকানো], cheating, cheated.

'Why are you 'cheating me? [তুমি আমাকে ঠকাচ্ছ কেন?]

Chide [তিরস্কার করা], chiding, chid.

'Why do you 'chide the 'child? [কেন তুমি শিশুটিকে তিরস্কার করো?]

Choose [পছন্দ করা], choosing, chose.

It is hard to choose a 'sari when they all look so 'beautiful. [কোনো একটি শাড়ি পছন্দ করা কঠিন যখন সবগুলিই সুন্দর।]

Clap [হাততালি দেওয়া], clapping, clapped.

The boys 'clapped their hands on 'seeing the 'magic. [ম্যাজিক দেখে ছেলেরা হাততালি দিল।]

Clip [ক্লিপ দিয়ে আঁটা, ক্লিপ দিয়ে ছাঁটা], clipping, clipped.

'Atanu is 'clipping the 'papers to'gether. [অতনু ক্লিপ দিয়ে কাগজগুলি আঁটছে।]

'Shrila is 'getting her hair 'clipped in the 'saloon. [শ্রীলা সেলুনে তার চুল ছাঁটছে।]

Clean [পরিষ্কার করা], cleaning, cleaned.

The 'driver cleans the car on 'Sundays. [ড্রাইভার প্রত্যেক রবিবার তার গাড়ি পরিষ্কার করে।]

Clear [পরিষ্কার করা], clearing, cleared.

The 'soldiers are 'clearing the way 'covered with snow. [সৈনিকেরা বরফে ঢাকা রাস্তা পরিষ্কার করছে।]

Climb [আরোহণ করা], climbing, climbed.

The 'monkey is 'climbing (up) a tree. [বানরটি একটি গাছে উঠছে।]

Cling [লেগে থাকা], clinging, clung.

Cling to your pro'fession sin'cerely. [তোমার পেশায় আন্তরিকভাবে লেগে থাক।]

Close [বন্ধ করা], closing, closed.

Please close the door. [অনুগ্রহ করে দরজাটি বন্ধ করুন।]

Come [আসা], coming, came.

Hush! The Head'master is 'coming. [চুপ! প্রধান শিক্ষক আসছেন।]

Comb [চিরুনি দিয়ে আঁচড়ানো], combing, combed.

'Aparna is 'combing her hair. [অপর্ণা তার চুল চিরুনি দিয়ে আঁচড়াচ্ছে।]

Copy [নকল্ করা, কোনো কিছু দেখে করা], copying, copied.

The boy was caught 'copying from a'nother boy. [ছেলেটি অন্য একটি ছেলের কাছ থেকে নকল করার সময় ধরা পড়ল।]

'Sumana 'copied the sums from the 'blackboard. [সুমনা ব্ল্যাকবোর্ড থেকে অঙ্কগুলি দেখে দেখে লিখল।]

Cook [রান্না করা], cooking, cooked.

'Mother is 'cooking a de'licious dish. [মা একটি সুস্বাদু খাবার রান্না করছেন।]

Cost [দাম হওয়া], costing, cost.

My 'woollen shawl costs 'five 'hundred ru'pees. [আমার পশমি শালের দাম পাঁচশো টাকা।]

Cough [কাশা], coughing, caughed.

'Debu is 'coughing be'cause he has caught cold. [দেবু কাশছে কারণ তার ঠান্ডা লেগেছে।]

Collect [সংগ্রহ করা], collecting, collected.

'Mohan co'llects stamps of 'different 'countries. [মোহন নানা দেশের ডাকটিকিট সংগ্রহ করে।]

Colour [রং করা], colouring, coloured.

'Sumita is 'colouring a 'picture of a 'zebra. [সুমিতা একটি জেব্রার ছবিতে রং লাগাচ্ছে।]

Collapse [ধসে পড়া], collapsing, collapsed.

The multi-'storeyed 'building 'collapsed at 'midnight. [বহুতল বাড়িটি মধ্যরাত্রে ধসে পড়ল।]

Collide [মুখোমুখি ধাক্কা খাওয়া], colliding, collided.

The bus co'llided head-on with a 'lorry. [বাসটি লরির সঙ্গে মুখোমুখি ধাক্কা খেল।]

Compare [তুলনা করা], comparing, compared.

You should not com'pare the 'Himalayas with the Shu'shunia. [হিমালয়ের সঙ্গে শুশুনিয়া পাহাড়ের তুলনা করা উচিত নয়।]

Compete [প্রতিযোগিতা করা], competing, competed.

'India is now 'trying to com'pete with other 'countries in trade. [ভারত এখন বাণিজ্যে অন্যান্য দেশের সঙ্গে প্রতিযোগিতা করার চেষ্টা করছে।]

Complete [সম্পূর্ণ করা], completing, completed.

Try to com'plete your 'homework. [তোমার বাড়ির কাজ (হোমওয়ার্ক) সম্পূর্ণ করতে চেষ্টা করো।]

Complain [অভিযোগ করা], complaining, complained.

I don't like to com'plain a'gainst you. [আমি তোমার বিরুদ্ধে অভিযোগ করতে চাই না।]

Confuse [বিভ্রান্ত করা], confusing, confused.

The 'signals con'fused the 'driver. [সিগন্যালগুলি ড্রাইভারকে বিভ্রান্ত করল।]

Connect [সংযুক্ত করা], connecting, connected.

'Uncle con'nected the an'tenna to the 'television. [কাকা টেলিভিশনের সঙ্গে অ্যানটেনা সংযুক্ত করলেন।]

Consist [গঠন করা, গঠিত হওয়া], consisting, consisted.

This class con'sists of 'fifty boys. [পঞ্চাশ জন ছেলে নিয়ে এই ক্লাসটি গঠিত।]

Consider [বিবেচনা করা], considering, considered.

The Head'master con'sidered his case sym'pathetically. [প্রধান শিক্ষক তার বিষয়টি সহানুভূতির সঙ্গে বিবেচনা করলেন।]

Control [নিয়ন্ত্রণ করা], controlling, controlled.

The big 'traders are con'trolling the 'price of es'sential co'mmodities. [বড়ো ব্যবসায়ীরা নিত্যপ্রয়োজনীয় (অত্যাবশ্যক) জিনিসের দাম নিয়ন্ত্রণ করছে।]

Contain [কোনো কিছুর মধ্যে কোনো কিছু থাকা], containing, contained.

The 'bottle con'tains milk. [এই বোতলটিতে দুধ থাকে।]

Count [গোনা], counting, counted.

The 'businessman is cou'nting his 'money. [ব্যবসায়ীটি তার টাকা গুনছে।]

Cover [ঢাকা দেওয়া], covering, covered.

'Gargi co'vered her face with a 'handkerchief. [গার্গী রুমাল দিয়ে মুখ ঢাকল।]

Crack [ফেটে যাওয়া], cracking, cracked.

The 'pitcher 'cracked when it was 'dropped. [কলশিটি যখন পড়ল তখন ফেটে গেল।]

Crash [ধাক্কা মেরে গুঁড়িয়ে দেওয়া], crashing, crashed.

The 'lorry 'crashed down the wall. [লরিটি ধাক্কা দিয়ে দেওয়াল গুঁড়িয়ে দিল।]

Crush [দলিত করা, চাপা দেওয়া], crushing, crushed.

The street dog was 'crushed by the 'steam-roller.

Note রাস্তার কুকুরটি স্টিম রোলারে চাপা পড়ল—'crushed by' appropriate preposition হিসাবে ব্যবহৃত হয়। সেজন্য কোনো বস্তুর দ্বারা অর্থে 'with' এই সাধারণ নিয়ম এখানে হবে না।

Create [সৃষ্টি করা], creating, created.

'Why are you 'creating such 'chaos? [তুমি এমন গোলমাল সৃষ্টি করছ কেন?]

Creep [গুঁড়ি মেরে এগিয়ে যাওয়া], creeping, crept.

The cat crept 'silently to'wards the bird. [বিড়ালটি নিঃশব্দে পাখিটির দিকে গুঁড়ি মেরে এগিয়ে গেল।]

Cross [পার হওয়া], crossing, crossed.

We 'crossed the 'river by a boat. [আমরা একটি নৌকায় করে নদী পার হলাম।]

Look left and 'right be'fore 'crossing the street. [রাস্তা পার হওয়ার পূর্বে ডাইনে-বাঁয়ে তাকাও।]

Cry [কাঁদা], crying, cried.

The 'baby is 'crying for its 'mother. [শিশুটি তার মায়ের জন্য কাঁদছে।]

Cut [কাটা], cutting, cut.

My 'sister is 'cutting the cake into 'slices. [আমার বোন টুকরো টুকরো (ফালি) করে কেক কাটছে।]

Do [করা], doing, did.

I am 'doing my 'homework. [আমি বাড়ির কাজ (হোমওয়ার্ক) করছি।]

Dance [নাচা], dancing, danced.

The 'children are 'dancing 'merrily. [শিশুরা আনন্দে নাচছে।]

Dare [সাহস করা], daring, dared.

I didn't dare say such 'rude words. [আমি এমন রূঢ় কথা বলতে সাহস করলাম না।]

Dash [ধাক্কা মারা], dashing, dashed.

The bus 'dashed against the 'wall. [বাসটি দেওয়ালে ধাক্কা মারল।]

Die [মরা], dying, died.

He is 'dying for his 'country. [সে তার দেশের জন্য মারা যাচ্ছে।]

The old man 'died at the age of 'seventy. [বৃদ্ধ লোকটি সত্তর বছর বয়সে মারা গেলেন।]

Dig [খনন করা], digging, dug.

'Uncle Tom is 'digging a hole in his 'garden. [টম চাচা/কাকা তাঁর বাগানে একটি গর্ত খুঁড়ছেন।]

Dip [ডোবানো], dipping, dipped.

A 'straight stick 'dipped 'half-way into 'water ap'pears to be bent in the 'middle. [একটি সোজা লাঠিকে অর্ধেকটা জলে ডোবালে মাঝখানে বাঁকা মনে হবে।]

Deal [ব্যবহার করা], dealing, dealt.

He 'deals well with his 'classmates. [সে তার ক্লাসের বন্ধুদের সঙ্গে ভালো ব্যবহার করে।]

Deal in [ব্যাবসা করা]

Mr. Ghosh 'deals in 'rice. [মিস্টার ঘোষ চালের ব্যাবসা করেন।]

Delay [দেরি করা], delaying, delayed.

He de'layed in 'coming to the 'meeting. [সে মিটিং-এ আসতে দেরি করল।]

Dial [ফোন করা], dialing, dialled.

'Soma 'dialled 100 to call the 'police. [সোমা পুলিশ ডাকতে ১০০ নম্বরে ফোন ডায়াল করল।]

Dive [ঝাঁপিয়ে ডুব দেওয়া], diving, dived.

'Chandan 'dived into the 'pool. [চন্দন পুকুরে ঝাঁপিয়ে ডুব দিল।]

Drag [টানা], dragging, dragged.

The 'horse is 'dragging a 'coach. [ঘোড়াটি গাড়ি টানছে।]

Draw [টানা, আঁকা], drawing, drew.

The 'teacher is 'drawing his 'chair up to the 'table. [শিক্ষকমশাই তাঁর চেয়ারটি টেবিলের কাছে টেনে আনছেন।]

'Milli is 'drawing an 'apple in her 'exercise book. [মিলি তার খাতায় একটা আপেল আঁকছে।]

Decide [স্থির করা], deciding, decided.

'Nipa could not de'cide whether to 'wear a sari or frock. [নীপা শাড়ি পরবে নাকি ফ্রক পরবে স্থির করতে পারল না।]

Divide [ভাগ করা], dividing, divided.

'Mother is di'viding the cake into two 'equal parts. [মা কেকটিকে সমান দু-ভাগে ভাগ করছেন।]

Delight [আনন্দ করা], delighting, delighted.

'Mini was de'lighted with her new doll. [মিনি তার নতুন পুতুল পেয়ে (নিয়ে) আনন্দিত হয়েছিল।]

Deliver [কিছু দেওয়া, বক্তৃতা দেওয়া], delivering, delivered.

The 'postman de'livered a 'parcel. [পোস্টম্যান একটি পার্সেল দিল।]

The 'president de'livered a short but nice (sweet) speech. [সভাপতি একটি সংক্ষিপ্ত অথচ সুন্দর বক্তৃতা দিলেন।]

Demand [চাওয়া, দাবি করা], demanding, demanded.

The 'worker de'mands 'higher pay. [কর্মীটি বেশি বেতন দাবি করে।]

Deserve [কিছু পাওয়ার যোগ্য হওয়া], deserving, deserved.

The in'telligent boy de'serves the first 'prize. [বুদ্ধিমান ছেলেটি প্রথম পুরস্কার পাওয়ার যোগ্য/উপযুক্ত।]

Describe [বর্ণনা করা], describing, described.

The boy des'cribed the 'rabbit as he saw it in the bush. [ছেলেটি ঝোপের মধ্যে যেমনভাবে দেখেছিল, সেইভাবেই খরগোশটির বর্ণনা করল।]

Decorate [সজ্জিত করা], decorating, decorated.

The boys are deco'rating the school 'building on the 'foundation day. [ছেলেরা বিদ্যালয়ের প্রতিষ্ঠা দিবসে বিদ্যালয় ভবনটিকে সাজাচ্ছে।]

Defend [রক্ষা করা], defending, defended.

The 'soldiers are de'fending their 'country from the 'enemy's attack. [সৈনিকেরা শত্রুদের আক্রমণ থেকে দেশকে রক্ষা করছে।]

Destroy [ধ্বংস করা], destroying, destroyed.

'Hiroshima was des'troyed by an 'atom bomb. [পরমাণু বোমায় হিরোসিমা ধ্বংস হয়েছিল।]

Develop [উন্নত করা], developing, developed.

'India is 'trying to de'velop its eco'nomic con'dition. [ভারত তার আর্থিক অবস্থা উন্নত করতে চেষ্টা করছে।]

Try to de'velop your vo'cabulary. [তোমার শব্দভাণ্ডার বাড়াতে চেষ্টা করো।]

Direct [নির্দেশ দেওয়া], directing, directed.

The 'teacher d'irected the boy how to 'write cor'rect 'English. [কীভাবে সঠিক ইংরেজি লিখতে হয় সে বিষয়ে শিক্ষকমশাই ছেলেটিকে নির্দেশ দিলেন।]

Disappear [অদৃশ্য হওয়া], disappearing, disappeared.

The thief disa'ppeared in the 'darkness of 'night. [চোরটি রাতের অন্ধকারে অদৃশ্য হয়ে গেল/মিলিয়ে গেল।]

Discover [আবিষ্কার করা], discovering, discovered.

'Columbus dis'covered 'America. [কলম্বাস আমেরিকা আবিষ্কার করেছিলেন।]

Discuss [আলোচনা করা], discussing, discussed.

The girls are dis'cussing where to go for a 'picnic. [মেয়েরা কোথায় বনভোজনে যাবে সে বিষয়ে আলোচনা করছে।]

Display [দেখানো, প্রদর্শিত করা], displaying, displayed.

The new books are dis'played in the 'book-shop. [বইয়ের দোকানে নতুন বইগুলি প্রদর্শিত হয়।]

Disturb [বিরক্ত করা], disturbing, disturbed.

Don't dis'turb her now. She is 'sleeping. [তাকে এখন বিরক্ত করো না। সে ঘুমোচ্ছে।]

Doze [তন্দ্রাচ্ছন্ন হওয়া বা ঝিমানো], dozing, dozed.

'Grandma often dozes for her old age. [ঠাকুরমা তাঁর বার্ধক্যের জন্য প্রায়ই ঝিমোন।]

Drip [ফোঁটা ফোঁটা পড়া], dripping, dripped.

'Water is dri'pping from the 'ceiling. [ছাদ থেকে ফোঁটা ফোঁটা জল চুঁইয়ে পড়ছে।]

Drop [পড়ে যাওয়া, ফেলে দেওয়া], dropping, dropped.

An egg 'dropped on the floor. [একটা ডিম মেঝেতে পড়ে গেল।]

'Dipa 'dropped an egg on the floor. [দীপা একটি ডিম মেঝেতে ফেলে দিল।]

Drink [পান করা], drinking, drank.

'Mini 'drank a glass of milk with her 'breakfast. [মিনি তার প্রাতরাশের সঙ্গে এক গ্লাস দুধ পান করল।]

Drive [গাড়ি চালানো], driving, drove.

'Father is 'driving his car 'himself. [বাবা নিজেই নিজের গাড়ি চালাচ্ছেন।]

Dress [পোশাক পরা], dressing, dressed.

A'parna 'dressed 'herself well. [অপর্ণা ভালো পোশাক পরেছিল।]

Dream [স্বপ্ন দেখা], dreaming, dreamt.

Su'parna 'dreamt a sweet dream. [সুপর্ণা একটি সুন্দর/মিষ্টি স্বপ্ন দেখেছিল।]

Drill [সরু ফুটো করা], drilling, drilled.

'Uncle is 'drilling a small hole in the 'wooden door. [কাকা কাঠের কপাটে একটি সরু ফুটো করছেন।]

Drown [জলে ডোবা], drowning, drowned.

The boy is 'drowning. Try to res'cue him. [ছেলেটি জলে ডুবে যাচ্ছে। তাকে উদ্ধার করার চেষ্টা করো।]

Dry [শুকনো করা], drying, dried.

'After a bath you should dry 'yourself well with a 'towel. [স্নানের পর তোয়ালে দিয়ে ভালোভাবে গা মুছে শুকনো করা উচিত।]

Dwell [বাস করা], dwelling, dwelt.

The old 'woman 'dwells in a 'lonely house. [বৃদ্ধাটি একটি নির্জন বাড়িতে বাস করে।]

Eat [খাওয়া], eating, ate.

We eat rice. [আমরা ভাত খাই।]

Earn [উপার্জন করা], earning, earned.

'Peter earns 'money by 'washing cars. [পিটার গাড়ি ধুয়ে পয়সা উপার্জন করে।]

Elect [নির্বাচন করা], electing, elected.

The team e'lected the 'captain from 'themselves. [দল নিজেদের মধ্যে থেকেই ক্যাপটেন নির্বাচিত করল।]

Emit [নির্গত করা, হওয়া], emitting, emitted.

His old car e'mits too much smoke. [তার পুরানো গাড়িটি বড়ো বেশি ধোঁয়া নির্গত করে/ছাড়ে।]

End [শেষ হওয়া], ending, ended.

The road ends at 'Digruighat. [রাস্তাটি দিগরুইঘাটে শেষ হয়েছে।]

Enjoy [উপভোগ করা], enjoying, enjoyed.

We en'joyed the yatra (jatra) per'formance of 'Natta 'Company. [আমরা নট্ট কোম্পানির যাত্রা উপভোগ করেছিলাম।]

Enter [প্রবেশ করা], entering, entered.

The thief en'tered the 'house by the 'window. [চোরটি জানলা দিয়ে বাড়িতে ঢুকেছিল/ঘরে প্রবেশ করেছিল।]

Escape [পালানো, রক্ষা পাওয়া], escaping, escaped.

The bird es'caped from the cage. [পাখিটা খাঁচা থেকে পালিয়েছিল।]

He es'caped from the 'accident by a 'hair-breadth. [সে একচুলের জন্য (একটুর জন্য) দুর্ঘটনা থেকে রক্ষা পেয়েছিল।]

Excite [উত্তেজিত করা], exciting, excited.

The situ'ation ex'cited him. [পরিস্থিতি তাকে উত্তেজিত করেছিল।]

He was ex'cited to see the 'football match. [সে ফুটবল ম্যাচ দেখে উত্তেজিত হয়েছিল।]

Excuse [ক্ষমা করা, অব্যাহতি দেওয়া], excusing, excused.

Ex'cuse me, sir. [মহাশয়, আমাকে ক্ষমা করুন।]

He was ex'cused from 'paying fine. [সে জরিমানা দেওয়া থেকে অব্যাহতি পেয়েছিল।]

Expand [বিস্তার লাভ করা], expanding, expanded.

A ba'lloon ex'pands when you blow it up. [যখন তুমি বেলুন ফোলাও, তখন তা বিস্তার লাভ করে।]

Expect [আশা করা], expecting, expected.

I am ex'pecting a 'letter from you. [আমি তোমার কাছ থেকে একখানা পত্র আশা করছি।]

Explain [ব্যাখ্যা করা], explaining, explained.

The 'teacher ex'plained the rules of 'grammar. [শিক্ষকমশাই ব্যাকরণের নিয়মগুলি ব্যাখ্যা করলেন।]

Face [মুখোমুখি হওয়া], facing, faced.

'Mithu faced the clock to see what 'time it was. [মিঠু সময় দেখতে ঘড়ির দিকে মুখ ফেরাল।]

Fade [বিবর্ণ হওয়া, মলিন হওয়া], fading, faded.

The 'colour of the 'picture has 'faded. [ছবির রং মলিন হয়ে গেছে।]

Fall [পতিত হওয়া], falling, fell.

An 'apple fell from a tree and 'Newton be'gan to think. [একটি আপেল গাছ থেকে পড়ল আর নিউটন চিন্তা করতে লাগলেন।]

Fail [ব্যর্থ হওয়া], failing, failed.

He 'failed to pass the 'exam ['examination]. [সে পরীক্ষায় পাশ করতে ব্যর্থ হল।]

Fan [পাখার বাতাস করা], fanning, fanned.

'Aunty 'Molly is 'fanning 'herself to keep cool. [মলি কাকিমা ঠান্ডা হওয়ার জন্য নিজেকে পাখার বাতাস করছেন।]

Fast [উপবাস করা], fasting, fasted.

He has been 'fasting for 'seven days. [তিনি সাতদিন ধরে উপবাস করছেন।]

Feed [খাওয়ানো], feeding, fed.

'Mother is 'feeding her baby. [মা তাঁর শিশুকে খাওয়াচ্ছেন।]

Feel [অনুভব করা], feeling, felt.

The 'doctor feels his pulse. [ডাক্তার তার নাড়ি দেখছেন। (দেখছেন = অনুভব করছেন।)]

He feels 'feverish. [তার জ্বর-জ্বর বোধ হচ্ছে।]

Fear [ভয় পাওয়া], fearing, feared.

'Ketty fears ghosts. [কেটি ভূতকে ভয় করে/কেটির ভূতের ভয় আছে।]

Fetch [আনতে যাওয়া], fetching, fetched.

Jack and Jill went up the hill to fetch a pail of 'water. [জ্যাক আর জিল এক বালতি জল আনতে পাহাড়ে চড়েছিল।]

Fill [পূর্ণ করা], filling, filled.

He filled the 'bucket with 'water. [সে বালতিটি জলে পূর্ণ করল।]

Find [খুঁজে পাওয়া, দেখতে পাওয়া], finding, found.

'Simon found a coin on the 'footpath. [সাইমন ফুটপাতের ওপর একটি মুদ্রা (কয়েন) দেখতে পেল।]

Finish [শেষ করা], finishing, finished.

'Dolon fi'nished her 'homework first. [দোলন প্রথমে তার বাড়ির কাজ (হোমওয়ার্ক) শেষ করল।]

Fight [যুদ্ধ করা], fighting, fought.

Two 'brothers are 'fighting (against) each other. [দুভাই পরস্পরের বিরুদ্ধে যুদ্ধ করছে।]

Fit [মাপে হওয়া], fitting, fitted.

Her feet fi'tted the shoes 'perfectly. [জুতো জোড়া তার ঠিক পায়ের মাপে হয়েছিল।]

Fix [নির্দিষ্টভাবে স্থির করা], fixing, fixed.

The 'date for the 'feast should be 'fixed. [ভোজের দিন নির্দিষ্টভাবে স্থির করা উচিত।]

Flee [পালানো], fleeing, fled.

The 'tiger fled from the cage. [বাঘটি খাঁচা থেকে পালিয়েছিল।]

Fly [ওড়া], flying, flew.

Birds fly in the sky. [পাখিরা আকাশে ওড়ে।]

Fry [ভাজা], frying, fried.

'Mother is 'frying fish for 'Mini. [মা মিনির জন্য মাছ ভাজছেন।]

Flap [পত্‌পত্‌ করে ওড়া], flapping, flapped.

The flag is 'flapping in the wind. [পতাকাটি বাতাসে পত্‌পত্‌ করে উড়ছে।]

Float [ভাসা], floating, floated.

A boat is 'floating in the 'river. [একটি নৌকা নদীতে ভাসছে।]

Flow [প্রবাহিত হওয়া], flowing, flowed.

The 'river is 'flowing. [নদী প্রবাহিত হচ্ছে/বয়ে যাচ্ছে।]

Fold [ভাঁজ করা], folding, folded.

'Bipin 'folded a piece of 'paper. [বিপিন এক টুকরো কাগজ ভাঁজ করল।]

Follow [অনুসরণ করা], following, followed.

The pet dog fo'llowed 'Mini from home to school. [পোষা কুকুরটি মিনিকে বাড়ি থেকে স্কুল পর্যন্ত অনুসরণ করল।]

Forget [ভুলে যাওয়া], forgetting, forgot.

Ex'cuse me, I fo'rgot your name and 'address. [আমাকে ক্ষমা করবেন, আমি আপনার নাম-ঠিকানা ভুলে গিয়েছিলাম।]

Forbid [নিষেধ করা], forbidding, forbade.

He for'bade me to do that. [তিনি আমাকে ওটা করতে নিষেধ করেছিলেন।]

Forsake [ত্যাগ করা], forsaking, forsook.

For'sake such a bad 'habit. [এরূপ বদ্ অভ্যাস ত্যাগ কর।]

Go [যাওয়া], going, went.

'Gargi goes to school at 10 a.m. [গার্গী বেলা দশটার সময় স্কুলে যায়।]

Gaze [একদৃষ্টিতে তাকিয়ে থাকা], gazing, gazed.

He 'gazed at me for a while. [সে কিছুক্ষণ একদৃষ্টিতে আমার দিকে তাকিয়ে রইল।]

Get [পাওয়া], getting, got.

'Debu got the first 'prize as he stood first in the 'exam. [দেবু পরীক্ষায় প্রথম হয়েছিল বলে প্রথম পুরস্কার পেল।]

Get down [নামা]

Apu 'climbed a tree but 'couldn't get down. [অপু গাছে উঠল, কিন্তু নামতে পারল না।]

Get into [গাড়িতে ওঠা]

Don't get into a 'running bus. [চলন্ত বাস থেকে নেমো না।]

Get down [নামা]

Don't get down from a 'running bus. [চলন্ত বাসে ওঠা-নামা করো না।]

Get out [বেরিয়ে যাওয়া]

Get out from here at once. [এখুনি এখান থেকে বেরিয়ে যাও।]

Give [দেওয়া], giving, given.

Please give me a glass of 'water. [অনুগ্রহ করে আমাকে এক গ্লাস জল দিন।]

Give up [পরিত্যাগ করা]

Give up your bad 'habit. [তোমার বদ্ অভ্যাস পরিত্যাগ কর।]

Give away [বিতরণ করা]

The 'president gave away the 'prizes. [সভাপতি পুরস্কার বিতরণ করলেন।]

Glow [জ্বল্‌জ্বল্ করা], glowing, glowed.

The cat's 'eyes glow in the dark. [বেড়ালের চোখ অন্ধকারে জ্বল্‌জ্বল্ করে।]

Grow [জন্মানো], growing, grew.

Po'tatoes grow under the 'ground. [আলু মাটির নীচে জন্মায়।]

Greet [অভিনন্দন জানানো], greeting, greeted.

We 'greeted 'Nipa for her 'brilliant re'sult. [আমরা নীপাকে তার ভালো রেজাল্টের (ফলাফলের) জন্য অভিনন্দন জানালাম।]

Guard [পাহারা দেওয়া], guarding, guarded.

The 'watchman guards the 'house at 'night. [পাহারাদার রাত্রে বাড়ি পাহারা দেয়।].

Guess [অনুমান করা], guessing, guessed.

You can guess the 'meaning even if you don't under'stand all the words. [সব শব্দ না বুঝলেও তুমি অর্থ অনুমান করতে পার।]

Guide [পথপ্রদর্শন করা], guiding, guided.

The 'teacher 'guided us to learn [in learning] 'English. [শিক্ষকমশাই আমাদের ইংরেজি শেখার পথ দেখালেন।]

Halt [থামা], halting, halted.

"Halt!" said the 'policeman, "you can't 'enter." [পুলিশ বলল, "থামো, তুমি ভেতরে ঢুকতে পার না।"]

Hand [হাতে দেওয়া], handing, handed.

The 'postman 'handed the 'letter [over] to 'Biman. [ডাকপিওন চিঠিটি বিমানের হাতে দিল।]

Hang [ঝোলানো], hanging, hanged, hung.

The murderer was hanged. [খুনিকে ফাঁসিতে ঝোলানো হল।]

'Amal hung the 'notice on the notice'-board. [অমল নোটিস বোর্ডে নোটিসটি ঝুলিয়ে দিল।]

Handle [হাত দিয়ে নাড়াচাড়া করা], handling, handled.

'Gargi 'handled the 'glasses with great care. [গার্গী খুব সতর্কতার সঙ্গে কাঁচের জিনিস নাড়াচাড়া করেছিল।]

Harm [ক্ষতি করা], harming, harmed.

I don't want to harm 'anybody. [আমি কারো ক্ষতি করতে চাই না।]

Hate [ঘৃণা করা], hating, hated.

You shouldn't hate a man as he is 'poor. [দরিদ্র বলে কোনো মানুষকে ঘৃণা করা উচিত নয়।]

Head [মাথায় করে মারা, এগিয়ে যাওয়া], heading, headed.

'Bikash 'headed the ball to the goal. [বিকাশ হেড় করে বলটিকে গোলে পাঠাল।]

Heat [উত্তপ্ত করা], heating, heated.

The 'heater heats the soup to 'boiling point. [হিটারে ঝোল স্ফুটনাঙ্ক পর্যন্ত উত্তপ্ত হয়/হিটারে সুপ ফোটানো যায়।]

Heal [আরোগ্য হওয়া], healing, healed.

My 'wounds have 'healed. I can take off the 'bandage. [আমার ঘা শুকিয়ে গেছে। আমি ব্যান্ডেজ খুলে ফেলতে পারি।]

Heap [স্তূপীকৃত করা], heaping, heaped.

'Rani 'heaped the 'clothes on the 'floor. [রানি মেঝেতে কাপড়গুলি স্তূপীকৃত জোড়া করল।]

Hear [শোনা], hearing, heard.

We heard a 'noise on the 'street. [আমরা রাস্তায় একটি গোলমাল শুনতে পেলাম।]

Help [সাহায্য করা], helping, helped.

'Lila helps her 'mother in her do'mestic work. [লীলা বাড়ির কাজে তার মাকে সাহায্য করে।]

Hide [লুকানো], hiding, hid.

The cat is hi'ding 'under a chair. [বিড়ালটি চেয়ারের তলায় লুকাচ্ছে।]

Hire [ভাড়া করা], hiring, hired.

We 'hired a bus for our tour to 'Murshidabad. [আমরা মুর্শিদাবাদ ভ্রমণের জন্য একটি বাস ভাড়া করলাম।]

Hiss [হিস্‌হিস্‌ শব্দ করা], hissing, hissed.

The 'snake 'hissed when he 'stepped on it. [যখন সে সাপটাকে মাড়িয়ে ফেলল, তখন সাপটা হিস্‌হিস্‌ শব্দ করল।]

Hit [আঘাত করা], hitting, hit.

The 'batsman hit the ball with the bat. [ব্যাটসম্যান বলটিকে ব্যাট দিয়ে মারলেন।]

Hold [ধরা], holding, held.

The girl is 'holding her 'father's hand. [মেয়েটি তার বাবার হাত ধরে আছে।]

Hope [আশা করা], hoping, hoped.

I hope for 'better re'sults. [আমি আরও ভালো ফল আশা করি।]

Hop [লাফানো], hopping, hopped.

The 'grasshopper is 'hopping on the grass. [ফড়িংটি ঘাসের ওপর লাফাচ্ছে।]

Hunt [শিকার করা, খুঁজে বেড়ানো], hunting, hunted.

The 'hunter went out for 'hunting (to hunt) a deer. [শিকারিটি হরিণ শিকারের জন্য (শিকার করতে) বেরিয়ে গেল।]

'Manika is 'hunting for her lost book. [মনিকা তার হারানো বইটি খুঁজে বেড়াচ্ছে।]

Hurl [জোরে ঘুরিয়ে ছুঁড়ে দেওয়া], hurling, hurled.

Jim 'hurled the ball as far as he could. [জিম যতদূর পারল বলটি ঘুরিয়ে ছুঁড়ে দিল।]

Hurt [শরীরে বা মনে আঘাত করা বা পাওয়া], hurting, hurt.

He was hurt by their 'criticism. [সে তাদের সমালোচনায় (মনে) আঘাত পেয়েছিল।]

Hurry [তাড়াতাড়ি করা], hurrying, hurried.

'Ketty got up late and 'hurried to get 'dressed. [কেটি দেরি করে উঠল এবং তাড়াতাড়ি পোশাক পরল।]

Hurry up [তাড়াতাড়ি করা]

'Hurry up if you want to go to school in 'time. [ঠিক সময়ে স্কুল যেতে হলে তাড়াতাড়ি করো।]

Imagine [কল্পনা করা], imagining, imagined.

I'magine that you are 'flying like a bird. [কল্পনা করো যেন তুমি পাখির মতো আকাশে উড়ছ।]

Imitate [অনুকরণ করা], imitating, imitated.

'Simon can imi'tate 'Superman very well. [সাইমন সুপারম্যানের ভালো অনুকরণ করতে পারে।]

Inform [জানানো], informing, informed.

'Peter in'formed us where to go for a 'picnic. [পিটার আমাদের জানাল কোথায় বনভোজনে যাওয়া হবে।]

Increase [বেড়ে যাওয়া], increasing, increased.

The plant is in'creasing day by day. [চারাগাছটি দিনে দিনে বেড়ে উঠছে।]

Injure [আঘাত পাওয়া], injuring, injured.

'Lila fell down and in'jured her arm. [লীলা পড়ে গেল এবং বাহুতে আঘাত পেল। / লীলা পড়ে গিয়ে হাতে আঘাত পেল।]

Inspect [তদন্তের জন্য পরিদর্শন করা], inspecting, inspected.

The school ins'pector ins'pected the school to make sure that it was all right. [সবকিছু ঠিকমতো চলছে কিনা নিশ্চিত হতে স্কুল-পরিদর্শক স্কুল পরিদর্শন করলেন।]

Instruct [নির্দেশ দেওয়া], instructing, instructed.

The 'teacher is ins'tructing the 'children how to do the sum. [কীভাবে অঙ্কটি করতে হয়, সে বিষয়ে শিক্ষকমশাই ছেলেমেয়েদের নির্দেশ দিচ্ছেন।]

Iron [ইস্ত্রি করা], ironing, ironed.

'Father is 'ironing his shirt. [বাবা তাঁর জামা ইস্ত্রি করছেন।]

Invite [নিমন্ত্রণ করা], inviting, invited.

'Mini in'vited us to her 'birthday party. [মিনি তার জন্মদিনে আমাদের নিমন্ত্রণ করেছিল।]

Invent [যে জিনিস পূর্বে ছিল না, তেমন কিছু আবিষ্কার করা], inventing, invented.

The 'scientist in'vented the 'radio. [বৈজ্ঞানিক রেডিও আবিষ্কার করেছিলেন।]

Jerk [ঝাঁকুনি খাওয়া], jerking, jerked.

The car 'jerked and then 'stopped 'suddenly. [গাড়িটি ঝাঁকুনি খেল এবং হঠাৎ থেমে গেল।]

Join [যোগদান করা, জুড়ে দেওয়া], joining, joined.

All my 'friends 'joined my 'birthday-party. [আমার সব বন্ধু আমার জন্মদিনের উৎসবে যোগ দিয়েছিল।]

I can 'join two 'pieces of a string with a knot. [আমি গিঁট দিয়ে একটা দড়ির দুটো টুকরোকে জুড়ে দিতে পারি।]

Joke [ঠাট্টা করা], joking, joked.

The 'children are 'joking with one a'nother. [ছেলেমেয়েরা নিজেদের মধ্যে ঠাট্টা করছে।]

Jump [লাফানো, ঝাঁপানো], jumping, jumped.

The cat 'jumped over the rat. [বিড়ালটি ইঁদুরের ওপর ঝাঁপিয়ে পড়ল।]

Judge [বিচার করা], judging, judged.

You are old e'nough. You can 'judge what is 'wrong and what is 'right. [তুমি যথেষ্ট বড়ো হয়েছ। কোন্‌টা ভুল এবং কোন্‌টা ঠিক তা তুমি বিচার করতে পারো।]

Kick [লাথি মারা], kicking, kicked.

'Subrata 'kicked the ball 'over the fence. [সুব্রত বেড়ার ওপর দিয়ে বলটি কিক্ করল।]

Kill [হত্যা করা], killing, killed.

'Atanu 'killed a 'snake with a stick. [অতনু লাঠি দিয়ে সাপ মারল।]

Keep [রাখা], keeping, kept.

'Mita keeps her books in her 'reading room. [মিতা তার বইগুলি তার পড়ার ঘরে রাখে।]

Kneel [নীল] = [হাঁটু গেড়ে বসা], kneeling, knelt.

'Mini kneels down to pray. [মিনি হাঁটু গেড়ে প্রার্থনা করতে বসে।]

Knit [নিট্] = [কাঁটা দিয়ে বোনা], knitting, knitted.

'Mother is 'knitting a 'sweater. [মা একটি সোয়েটার বুনছেন।]

Knot [নট] = [গিঁট দেওয়া], knotting, knotted.

'Peter is 'knotting a tie round his neck. [পিটার তার গলার টাইতে গিঁট দিচ্ছে/পিটার টাই বাঁধছে।]

Knock [দরজা ইত্যাদিতে টোকা দেওয়া], knocking, knocked.

The 'postman is 'knocking at the door/on the 'window. [পোস্টম্যান দরজায়/জানলায় টোকা দিচ্ছে।]

Know [নো = জানা], knowing, knew.

'Arnab knows how to 'write good 'English. [অর্ণব ভালো ইংরেজি লিখতে জানে।]

Laugh [হাসা], laughing, laughed.

'Why are you 'laughing? [তুমি হাসছ কেন?]

Laugh at [বিদ্রূপ করা]

Do not laugh at the 'poor. [দরিদ্রকে বিদ্রূপ করিও (করো) না।]

Last [বজায় থাকা], lasting, lasted.

'Nothing lasts for 'ever. [কোনো কিছুই চিরকাল থাকে না।]

Lead [চালনা করা], leading, led.

A true 'leader can lead 'people in the 'right way. [প্রকৃত নেতা জনগণকে সঠিক পথে চালনা করতে পারেন।]

Leak [ছিদ্রপথে বেরিয়ে আসা], leaking, leaked.

The roof is 'leaking. [ছাদ থেকে জল পড়ছে।]

Leap [লাফানো], leaping, leapt.

Look be'fore you leap. [লাফ দেওয়ার আগে একবার তাকাও/দেখে লাফাও।]

Lean [ঠেস দিয়ে থাকা], leaning, leaned.

The 'ladder is 'leaning a'gainst the wall. [মইটি দেওয়ালে হেলানো আছে।]

Lean [ঝোঁকা]

Do not lean out. [বাইরে ঝুঁকবেন না।]

Learn [শেখা], learning, learned/learnt.

'Mini is 'learning how to play the 'piano. [মিনি পিয়ানো বাজানো/বাজাতে শিখছে।]

She learnt 'Bengali as well as 'English. [সে বাংলার সঙ্গে ইংরেজিও শিখেছিল।]

Leave [ছেড়ে যাওয়া], leaving, left.

'Surama left her 'school-bag in the 'school bus. [সুরমা স্কুলবাসে তাঁর স্কুল-ব্যাগটি ছেড়ে গিয়েছিল।]

Lend [ধার দেওয়া], lending, lent.

Would you please lend me your 'story-book? [তুমি কি তোমার গল্পের বইটি আমায় ধার দেবে?]

Lie [শুয়ে থাকা], lying, lay.

'Mithu is 'lying (lying down) on a mat. [মিঠু মাদুরের উপর / মাদুরে শুয়ে আছে।]

Lie [মিথ্যা কথা বলা], lying, lied.

I know, you are 'lying. [আমি জানি, তুমি মিথ্যা কথা বলছ।]

Lick [চাটা], licking, licked.

'Lily is 'licking a 'lollipop. [লিলি একটি ললিপপ চাটছে।]

Like [পছন্দ করা], liking, liked.

'Dolly likes 'fruits and 'Jolly likes 'sweets. [ডলি ফল পছন্দ করে আর জলি মিষ্টি পছন্দ করে।]

Lift [উত্তোলন করা], lifting, lifted.

'Mother 'lifted her 'baby up. [মা তাঁর শিশুটিকে তুলে ধরলেন।]

Light [জ্বালা], lighting, lighted.

'Mother is very 'careful when she 'lights the 'candle. [মা যখন বাতি জ্বালেন, তখন তিনি খুব সতর্ক থাকেন।]

Limp [খোঁড়ানো], limping, limped.

The cat is 'limping as it has a sore in its paw. [বিড়ালটি খোঁড়াচ্ছে, কারণ তার থাবায় একটা ঘা হয়েছে।]

Link [সংযোগ রক্ষা করা], linking, linked.

The 'Second 'Hooghly Bridge links 'Howrah to 'Kolkata. [দ্বিতীয় হুগলি সেতু হাওড়া ও কলকাতার মধ্যে সংযোগ রক্ষা করে।]

List [তালিকা করা], listing, listed.

'Shibu is 'listing the things he needs to buy. [যে জিনিসগুলি কেনা প্রয়োজন শিবু সেগুলির তালিকা করছে।]

Listen [শোনা], listening, listened.

'Apu is 'listening to the 'radio. [অপু রেডিও শুনছে।]

Live [বাস করা], living, lived.

Most of our 'people live in 'villages. [আমাদের বেশিরভাগ লোকই গ্রামে বাস করে।]

Load [বোঝাই করা], loading, loaded.

The 'coolies are 'loading the 'lorry with sacks of po'tatoes. [কুলিরা লরিতে আলুর বস্তা বোঝাই করছে।]

Lock [চাবি দেওয়া / তালাবন্ধ করা], locking, locked.

'Every night 'father locks the door. [প্রতি রাত্রে বাবা দরজায় চাবি দেন / দরজা তালাবন্ধ করেন।]

Look [তাকিয়ে দেখা], looking, looked.

Look! The Head'master is "hoisting the 'school flag. [দেখ! প্রধান শিক্ষক স্কুলের পতাকা তুলছেন।]

Look at [তাকানো]

Look at the moon in the sky. [আকাশে চাঁদের দিকে তাকাও।]

Look after [যত্ন করা]

'Mother looks 'after the 'baby. [মা শিশুটির যত্ন / দেখাশোনা করেন।]

Look for [খোঁজা]

The boys are 'looking for the lost ball. [ছেলেরা হারানো বলটি খুঁজছে।]

Loll [শিথিলভাবে গা ঢেলে দেওয়া], lolling, lolled.

'Dipa is 'lolling in the 'sofa. She is doing 'nothing. [দীপা সোফায় শিথিলভাবে গা ঢেলে দিয়েছে। সে কিছুই করছে না।]

Loop [ফাঁস পরানো], looping, looped.

The 'cowboy 'looped the rope round the neck of the bull. [রাখাল বালকটি বলদের গলায় ফাঁস পরাল।]

Lose [হারানো], losing, lost.

'Sofia lost her um'brella only the other day. [এই তো সেদিন সোফিয়া তার ছাতা হারাল।]

Loose / Loosen [আলগা করা], loosed, loosened.

He 'loosened his belt after the lunch. [সে মধ্যাহ্নভোজনের পর তার বেল্ট আলগা করল।]

Love [ভালোবাসা], loving, loved.

I love my 'brother and he (loves me) too. [আমি আমার ভাইকে ভালোবাসি এবং সেও আমাকে ভালোবাসে।]

Make [তৈরি করা], making, made.

'Nilu is 'making a 'sandwich for 'himself. [নীলু তার নিজের জন্য স্যান্ডউইচ বানাচ্ছে।]

Make of [কোন্ উপাদান দিয়ে তৈরি তা বোঝাতে]

This jar is made of glass. [এই জারটি কাচের তৈরি।]

Make in [কোন্ জায়গায় তৈরি তা বোঝাতে]

This pen is made in 'China. [এই কলমটি চিনে তৈরি।]

Make for [যাত্রা করা / যাওয়া শুরু করা]

The ship made for 'London. [জাহাজটি লন্ডনের দিকে যাত্রা করল।]

Make out [বুঝতে পারা]

I can't make out what you say. [তুমি কী বলছ তা আমি বুঝতে পারি না।]

Mail [ডাকে পাঠানো], mailling, mailed.

Ketty is 'mailing a 'letter to her friend. [কেটি তার বান্ধবীর কাছে একটি চিঠি ডাকে (ডাকযোগে) পাঠাচ্ছে।]

March [এক ছন্দে পা ফেলতে ফেলতে এগিয়ে যাওয়া], marching, marched.

The 'soldiers 'marched 'forward. [সৈনিকেরা মার্চ করতে করতে এগিয়ে গেল।]

Marry [বিবাহ করা], marrying, married.

'Dipika 'married a 'postman. [দীপিকা একজন ডাকপিওনকে বিবাহ করেছিল।]

Mark [লক্ষ্য (লক্ষ) করা], marking, marked.

Mark him well. [তাকে ভালোভাবে লক্ষ্য (লক্ষ) করো।]

Mark [নম্বর দেওয়া]

The 'teacher is 'marking the exami'nation scripts. [শিক্ষকমশাই পরীক্ষার খাতায় নম্বর দিচ্ছেন।]

Mean [অর্থ প্রকাশ করা, বোঝানো], meaning, meant.

'What do you mean? [তুমি কী বোঝাতে চাও?]

Meet [দেখা হওয়া], meeting, met.

'Andy met 'Mandy out'side the school. [অ্যান্ডির সঙ্গে ম্যান্ডির স্কুলের বাইরে দেখা হল।]

Melt [গলে যাওয়া], melting, melted.

Ice melts when you take it out of the 'freeze. [ফ্রিজ থেকে বার করে আনলে বরফ গলে যায়।]

Mend [সারানো], mending, mended.

The 'heater is out of 'order. 'Peter is 'mending it. [হিটারটি খারাপ হয়ে গেছে। পিটার সেটি সারাচ্ছে।]

Miss [হারিয়ে যাওয়া], missing, missed.

My 'fountain pen is 'missing. [আমার ঝর্ণা কলমটি/ফাউন্টেন-পেনটি হারিয়ে গিয়েছে।]

Mix [মেশানো], mixing, mixed.

'Amina mixed 'flour and 'water (or, with water). [আমিনা ময়দার সঙ্গে জল মেশাল।]

Milk [গাই দোওয়া], milking, milked.

The 'milkman is 'milking the cow. [গোয়ালা গোরুটিকে দোহন করছে/গাই দুইছে।]

Move [সরিয়ে রাখা], moving, moved.

'Sabita moved her books to 'another shelf. [সবিতা তার বইগুলি অন্য তাকে সরিয়ে রাখল।]

Mount [ওপরে ওঠা বা ওপরে চড়া], mounting, mounted.

'Lucy 'mounted the hill. [লুসি পাহাড়ের ওপর উঠল।]

'Simon 'mounted a horse. [সাইমন ঘোড়ায় চড়ল।]

Nap [দিনেরবেলায় অল্প একটু ঘুমিয়ে নেওয়া], napping, napped.

The hare 'napped in the 'middle of the race. [খরগোশটি দিনেরবেলায় দৌড়ের মাঝখানে একটু ঘুমিয়ে নিল/দিবানিদ্রা দিল।]

Nod [মাথা নেড়ে সম্মতি জানানো] nodding, nodded.

'Uncle Roy 'nodded his head to show that he 'wanted 'coffee. [রায়কাকা মাথা নেড়ে জানালেন যে তিনি কফি চাইছেন।]

Need [প্রয়োজন হওয়া], needing, needed.

The 'workman needs a tool. [কর্মীটির একটি যন্ত্রের প্রয়োজন।]

Nurse [সেবা করা বা শুশ্রূষা করা], nursing, nursed

'Mother 'nursed me when I had 'measles. [আমার যখন হাম হয়েছিল তখন মা আমার শুশ্রূষা করেছিলেন।]

Obey [মান্য করা], obeying, obeyed.

You should 'obey your 'parents. [তোমার পিতামাতাকে মান্য করা উচিত।]

Occupy [দখল করা], occupying, occupied.

The 'stranger occu'pied my chair. [আগন্তুক আমার চেয়ার দখল করল।]

Oil [তেল দেওয়া], oilling, oiled.

Oil your own 'machine. [নিজের চরকায় তেল দাও।]

Offer [কিছু দিতে চাওয়া], offering, offered.

'Lynda o'ffered me a cup of tea. [লিন্ডা আমাকে এক কাপ চা দিতে চাইল।]

Open [খোলা], opening, opened.

'Rabeya 'opened the door. [রাবেয়া দরজাটি খুলল।]

Operate [কাজ করা, অস্ত্রোপচার করা], operating, operated.

This 'machine 'operates well. [এই যন্ত্রটি ভালো কাজ করে।]

The 'surgeon is ope'rating on a 'patient. [সার্জেন একজন রোগীর ওপর অস্ত্রোপচার করছেন।]

Order [আদেশ দেওয়া], ordering, ordered.

The 'teacher 'ordered him to get out of the class. [শিক্ষকমশাই তাকে ক্লাসের বাইরে যেতে নির্দেশ দিলেন।]

Owe [ঋণ থাকা], owing, owed.

He owes his 'tailor 'fifty ru'pees. [দর্জির কাছে তার পঞ্চাশ টাকা ঋণ (ধার) আছে।]

Owe [কৃতজ্ঞ থাকা]

We owe a great deal to our 'parents and 'teachers. [পিতামাতা ও শিক্ষকদের কাছে আমরা বহু বিষয়েই/ব্যাপারেই কৃতজ্ঞ/ঋণী।]

Own [অধিকারে থাকা], owning, owned.

Who owns this land? [এই জমিটি কার অধিকারে (দখলে) আছে?]

Overtake [অতিক্রম করা], overtaking, overtook.

The bus is over'taking a truck. [বাসটি একটি ট্রাককে অতিক্রম করছে।]

Overturn [উল্টে যাওয়া], overturning, overturned.

The boat over'turned in the storm. [ঝড়ে নৌকাটি উল্টে গেল।]

Pack [প্যাক করা], packing, packed.

'Mithu is 'packing food for a 'picnic. [মিঠু বনভোজনের জন্য খাবার প্যাক করছে/গুছোচ্ছে।]

Pat [আদরে চাপড়ানো], patting, patted.

'Mini is 'patting the dog on the head. [মিনি পোষা কুকুরের মাথায় হাত বুলাচ্ছে/আদরে চাপড়াচ্ছে।]

Pant [হাঁপানো], panting, panted.

The dog is 'panting after 'running a race. [অনেকটা ছুটে আসার পর কুকুরটা হাঁপাচ্ছে।]

Paint [রং দিয়ে ছবি আঁকা], painting, painted.

'Bina is 'painting a 'picture of her 'family. [বীণা তার পরিবারের লোকেদের একটি ছবি আঁকছে।]

Park [গাড়ি রাখা], parking, parked.

'Bubu 'parked his 'Maruti next to a van. [বুবু একটি ভ্যানগাড়ির পাশে তার মারুতিটি রাখল।]

Part [বিচ্ছিন্ন করা বা হওয়া], parting, parted.

'Lalita 'parted from her 'friend after two 'years. [ললিতা দু-বছরের পর তার বন্ধুর কাছ থেকে বিচ্ছিন্ন হল।]

We 'tried to part the two 'fighters. [আমরা দুই যোদ্ধাকে বিচ্ছিন্ন করতে চেষ্টা করলাম।]

Pass [এগিয়ে যাওয়া], passing, passed.

The lane is 'too 'narrow for a car to pass. [গলিটি একটি গাড়ি যাবার পক্ষে খুব সংকীর্ণ।]

Pass [হাত বাড়িয়ে দেওয়া], passing, passed.

'Jimmy is 'passing the salt to 'Linda. [জিমি লিন্ডাকে নুনের কৌটাটি বাড়িয়ে দিচ্ছে।]

Pass [সফল হওয়া]

A'purba passed the 'Madhyamik 'Exam. [অপূর্ব মাধ্যমিক পরীক্ষায় উত্তীর্ণ হল।]

Paste [আঠা দিয়ে সাঁটা], pasting, pasted.

'Bikash is 'pasting a 'poster on the wall. [বিকাশ দেওয়ালে একটা পোস্টার আঁটছে।]

Peel [খোসা ছাড়ানো], peeling, peeled.

'Sumita is 'peeling the 'orange. [সুমিতা কমলালেবুটির খোসা ছাড়াচ্ছে।]

Peep [উঁকি মারা], peeping, peeped.

'Mandy is 'peeping through the 'window. [ম্যান্ডি জানলা দিয়ে উঁকি দিচ্ছে।]

Pick [পাড়া], picking, picked.

'Andy is 'picking apple from a tree in his 'garden. [অ্যান্ডি তার বাগানে গাছ থেকে আপেল পাড়ছে।]

Pick up [কুড়িয়ে নেওয়া]

Pick up the 'pieces of the 'broken glass. [ভাঙা গ্লাসের টুকরোগুলি তুলে ফেল/কুড়িয়ে নাও।]

Pierce [বিদ্ধ করা], piercing, pierced.

The 'arrow 'pierced the apple. [তিরটি আপেলটিকে বিদ্ধ করল।]

Pile [স্তূপীকৃত করা, জমে ওঠা], piling, piled.

'Mini is.'piling up the sand to make a sand 'castle. [মিনি একটি বালির দুর্গ তৈরি করতে বালি স্তূপীকৃত করছে।]

'Clouds are 'piling up in the sky. [আকাশে মেঘ জমছে/ মেঘের পরে মেঘ জমেছে।]

Place [রাখা], placing, placed.

'Rina 'placed the 'flower-vase on the 'table. [রীনা ফুলদানিটি টেবিলের ওপর রাখল।]

Plant [রোপণ করা], planting, planted.

'Namita 'planted some 'saplings in her 'garden. [নমিতা তার বাগানে কিছু চারাগাছ রোপণ করল।]

Play [খেলা করা], playing, played.

The 'children are 'playing 'merrily in the park. [ছেলেমেয়েরা পার্কে আনন্দে খেলা করছে।]

Plough [লাঙল করা], ploughing, ploughed.

The 'farmer 'ploughs his field before 'planting corn. [কৃষক শস্য রোপণ করার আগে তার জমিতে লাঙল দেয়।]

Pluck [তোলা], plucking, plucked.

'Gargi is 'plucking 'flowers in the 'garden. [গার্গী বাগানে ফুল তুলছে।]

Post [পোস্ট করা বা ডাকে ফেলা], posting, posted.

'Mini 'posted a 'letter to her pen friend. [মিনি তার কলম-বান্ধবীর (পেনফ্রেন্ডের) কাছে একটি চিঠি পোস্ট করল।]

Pour [ঢালা], pouring, poured.

Aunt 'Molly is 'pouring tea into the cups. [মলি কাকিমা কাপে চা ঢালছেন।]

Pour on [উপরে ঢালা]

'Mini 'poured 'water on the 'fire to put it out. [আগুন নেভাতে মিনি আগুনের উপর জল ঢালল।]

Pounce [ঝাঁপিয়ে পড়া], pouncing, pounced.

The 'lion 'pounced upon the 'deer. [সিংহটি হরিণের উপর ঝাঁপিয়ে পড়ল।]

Praise [প্রশংসা করা], praising, praised.

All the boys 'praised 'Amal for his 'bravery. [সব ছেলেই অমলের সাহসিকতার প্রশংসা করল।]

Press [চাপ দেওয়া], pressing, pressed.

The 'teacher 'pressed him hard to tell the truth. [শিক্ষকমশাই তাকে সত্যি কথা বলতে খুব চাপ দিলেন।]

Press this 'button to start the 'machine. [যন্ত্রটি চালাতেএই বোতামে চাপ দাও/ বোতামটি টেপো।]

Prick [কাঁটা ইত্যাদি ফুটে যাওয়া], pricking, pricked.

A thorn 'pricked her 'finger when she was 'plucking the 'roses. [যখন সে গোলাপফুল তুলছিল তখন একটি কাঁটা তার আঙুলে ফুটে গেল।]

Pretend [ভান করা], pretending, pretended.

'Uma pre'tended to be as'leep. [উমা ঘুমের ভান করল।]

Prepare [প্রস্তুত করা], preparing, prepared.

Pre'pare yourself for the 'exam ['examination]. [পরীক্ষার জন্য নিজেকে প্রস্তুত.কর।]

Present [উপহার দেওয়া], presenting, presented.

'Lili is pre'senting her 'brother with a bunch of 'roses. [লিলি তার ভাইকে এক তোড়া গোলাপ উপহার দিচ্ছে।]

Practise [অনুশীলন করা], practising, practised.

'Mini prac'tises hard for a 'ballet (ব্যালে) dance. [মিনি ব্যালে নাচের জন্য কঠিন অনুশীলন করে।]

Promise [প্রতিজ্ঞা করা, কথা দেওয়া], promising, promised.

I pro'mise to come to you in the 'evening. [আমি কথা দিচ্ছি সন্ধ্যার সময় তোমার কাছে আসব।]

Protect [রক্ষা করা], protecting, protected.

The 'soldiers pro'tect our 'country. [সৈনিকরা আমাদের দেশ রক্ষা করে।]

Prove [প্রমাণ করা], proving, proved.

His guilt was 'clearly proved. [তার দোষ স্পষ্টভাবে প্রমাণিত হয়েছিল।]

Pull [টানা], pulling, pulled.

Pull the door when you come out. [বেরিয়ে আসার সময় দরজাটি টেনে দাও।]

Pull down [ভেঙে গুঁড়িয়ে দেওয়া]

The 'bulldozer pulled down the 'house. [বুলডোজারটি বাড়িটি গুঁড়িয়ে দিল।]

Pull out [তুলে ফেলা]

The 'dentist pulled her bad tooth out. [দাঁতের ডাক্তার তার খারাপ দাঁতটি তুলে ফেললেন।]

Punish [শাস্তি দেওয়া], punishing, punished.

The 'teacher pu'nished the 'student for his mis'conduct. [শিক্ষক ছাত্রটিকে তার অসদাচারণের জন্য শাস্তি দিলেন।]

Push [ঠেলা], pushing, pushed.

Push the door when you 'enter the room. [ঘরে ঢোকার সময় দরজাটি ঠেল।]

Put [রাখা], putting, put.

Bi'nay is pu'tting his coins into his 'money-bag. [বিনয় তার মানিব্যাগে পয়সা রাখছে।]

Put on [পরা]

Put on your shirt. [তোমার জামা পরো।]

Put off [খুলে ফেলা]

Put off your shoes. [জুতো খোল।]

Put out [নিভিয়ে দেওয়া]

Put out the lamp. [প্রদীপ নেভাও।]

Puzzle [বিভ্রান্ত করা], puzzling, puzzled.

The 'footprint 'puzzled the 'police. [পায়ের ছাপটা পুলিশকে বিভ্রান্ত করল।]

He 'puzzled his brain(s) to find the 'answer. [উত্তর খুঁজতে তার মাথা ঘুরে গেল।]

Quit [ছেড়ে যাওয়া], quit, quit.

Quit the place as soon as you can. [যত তাড়াতাড়ি পার, এ স্থান ছেড়ে চলে যাও।]

Quarrel [ঝগড়া করা], quarrelling, quarrelled.

'Lili and 'Mini are 'quarelling over the torn 'storybook. [লিলি আর মিনি ছেঁড়া গল্পের বইটি নিয়ে ঝগড়া করছে।]

Race [ছোটা], racing, raced.

The hare and the 'tortoise are 'racing a'gainst each other. [খরগোশ ও কচ্ছপ পরস্পর দৌড় প্রতিযোগিতা করছে।]

Rain [বৃষ্টি হওয়া], raining, rained.

It is 'raining 'heavily. We can't go out'side. [জোরে বৃষ্টি পড়ছে। আমরা বাইরে বেরোতে পারছি না।]

Raise [ওঠানো], raising, raised.

'Babita raised her hand to show that she knew the 'answer. [ববিতা উত্তরটা জানে তা দেখাতে হাত তুলল।]

Read [পড়া], reading, read.

'Soma is 'reading a 'storybook. [সোমা একটি গল্পের বই পড়ছে।]

Reach [পৌঁছানো], reaching, reached.

'Amina 'reached the school in 'time. [আমিনা ঠিক সময়ে স্কুলে পৌঁছাল।]

Reach [নাগাল পাওয়া]

'Mini can't reach the book on top of the 'bookcase. [বুককেসের মাথায় যে বইটি আছে, মিনি তার নাগাল পায় না।]

Reap [শস্য কাটা], reaping, reaped.

. As·you sow, so you reap. [যেমন বীজ বুনবে, তেমন শস্য কাটবে।]

Rear [লালনপালন করা], rearing, reared.

'Niren is 'reared in his 'uncle's 'family. [নীরেন তার কাকার পরিবারে লালিতপালিত হয়।]

Receive [পাওয়া], receiving, received.

'Subhro re'ceived many 'presents on his 'birthday. [শুভ্র জন্মদিনে অনেক উপহার পেল।]

Reflect [প্রতিফলন হওয়া], reflecting, reflected.

'Hasina's face is re'flected on the 'mirror. [হাসিনার মুখ আয়নায় প্রতিফলিত হয়েছে।]

Regret [অনুতাপ করা], regretting, regretted.

'Rabeya re'grets that she has told a lie. [রাবেয়া মিথ্যে কথা বলেছে বলে অনুতাপ করছে।]

Request [অনুরোধ করা], requesting, requested.

All the 'members are re'quested to a'ttend the 'meeting. [সকল সদস্যকে মিটিং-এ উপস্থিত থাকতে অনুরোধ করা হচ্ছে।]

Refuse [প্রত্যাখ্যান করা, অস্বীকার করা], refusing, refused.

'Taslima re'fused to take the 'offer. [তসলিমা প্রস্তাবটি প্রত্যাখ্যান করলেন।]

The girl re'fused to come here. [মেয়েটি এখানে আসতে অস্বীকার করল।]

Refer [উল্লেখ করা], referring, referred.

Re'fer the source in su'pport of your o'pinion. [তোমার মতের সমর্থনে উৎস উল্লেখ কর।]

Release [মুক্তি দেওয়া], releasing, released.

'Linda r'eleased the 'rabbit from the cage. [লিন্ডা খরগোশটিকে খাঁচা থেকে ছেড়ে দিল।]

Repair [সারানো], repairing, repaired.

The me'chanic is re'pairing the car. [মিস্ত্রিটি গাড়ি সারাচ্ছে।]

Replace [পাল্টে দেওয়া], replacing, replaced.

The me'chanic re'placed the old parts of the car. [মিস্ত্রিটি গাড়ির পুরোনো যন্ত্রাংশগুলো পাল্টে দিল।]

Reply [উত্তর দেওয়া], replying, replied.

'Fatima re'plied all the 'questions co'rrectly. [ফতিমা সব প্রশ্নের সঠিক উত্তর দিল।]

Report [সংবাদ দেওয়া], reporting, reported.

'Nurul re'ported to the 'police that his 'cycle was 'stolen. [নুরুল পুলিশকে জানাল (এজাহার দিল) যে তার সাইকেল চুরি হয়ে গেছে।]

Remain [থাকা], remaining, remained.

'Imran re'mained 'silent for a 'moment. [ইমরান এক মুহূর্ত চুপ করে রইল।]

Remind [মনে করিয়ে দেওয়া], reminding, reminded.

I don't like to re'mind you of your 'promise. [আমি তোমাকে তোমার প্রতিজ্ঞা মনে করিয়ে দিতে চাই না।]

Remember [স্মরণ করা], remembering, remembered.

'Grandpa re'membered it was 'Grandma's 'birthday. [ঠাকুরদা স্মরণ করলেন (মনে রেখেছিলেন) যে দিনটা ছিল ঠাকুরমার জন্মদিন।]

Remove [সরিয়ে রাখা], removing, removed.

'Simon re'moved his 'dirty shoes. [সাইমন তার ধুলোমাখা / ময়লা জুতো সরিয়ে রাখল।]

Repeat [বারবার করা বা বলা], repeating, repeated.

'Why are you re'peating the 'same words like a 'parrot? [তোতাপাখির মতো একই কথা বারবার বলছ কেন?]

Rescue [উদ্ধার করা], rescuing, rescued.

The brave boy res'cued his friend from 'drowning. [সাহসী ছেলেটি জলে ডোবার হাত থেকে তার বন্ধুকে উদ্ধার করল।]

Reserve [সংরক্ষিত করা], reserving, reserved.

The chair is re'served for the 'president. [এই চেয়ারটি সভাপতির জন্য সংরক্ষিত।]

Respect [সম্মান করা], respecting, respected.

You should re'spect your 'teachers. [তোমাদের শিক্ষকদের সম্মান করা উচিত।]

Return [ফিরে আসা], returning, returned.

'Father re'turns from work at 5 pm. [বাবা বিকেল পাঁচটায় কাজ সেরে ফেরেন।]

Reveal [প্রকাশ করা], revealing, revealed.

At last the 'secret was re'vealed. [অবশেষে গোপন ব্যাপারটি প্রকাশিত হল।]

Ride [ঘোড়া বা সাইকেল চড়া], riding, rode.

Tom 'rides a horse and John 'rides a 'bicycle. [টম ঘোড়ায় চড়ে এবং জন সাইকেল চড়ে।]

Rise [ওঠা], rising, rose.

The smoke is 'rising from the 'chimney. [চিমনি থেকে ধোঁয়া উঠছে।]

Ring [বাজা], ringing, rang.

The bell/The phone is 'ringing. [ঘণ্টা/ফোন বাজছে।]

Ring up [ফোন করা]

'Ketty is 'ringing up her best friend. [কেটি তার ঘনিষ্ঠ বন্ধুকে ফোন করছে।]

Ring off [ফোন ছেড়ে দেওয়া]

Now 'Ketty is 'ringing off be'cause her 'mother is 'calling her. [এখন কেটি ফোন ছেড়ে দিচ্ছে, কারণ তার মা তাকে ডাকছে।]

Roam [ঘুরে বেড়ানো], roaming, roamed.

The girl is 'roaming a'round the park. [মেয়েটি পার্কে ঘুরে বেড়াচ্ছে।]

Roar [গর্জন করা], roaring, roared.

The 'lion is 'roaring in the 'forest. [সিংহটি বনে গর্জন করছে।]

Rob [ডাকাতি করা], robbing, robbed.

The 'robber 'robbed the man of his 'money. [ডাকাতটি লোকটির টাকা-পয়সা কেড়ে নিল।]

Roll [গড়িয়ে যাওয়া], rolling, rolled.

The ball is 'rolling down the hill. [বলটি পাহাড়ের নীচে গড়িয়ে যাচ্ছে।]

Rub [ঘষা], rubbing, rubbed.

If you 'write with a 'pencil, you can rub it with a 'rubber. [যদি তুমি পেনসিলে লেখো, তাহলে রাবার দিয়ে সেটি ঘষে মুছে দিতে পারো।]

'Dhiman rubs 'himself dry after his 'shower. [ধীমান শাওয়ারে স্নান করার পর নিজেকে ঘষে শুকনো করছে।]

Ruin [ধ্বংস হওয়া], ruining, ruined.

The old 'house of 'Raja' Rammohun is being ruined. [রাজা রামমোহনের পুরানো বাড়ি ধ্বংস হয়ে যাচ্ছে।]

Rule [শাসন করা], ruling, ruled.

The king ruled his 'country 'wisely. [রাজা বিচক্ষণতার সঙ্গে তাঁর রাজ্য শাসন করতেন।]

Run [ছোটা], running, ran.

The horse can run very fast. [ঘোড়া খুব দ্রুত ছুটতে পারে।]

Run away [পালানো]

The thief ran away with the 'valuables. [চোরটি মূল্যবান জিনিসপত্র নিয়ে পালাল।]

Run after [পিছু ধাওয়া করা]

The 'police ran 'after the thief. [পুলিশ চোরটির পিছু ধাওয়া করল।]

Run over [চাপা দেওয়া]

The bus ran 'over a school boy. [বাসটি একটি স্কুলের ছাত্রকে চাপা দিল।]

Rush [জোরে ধেয়ে আসা], rushing, rushed.

The bull 'rushed at me. [ষাঁড়টি আমার দিকে তেড়ে এল।]

Rust [মরচে পড়া], rusting, rusted.

Some of the nails have 'rusted. [কয়েকটা পেরেকে মরচে পড়েছে।]

Salute [সেলাম করা], saluting, saluted.

The 'constable is s'aluting his 'higher officer. [কনস্টেবলটি তার উর্ধ্বতন অফিসারকে সেলাম করছে।]

Save [রক্ষা করা, সঞ্চয় করা], saving, saved.

The brave boy saved the girl from being 'drowned. [সাহসী ছেলেটি মেয়েটিকে জলে ডোবার হাত থেকে রক্ষা করল।]

'Salil saves 'fifty paise 'daily from his 'pocket-money. [সলিল প্রতিদিন তার হাতখরচ থেকে পঞ্চাশ পয়সা বাঁচায়/সঞ্চয় করে।]

Say [বলা], saying, said.

'Mita says, "I am 'going to school." [মিতা বলে, "আমি স্কুলে যাচ্ছি।"]

Scratch [আঁচড়ানো], scratching, scratched.

The cat is 'scratching the mat. [বিড়ালটি মাদুর আঁচড়াচ্ছে।]

Search [খোঁজা], searching, searched.

'Lipika is 'searching [for] her lost book. [লিপিকা তার হারানো বই খুঁজছে।]

Scold [তিরস্কার করা], scolding, scolded.

The 'teacher is 'scolding 'Soma be'cause she has not done her hometask. [সোমা তার বাড়ির জন্য দেওয়া কাজ করেনি বলে শিক্ষক তাকে তিরস্কার করছেন।]

Score [ফুটবলে গোল করা, নম্বর পাওয়া], scoring, scored.

'Maradona scored a goal for his team. [মারাদোনা তাঁর দলের জন্য একটি গোল করলেন।]

Try to score more in 'English. [ইংরেজিতে আরও বেশি নম্বর পেতে চেষ্টা করো।]

See [দেখা], seeing, saw.

'Aziz saw a 'beautiful bird on the tree. [আজিজ গাছে একটি সুন্দর পাখি দেখল।]

Seek [খোঁজা], seeking, sought.

He is 'seeking 'shelter for the 'night. [সে রাত্রিটার জন্য আশ্রয় খুঁজছে।]

Select [মনোনীত করা], selecting, selected.

The 'teacher s'elected 'Soumitra as the 'monitor of the class. [শিক্ষক সৌমিত্রকে ক্লাসের মনিটর মনোনীত করলেন।]

Send [পাঠানো], sending, sent.

'Father sent 'Sourav to help her 'daughter. [বাবা তাঁর মেয়েকে সাহায্য করার জন্য সৌরভকে পাঠালেন।]

Separate [পৃথক করা], separating, separated.

A'parna is sepa'rating the 'banana from its skin. [অপর্ণা কলার খোসা ছাড়াচ্ছে।]

Serve [পরিবেশন করা], serving, served.

Aunt Jane is 'serving 'coffee to her guests. [জেন কাকিমা তাঁর অতিথিদের কফি পরিবেশন করছেন।]

Sew [সেলাই করা], sewing, sewed.

Aunt 'Dolly is 'sewing the 'trousers. [ডলি কাকিমা ট্রাউজার সেলাই করছেন।]

Sit [বসা], sitting, sat.

'Alaka is 'sitting on a mat. [অলকা মাদুরের ওপর বসে আছে।]

'Rahul sat down on a sofa and 'watched 'television. [রাহুল সোফায় বসে টেলিভিশন দেখল।]

Set [ঠিক জায়গায় রাখা], setting, set.

'Mother is 'setting the 'table for lunch. [মা মধ্যাহ্নভোজের জন্য টেবিলটিকে সাজাচ্ছেন।]

Sell [বিক্রি করা], selling, sold.

K. C. Paul & Sons sells um'brellas. [কে. সি. পাল অ্যান্ড সন্‌স ছাতা বিক্রি করে।]

Sail [পাল তুলে যাওয়া], sailing, sailed.

The boat is 'sailing at 'normal speed. [নৌকাটি স্বাভাবিক গতিতে পাল তুলে যাচ্ছে।]

Sing [গান গাওয়া], singing, sang.

'Sima likes to sing but she can't do it well. [সীমা গাইতে পছন্দ করে কিন্তু ভালো গাইতে পারে না।]

Sink [কোনো জড় বস্তু ডুবে যাওয়া], sinking, sank.

The ship is 'sinking. [জাহাজটি ডুবে যাচ্ছে।]

Shave [দাড়ি কামানো], shaving, shaved.

'Father shaves 'every 'morning. [বাবা প্রতিদিন সকালে দাড়ি কামান।]

Shape [আকার দেওয়া], shaping, shaped.

The 'potter shapes the clay to make a pot. [কুমোর কাদা থেকে এক একটি পাত্রের আকার দেয়।]

Sharpen [ধারালো/ছুঁচলো করা], sharpening, sharpened.

'Bibha is 'sharpening her 'pencil/'knife. [বিভা তার পেন্সিলটি ছুঁচলো করছে/ছুরিটি ধারালো করছে।]

Shift [স্থানান্তরিত করা], shifting, shifted.

Will you help me to shift the 'table? [তুমি কি টেবিলটিকে সরাতে/স্থানান্তরিত করতে আমাকে সাহায্য করবে?]

Shop [কেনাকাটা করা], shopping, shopped.

'Sima is 'shopping at New 'Market. [সীমা নিউমার্কেটে কেনাকাটা করছে।]

Shock [মনে আঘাত পাওয়া/দেওয়া], shocking, shocked.

The news 'shocked 'mother. She didn't ex'pect it. [সংবাদটি মাকে আঘাত দিল। তিনি এটা আশা করেননি।]

Soak [জলে ভিজিয়ে রাখা, জল শুষে নেওয়া], soaking, soaked.

Let the 'dirty clothes soak in soap-'water. [ময়লা কাপড়গুলি সাবান জলে ভিজুক।]

Sow [বীজ বোনা], sowing, sowed.

As you sow so you reap. [যেমন বীজ বুনবে তেমন ফসল কাটবে।]

Show [দেখানো], showing, showed.

Show me your tongue. [তোমার জিভ দেখাও।]

Share [ভাগাভাগি করা], sharing, shared.

'Anima and 'Tanima are 'sharing the 'sweets. [অনিমা ও তনিমা মিষ্টি ভাগাভাগি করে খাচ্ছে।]

Shake [নাড়ানো], shaking, shook.

Shake the 'bottle be'fore use. [খাবার আগে বোতলটা নাড়িয়ে নাও।]

Shoot [গুলি করা], shooting, shot.

'Saikat shot at the 'target 'twice. [সৈকত লক্ষ্যস্থলে দু-বার গুলি করল।]

Shout [চিৎকার করা], shouting, shouted.

'Amina is 'shouting for help. [আমিনা সাহায্যের জন্য চিৎকার করছে।]

Shrink [কুঁচকে যাওয়া], shrinking, shrank.

'Bobby's 'sweater shrinks in the wash. [ববির সোয়েটার কাচলে কুঁচকে যায়।]

Shut [বন্ধ করা], shutting, shut.

Shut the door. [দরজাটি বন্ধ করো।]

Sign [সই করা], signing, signed.

'Namita 'signed her name at the 'bottom of the 'letter. [নমিতা চিঠির নীচে তার নাম সই করল।]

Shine [কিরণ দেওয়া], shining, shone.

The sun is 'shining 'brightly. [সূর্য উজ্জ্বলভাবে কিরণ দিচ্ছে।]

Slay [হত্যা করা], slaying, slew.

'Who 'dared to slay the 'deer? [এই হরিণটিকে হত্যা করতে কে সাহস (দুঃসাহস) করল?]

Sleep [ঘুমানো], sleeping, slept.

'Sharmila is 'sleeping. She has a 'fever. [শর্মিলার জ্বর হয়েছে। সে ঘুমোচ্ছে।]

Slip [পিছলে পড়া], slipping, slipped.

'Atanu 'slipped on the ba'nana skin and broke his leg. [অতনু কলার খোসার ওপর পিছলে পড়ল এবং পা ভাঙল।]

Slice [টুকরো/ফালি করে কাটা], slicing, sliced.

'Gargi is 'slicing some bread for 'breakfast. [গার্গী প্রাতরাশের/সকালের জলখাবারের জন্য কিছু পাঁউরুটি ফালি-ফালি করে কাটছে।]

Slope [নীচের দিকে নেমে যাওয়া], sloping, sloped.

The path is 'sloping down the hill. [পথটি পাহাড়ের নীচের দিকে নেমে গেছে।]

Smell [শোঁকা], smelling, smelled.

'Arpita is 'smelling a rose. [অর্পিতা একটি গোলাপ ফুল শুঁকছে।]

Smile [মৃদু হাসা], smiling, smiled.

The 'baby 'smiled when it saw its 'mother. [শিশুটি তার মাকে দেখে মৃদু হাসল।]

Smoke [ধূমপান করা], smoking, smoked.

You smoke and your 'family 'suffers. [আপনি ধূমপান করেন আর আপনার পরিবার কষ্ট ভোগ করে।]

Snatch [ছিনিয়ে নেওয়া], snatching, snatched.

'Mili 'snatched the toy from her 'sister. [মিলি তার বোনের কাছ থেকে খেলনাটি ছিনিয়ে নিল।]

Sneeze [হাঁচা], sneezing, sneezed.

'Mithun is 'sneezing be'cause he has caught cold. [মিঠুন হাঁচছে, কারণ তার ঠান্ডা লেগেছে।]

Snore [নাক ডাকা], snoring, snored.

'Grandpa snores when he sleeps. [দাদু/ঠাকুরদা যখন ঘুমোন তখন তাঁর নাক ডাকে।]

Sob [ফুঁপিয়ে কাঁদা], sobbing, sobbed.

'Mini is 'sobbing be'cause her doll is 'broken. [মিনি ফুঁপিয়ে কাঁদছে কারণ তার পুতুল ভেঙে গেছে।]

Smooth [মসৃণ করা], smoothing, smoothed.

The 'carpenter is 'smoothing the 'surface of the bench. [ছুতোর মিস্ত্রি বেঞ্চের উপরটা মসৃণ করছে।]

Speak [কথা বলা], speaking, spoke.

Speak 'softly. The 'baby is 'sleeping. [বাচ্চাটি ঘুমোচ্ছে। আস্তে কথা বলো।]

Spell [বানান করা], spelling, spelt.

Can you spell your name? [তুমি কি তোমার নামের বানান করতে পারো?]

Spill [ছড়িয়ে পড়া], spilling, spilt.

The plate fell down and the food spilt on (onto) the floor. [থালাটি পড়ে গেল এবং খাবার মেঝেতে/মেঝের ওপর ছড়িয়ে পড়ল।]

Spit [থুথু ফেলা], spitting, spat.

Don't spit on the 'corridor. [বারান্দায় থুতু ফেলো না।]

Split [ভেঙে যাওয়া/ভেঙে ফেলা], splitting, split.

Some kinds of wood split 'easily. [কয়েক রকমের কাঠ সহজেই ভেঙে যায়।]

The 'party split up into small groups. [দলটি কয়েকটি উপদলে ভেঙে গেল।]

Spend [খরচ করা, সময় কাটানো], spending, spent.

'Mini has spent all her 'money. [মিনি তার সব টাকা খরচ করে ফেলেছে।]

Don't spend 'time in 'idleness. [আলস্যে সময় কাটিও না।]

Spoil [নষ্ট করা], spoiling, spoilt.

'Parents often 'spoil their 'children by too much in'dulgence. [পিতামাতা অনেক সময় অতিরিক্ত প্রশ্রয় দিয়ে ছেলেমেয়েদের নষ্ট করেন।]

Spray [ছেটানো], spraying, sprayed.

'Father is 'spraying in'secticide on the plants. [বাবা চারাগাছগুলিতে কীটনাশক ছেটাচ্ছেন/স্প্রে করছেন/ছড়াচ্ছেন।]

Spread [ছড়িয়ে পড়া, মেলে দেওয়া], spreading, spread.

'Cholera is 'spreading in the 'village. [কলেরা গ্রামে ছড়িয়ে পড়ছে।]

'Mother is 'spreading a mat on the 'ground 'ready for the 'picnic. [মা চড়ুইভাতির জায়গায় মাদুর পাতছেন।]

Splash [জল ছেটানো], splashing, splashed.

'Lili is 'splashing 'water on 'Mini's face. [লিলি মিনির মুখে জল ছিটিয়ে দিচ্ছে।]

Spring [লাফিয়ে ওঠা], springing, sprang.

He sprang to his feet. [সে তড়াক করে লাফিয়ে উঠল।]

Stand [দাঁড়ানো], standing, stood.

'Amal stands on the stool to reach the jar of mango pickle. [আমের চাটনির জারটাকে নাগালে পাওয়ার জন্য অমল টুলের ওপর দাঁড়ায়।]

Stand up [উঠে দাঁড়ানো]

Stand up on the bench. [বেঞ্চের উপর উঠে দাঁড়াও।]

Stand for [প্রতীক হওয়া]

V stands for 'victory. [V হল victory বা বিজয়ের প্রতীক।]

Stand against [বিরুদ্ধে দাঁড়ানো]

They stood a'gainst their 'common 'enemy. [তারা তাদের নিজেদের সাধারণ শত্রুর বিরুদ্ধে রুখে দাঁড়াল।]

Stare [একদৃষ্টিতে তাকিয়ে থাকা], staring, stared.

He 'stared at me. [সে আমার দিকে একদৃষ্টিতে তাকিয়ে থাকল।]

Start [আরম্ভ করা], starting, started.

'Apu starts his work but 'never finds 'time to finish it. [অপু কাজ শুরু করে, কিন্তু শেষ করার সময় পায় না।]

Stay [থাকা], staying, stayed.

'Uncle has come to stay with us for a 'week. [কাকা আমাদের কাছে এক সপ্তাহ থাকার জন্য এসেছেন।]

Steal [চুরি করা], stealing, stole.

The thief who stole the 'ornament was caught 'redhanded. [যে চোরটি গয়না চুরি করেছিল, সে হাতেনাতে ধরা পড়েছিল।]

Stick [আঠা দিয়ে লাগানো, লেগে থাকা], sticking, stuck.

'Mini is 'sticking a stamp on the 'envelope. [মিনি খামের ওপর টিকিট লাগাচ্ছে।]

Stick to your pro'fession. [পেশায় লেগে থাকো।]

Stitch [সেলাই করা], stitching, stitched.

Stitch in 'time saves 'nine. / Stitch in 'time to save 'nine. [ভবিষ্যতে ন'টা সেলাই না করতে চাও তো ঠিক সময়ে একটা সেলাই করো।]

Step [পা ফেলা], stepping, stepped.

'Father 'stepped in the room 'silently. [বাবা নিঃশব্দে পা ফেলে ঘরে ঢুকলেন।]

Stir [নাড়াচাড়া করা], stirring, stirred.

'Lili is 'stirring the soup on the stove. [লিলি স্টোভে রান্না করার সময় সুপটা (ঝোলটা) খুন্তি দিয়ে নাড়াচাড়া করছে।]

Stop [থামা], stopping, stopped.

Stop here. [এখানে থাম।]

Stoop [ঝুঁকে পড়া / নীচু হওয়া / কোমর বাঁকিয়ে নত হওয়া], stooping, stooped.

The boy 'stooped down to pick up the 'pencil. [ছেলেটি পেনসিলটি কুড়োবার জন্য ঝুঁকে পড়ল।]

Stoop to 'conquer. [যদি জয়ী হতে চাও তো নীচু হও।]

Store [জমা করে রাখা], storing, stored.

The 'boxes are 'stored in the 'store-room. [বাক্সগুলি গুদামঘরে জমা করে রাখা হয়েছে।]

Strike [আঘাত করা], striking, struck.

'Amit struck the ball with the bat. [অমিত ব্যাট দিয়ে বলে আঘাত করল।]

Stroke [মৃদু আঘাত করা], stroking, stroked.

He strokes 'water while 'swimming. [সাঁতারের সময় সে জলে মৃদু আঘাত করে / হাত চালায়।]

Study [পড়াশোনা করা], studying, studied.

'Niva 'studies late at 'night for her 'exam. [নিভা তার পরীক্ষার জন্য অনেক রাত পর্যন্ত পড়ে।]

Succeed [সাফল্য লাভ করা], succeeding, succeeded.

'Bidhan suc'ceeded in 'passing the 'exam. [বিধান পরীক্ষায় সাফল্যলাভ করেছিল।]

Suck [চোষা], sucking, sucked.

A leech sucks blood. [জোঁক রক্ত চোষে।]

Too much 'labour is 'sucking my blood. [অধিক পরিশ্রম আমার রক্ত শোষণ করছে।]

Suit [ধাতে সওয়া, খাপ খাওয়া, মাপমতো হওয়া], suiting, suited.

Cold 'weather does not suit her. [ঠান্ডা আবহাওয়া তার ধাতে সয় না।]

This dress does not suit me. [এই পোশাকটা আমাকে মানায় না।]

Support [সমর্থন করা], supporting, supported.

'Father su'pported me to stand (in my stand) a'gainst in'justice. [বাবা অন্যায়ের বিরুদ্ধে দাঁড়াবার জন্য আমাকে সমর্থন করলেন।]

Surprise [বিস্মিত করা], surprising, surprised.

Your béhaviour sur'prised me. [তোমার ব্যবহার আমাকে বিস্মিত করেছিল।]

I was sur'prised at your be'haviour. [তোমার ব্যবহারে আমি বিস্মিত হয়েছিলাম।]

Swallow [গিলে ফেলা], swallowing, swallowed.

The girl swa'llowed the pill. [মেয়েটি বড়িটি গিলে ফেলল।]

Swear [প্রতিজ্ঞা করা], swearing, swore.

He 'swore to tell the truth. [সে সত্য কথা বলতে প্রতিজ্ঞা করল।]

Sweat [ঘামা], sweating, sweated.

The 'runners are 'sweating 'after the race. [দৌড়বাজরা দৌড়ের পর ঘামছে।]

Sweep [ঝাঁট দেওয়া], sweeping, swept.

The 'sweeper is 'sweeping the floor. [ঝাড়ুদার মেঝে ঝাঁট দিচ্ছে।]

Swell [ফুলে ওঠা, ফেঁপে ওঠা], swelling, swelled.

The 'river is 'swelling 'after the 'heavy 'rainfall. [প্রচণ্ড বৃষ্টির পর নদী ফুলে-ফেঁপে উঠছে।]

Swim [সাঁতার কাটা], swimming, swam.

Do you know how to 'swim? [তুমি কি সাঁতার কাটতে জান?]

Swing [দোল খাওয়া], swinging, swang.

The 'pendulum is 'swinging from one end to a'nother. [দোলকটি এক প্রান্ত থেকে আর এক প্রান্তে দোল খাচ্ছে।]

Switch on [সুইচ চালু করা]

Jim 'switched on the fan. [জিম পাখার সুইচটা চালু করল/পাখাটা চালালো।]

Switch off [সুইচ বন্ধ করা]

Jane 'switched off the light. [জেন আলোর সুইচটা বন্ধ করল/আলোটি নিভিয়ে দিল।]

Tap [চাপ দেওয়া/টোকা দেওয়া], tapping, tapped.

'Rita 'tapped 'Mita on her 'shoulder to get her a'ttention. [রীতা মিতার মনোযোগ আকর্ষণ করতে তার কাঁধে চাপ/টোকা দিল।]

'Nilu 'tapped [pressed] the tap to get 'drinking 'water. [নীলু পানীয় জলের জন্য ট্যাপকলে চাপ দিল।]

Take [লওয়া], taking, took.

'Mother is 'taking the 'spices from the jar. [মা বয়াম থেকে রান্না করার মশলা নিচ্ছেন।]

Take off [খুলে ফেলা]

Take off your coat. [তোমার কোটটা খুলে ফেল।]

Talk [কথা বলা], talking, talked.

The girls are 'talking a'mong 'themselves. [মেয়েরা নিজেদের মধ্যে কথা বলছে।]

Tell [বলা], telling, told.

Don't tell a lie. [মিথ্যা কথা বলো না।]

Taste [স্বাদ গ্রহণ করা], tasting, tasted.

Have you 'tasted 'honey? [তুমি কি মধু চেখে দেখেছ?]

'Honey tastes 'sweet. [মধু খেতে মিষ্টি।]

Test [পরীক্ষা করা], testing, tested.

They will test your I.Q. [তারা তোমার বুদ্ধি (বুদ্ধ্যঙ্ক) পরীক্ষা করবে।]

Teach [শিক্ষা দেওয়া], teaching, taught.

Mr. Das 'teaches us 'English. [মিস্টার দাস আমাদের ইংরেজি পড়ান।]

Touch [ছোঁওয়া], touching, touched.

Don't touch a 'moving fan. [ঘুরন্ত পাখায় হাত দিও না।]

Tie [বাঁধা], tying, tied.

They 'tied the 'bundle 'tightly. [তারা বান্ডিলটি দৃঢ়ভাবে বাঁধল।]

Tear [ছিঁড়ে ফেলা], tearing, tore.

She tore her 'sari 'carelessly. [সে অন্যমনস্কভাবে তার শাড়িটা ছিঁড়ে ফেলল।]

Thank [ধন্যবাদ দেওয়া], thanking, thanked.

Thank you very much. [তোমাকে অনেক ধন্যবাদ।]

Think [চিন্তা করা], thinking, thought.

'What are you 'thinking now? [তুমি এখন কী ভাবছ?]

Throw [ছুঁড়ে দেওয়া], throwing, threw.

'Nilu is 'throwing the ball to 'Ditu. [নীলু দীতুকে বল ছুঁড়ে দিচ্ছে।]

Thrust [জোর করে চাপানো], thrusting, thrust.

Don't try to thrust this u'pon me. [আমার ওপর এটা জোর করে চাপাতে চেষ্টা করো না।]

Tickle [সুড়সুড়ি দেওয়া, কাতুকুতু দেওয়া], tickling, tickled.

'Mini 'tickled 'Lili's feet to make her laugh. [মিনি লিলিকে হাসাতে তার পায়ে সুড়সুড়ি দিল।]

Trickle [ফোঁটাফোঁটা গড়িয়ে পড়া], trickling, trickled.

The tears 'trickled down her cheeks. [তার গাল বেয়ে ফোঁটাফোঁটা চোখের জল গড়িয়ে পড়ল।]

Toss [টস করা], tossing, tossed.

They 'tossed the coin to try their luck. [তারা ভাগ্য পরীক্ষা করতে একটি মুদ্রা টস করল।]

Tour [ভ্রমণ করা], touring, toured.

My 'uncle is 'touring in Spain. [আমার কাকা স্পেনে ভ্রমণ করছেন।]

Train [প্রশিক্ষণ দেওয়া], training, trained.

The 'trainer is 'training the 'monkey. [প্রশিক্ষক বানরটিকে প্রশিক্ষণ দিচ্ছেন।]

Trap [ফাঁদে পড়া], trapping, trapped.

At last the fox was 'trapped. [অবশেষে শেয়ালটা ফাঁদে পড়ল।]

Travel [কোনো যন্ত্রচালিত যানের সাহায্যে ভ্রমণ করা], travelling, travelled.

We tra'velled to 'Puri by bus. [আমরা বাসে পুরী বেড়াতে গিয়েছিলাম।]

Tread [মাড়ানো], treading, trod.

Don't tread on the 'flower beds. [পুষ্পশয্যা মাড়িও না বা ফুলের কেয়ারিটা / ফুলবাগানের জমি মাড়িও না।]

Treat [ব্যবহার করা, চিকিৎসা করা], treating, treated.

'Tanuja treats me badly. [তনুজা আমার সঙ্গে খারাপ ব্যবহার করে।]

The 'doctor treats his 'patients 'carefully. [ডাক্তার তাঁর রোগীদের যত্নসহকারে চিকিৎসা করেন।]

Tremble [কাঁপা], trembling, trembled.

'Nipa 'tembled in fear. [নীপা ভয়ে কাঁপতে লাগল।]

Try [চেষ্টা করা], trying, tried.

Try your best. [যথাসাধ্য চেষ্টা কর।]

Turn [ঘোরা], turning, turned.

See how the 'weather-cock turns by the wind. [দ্যাখো বায়ুমোরগটি কীভাবে বায়ুর দ্বারা ঘোরে।]

Turn back [ফিরে আসা]

She has 'turned back home from school. [সে স্কুল থেকে ঘরে ফিরে এসেছে।]

Turn down [প্রত্যাখ্যান করা]

He 'turned down my pro'posal. [সে আমার প্রস্তাব প্রত্যাখ্যান করল।]

Type [টাইপ করা], typing, typed.

The 'typist is 'typing a 'letter. [টাইপিস্ট একটি চিঠি টাইপ করছে।]

Twinkle [মিটমিট করা], twinkling, twinkled.

The stars are 'twinkling in the sky. [আকাশে তারাগুলি মিটমিট করছে।]

Twist [ঘোরানো], twisting, twisted.

Don't 'twist your words. [তোমার কথা ঘুরিও না।]

Understand [বুঝতে পারা], understanding, understood.

Mithu can't under'stand her fault. [মিঠু তার দোষ বুঝতে পারে না।]

Urge [উৎসাহিত করা, তাগিদ দেওয়া], urging, urged.

He 'urges his 'pupils for 'better 'result. [সে ভালো ফলের জন্য ছাত্রদের উৎসাহিত করল।]

Use [ব্যবহার করা], using, used.

'Bubu is 'using his old shirt. [বুবু তার পুরানো জামাটা ব্যবহার করছে।]

Vanish [অদৃশ্য করা], vanishing, vanished.

The ma'gician va'nished the man from the stage. [জাদুকর মঞ্চের ওপর লোকটিকে অদৃশ্য করে দিল।]

Visit [পরিদর্শন করা, দেখা করতে যাওয়া], visiting, visited.

We vi'sited 'grandma at the 'hospital. [আমরা হাসপাতালে ঠাকুরমার সঙ্গে দেখা করতে গিয়েছিলাম।]

Wade [অল্প জলের মধ্য দিয়ে হেঁটে যাওয়া], wading, waded.

'Mita 'waded a'cross the 'water. [মিতা জল পেরিয়ে এগিয়ে গেল।]

Wait [অপেক্ষা করা], waiting, waited.

'Bobby is 'waiting at the bus stop for the bus. [ববি বাসের জন্য বাসস্টপে অপেক্ষা করছে।]

Wake [জাগানো], waking, woke.

Don't wake the 'baby. [শিশুটিকে জাগিও না।]

Wake up [জাগা]

He woke up in the 'morning. [সে সকালে জেগে উঠল।]

Walk [বেড়ানো], walking, walked.

'Father is 'walking in the 'garden. [বাবা বাগানে বেড়াচ্ছেন।]

Warm [গরম করা], warming, warmed.

We are 'warming 'ourselves round the fire. [আমরা আগুনের পাশে বসে গা গরম করছি।]

Warn [সতর্ক করা], warning, warned.

I 'warned you a'bout that cheat. [আমি ওই ঠগ সম্বন্ধে তোমাকে সতর্ক করে দিয়েছিলাম।]

Wash [ধোওয়া], washing, washed.

'Gargi 'washed her hands and face in the 'morning. [গার্গী সকালে হাতমুখ ধুয়েছিল।]

Waste [অপচয় করা], wasting, wasted.

Don't 'waste your 'time. [সময়ের অপচয় করো না।]

Watch [পাহারা দেওয়া, দেখা], watching, watched.

The 'policeman is 'watching out'side the 'house. [পুলিশটি বাড়ির বাইরে পাহারা দিচ্ছে।]

They are 'watching the 'cricket match on 'television. [তারা টেলিভিশনে ক্রিকেট ম্যাচটি দেখছে।]

Water [গাছে জল দেওয়া], watering, watered.

'Debu is 'watering the plants in the 'garden. [দেবু বাগানে চারাগাছে জল দিচ্ছে।]

Wave [হাত নাড়া], waving, waved.

'Ketty is 'waving good'bye to her friends. [কেটি তার বন্ধুদের হাত নেড়ে বিদায় জানাচ্ছে।]

Wander [ঘুরে বেড়ানো], wandering, wandered.

The boys are 'wandering through the woods. [ছেলেরা বনের ভেতর ঘুরে বেড়াচ্ছে।]

Wonder [অবাক হওয়া], wondering, wondered.

I 'wonder what a fool you are! [তুমি কীরকম বোকা ভেবে অবাক হচ্ছি।]

Wear [পরা], wearing, wore.

'Lila is 'wearing her 'sister's 'sari. [লীলা তার বোনের শাড়ি পরেছে।]

Weep [কাঁদা], weeping, wept.

'Mini is 'weeping for her 'broken doll. [মিনি তার ভাঙা পুতুলের জন্য কাঁদছে।]

Weigh [ওজন করা], weighing, weighed.

The 'grocer is 'weighing rice. [মুদিটি চাল ওজন করছে।]

Wet [ভেজানো], wetting, wetted.

'Lily wétted her dress when she was 'drenched in rain. [লিলি বৃষ্টিতে তার পোশাক ভিজিয়ে ফেলল।]

Whip [চাবুক মারা], whipping, whipped.

'Binod 'whipped the horse for a 'faster pace (run). [বিনোদ আরও দ্রুত ছোটার জন্য ঘোড়াটাকে চাবুক মারল।]

Whistle [শিস দেওয়া], whistling, whistled.

The 'hunter is 'whistling for his dog. [শিকারিটি তার কুকুরটাকে শিস দিয়ে ডাকছে।]

Whisper [ফিসফিস করা], whispering, whispered.

They are whis'pering the 'secret. [তারা গোপন কথাটা ফিসফিস করে বলছে।]

Win [জয় লাভ করা], winning, won.

'Bikash won the first 'prize in 100 'meter (metre) race. [বিকাশ একশো মিটার দৌড়ে প্রথম পুরস্কার পেল।]

Wind [(ওয়াইন্ড) চক্রাকারে যাওয়া], winding, winded.

The road 'winds a'round the hill. [রাস্তাটি পাহাড়টাকে বেষ্টন করেছে/ঘিরে আছে।]

Wink [চোখ টেপা], winking, winked.

'Uday 'winked at me. [উদয় আমার দিকে চোখ টিপল।]

Wipe [মোছা], wiping, wiped.

'Mini 'wiped her wet hands on the cloth. [মিনি তার ভিজে হাত কাপড়ে মুছল।]

Wish [ইচ্ছা করা], wishing, wished.

Mr. Roy 'wished for a tour in 'South 'India. [মিস্টার রায় দক্ষিণ ভারত ভ্রমণে যাওয়ার ইচ্ছা করলেন।]

Withhold [স্থগিত থাকা], withholding, with'held.

The scheme was with'held. [পরিকল্পনা স্থগিত থাকল।]

Withdraw [প্রত্যাহার করা], withdrawing, withdrew.

He re'fused to with'draw his pro'posal. [সে তার প্রস্তাব প্রত্যাহার করতে অস্বীকার করল।]

Work [কাজ করা], working, worked.

'Abhijit works as an engi'neer in a com'puter 'project. [অভিজিৎ একটি কম্পিউটার প্রকল্পে ইঞ্জিনিয়ারের কাজ করে।]

Work out [সমাধান করা]

'Anupam is 'trying hard to 'work out the sum. [অনুপম অঙ্কটি সমাধান করতে খুবই চেষ্টা করছে।]

Wound [আঘাত করা/আহত করা], wounding, wounded.

'Who dares to wound you? [কে তোমাকে আঘাত (আহত) করতে সাহস করে?]

The 'soldier was 'wounded in the 'shoulder. [সৈনিকটি কাঁধে আঘাত পেয়েছিল।]

Wrap [ঢাকা দেওয়া], wrapping, wrapped.

'Aziz is 'wrapping 'himself with a 'wrapper. [আজিজ একটা চাদরে গা ঢাকা দিচ্ছে।]

Wring [নিংড়ানো], wringing, wrung.

'Mini is 'wringing the wet cloth. [মিনি ভিজে কাপড় নিংড়াচ্ছে।]

Write [লেখা], writing, wrote.

I am 'writing a 'letter to my friend. [আমি আমার বন্ধুকে একটা চিঠি লিখছি।]

Write down [লিখে নেওয়া]

'Write down what I say. [আমি যা বলি তা লিখে নাও।]

Welcome [স্বাগত জানানো], welcoming, welcomed.

'Mini wel'comed her guests. [মিনি তার অতিথিদের স্বাগত জানাল।]

PART III

TRANSLATION PROFICIENCY

- Literary Passages [Bengali to English]
- Literary Passages [English to Bengali]
- Newspaper Reporting [English to Bengali]
- Newspaper Reporting [Bengali to English]

CHAPTER 1 TRANSLATION PROFICIENCY

বিশ্বায়নের যুগে এখন ইংরেজির গুরুত্ব বেড়েছে অনেক। সেইসঙ্গো বাংলা থেকে ইংরেজির এবং ইংরেজি থেকে বাংলা অনুবাদেরও গুরুত্ব বহুল পরিমাণে বেড়ে গেছে। সাহিত্যের একটি নতুন শাখা হয়েছে অনুবাদ সাহিত্য। আবার সাহিত্য ছাড়া সংবাদপত্র, তথ্যপ্রযুক্তি, শিল্প, ব্যাবসাবাণিজ্যের ক্ষেত্রেও বাড়ছে অনুবাদের চাহিদা। বাংলা থেকে ইংরেজি এবং ইংরেজি থেকে বাংলা অনুবাদের সময় দুটি ভাষার প্রয়োগরীতি সম্বন্ধে সম্যক জ্ঞান থাকা প্রয়োজন। সেইসঙ্গো দুটি ভাষার কিছু কিছু পরিভাষা অনুবাদের সময়েও কিছু সমস্যার সৃষ্টি হয়। ড. অমর্ত্য সেন তাঁর 'জীবনযাত্রা ও অর্থনীতি' গ্রন্থে অনুবাদের ক্ষেত্রে পরিভাষা সমস্যা সম্পর্কে বলেছেন, "কিছু বিশিষ্টার্থবোধক ইংরেজি শব্দের বাংলা প্রতিশব্দ নেই। কিছু ক্ষেত্রে নতুন শব্দ বানাতে হয়েছে অথবা পুরোনো শব্দের নতুন সংজ্ঞা দিতে হয়েছে। ...এসব কারণে...যেখানে পরিভাষা নির্মাণের দরকার হয়েছে, সেখানে নতুন করে পরিভাষা বানাতে প্রয়োজন বিজ্ঞতার ও সাহসের।"

এসব কথা মনে রেখে আমাদের জানতে হবে আমরা Translation বা অনুবাদ করব কীভাবে?

আমরা অনুবাদ করতে পারি দু-ভাবে :

1. **সঠিক আক্ষরিক অনুবাদ : আমি এখন এটা করতে চাই**—I want to do it now. [√]
2. **ভুল আক্ষরিক অনুবাদ : নেই মামার চেয়ে কানা মামা ভালো**—It is better to have a blind maternal uncle than to have none. [এরকম আক্ষরিক অনুবাদ চলে না।] [×]
3. **সঠিক ভাবানুবাদ : Something is better than nothing.**
   [Or] **Half a loaf is better than no loaf.** [√]

আবার কখনো কখনো মূলে এবং অনুবাদে দুটি ক্ষেত্রেই আক্ষরিক অর্থের বদলে ব্যঞ্জনাধর্মী অর্থ কাছাকাছি আসে। যেমন—**তাঁর হাত দিয়ে জল গলে না** (অর্থাৎ তিনি কৃপণ)—He is a **close-fisted person.**

কখনো কখনো অর্থবিভ্রাটের জন্য আক্ষরিক অনুবাদ একেবারেই চলে না। যেমন, শরৎচন্দ্রের 'বড়দিদি' উপন্যাসের একটি বাক্য—**"মধ্যবয়সে বড়দিদির পদস্খলন হইল।"**—কেউ যদি এর আক্ষরিক অনুবাদ করতে গিয়ে লেখেন—"In the middle age Baradidi fell and broke her legs."—তাহলে ঘটবে অর্থবিভ্রাট। এক্ষেত্রে ভাবানুবাদ করতে হবে—**"In her middle age Baradidi had a moral fall / slip in character."**

তেমনি **ফেলো কড়ি মাখো তেল**-এর যদি কেউ আক্ষরিক অনুবাদ করে—"Drop a coin and rub oil."—তাহলে তা হাস্যকর হবে। এর সঠিক ভাবানুবাদ করতে হবে—**"Pay and use."**

আবার **"আমার মাথা ধরেছে"**-এর অনুবাদ যদি কেউ করে "My head has been caught." তাহলে তাও হবে হাস্যকর। এখানে ভাষারীতি অনুযায়ী অনুবাদ হবে—**I have got a bad headache**.

তবে যেভাবেই অনুবাদ করা হোক না কেন, মূল রচনার বিষয় ও সাবলীলতা অনুবাদে বজায় রাখতে হবে।

Translation বা অনুবাদ সম্পর্কে Tytler পরামর্শ দিয়েছেন—A good translation is "that in which the merit of the original work is so completely transferred into another language, as to be as distinctly apprehended, and as strongly felt, by a native of the country to which that language belongs, as it is by those who speak the language of the original work."

BREAK-UP AND JOINING OF SENTENCES FOR TRANSLATION

বাংলা থেকে ইংরেজিতে কিংবা ইংরেজি থেকে বাংলায় অনুবাদের সময় আমরা কখনো-কখনো একটি বড়ো বাক্যকে সুবিধামতো ভাঙতে পারি অথবা পরস্পর সম্বন্ধযুক্ত কয়েকটি ছোটো বাক্যকে জোড়া লাগিয়ে একটি বড়ো বাক্য গঠন করতে পারি। কোনো Passage অনুবাদের সময় এই পদ্ধতি বাংলা বা ইংরেজির নিজস্ব style তৈরি করতে খুবই সহায়ক হয়ে ওঠে।

আবার কোথাও কোথাও আক্ষরিক অনুবাদ না করে ভাবানুবাদ করতে হয়। আর তাতেও কোথাও বাক্যকে ভাঙতে হয়, কোথাও জোড়া লাগাতে হয়।

JOINING FOR TRANSLATION

তখন বেলা ১টা। একটা লোক হঠাৎ অফিসে ঢুকল। তার হাতে একটা দরখাস্ত।

It was 1 pm. A man suddenly entered the office. He was carrying an application in hand.

= It was I pm when a man suddenly entered the office with an application in hand.

BREAK-UP FOR TRANSLATION

রহমত যে সময় আফগানিস্তান থেকে কলকাতা চলে আসে, সে সময় তার ছোটো মেয়ে রাবেয়ার হাতের ছাপ দেওয়া এক টুকরো কাগজ সঙ্গে এনেছিল।

When Rahamat came to Kolkata from Afghanistan, he had brought with him the impression of his little daughter Rabeya's palm on a piece of paper.

= Rahamat came to Kolkata from Afganistan. He had brought with him the impression of his little daughter Rabeya's palm on a piece of paper.

TRANSLATION OF SOME BENGALI IDIOMATIC VERBS

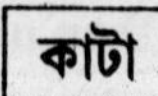

মেঘ কেটে গেল—The clouds *rolled away.*

শীঘ্রই মেঘ কেটে যাবে—The clouds will *disappear* soon.

প্রথম লাইনটা কেটে দাও—*Pen through* [Strike off] the first line.

তার নাম কাটা গেছে—His / Her name has been *struck off.*

আমার সময় আর কাটে না—Time *hangs* heavy *on* me.

তুমি কী করে সময় কাটাও—How do you *pass* time?

তিনি বড়ো কষ্টে সময় কাটাচ্ছেন—He / She *is having* a very hard time.

আলস্যে সময় কাটিয়ে দিও না—Don't *waste* your time.

একটা লোক ট্রেনে কাটা পড়েছে—A man has been *run over* by a train.

তাঁর বইগুলি বেশ কাটছে—His / Her books *are selling* well.

সব বইগুলিই পোকায় কেটেছে—Worms *have eaten into* all the books.

লজ্জায় আমার মাথা কাটা গেল—I was *disgraced* with shame.

সে এখন টেরি কাটছে—He is now *parting* his hair.

তুমি কি তোমার চুল কেটেছ?—Have you got your hair *cut / clipped?*

সে তার দাড়ি কেটেছে—He has *shaved / trimmed* his beard.

ঘরে আগুন লাগলে কি পুকুর কাটা শুরু করবে?—Would you *dig* a pond when the house catches fire?

প্রচণ্ড গ্রীষ্মে পুকুরগুলি শুকিয়ে গেছে, তাই তারা এখন কুয়ো কাটছে—They are now *sinking* a well as the ponds have dried up in summer heat.

এখন শস্য কাটার সময় হয়েছে—Now it is time to *reap* harvest.

আগামী পুজোর ছুটিতে আমরা শিলিগুড়ির টিকিট কাটব—We shall *book* the ticket for Siliguri in the coming Puja vacation.

কাজে অবহেলার জন্য তার বেতন থেকে একশো টাকা কাটা হয়েছে—One hundred rupees have been *deducted* from his salary for his negligence in duties.

ছবি আঁকার পূর্বে তোমার পেনসিলটা কাটো—*Sharpen* your pencil before drawing the picture.

তার উপদেশ আমার মনে দাগ কাটল না—His advice *fell flat* on me.

অবশেষে আমি বিপদ কাটিয়ে উঠেছিলাম—At last I overcame the danger.

তাঁকে উঠাও, না হলে তিনি ট্রেন ধরতে পারবেন না—*Wake* him / her up, or he / she will miss the train.

তাঁর প্রায় সব চুলগুলিই উঠে গেছে—Almost all his / her hair *has fallen off.*

শিশুটির এখন দাঁত উঠছে—The baby is now *teething.*

দোকানটি উঠে গেছে—The shop has been *shut down.*

সে এবার ক্লাসে উঠতে পারেনি—He / She has not been *promoted* to next class this year.

আগুনটা জ্বলে উঠেছে—The fire has *blazed up.*

এ রীতি [প্রথা] এখন উঠে গেছে—This custom is *now out of fashion* [*not in vogue*].

অত্যাবশ্যকীয় দ্রব্যাদির দাম আরও উঠবে—The price of essential commodities will *go up* further.

সে খুব ভোরে ওঠে—He *wakes up* [*rises*] early in the morning.

গতকাল সন্ধ্যায় ঝড় উঠেছিল—A storm *broke out* last evening.

আজ রাত্রে আকাশে চাঁদ উঠেছে—The moon *has risen* in the sky tonight.

ছোটো ছেলেটি গাছে উঠতে পারে না—The little boy cannot *climb* a tree.

সিগন্যাল হয়ে গেছে, তাড়াতাড়ি ট্রেনে ওঠো—Hurry up to *get into* the train as the signal is down.

আজকাল ট্রাম-বাসে ওঠা কষ্টকর—It is very difficult to *board* a tram or a bus nowadays.

তিনি আন্দামান যাওয়ার জন্য জাহাজে উঠলেন—He *embarked* the ship to the Andamans.

তুমি এত তাড়াতাড়ি রেগে ওঠ কেন?—Why do you *fly into a rage* [*flare up*] so fast?

জামাটার রং উঠে গেছে—The colour of the shirt *has been faded.*

এখানে যে ডাক্তারখানাটা ছিল, সেটা উঠে গেছে—The medical chamber has been *closed down* here.

যদি আমি লাভ না পাই, ব্যবসা উঠিয়ে দেব—I'll *wind up* the business if I cannot earn profit from it.

এত কাজ আমি একলা করে উঠতে পারি না—I cannot *manage* all these tasks alone.

জয়েন্ট এন্ট্রান্সের তালিকায় তার নাম ওঠেনি—His name has not been *enlisted* in the Joint Entrance.

খাওয়া

এক পেয়ালা চা খাও—Just *have* a cup of tea.

তিনি সিগারেট খান না—He does not *smoke* cigarettes.

সে বেশ বকুনি খেয়েছে—He / She has *got a good scolding.*

ছেলেটি আজ খুব মার খেয়েছ—The boy has *got a sound beating* today.

ওষুধটি দিনে দুবার খাবে—*Take* this medicine twice daily.

বৃদ্ধ লোকটি রাস্তায় হোঁচট খেলেন—The old man *stumbled* on the road.

পিছল রাস্তায় অনেকেই আছাড় খায়—Many people *have a slip* on a slippery way.

এখন এমন লোক খুব কমই আছে যে ঘুষ খায় না—There are very few men who do not *accept bribe.*

বেশি আদর দিয়ে তুমি ছেলের মাথা খেও না—Don't *spoil* the child by over indulgence.

হওয়া / থাকা

তোমার কী হয়েছে?—What is *the matter* with you?

আমি একরকম আছি—I *am so so.*

আমার ক্ষুধা হয়েছে—I *feel hungry.*

তুমি কোথায় থাক?—Where do you *stay?*

এ বিষয়ে আমার কিছু বক্তব্য আছে—I *have got* something *to say* on this subject.

এ বিষয়ে মতভেদ আছে—Opinions *differ* on this subject.

তার কিছুই হয়নি—Nothing has *happened* to him / her.

আপনি কেমন আছেন?—How *are you?* / How *do you do?*

তার পেটের অসুখ হয়েছে—He has *got a trouble in stomach.*

তোমার পড়া হয়েছে কি?—Have you *done your studies?*

ভাত হয়ে গেছে—Rice *is done.*

তুমি এমন মন মরা হয়ে আছ কেন?—Why *are* you so *depressed?*

হতাশ হয়ো না, তোমার উন্নতি হবেই—Don't *lose heart,* you'll *have* a bright day.

রাখা

বইটা টেবিলের ওপর রাখো—*Put* the book on the table.

টাকাটা তোমার কাছে রেখে দাও—*Keep* the money with you.

সময়ের সঙ্গে তাল রেখে চলা উচিত—You should *keep pace* with time.

ও প্রস্তাব এখন রেখে দাও—*Leave* [*set aside*] the proposal now.

তোমার কথা রাখা উচিত—You should *keep* [*honour*] your word.

কথা দিয়ে কথা রাখা উচিত—One should *keep one's word.*

আমি চেষ্টার আর কিছু বাকি রাখিনি—I have left *no stone unturned.*

তিনি দাড়ি রেখেছেন—He *wears* a beard.

দয়া করে আমার অনুরোধটা রেখো—Please *comply with* my request.

নতুন চাকরটির ওপর চোখ রাখা দরকার—The new servant *should be kept under close observation* [*view*].

বাড়ির কাজের জন্য একটা লোক রাখা দরকার—We should *engage* a man for domestic works.

সে তার প্রতিজ্ঞা রক্ষা করতে যথাসাধ্য চেষ্টা করবে—He will try his best to *keep* his *promise.*

আমার অনুরোধ রক্ষা করে তুমি আমার মান রেখেছ—You have *kept my honour* by complying my request.

ভবিষ্যতের জন্য ব্যাংকে কিছু রাখা উচিত—You should *deposit* some money in a bank for future.

প্রত্যেক গৃহী ব্যক্তিরই কিছু জমিয়ে রাখা উচিত—Every family man should *lay by* something.

কাজটাকে ফেলে রেখো না, অসুবিধায় পড়বে—You will get into trouble if you *keep off* the job.

মাথা ঠান্ডা রেখো, না হলে ঝামেলায় পড়বে—*Have patience* [*Be cool-headed*], otherwise you will get into trouble.

বাগানটা পরিচর্যার জন্য একজন মালি রাখা দরকার—We should *engage* a gardener to look after the garden.

প্রচণ্ড গোলমালের জন্য সে গানের তাল রাখতে পারেনি—He / She could not *keep tune* for great noise.

ধরা

পার তো আমাকে ধরো—*Catch* me if you can.

তাকে হাতেনাতে ধরা হয়েছে—He / She has been *caught red-handed.*

চোরটি হাতেনাতে ধরা পড়েছিল—The thief was *caught red-handed.*

এ পাত্রে আর ধরে না—This pot cannot *hold* [contain] more.

এ গাছে ফুল ধরেছে—Flowers have come up in this tree. / This tree has *bloomed* [*blossomed*].

এ গাছে ফল ধরেছে—The tree has *borne* fruit.

আমার বড়ো মাথা ধরেছে—I have *got a bad headache.*

তার আহ্লাদ আর ধরে না—His / Her joy *knows no bounds.*

তার অপরাধ ধরা পড়েছে—His / Her crime has been *detected.*

এ ঘরে বিশজন লোক ধরতে পারে—This room can *accommodate* twenty men.

যে-কোনো কিছুতেই দোষ ধরা তোমার বদ অভ্যাস—To *find fault* with anything is your bad habit.

এখন আমি বৃদ্ধ হয়েছি, আমার চুলে পাক ধরেছে—My hair has *turned grey* as I am old now.

ধরো, তুমি লটারিতে এক লাখ টাকা পেলে—*Suppose,* you win one lakh rupees in lottery.

তোমার প্রস্তাব আমার মনে ধরছে না—I cannot *support* your proposal.

চাকরির জন্য সে অনেককেই ধরাধরি করেছিল—He *pleaded* with many a man to get a job.

বয়োজ্যেষ্ঠ ব্যক্তিকে নাম ধরে ডাকা উচিত নয়—You should not *call* an elderly person *by name.*

আমি তার ঘাড় ধরে ঘর থেকে বার করে দিয়েছিলাম—I *seized* him by neck and made him out of the room.

যদি ধৈর্য ধরো, নিশ্চিতভাবে সাফল্য লাভ করবে—*Have patience* [*Be patient*], you will surely succeed.

ছাড়া

বদ অভ্যাস ছাড়ো—*Give up* bad habits.

কুসঙ্গ ছাড়ো—*Shun* [*Give up*] evil company.

তোমার বন্ধুর সঙ্গে কি তোমার ছাড়াছাড়ি হয়ে গেছে?—Have you *parted from* your friend?

সে তার দামি ঘড়িটা ছেড়ে গেছে—He / She has *parted with* his / her costly watch.

কুকুরটাকে ছেড়ে দাও—*Let* the dog *loose.*

সে কাপড় ছেড়েছে—He / She has *put off* [*changed*] his / her clothes.

ট্রেনটি সকাল দশটায় ছাড়ে—The train *leaves* at 10 a.m.

রোগীটির নাড়ি ছেড়ে গেছে—The patient *has stopped beating.*

আমি কাউকে ছাড়ব না—I would not *spare* anyone.

এখন বাসে ওঠার চেষ্টা করো না, বাস ছেড়ে দিয়েছে—Don't try to get into the bus; the bus has *started.*

এই বাড়ির অংশ সে ছেড়ে দেবে না—He won't *leave* this portion of the house.

বসতবাড়ি ছাড়াও তিনি ব্যাংকে অনেক টাকা রেখে গিয়েছেন—Besides the dwelling house, he has *left* a large sum of money in the bank.

তিন দিনের পর তার জ্বর ছেড়েছে—His fever *has been remitted* [*has got remission*] after three days.

পাকা আমের খোসা ছাড়িয়ে খাও—Get the ripe mango *peeled* before eating.

তুমি ছাড়া কেউ এ কথা জানে না—Nobody *except* you knows this.

প্রচুর বৃষ্টি হওয়ার ফলে ডি.ভি.সি. দু লক্ষ কিউসেক জল ছেড়ে দিল—The DVC has *released* 2 lakh cusec water for a heavy downpour.

উপন্যাসটা পড়তে পড়তে তিনি কয়েকটা কুরুচিপূর্ণ লাইন ছেড়ে গেলেন—He *skipped over* a few slang lines while reading the novel.

আজকালকার দিনে সরকারি চাকরি পাওয়া কঠিন, চাকরি ছাড়ানো আরও কঠিন—Nowadays it is hard to get a government job; it is harder to *dismiss.*

চলা

সময় চলে যায়—Time *fleets.*

দেখতে দেখতে সময় চলে যায়—Time *slips by* quickly.

চলো, বেড়িয়ে আসি—*Let's go* out for a walk.

আমি আর চলতে পারি না—I cannot *walk* any more.

আমার ঘড়িটা ঠিক চলছে—My watch *keeps* right time.

পাখাগুলি পুরোদমে চলছে—The fans are *in full speed.*

স্কুল পুরোদমে চলছে—The school *is in full swing.*

ব্যবসা চালিয়ে যাও—*Carry on* [with] your business.

তোমার ব্যবসা কেমন চালাচ্ছ [চলছে]?—How are you *carrying on* your business?

সে দিন চলে গেছে—Those days *are gone.*

সে আইন আর চলে না—That law is *no more in force.*

এ প্রথা এখন আর চলে না—This custom is *not in vogue.*

আমার সংসার আর চলে না—I can hardly *support* my family.

এখন কাজকর্ম ভালো চলছে না—Business *is dull* now.

এরকম কৈফিয়ত চলে না—This excuse does not *hold good* / This is a *lame* excuse.

যত কষ্টই হোক, লেখাপড়া চালিয়ে যাও—*Go on* with studies whatever troublesome it may be.

ভীষণ গরম, পাখাটা চালিয়ে দাও—It's very hot; *switch on* the fan.

এখন বেশ শীত পড়েছে, আর পাখা চালাতে হবে না—It's very cold now; *switch off* the fan.

আমাদের ট্রেন ঠিক সময় ধরে চলেছে—Our train is *running* on time / to time.

যদি কর্মীরা ঠিক সময়মতো না আসে, তাহলে অফিস চালানো কঠিন—It is hard to *run* an office if the employees do not keep time [are not punctual].

তুমি জানো, তোমাকে ছাড়া আমার চলে না—You know I *cannot do* without you.

অফিসের এই নিয়ম আরও এক বছর চলবে—This rule will *remain in force* in the office for one year more.

বলা

সত্য কথা বলো—*Speak* the truth.

মিথ্যা কথা বলো না—Do not *tell* a lie.

তারা ক্লাসে কথা বলছিল—They were *talking* in the class.

তুমি তাকে মূর্খ বলেছিলে—You *called* him a fool.

কাউকে কড়া কথা বলো না—Do not *use harsh words* to anybody.

তুমি বলো আর না বলো, তুমিই একাজ করেছ—*Admit* it or not, it is you who have done this.

যদি মিথ্যা বলো, তবে অবশ্যই শাস্তি পাবে—*Tell* a lie and you will be punished.

দেওয়া

তার আলস্যকে প্রশ্রয় দিও না—Do not *indulge* [in] his / her idleness.

তাকে আর লজ্জা দিও না—Do not *put* him / her *to* more *shame.*

এবছর সে উচ্চমাধ্যমিক পরীক্ষা দেবে—This year he / she will *appear* at [*sit for*] the HS Exam.

তিনি আমাকে আশ্রয় দিয়েছেন—He / She *has given* me *shelter.*

এই বাড়িটি ভাড়া দেওয়া হবে—This house is *to let.*

নিজের চরকায় তেল দাও—*Oil* your own machine [*Mind* your *own* business].

দুঃখের দিনে বন্ধুকে সাহস দাও—*Inspire* and *encourage* your friend in distress.

আমি ভুল করেছি, অনুগ্রহ করে আমাকে লজ্জা দেবেন না—I have committed a mistake; please don't *put* me *into shame.*

অনুগ্রহ করে এখন আমাকে যেতে দিন—Please *allow* me *to go* / *leave* the place.

সভাপতিকে মঞ্চে যাওয়ার জন্য রাস্তা দিন—*Make way* for the President to move to the platform.

শুতে যাওয়ার আগে আলোটা নিভিয়ে দাও—*Put off* / *Switch off* the light before go to bed.

কাজে ফাঁকি দিলে কাজ থেকে জবাব দিয়ে দেওয়া হবে—You will be *sacked* / *dismissed* / *fired* if you *shirk.*

পড়া

গাধাটি খানায় পড়ে গেল—The ass *fell* into a ditch.

বেলা পড়ে আসছে—The day is *declining.*

তার টাকায় টান পড়েছে—His / Her purse has *run short.*

তার রাগ পড়ে গেছে—His / Her anger has *abated.*

তার স্বাস্থ্য ভেঙে পড়েছে—His / Her health has *broken down.*

কথাটা আমার মনে পড়ছে না—I cannot *recollect* it just now.

উঠে পড়ে লাগো—Be *up and doing.*

খবরটা শুনে যেন তার মাথায় বাজ পড়ল—The news *came* to him / her *as a bolt from the blue.*

খাওয়া-দাওয়ার অনিয়ম করলে তুমি অসুখে পড়বে—You will *fall ill* if you do not have your food in time.

লাগা

মধু খেতে মিষ্টি লাগে—Honey *tastes* sweet.

আমার খুব খিদে লেগেছে—I *feel* very *hungry.*

আমার ঠান্ডা লেগেছে—I have *caught cold.*

এ কোটটা আমার গায়ে লাগে না—This coat does not *fit* me.

এতে আমার এক পয়সাও লাগেনি—It *cost* me not a single farthing.

তার প্রতিবেশীর সঙ্গে ঝগড়া লেগেছে—He / She has *picked a quarrel* with his / her neighbour.

এখানে থাকতে আর আমার ভালো লাগে না—I do not *like staying* here any more.

এ কাজ করতে আমার এক মাস লাগবে—It will *take* me a month to finish the work.

জিনিসটি তাঁর মনে লেগেছে—He / She has *taken a fancy* to the thing.

দুষ্কৃতীরা স্কুলটিতে আগুন লাগিয়েছিল—The school was *set on fire* by the miscreants.

আমার নতুন জুতোটায় বড্ড লাগছে—My new shoes are *pinching.*

যার জুতো সেই জানে কোথায় জুতোয় লাগছে [যার কষ্ট সেই বোঝে]—The wearer knows where the shoe *pinches.*

কাল বৃষ্টিতে ভিজে আমার সর্দি লেগেছে—I have *caught cold* as I got drenched in rain yesterday.

এখন আমার কিছুই ভালো লাগছে না—Now I *am sick of* everything.

এ চাবি তো ঐ তালায় লাগবে না—This key will not *fit* that lock.

পৈতৃক সম্পত্তি নিয়ে ভাই-বোনেদের মধ্যে ঝগড়া লেগেছে—The brothers and sisters have *picked a quarrel* for their paternal property.

তোমার যথেষ্ট বয়স হয়েছে, তুমি ওই বাচ্চা ছেলেটার সঙ্গে লাগ কেন?—You are old enough; why do you *pick a quarrel* with that kid?

LITERARY PASSAGES FOR TRANSLATION [Bengali to English]

WORKED OUT PASSAGES

Translate into English :

01 আধুনিক ভারতের পথিকৃৎ রাজা রামমোহন রায় ১৭৭২ সালের ২২ মে হুগলি জেলার রাধানগরে জন্মগ্রহণ করেন। সংস্কারক হিসেবে তাঁর ভূমিকা ছিল দ্বিবিধ। তিনি ছিলেন ধর্মসংস্কারক এবং সমাজসংস্কারক। তিনি মূর্তিপূজার বিরুদ্ধে বিদ্রোহ ঘোষণা করেছিলেন এবং ব্রাহ্মসমাজের ভিত্তিপ্রস্তর স্থাপন করেছিলেন। অন্যদিকে তিনি তৎকালীন সমাজের কুপ্রথাগুলিকে দূর করার জন্য আপ্রাণ চেষ্টা করেছিলেন, যেমন—জাতিভেদপ্রথা, বাল্যবিবাহ, সতীদাহপ্রথা, শিশুকন্যা হত্যা, স্ত্রীশিক্ষা ও সম্পত্তির ওপর নারীর উত্তরাধিকার থেকে বঞ্চনা ইত্যাদি। তিনি সমাজের এই শোচনীয় অবস্থায় ভীষণভাবে মর্মাহত হয়েছিলেন, যেহেতু এই কুপ্রথাগুলি সমাজের প্রাণশক্তিকে কুরে কুরে খেয়ে নিচ্ছিল। তিনি ছিলেন পুরোপুরি মানবতাবাদী। তিনি সতীদাহপ্রথার বিরুদ্ধে অবিরাম সংগ্রাম করেছিলেন এবং অবশেষে লর্ড উইলিয়াম বেন্টিংক-এর সহায়তায় তাঁর প্রচেষ্টায় সাফল্য অর্জন করেছিলেন। রাজা রামমোহনের নাম এবং নিষ্ঠুর সতীদাহপ্রথা বিলোপ পরস্পর অবিচ্ছেদ্য হয়ে গেছে। তিনি আমাদের রক্ষণশীল সমাজব্যবস্থায় আধুনিক শিক্ষা ও সংস্কৃতির প্রসার ঘটাতে চেয়েছিলেন। বস্তুত, তিনি ছিলেন বাংলা তথা ভারতের নবজাগরণের প্রথম দিশারি আলো।

Worked-out :

Raja Rammohun Roy, the pioneer of modern India, was born at Radhanagar in Hooghly on 22 May 1772. His role as a reformer was two-fold. He was a religious reformer as well as a social reformer. He revolted against idolatry and laid the stepping-stone for the Brahmo Samaj. On the other hand, he tried heart and soul to remove the evil customs of the society of his times such as caste-prejudice, child-marriage, widow-burning, female infanticide, lack of female education and female inheritance, etc. He was greatly shocked at the deplorable condition of the society as these evil customs were eating into the core of the society. He was out and out a humanist. He ceaselessly challenged the Sati system, and in the long run he was successful in his attempt with the help of Lord William Bentinck. The name of Raja Rammohun and the abolition of the cruel Sati system are inseparable from each other. He wished to spread modern culture and education into the conservatve fabric of our society. In fact, he was the first beacon of renaissance in Bengal as well as in India.

02 একবার একটি বিদ্যালয় পরিদর্শন করতে গিয়ে একজন পরিদর্শক কোনো এক ক্লাসের ছাত্রদের বিজ্ঞান বিষয়ে জ্ঞানের পরিচয় নিচ্ছিলেন। তাদের যে সমস্ত প্রশ্ন করা হচ্ছিল, সবগুলির উত্তর তারা বেশ তৎপরতার সঙ্গে দিচ্ছিল। তাপে যে বস্তুর প্রসারণ ঘটে এবং শীতলতায় সংকোচন ঘটে, এটি একটি ছাত্র বেশ ভালো করে বুঝিয়ে বলল। পরিদর্শক মহাশয় অত্যন্ত সন্তুষ্ট হয়ে সস্নেহে ছাত্রটিকে বললেন, "তোমার উত্তর অতি চমৎকার হয়েছে। আচ্ছা, একটি উদাহরণ দিতে পার?" ছাত্রটি সঙ্গে সঙ্গে বলল, "এই দেখুন না, গ্রীষ্মের সময় খুব গরম পড়ে বলে দিনগুলি বড়ো হয়, আবার শীতকালে ঠান্ডা পড়ে, তাই দিনগুলিও ছোটো হয়ে যায়।"

Worked-out :

Once an inspector went to visit a school. He was testing the knowledge of science of the students of a particular class. They were promptly answering all the questions that were being put to them. A boy explained very well that heat expands and cold contracts matter. Being much satisfied, the inspector said to the boy very affectionately, "Yours is an excellent reply. Well, can you give an example?" At once the student replied, "Please see, the extreme heat lengthens the days in summer, and in winter, when there is cold, the days become short."

03 অবিনাশবাবু আমাকে শাসিয়ে রেখেছেন—"আমাকে মশাই আপনার ওই সাহেব বন্ধুদের সঙ্গে মিশতে বলবেন না। আপনি চৌষট্টিটা ভাষা জানতে পারেন, আমার বাংলা বৈ তো আর সম্বল নেই। সকাল-সন্ধেয় 'গুড মরনিং' 'গুড ইভনিং'-টা বলতে পারি, এমনকি ওনাদের কেউ খাদে টাদে পড়ে গেলে 'গুড বাই'-টাও মুখ থেকে বেরিয়ে যেতে পারে—তার বেশি আর কিছু পাবেন না। আপনি বরং বলে দেবেন আমি একজন মৌনী সাধু, তীর্থ করতে যাচ্ছি।" ['স্বয়ং প্রফেসর শঙ্কু'—সত্যজিৎ রায়।]

Worked-out :

Abinasbabu has given me a warning—"Please don't ask me to hobnob with your European friends. You may know a large number of foreign languages but I myself cannot but rely on my Bengali. Somehow I can manage to wish one good morning and good evening in the morning and in the evening respectively—perhaps a 'good-bye' may blur out in the event of some of them falling into a ditch—but you should not expect anything more of me. It would be safe if you introduce me to them as a non-speaking holy man out on pilgrimage."

04 হে ভারত, ভুলিও না নীচ জাতি, মুর্খ, দরিদ্র, অজ্ঞ, মুচি, মেথর তোমার রক্ত, তোমার ভাই। হে বীর, সাহস অবলম্বন কর, সদর্পে বল—আমি ভারতবাসী, ভারতবাসী আমার ভাই; তুমিও কটিমাত্র বস্ত্রাবৃত হইয়া সদর্পে ডাকিয়া বল—ভারতবাসী আমার ভাই, ভারতবাসী আমার প্রাণ; ভারতের সমাজ আমার শিশুশয্যা, যৌবনের উপবন; আমার বার্ধক্যের বারাণসী; বল ভাই—ভারতের মৃত্তিকা আমার স্বর্গ, ভারতের কল্যাণ আমার কল্যাণ। আর বল দিনরাত—মা, আমার কাপুরুষতা দূর কর, আমায় মানুষ কর।

[স্বামী বিবেকানন্দ]

Worked-out :

Oh, India! Do not forget that the low castes and illiterates, the poor and the ignorant, the cobblers and the sweepers—all are your flesh and blood, your brothers. Oh the valiant! Have courage and say in the dignified way, "I am an Indian and all Indians are my brothers." Cover yourself in a loin-cloth and call out, "All Indians are my brothers, my life and soul; the society of India is the cradle of my infancy, bower of my youth and the shelter of my old age." My brother, say—"The soil of India is my heaven, the good of India is my own good." And pray day and night : "Mother, take away my cowardice and make me a man in its truest sense."

05 আমাদের দেশে দারিদ্র্য একটি বড়ো সমস্যা। কিন্তু এই শোচনীয় অবস্থা যে আমাদের নিজেদের দ্বারাই সৃষ্ট, তা আমরা প্রায় বুঝতেই পারি না। অনেকে কঠিন পরিশ্রম এবং লাভজনক ব্যাবসার দ্বারা নিজেদের অবস্থার উন্নতি সাধন করতে চেষ্টা করে না; তারা নিজেদের দুরবস্থার জন্য কেবল হাহুতাশ করে এবং ভাগ্যকে অভিশাপ দেয়। এই জড়তা ও শ্রমবিমুখতা ঝেড়ে ফেলতে হবে। মানুষ নিজেই নিজের ভাগ্যনির্মাতা—এই মহাজনবাক্য স্মরণ করে দৃঢ় পদক্ষেপে জীবনপথে অগ্রসর হলে দারিদ্র্য ও দুঃখ দূর হবে এবং সুখ ও শান্তি আমাদের চিরসঙ্গী হবে।

Worked-out :

Poverty is a great problem in our country. But we hardly realise that this deplorable condition is our own creation. A large number of people do not try to impove their conditions by means of hard labour and profitable business. They only lament over their miseries and curse their fate. We must shake off this lethargy and aversion towards physical labour. If we remember the wise saying, "Man is the architect of his own fortune" and go ahead in the way of life with firm steps, our poverty and misery will disappear, and peace and happiness will be our constant companions.

06 একজন আরব পন্ডিত লিখেছেন, "ধনীরা বলে, টাকা রোজগার করা সবচেয়ে শক্ত কাজ, কিন্তু জ্ঞানীরা বলেন, না—জ্ঞানার্জন সবচেয়ে শক্ত কাজ"। এখন প্রশ্ন, কার দাবিটা ঠিক, ধনীর না জ্ঞানীর? আমি নিজে জ্ঞানের সন্ধানে ফিরি, কাজেই আমার পক্ষে নিরপেক্ষ হওয়া কঠিন। তবে একটি জিনিস আমি লক্ষ করেছি, সেটি আমি বিচক্ষণ জনের চক্ষুগোচর করতে চাই। ধনীর পরিশ্রমের ফল হল টাকা। সে ফল যদি কেউ জ্ঞানীর হাতে তুলে দেয়, তবে তিনি সেটা পরমানন্দে কাজে লাগান ধনীদের চেয়ে অনেক ভালো পথে, ঢের উত্তম পদ্ধতিতে।

Worked-out :

A certain Arab scholar has made a comment, "The rich say that the most difficult thing in the world is to earn money, but, according to the wise, the hardest thing is to acquire knowledge". Now the question is who is right—the rich or the wise. I am a seeker of knowledge; so it is difficult for me to be impartial. But I have observed one thing in particular which I should like to bring to the notice of sensible persons. The fruits of a rich man's labour are wealth. If these fruits are placed in the hands of the wise, they utilise them pleasurably and in a far better way than the rich can do.

07 সেই দিনটা আমার খুব মনে পড়ে। সারাদিন অবিশ্রান্ত বৃষ্টিপাত হইয়াও শেষ হয় নাই। শ্রাবণের সমস্ত আকাশটা ঘন মেঘে সমাচ্ছন্ন হইয়া আছে এবং সন্ধ্যা উত্তীর্ণ হইতে না হইতেই চারিদিক গাঢ় অন্ধকারে ছাইয়া গিয়াছে। সকাল সকাল খাইয়া লইয়া আমরা কয় ভাই নিত্য প্রথামত বাহিরে বৈঠকখানায় ঢালা বিছানার উপর রেড়ির তেলের সেজ জ্বালাইয়া বই খুলিয়া বসিয়া গিয়াছি। বাহিরের বারান্দার একদিকে পিসেমশায় ক্যাম্বিসের খাটের উপর শুইয়া সান্ধ্য তন্দ্রাটুকু উপভোগ করিতেছেন এবং অন্যদিকে বসিয়া বৃধ্দ রামকমল ভট্টাচার্য আফিং খাইয়া, অন্ধকারে চোখ বুজিয়া থেলো হুঁকায় ধূমপান করিতেছেন। দেউড়ীর হিন্দুস্থানী পেয়াদাদের তুলসীদাসী সুর শোনা যাইতেছে, এবং ভিতরে আমরা তিনভাই মেজদা'র কঠোর তত্ত্বাবধানে নিঃশব্দে বিদ্যাভ্যাস করিতেছি। ['শ্রীকান্ত'—শরৎচন্দ্র চট্টোপাধ্যায়]

Worked-out :

I can remember the day very well. Although there was continuous downpour throughout the day, the rain had not yet stopped. On that very day of Shravan the whole sky was overcast with dense clouds and scarcely had the evening passed when a thick darkness spread over all around. Having taken our tiffin earlier and having lighted our castor-oil-lamp on a mat spread on the floor of the outer drawing-room, we, the brothers, sat down to read as usual with our books open. On one side of the verandah our uncle was lying on a canvas-cot and enjoying his evening nap, while on the other side old Ramkamal Bhattacharya, after taking his daily dose of opium, was smoking a hookah with his eyes closed in the dark. At the outer gate the up-country guards were heard chanting Tulsidas, while inside we three brothers were learning our lessons silently under the strict supervision of our second elder brother.

08 কালকের চিঠিতে লিখেছিলুম, আজ সন্ধ্যা সাতটার সময় কবি কালিদাসের সঙ্গে এনগেজমেন্ট করা যাবে। বাতিটা জ্বালিয়ে বইখানা হাতে নিয়ে যখন বেশ প্রস্তুত হয়ে বসেছি, হেনকালে কবি কালিদাসের পরিবর্তে এখানকার পোস্টমাস্টার এসে উপস্থিত। আমি তাকে বলতে পারলাম না—আপনি এখন যান, কালিদাসের সঙ্গে আমার একটু বিশেষ প্রয়োজন আছে। বললেও সে লোকটি ভালো বুঝতে পারতেন না। অতএব কালিদাসকে আস্তে আস্তে বিদায় দিতে হল। ['ছিন্নপত্রাবলী'—রবীন্দ্রনাথ ঠাকুর]

Worked-out :

In my yesterday's letter, I wrote to you that an engagement would be made with the poet Kalidas at 7 pm tonight. I lighted the lamp and was thoroughly ready with the book in my hand; just at that time, in place of the poet Kalidas, the local postmaster, appeared before me. I could not tell him, "Please leave; I have now some special business with Kalidas". Even if I had said so, he would not have understood it. Therefore, I had to bid farewell to Kalidas gently.

09 রাত আসছে—বসন্তকালের পূর্ণিমার রাত! পশ্চিমে সূর্য ডুবছেন, পূর্বে চাঁদ উঠি-উঠি করছেন, পৃথিবীর এক পারে সোনার শিখা আর এক পারে রুপার রেখা দেখা যাচ্ছে। মাথার উপর নীল আকাশ, লক্ষকোটি তারায় ভরে উঠেছে। অমনি দিন শেষ হল, পাখিরা একবার কলরব করে উঠল, বাতাসে অনেক ফুলের গন্ধ, আকাশে অনেক তারার আলো ছড়িয়ে পড়ল, পূর্ণিমার চাঁদ উদয় হলেন। [—অবনীন্দ্রনাথ ঠাকুর]

Worked-out :

Night was coming on (was approaching)—the full-moon night of the spring season! The sun was setting in the west, the moon was about to rise in the east. On one side of the earth the golden rays (flame) and on the other the silver lines were seen. The blue sky overhead was studded with uncountable (innumerable) stars. The day was over and the birds twittered (chirped) for the last time. Fragrance of a lot of flowers spread out (sprinkled about) in the air; the light of many a star (many a stars নয়) radiated the sky. The full-moon emerged.

10 তুমি আমার কবিতা তর্জমার কথা জিজ্ঞাসা করেছ। সেগুলো এঁদের সকলের বিশেষ ভালো লেগেছে সে সংবাদ এতদিনে তুমি শুনে থাকবে। তোমরা যে কটা দেখেছিলে তারপরে জাহাজে অনেকগুলো লিখেছি। এখানে এসেও কম লেখা হয়নি। সবশুদ্ধ বোধহয় একশোটা পেরিয়ে গেছে। এঁদের যে এইগুলো এত ভালো লাগতে পারে সে কথা আমি স্বপ্নেও মনে করিনি। এঁরা মনে করছেন আমার এই লেখাগুলি এঁদের পক্ষে একটা অত্যন্ত প্রয়োজনীয় সামগ্রী; শুনে আমার মনে খুব আনন্দ হল। যখন বোলপুরে বসে দিনের পর দিন এই গানগুলি লিখেছিলুম তখন কল্পনাও করতে পারতুম না এগুলো সমুদ্রপারে কারো কোনো প্রয়োজনে লাগবে। ['য়ুরোপযাত্রীর ডায়েরী'—রবীন্দ্রনাথ ঠাকুর]

Worked-out :

You have asked me about the translation of my poems. You must have heard the news that they have appealed very much to the readers here. I have translated many more poems during the voyage over and above those already seen by you. Nor has the work been too few after my arrival here—the total has perhaps exceeded one hundred. I had never imagined even in my dreams that they would be so favourably taken by the people here. They opine that these writings of mine are very useful to them and this has given me a great pleasure. When I had composed such songs at Bolpur, I could not even imagine that they would be in any way useful to people across the seas.

DO IT YOURSELF

A. Translate into English :

01 শব্দে ফুল ফোটে—শব্দের ইঙ্গিতে আমাদের ভাষা, আমাদের সংগীতের মধুর অনুভূতি। আবার সেই শব্দই মাত্রা ছাড়িয়ে নির্মম হয়ে ওঠে, সম্পূর্ণ বধিরতা এনে দিতে পারে। আর শব্দযন্ত্রের অভিশাপে আসা এই বধিরতা একবার এসে গেলে শত চিকিৎসাতেও এর থেকে নিস্তার পাবার পথ নেই।

এ তো গেল একেবারে অন্তিম অবস্থা; এ ছাড়া দিনে-রাতে প্রায় সর্ব সময়ে যে শব্দমাত্রা পরিবেশ দূষিত করছে সেই শব্দ-যন্ত্রণাও আমাদের অব্যাহতি দিচ্ছে না দৈনন্দিন জীবনযাপনে।

['শব্দের অভিশাপ/আশীর্বাদ'—আবীরলাল মুখোপাধ্যায়]

Hints : মধুর অনুভূতি—sweet feelings ▫ বধিরতা—deafness ▫ শব্দ-যন্ত্রণা—noise-hazards।

09 MAMATA SETS UP TEESTA EXPERT PANEL

Kolkata, Nov. 17 : West Bengal Chief Minister Mamata Banerjee is keen to preserve the warmth of her friendship with Bangladesh, but she won't compromise on the needs of the people in North Bengal. That was the bottomline of her meeting with Bangladesh Foreign Minister Dipu Moni on Wednesday.

Instead of giving in to persuasions from her UPA ally in Delhi and the Bangladeshi Prime Minister Sheik Hasina, with whom she shares an excellent relationship, the CM has set up a committee of river experts led by Kalyan Rudra. She will decide on the nitty-gritty of water-sharing only after the report reaches her.

After a one hour meeting at Writers' Buildings, the CM told the media, addressing Moni as "my sister", "Bangladesh has a long-standing demand of the Teesta water. I should be happy to oblige, but the people of north Bengal shouldn't suffer."

[The Times of India, Kolkata, Thursday, 17 Nov 2011]

বাংলায় অনুবাদ :

মমতা গঠন করছেন তিস্তা বিশেষজ্ঞ কমিটি

কলকাতা, নভেম্বর ১৭ : পশ্চিমবঙ্গের মুখ্যমন্ত্রী মমতা ব্যানার্জি বাংলাদেশের সঙ্গে বন্ধুত্বের উষ্ণতা বজায় রাখতে আগ্রহী, কিন্তু তা উত্তরবঙ্গের মানুষের প্রয়োজনের সঙ্গে আপোষ করে নয়। বুধবার বাংলাদেশের বিদেশমন্ত্রী দীপু মনির সঙ্গে আলোচনায় ওটাই ছিল প্রাথমিক সূত্র।

দিল্লিতে ইউ পি এ জোট সরকারের এবং বাংলাদেশের প্রধানমন্ত্রী সেখ হাসিনার—যাঁর সঙ্গে মমতার মধুর সম্পর্ক আছে—অনুরোধের কাছে বশ্যতা স্বীকার না করে মুখ্যমন্ত্রী কল্যাণ রুদ্র-র নেতৃত্বে একটি নদী বিশেষজ্ঞ কমিটি গঠন করেছেন। তাঁদের রিপোর্ট পাওয়ার পর তিনি জলবণ্টনের খুঁটিনাটি সম্পর্কে সিদ্ধান্ত নেবেন।

রাইটার্স বিল্ডিং-এ এক ঘণ্টার মিটিং-এর পর মুখ্যমন্ত্রী মনিকে 'আমার বোন' সম্বোধন করে সংবাদ-মাধ্যমকে বলেন, "তিস্তার জলের ওপর বাংলাদেশের দীর্ঘদিনের দাবি আছে। তা মানতে পারলে আমি সুখী হতাম, কিন্তু সেজন্য উত্তরবঙ্গের মানুষেরও দুর্দশা হওয়া উচিত নয়।"

10 CAPITATION FEE MAY DRAW RS. 1 CR FINE

New Delhi, Nov. 17 : Institutions soliciting capitation fee could soon be saddled with fines of Rs. 1 crore as the Union Cabinet on Wednesday approved the prohibition of unfair practices in Technical Educational Institutions, Medical Educational Institutions and Universities Bill, 2010, after the HRD ministry included several amendments recommended by the Parliamentary Standing Committee.

The bill, with official amendments, will be introduced in the winter session of Parliament. The HRD ministry had proposed a fine of Rs. 50 lakh that was recommended to be doubled by the Standing Committee.

The bill seeks to curtail the element of profiteering in some institutions which are presently beyond the scope of any such regulation. This is the first time that a central law is being brought to prohibit capitation fee and other unfair practices by educational institutions.

[The Times of India, Kolkata, Thursday, 17 Nov 2011]

বাংলায় অনুবাদ :

ক্যাপিটেশন ফি নিলে ১ কোটি টাকা জরিমানা

নিউদিল্লি, নভেম্বর ১৭ : শিক্ষাপ্রতিষ্ঠানগুলির ক্যাপিটেশন ফি সংগ্রহ শীঘ্রই ১ কোটি টাকা জরিমানা করে নিয়ন্ত্রণ করা হতে পারে। মানব সম্পদ উন্নয়ন মন্ত্রক (HRD = Human Resources Development)

পার্লামেন্টের স্ট্যান্ডিং কমিটির কতকগুলি সংশোধনী অন্তর্ভুক্ত করার পর কেন্দ্রীয় মন্ত্রীসভা টেকনিক্যাল এডুকেশন্যাল ইনস্টিটিউশান, মেডিক্যাল এডুকেশন্যাল ইনস্টিটিউশান এবং ইউনিভার্সিটি দুর্নীতি নিরোধক বিল, ২০১০, বুধবার অনুমোদন করল।

সরকারি সংশোধনীসহ বিলটি পার্লামেন্টের (লোকসভার) শীতকালীন অধিবেশনে পেশ করা হবে। মানবসম্পদ উন্নয়ন মন্ত্রক ৫০ লাখ টাকা জরিমানার প্রস্তাব করেছিল যা স্ট্যান্ডিং কমিটি দু-গুণ করার সুপারিশ করল।

এই বিল কিছু শিক্ষাপ্রতিষ্ঠানের লাভের অঙ্ক কমাতে চাইছে যা এতদিন এরকম কোনো আইনের আওতায় ছিল না। এই প্রথম শিক্ষাপ্রতিষ্ঠানগুলির ক্যাপিটেশন ফি ও দুর্নীতি নিয়ন্ত্রণ করতে একটি কেন্দ্রীয় আইন আনা হচ্ছে।

DO IT YOURSELF

- ***Translate the following English Newspaper Reports into Bengali :***

1. **Clogged jheel sparks bird flu fears**

Kolkata, October 12 : It's called a paradise for migratory birds but this year the clogged Santragachi Jheel may turn out to be a trigger for a bird flu epidemic.

The birds that roost here every winter are likely to skip the lake because it is covered from end to end with hyacinth and weeds. The flocks might disperse to smaller ponds in the vicinity, increasing the chances of contact with local birds. And since migratory birds are often the cause of viral outbreaks, the risk cannot be ruled out this time.

Santragachhi Jheel, a 20-minute drive from the city and spread over almost 12.75 hectares, has not been cleaned this year. And it is not likely to be, say the Forest Department officials, because the funds from the Centre have not yet been sanctioned.

"The birds will not use the lake as it is full with water hyacinth. Last year we had received Rs. 6 lakh from the Centre to clean the lake. This year, we sent the estimate in June and the money was supposed to reach by August, but it was not released", said the officials.

[The Times of India, Kolkata, Wednesday, 12 October 2011]

2. **Macroeconomic work wins Nobel for US duo**

Stockholm, October 11 : The two Americans Thomas Sargent and Cristopher Sims won the Nobel Economics prize on Monday for research that sheds light on the relationship between the economy and policy instruments such as interest rates and government spending.

Sargent and Sims, both 68, carried out their research independently in the 1970s and 80s, but it is highly relevant today as world governments and central banks seek ways to steer their economics away from another recession.

The Royal Swedish Academy of Sciences said the winners have developed methods for answering questions such as how economic growth and inflation are affected by a temporary increase in the interest rate or a tax cut.

[The Times of India, Kolkata, Tuesday, 11 October 2011]

Note The present-day English permits to omit 'that' after 'say/said' : "The Royal Swedish Academy of Sciences said (that) the winners ...".

3. **Everyone loves a good poverty business**

Kolkata, October 9 : It is a bad form to see the farcical side of an issue as grave and distressing as India's poverty line : The grim Jacobins of the National Advisory Council would promptly call for the tumbrel. Yet, there are two inescapable conclusions from last week's angry debates over the Planning Commission's affidavit identifying the poverty line as a spending capacity of Rs. 26 and Rs. 32 for rural and urban India, respectively.

The first, which is likely to be seen as absolutely heretical for a country that has become the wórld's foremost supplier of economists, should be obvious : managing the economy is too serious a matter to be left to economists only.

[The Times of India, Kolkata, Sunday, 9 October 2011]

4. **Ghazal King Passed Away**

Mumbai, October 11 : His deep dignified voice carried the restlessness of a vagabond's heart and a philosopher's calm.

Music Maestro Jagjit Singh, 70, who passed away at Leelavati Hospital due to brain haemorrhage and terminal cardio-respiratory failure here on Monday morning, brought ghazal to millions of middle-class drawing rooms beyond the genteel soirees of music aficionados.

The singer-composer contemporized the genre, boldy using Western instruments : the 12-string guitar and the bass guitar. In him, ghazal found a refined and classically proficient but trendier market-friendly face and voice. In the 1980s, it was impossible to visualize an evening party in small-towns in north India without either Old Monk rum or Singh's ghazals.

[The Times of India, Kolkata, Tuesday, 11 Oct, 2011]

Note aficionado—a devotee of a sport or pastime [Spanish]

5. **Goons turn signal red to loot Darjeeling Mail**

Malda, October 5 : A group of armed goons tampered with a signal to turn it red and stop the Darjeeling Mail packed with Puja travellers in a desolate stretch near Farakka at 2.50 am on Tuesday.

Then they entered the reserved compartments, looted cash, jewellery and any item of value from shocked and scared passengers, and walked away unchallenged with their loot.

There were no policemen in the compartments and no one to protect the passengers all through the 40-minute rampage, exposing the glaring gaps in the railways safety. The looting took place in the S2, S3, S5 and S7 coaches.

Passengers woke from their sleep to find the armed goons moving around the coaches. Nobody dared resist; most of them just handed over their valuables to the goons. [The Times of India, Kolkata, Wednesday, 5 October 2011]

6. **China Subway Train Collision injures 260**

Beijing, September 28 : Two subway trains collided in China's commercial hub Shanghai injuring 260 people on Tuesday, with initial investigations pointing to signal failure as the cause. A similar snag in July this year had casued the superfast bullet train to crash, killing 40 people in Wenzou in eastern China.

"Armed policemen were sent to the accident site to help evacuate passengers", said a Sanghai city government statement. The accident was first shown by citizen journalists over the internet. The official China Central Television followed with pictures from websites instead of its own footage.

The Shanghai Metro Company said more than 500 people were evacuated from the accident site. Nine stations were closed, it added. It was one of the worst such mishaps in recent memory.

[The Times of India, Kolkata, Wednesday, 28 September 2011]

7. **Manila flooded as typhoon hits Philippines**

Manila, September 28 : Manila residents waded through waist-deep flood waters and dodged flying debris on Tuesday as a powerful typhoon struck the Philippines, killing at least 12 people and sending waves as tall as palm trees crashing over seawalls.

Most deaths occurred in metropolitan Manila, which already was soaked by heavy monsoon rains ahead of typhoon's arrival with more downpours and wind gusts of up to 150 kmph. Downtown areas along Manila Bay suffered their worst flooding in decades.

Pounding rains obscured the view of anyone on the streets. Soldiers and police scrambled to safely evacuate thousands of people in low-lying areas, where rivers and the sea spilled into shanties, hospitals, swanky hotels and even the seaside US Embassy compound. [The Hindu, Wednesday, 28 September 2011]

8. **Villages Vanish in Sikkim**

Sikkim, September 22 : What's the real death toll in quake-devastated Sikkim? No one dares guess. But the telltale signs suggest a terrifying picture—at least five villages have been obliterated and many more lie buried under mountains of debris. There are flooded hydel plan tunnels that no one has been able to access and ducts that have collapsed deep inside the mountains.

The official body count is 69 while 11 more bodies were pulled out from under the rubble in various parts of north Sikkim on Wednesday. But the toll may climb, fear Army officials. ...There is no news of the 40 workers feared killed in a flooded tunnel of the Teesta Urja hydel project that run between Theng village and Mangan. An Army platoon tried desperately to enter the tunnel but couldn't make much progress. It took them hours of arduous and risky climb over gigantic landslides to reach the mouth of the tunnel on Wednesday, but their hopes were dashed as the duct was flooded. It won't be until Thursday that the landslides are cleared and the Army can get heavy equipment to try and move into the tunnel, officials said. [The Times of India, Kolkata, Thursday, 22 September 2011]

9. **TN nuclear plant protest called off**

Chennai, September 22 : The 11-day fast by villagers against the Kudankulam Nuclear Power Project has been called off, representatives of the protesters said after meeting Tamil Nadu Chief Minister J. Jayalalithaa on Wednesday.

The breakthrough came after Jayalalithaa gave an assurance to the protesters that the State Cabinet would pass a resolution against the project and take up the issue with Prime Minister Manmohan Singh. She also promised that the State Government's representatives would impress upon the PM to stop work on the project.

The protesters have been even demanding that the project to install two 1,000 MW reactors at Kudankulam be scrapped, despite assurances that the Russian reactors were safe and could survive earthquakes and tsunamis. The protests started on September 11 when officials conducted an evacuation drill and announced that one of the reactors would start power generation in December.

[The Times of India, Kolkata, Thusday, 22 September 2011]

10. **10 Indians die in Nepal air Crash**

Kathmandu, September 26 : A sunday morning flight to view Mt. Everest in its splendour turned into a tragedy when 19 people on the aircraft were killed in a crash, 5 minutes before it was due to land at Kathmandu's Tribhuvan International Airport.

Ten of those killed were Indians—eight tourists trom Tamil Nadu and a couple working for the United Nations in Kathmandu.

The ill-fated Buddha Air Beech Aircraft took off from Kathmandu around 6-30 am and was returning from Everest an houn later when it lost contact with air traffic control. It crashed, apparently on fire, about 20 km from Kathmandu, killing 18 people instantly. The 19th passenger, Niranjan Karmacharya (36), was rescued from the wreckage by locals and security personnel, but he died of his injuries while being treated at a hospital in Lalitpur.

[The Times of India, Kolkata, Monday, 26 Sept. 2011]

11. **Cockpit chat record found at Crash site at Mangalore**

Mangalore, May 23 : Pilot error appears to be the prima facie cause of the air India Express crash, say avian officials who today found the plane's cockpit voice recorder. Investigators rummaging through the debris of flight IX-812 that crashed here yesterday killing 158 people have not recovered the flight data recorder yet.

The two devices hold the clue to what caused the Boeing 737-800 to explode in two after touchdown on the tabletop runway here.

"Pilot error appears to be the prima facie cause of the accident", said an official of the Directorate General of Civil Aviation. [The Telegraph, Kolkata, 23 May 2011]

12. **Simultaneous blasts rocked Mumbai**

Mumbai, July 13 (staff reporter) : Three almost simultaneous blasts rocked different locations in Mumbai during evening rush hour on Wednesday killing at least 13 people. Unconfirmed reports put the death toll at 20 and the number of injured at 100.

This reminds us another terror strike in the city ravaged by militants at Taj Hotel nearly three years ago. [The Telegraph, Kolkata, 14 July 2011]

13. **7 Dead in Doon Express fire.**

Giridi (Jharkhand), 22 November : An Australian woman and two children were among 7 passengers charred to death after a fire broke out in two A/C coaches of the Dehradun-bound Doon Express in the district early today. The authorities suspect the hand of goons.

The fire, which broke out at around 3 am in B-1 AC coach and then spread to B-2 AC coach, was spotted between Gomo and Nimaighat Railway stations, Railway Protection Force Divisional Commandant Sashi Kumar told PTI. Railway Minister Mr Dinesh Trivedi told reporters in Delhi that the involvement of goons in the fire could not be ruled out.

[The Statesman, Kolkata & New Delhi, 23 Nevember 2011]

14. **Rail / Road blockades : SC Warns**

New Delhi, 22 November : The Supreme Court today warned that it would pass orders for creating special courts to try agitators blocking rail and road traffic as they paralyse normal public activities resulting in unbearable hardships to people.

A bench of court granted 3 weeks to the Centre to come out with suggestions to tackle the menace, failing which it will have to intervene to ensure prosecution of the agitators. "We are going to order mandetory prosecution of those who give calls for rail and rasta roko. Cases against them should be disposed in 3 months. We are intending to pass orders for creation of special courts for this," it said. The apex court made the remarks while dealing with a PIL relating to attacks on Dalits in Hariana's Mirchpur village, resulting in the death of two persons, including a physically challenged girl in April 2010.

[The Statesman, Kolkata & New Delhi, 23 November 2011]

15. **'Million march' deepens Egypt crisis**

Cairo, 22 November : Egypt's ruling millitary moved up the date for tansferring power to a civilian government to July next year and consulted on Tuesday with political parties on forming a new cabinet. But the major concessions were immediately rejected by protesters in Cairo's iconic Tahrir Square threatining a "second revolution".

"We are not leaving, he leaves," chanted the protesters, demanding that milirary ruler field marshal Hussein Tantawi and his council of generals immediately give up power to a civilian transitional authority. "The people want to bring down the field marshal," they shouted in scenes starkly remeniscent of the uprising that ousted Hosni Mubarak nine months ago.

[Times Global, Wednesday, 23 November 2011]

16. **Kishanji killed in gunbattle**

West Midnapor, 24 November : The man who controlled eastern India's Maoist operations, Kishanji, alias Koteswar Rao, was cornered and killed in a massive security operation after a two-hour gunbattle involving 1,000 CRPF jawans and policemen, and 50 odd guerillas in the dense jungles on the Bengal-Jharkhand border on Thursday.

The recovery of Kishanji's AK-47 rifle and a hearing aid the CPI-Maoist Politburo member is known to have used lent heft to the claim that the yet unclaimed body was that of the feared guerilla commander, but officials said they needed to a 1% gap to make a formal announcement.

"It is Kishanji and most likely 99% it is Kishanji," said Union Home Secretary RK Singh. He added, "We have said that we have to be certain before we declare. We have sent the latest photographs of Kishanji for comparison".

[The Times of India, Friday 25, November 2011]

17. **We can't let this happen again : Mamata**

Kolkata, 12 December : Chief Minister Mamata Banerjee on Monday attended two ceremonies organized to pay tribute to those who died in the devastating fire at AMRI Hospital last week. She laid a wreath in memory of the victims at an event at Southern Avenue in the morning. In the evening, Mamata took part in a silent rally, joined by people from all walks of life.

"It's a tragic incident. Let this day never return in our lives. I thank all those who helped us in this hour of need," wrote Chief Minister Mamata Banerjee at the event organised by Kolkata Police of Southern Avenue to condole the death of 93 people.

The Chief Minister, before laying a wreath in memory of the victims of AMRI fire, said that such a tragic day should not come in anyone's life again. "We can't let this happen again," she said.

[The Times of India, Kolkata, Tuesday, 13 December 2011]

18. **CM Acts against partymen in school attack**

Kolkata 18 December : Chief Minister Mamata Banerjee Sunday ordered a crack-down on Trinamool Congressmen involved in an assault on the headmaster and teachers of Jadavpur Vidyapith, a move that drew allround praise and sent the message that political affiliation wouldn't stand in the way of justice.

Rupak Chatterjee, a Trinamool worker and close aide of Ward No. 95 Councillor Tapan Dasgupta, who had dragged headmaster R. N. Mondal by his shirt collar during an ugly admission row, was arrested and sent to jail till 22 December. Taking the cue from the Chief Minister, Trinamool General Secretary and Union Minister Mukul Roy hinted other party leaders involved in the matter will also face disciplinary action.

[The Times of India, Kolkata, Monday, 19 December 2011]

19. **Lokpal Bill**

New Delhi, 18 December : The government gave a final shape to the Lokpal Bill on Sunday, agreeing to bring the Prime Minister within its ambit with certain safeguards. It also decided to reduce its control over the appointment of the CBI chief by setting up a selection committee that will include the leader of opposition.

The government, however, is opposed to the inclusion of lower bureaucracy directly within Lokpal's jurisdiction as demanded by activist Anna Hazare. Instead, it would like these employees to be under the Central Vigilance Commission [CVC] over which the Lokpal can have oversight. Finance Minister Pranab Mukherjee told the Cabinet that supervision over lower bureaucracy would entail raising a 60,000 strong bureaucracy for the Lokpal itself.

[The Times of India, Kolkata, Monday, 19 December 2011]

20. **Fear and Frenzy on Park Street**

Kolkata, December 31 : The year 2011 ended with a bang on Park Street. At 3.15 pm on new year's eve, the tragedy-scalded Stephen Court made the celebration hub and the rest of the city jump with shock when a fire extinguisher exploded at a popular eatery in the building's ground floor and shattered the afternoon dull just before revelry hours. For a few minutes, memories of the fire in March 2010 that claimed 43 lives were rekindled as diners came rushing out of One Step Up and smoke from the kitchen alarmed Stephen Court residents. But once a clear picture emerged a few minutes later—no major damage, no diners hurt, three kitchen staff bruised and one with splinter injuries—nerves were calmed and Park Street quietly slipped back into celebration mode.

[The Times of India, Kolkata, Sunday, January 2012]

NEWSPAPER REPORTING [Bengali to English]

[ইংরেজি থেকে বাংলায় অনুবাদের সময় যেমন, তেমনি বাংলা থেকে ইংরেজিতে অনুবাদের সময়েও দুটি ভাষার ভিন্ন ভিন্ন বৈশিষ্ট্য ও বাক্ রীতির দিকে মনোযোগ দিতে হয়। যেমন বাংলায় আমরা বলি 'নুন আনতে পান্তা ফুরায়' —ইংরেজিতে তা হবে 'Bread today and butter tomorrow'—ইত্যাদি। তাই বেশির ভাগ সময় আক্ষরিক অনুবাদ করা হলেও কখনো কখনো মূল ভাবটি স্পষ্ট করার জন্য ভাষাভঙ্গি অনুযায়ী ভাবানুবাদ করতে হয়।]

01 **নিষিদ্ধ হচ্ছে স্কুল ফাঁকি দিয়ে মিছিল**

কলকাতা, ১৫ সেপ্টেম্বর : স্কুলের পঠনপাঠনে ফাঁকি দিয়ে রাজনৈতিক মিছিল সমাবেশে যোগ দেওয়া আটকাতে এবার কঠোর হচ্ছে সরকার।

স্কুল চলাকালীন ছাত্র-শিক্ষক শিক্ষাকর্মীদের রাজনৈতিক মিছিল, সভা বা সমাবেশে যোগ দেওয়া নিষিদ্ধ করছে রাজ্য সরকার। শীঘ্রই এ ব্যাপারে বিজ্ঞপ্তি জারি হবে বলে স্কুলশিক্ষা দফতরের সচিব হলফনামা দিয়ে কলকাতা হাইকোর্টকে জানিয়েছেন। সরকারি নিষেধাজ্ঞা উপেক্ষা করে কেউ স্কুল চলাকালীন রাজনৈতিক কর্মসূচিতে গেলে তার শাস্তির বিধানও প্রস্তাবিত বিধিতে রাখার কথা বিবেচনা করা হচ্ছে বলে শিক্ষামন্ত্রী জানিয়েছেন।

রাজনৈতিক কর্মসূচিতে ভিড় বাড়াতে স্কুলপড়ুয়াদের নিয়ে যাওয়া বহু রাজনৈতিক দলেরই দস্তুর। সেই দস্তুর মেনেই গত সপ্তাহে বেহালার একটি বিদ্যালয়ের পড়ুয়াদেব মিছিলে নিয়ে গিয়েছিল এস ইউ সি-র ছাত্রসংগঠন ডি এস ও। সেই ঘটনার জেরে যেমন রাজ্য জুড়ে বিতর্ক সৃষ্টি হয়েছিল, তেমনই স্কুল-পড়ুয়াদের এভাবে মিছিলে টেনে নিয়ে যাওয়া নিয়ে উদ্‌বেগ প্রকাশ করেছিলেন মুখ্যমন্ত্রী মমতা ব্যানার্জি। শেষ পর্যন্ত শুধু উদ্‌বেগে সীমাবদ্ধ না থেকে এই প্রবণতা আটকাতে কঠোর হচ্ছে তাঁর সরকার।

[আনন্দবাজার পত্রিকা, শুক্রবার, ১৬ সেপ্টেম্বর ২০১১]

English Version : JOINING PROCESSION BY SKIPPING SCHOOL—BANNED

Kolkata, September 15 : The government is going to be harsh about skipping school and taking part in political procession and meeting.

Participation of students, teachers and non-teaching staff in political processions and meetings is being banned by the State Government. The secretary of the School Education Department says in the High Court by affidavit that a notification will come out soon in this matter. The Minister in charge of education says a clause for punishment for getting involved in any political issue is being considered to be included in the proposed rule.

It is the practice of a good many political parties to draw the school-level students in order to thicken the crowd in political issues. Last week the DSO, the students' branch of SUCI, led the students of a school at Behala in their procession. And that created a state-wide debate and the CM Mamata Banerjee too expressed her concern. Finally, the government, not being limited in the concern only, is going to take drastic steps to put a bar against such tendency.

02 **ভিড়ের চাপে ছিঁড়ে পড়ল ঝুলন্ত সেতু, মৃত অন্তত ২২**

দার্জিলিং, ২২ অক্টোবর : গোর্খা জনমুক্তি মোর্চার সভা শেষে ব্রিটিশ আমলের ঝুলন্ত সেতু পার হচ্ছিলেন শতাধিক মানুষ। বাড়তি ভারে আচমকা দড়ি ছিঁড়ে সেতুটি খাদে পড়ায় শনিবার সন্ধ্যা সাতটা নাগাদ দার্জিলিং-এর অদূরে বিজনবাড়ির চুংথুং চা বাগানের কাছে মারা গেলেন অন্তত ২২ জন। শিশু, মহিলা-সহ অন্তত ১০০ জন খাদে ও নীচে খরস্রোতা ছোটা রঙ্গিত নদীতে পড়ে যান। ফলে মৃতের সংখ্যা বাড়তে পারে বলে আশঙ্কা। রাত পর্যন্ত ৫০ জনকে উদ্ধার করা হয়েছে। সার্চলাইট, মশাল জ্বালিয়ে বাকিদের খোঁজ চলছে।

উত্তরবঙ্গের ভারপ্রাপ্ত আই. জি. ডি. টি লেপচা বলেন, "রাত ১১টা পর্যন্ত ২২ জনের দেহ মিলেছে। তার মধ্যে দুটি শিশু। সবাই বিজনবাড়ি ও দার্জিলিং এলাকার বাসিন্দা। ১২টা দেহ দার্জিলিং হাসপাতালে রয়েছে। বাকিগুলি বিজনবাড়িতে।" দার্জিলিং হাসপাতালে আহতদের তদারকিতে থাকা স্পেশাল আই.জি. (দার্জিলিং) এন. রমেশবাবু জানান, "হাসপাতালে চিকিৎসাধীনদের মধ্যে জনা তিরিশের অবস্থা আশঙ্কাজনক। তাঁদের শিলিগুড়িতে উত্তরবঙ্গ মেডিক্যাল কলেজে পাঠানোর কাজ শুরু হয়েছে।"

[আনন্দবাজার পত্রিকা, রবিবার, ২৩ অক্টোবর ২০১১]

English Version : CROWDED HANGING BRIDGE BROKEN DOWN

Darjeeling, 22 October : At the end of the assemblage of Gorkha Janamukti Morcha, hundreds of people were passing over the hanging bridge of the British period. At least 22 died near Chung Thung tea-garden at Bijanbari, close to Darjeeling, at obout 7 pm. The bridge came down to the pit because the ropes torn off suddenly for overcrowding. At least 100 people including children and women fell down into the pit in the Chhota Rangit river, flowing with strong current. It is feared that the death toll may increase. 50 people have been rescued till night. Searching of others injured is still going on with searchlight and flambeus. DT Lepcha, the IG in charge of North Bengal, says, "22 bodies have been found till 11 pm, and among them 2 are children. All of them are residents of Bijanbari and Darjeeling. 12 bodies are kept in Darjeeling Hospital. The rest are at Bijanbari." N Rameshbabu, the Special IG (Darjeeling), who is looking after the injured persons in Darjeeling Hospital, says "About 30 among the persons under treatment in the hospital are in serious condition. They are being sent to North Bengal Medical College at Shiliguri."

03 **বিপদের কিনারে দাঁড়িয়ে তামাম হিমালয়**

সিকিম, ১৯ সেপ্টেম্বর : পুরো দু'বছরও পেরোল না। ২০০৯-এর ২১ সেপ্টেম্বর ভুটানকে কাঁপিয়ে দিয়ে গিয়েছিল ৬.৩ রিখ্‌টার মাত্রার এক ভূমিকম্প। বিপুল ক্ষয়ক্ষতির সঙ্গে প্রাণহানিও হয়েছিল। তার দু'বছর না কাটতেই রবিবার সিকিম-কেন্দ্রিক ৬.৯ মাত্রার (প্রাথমিকভাবে যা ৬.৮ মনে করা হচ্ছিল) ভূমিকম্পটি ফের প্রমাণ করে দিল, গোটা হিমালয় অঞ্চলই বিশ্বের অন্যতম প্রবল ভূকম্পপ্রবণ এলাকা। যার প্রেক্ষিতে এখন ভূবিজ্ঞানীদের আশঙ্কা, যে কোনও দিন হিমালয়ের যে কোনও অংশে আরও বেশি তীব্রতার ভূমিকম্প হতে পারে।

[আনন্দবাজার পত্রিকা, মঙ্গলবার, ২০ সেপ্টেম্বর ২০১১]

English Version : ENTIRE HIMALAYAN RANGE IN DANGER

Sikkim, 19 September : Not even two years have passed. An earthquake rocked Bhutan at 6.3 Richter Scale on 21 September 2009, causing heavy loss with death tolls. Within two years another Sikkim-centred 6.9 earthquake on Sunday (primarily thought to be 6.8 quake) proved that the the entire Himalayan Range is one of the most quake-prone areas of the world. And considering it, today's geologists fear that earthquakes of great intensity may occur any day at any part of the Himalayas.

04 **এভারেস্ট দর্শন সেরে ভাঙল বিমান, মৃত ১৯**

কাঠমান্ডু, সেপ্টেম্বর : পাঁচ মিনিট! স্রেফ পাঁচ মিনিটের মধ্যেই সব ওলট পালট হয়ে গেল! রবিবার সকালে পর্যটন বিমানে চড়ে 'এভারেস্ট দর্শন' সেরে কাঠমান্ডুর দোরগোড়ায় প্রায় ফিরেই এসেছিলেন দেশ-বিদেশের পর্যটকেরা। কিন্তু শেষমেষ যে তাঁদের আর ফেরা হবে না, কে জানত?

কাঠমান্ডুর 'ত্রিভুবন' আন্তর্জাতিক বিমানবন্দরে নামার ঠিক পাঁচ মিনিট আগে কোটদাঁড়া পাহাড়ের গায়ে আছড়ে পড়ে টুকরো হয়ে গেল 'বুদ্ধ এয়ার'-এর বিচক্র্যাফ্‌ট বিমানটি (বিই এইচ এ-১০৩)। ঘটনাস্থলে

প্রাণ হারালেন ১৮ জন। পরে হাসপাতালে আর এক জনের মৃত্যু হয়। মৃতদের মধ্যে দশ জন ভারতীয়। ... এ ছাড়াও তিন নেপালি, দুই মার্কিন এবং এক জাপানি পর্যটক ছিলেন।

[আনন্দবাজার পত্রিকা, সোমবার, ২৬ সেপ্টেম্বর ২০১১]

English Version : 19 DIE IN AIR CRASH, RETURNING FROM MT EVEREST

Kathmandu, 25 September : Five minutes! All turned into a tragedy just in five minutes!

Having got 'a view of Everest' in an aircraft, the tourists of the country and abroad were about to reach Kathmandu in Sunday morning. But who knew their fate? The Buddha Air Beach aircraft (BEHA 103) crashed against the Kotdanra hills just before five minutes it might have landed at Kathmandu's Tribhuvan International Airport. 18 people died on the spot.

Afterwards, another person died in the hospital. Ten of those killed were Indians. ... Besides, there were three Nepalees, two Americans, and a Japanese tourist.

05

ইন্দিরা আবাসে জমি কেনার টাকা দ্বিগুণ করছে কেন্দ্র

কলকাতা, ২২ অক্টোবর : ইন্দিরা আবাস প্রকল্পে জমিহীনদের জমি কেনার টাকার বরাদ্দ দ্বিগুণ করতে চলেছে কেন্দ্রীয় সরকার। ইন্দিরা আবাস প্রকল্পে বিবেচিত হয়েছেন অথচ নিজের নামে জমি নেই বলে বহু গ্রামবাসী বাড়ি করার টাকা পাচ্ছেন না।

নিয়ম হল, এই প্রকল্পে টাকা পেতে হলে প্রাপকের নিজের নামে জমি থাকতে হবে। যাঁদের জমি নেই, তাঁরা যাতে এই প্রকল্পে বাড়ি তৈরি করতে পারেন সেই জন্য ২০০৮ সালে পরিবারপ্রতি ১০ হাজার টাকা করে বরাদ্দ করেছিল কেন্দ্রীয় সরকার। কিন্তু এখনও পর্যন্ত এই রাজ্যে এক জনকেও জমি কিনে দিতে পারেনি পঞ্চায়েত ও গ্রামোন্নয়ন দফতর। রাজ্য সরকারের বক্তব্য, টাকার পরিমাণ এতটাই কম যে, তাতে বাড়ি তৈরির মতো ন্যূনতম জমিও কিনে দেওয়া সম্ভব নয়। তাই টাকা বাড়ানোর জন্য কেন্দ্রের কাছে আবেদন করেছিল রাজ্যসরকার। তারই ভিত্তিতে বরাদ্দ বাড়িয়ে দ্বিগুণ অর্থাৎ ২০ হাজার টাকা করতে চলেছে কেন্দ্রীয় সরকার।

[আনন্দবাজার পত্রিকা, রবিবার, ২৩ অক্টোবর ২০১১]

English Version : CENTRE DOUBLES THE AMOUNT IN INDIRA ABAS PROJECT

Kolkata, 23 October : The Central Government is going to double the amount to buy land for the landless people in Indira Abas Project. A lot of villagers who have been considered eligible under the scheme have no land of their own, and so they are being deprived of the grant for building their own homes.

The rule says, the eligible receivers of the grant in this project should have land of their own. In 2008 the Central Government allotted Rs. 10,000 to facilitate the landless families for that purpose. But the Panchayet and the Rural Development department is not yet able to buy land even for a signle person in this State. According to the statement of the State Government, the amount of money is too little to buy a land for making a home on it. And so the State Government urged the Centre to increase the amount. On that basis, the Central Government is going to double the amount, i.e. Rs. 20,000.

06

স্পিরিটের বদলে কার্বলিক অ্যাসিড রোগিনীকে

কলকাতা, ২৩ সেপ্টেম্বর : হাসপাতালে ওয়ার্ডের মধ্যেই স্পিরিটের বোতলে রাখা ছিল কার্বলিক অ্যাসিড। অভিযোগ, ইঞ্জেকশন দেওয়ার আগে স্পিরিটের বদলে সেই অ্যাসিডই রোগিণীর হাতে ঘষে দিয়েছেন নার্স। এক জন নয়, পরপর চার রোগিণীর ক্ষেত্রে ঘটেছে এই ঘটনা। ফলে চার জনেরই হাতের বেশ খানিকটা অংশ পুড়ে গিয়েছে। শুক্রবার ঘটনাটি ঘটেছে এস এস কে এম হাসপাতালে। ওই ওয়ার্ডে এদিন ডিউটিতে থাকা সব নার্সকেই শো-কজের চিঠি দিয়েছেন হাসপাতাল কর্তৃপক্ষ।

এক রোগীকে অন্য রোগীর জন্য বরাদ্দ ইঞ্জেকশন দেওয়া বা এক জনের ওষুধ অন্যকে খাওয়ানোর অভিযোগ সরকারি হাসপাতালে প্রায়ই ওঠে। তার জেরে রোগী মৃত্যুর নজিরও রয়েছে। এবারের অভিযোগ আরও অভিনব। [আনন্দবাজার পত্রিকা, শনিবার, ২৪ সেপ্টেম্বর ২০১১]

English Version : CARBOLIC ACID INSTEAD OF SPIRIT TO A WOMAN PATIENT

Kolkata, 23 September : Carbolic acid was put into a bottle of spirit in the ward of the hospital. Allegedly, the nurse has rubbed that acid instead of spirit on the hand of a woman patient. It's not an isolated case, it has consecutively occurred to four woman patients. Consequently, it has burnt great parts of the hands of those patients. It happened on Friday in SSKM Hospital. The hospital authority issued show-cause notice to all the nurses on duty in that ward that day.

It has often been complained of putting one's injection to another, or swallowing one's medicine to another patient in the government hospitals, causing even death of the patient. This time it's a new crop-up.

07 **অপরিস্রুত জল থেকে সমস্যা**

কলকাতা, ২৩ সেপ্টেম্বর : স্কুলের অপরিস্রুত কুয়োর জলেই মিড-ডে মিলের রান্না ও বাসনপত্র ধোয়া হয়েছিল বলে দক্ষিণ ২৪ পরগণার জেলাশাসকের কাছে প্রাথমিক তদন্ত রিপোর্ট দিয়েছেন আলিপুরের মহকুমাশাসক তনভির আফজল।

গত বুধবার মহেশতলার জোত শিবরামপুর গার্লস হাইস্কুলের ৮৭জন ছাত্রী মাংস-ভাত খেয়ে অসুস্থ হয়ে পড়ে। বেহালা বিদ্যাসাগর হাসপাতাল এবং মহেশতলা মাতৃসদনে তাদের চিকিৎসা হয়। মহকুমাশাসকের নেতৃত্বে দুই সদস্যের একটি কমিটি গড়ে ঘটনার তদন্ত শুরু করে জেলা প্রশাসন। দক্ষিণ ২৪ পরগণার জেলাশাসক নারায়ণস্বরূপ নিগম বলেন, "তদন্ত রিপোর্ট শিক্ষা দফতরে পাঠিয়ে দেওয়া হয়েছে।"

[আনন্দবাজার পত্রিকা, শনিবার, ২৪ সেপ্টেম্বর ২০১১]

English Version : HAZARDS FROM UNTREATED WATER

Kolkata, 23 September : Tanvir Afzal, SDO Alipore, has sent his report to the DM, 24 Parganas, saying the untreated water of a well was used for cooking mid-day meal and cleaning the utensils.

Last Wednesday 87 girl-students of Jote-Shibrampur Girls' High School at Maheshtala fell ill having eaten meat and rice (in the school). They were treated at Behala Vidyasagar Hospital and Maheshtala Matrisadan. The district authority formed a two-member committee headed by the SDO and enquired into the matter. Narayanswarup Nigam, the DM 24 Parganas, said, "The enquiry report has been sent to the School Education Department."

08 **গৃহহীনদের নৈশ আশ্রয়**

কলকাতা, ১৫ নভেম্বর (নিজস্ব সংবাদদাতা) : নিরাশ্রয় মানুষদের জন্য ডিসেম্বর মাসের মধ্যে কলকাতায় তিনটি এবং হাওড়ায় দুটি নৈশ আশ্রয়কেন্দ্র চালু করার সিদ্ধান্ত নিল রাজ্যসরকার। প্রতিটি কেন্দ্রে মহিলা, পুরুষ, শিশু ও বৃদ্ধ-বৃদ্ধা মিলিয়ে অন্তত ৫০ জনের থাকা-খাওয়া ও প্রাথমিক চিকিৎসার ব্যবস্থা থাকবে। কেন্দ্রগুলির জন্য জায়গা জোগাড় থেকে শুরু করে সেগুলি পরিচালনার দায়িত্বে থাকবে বিভিন্ন বেসরকারি স্বেচ্ছাসেবী সংস্থা। তবে সব খরচ জোগাবে রাজ্য।

সরকারি সূত্রে খবর, কলকাতা ও হাওড়ায় যত মানুষ রাস্তায় রাত কাটান, তার তুলনায় আশ্রয়কেন্দ্র নিতান্তই কম। তাই ওই পাঁচটি আশ্রয়কেন্দ্র খুলে কাজ শুরু করতে চায় রাজ্য। পরে সেই সংখ্যা বাড়বে ও বিভিন্ন জেলা শহরেও তা ছড়িয়ে দেওয়া হবে। [আনন্দবাজার পত্রিকা, বুধবার, ১৬ নভেম্বর ২০১১]

English Version : NIGHT-SHELTER ABODE FOR THE HOMELESS PEOPLE

Kolkata 15 November (Staff reporter) : The State Government has decided to start three night-shelter abodes in Kolkata and two in Howrah for the homeless people. Each abode will provide food, lodging and first-aid treatment for at least 50 men, women, children, and old people. Some NGOs will act for acquiring sites for the centres and maintaining them. But all the expenditures will be borne by the State Government.

According to the official sources, the existing night-shelters are too few in consideration with the number of street-dwellers in Kolkata or at Howrah. However, the State Government intends to start the scheme initially with these five night-shelter abodes. Afterwards, the number will increase and will be spread over the district towns.

09 **নয়া জলপ্রকল্প**

কলকাতা, ১৫ নভেম্বর (নিজস্ব সংবাদদাতা) : কলকাতা পুরসভার গার্ডেনরিচ জলশোধন কেন্দ্রের জমিতেই মহেশতলা পুরসভার ২ কোটি গ্যালন জলপ্রকল্প গড়ে তোলা হবে।

মেয়র শোভন চট্টোপাধ্যায় মঙ্গলবার জানান, মহেশতলা পুরসভা জমির সংস্থান করতে না পারায় প্রায় আড়াই বছর আটকে ছিল প্রকল্পটি। পরিস্থিতি বিচার করে কলকাতা পুরসভা ওই প্রস্তাব দেয়। এতে উভয় পুরসভাই উপকৃত হবে। এখন গার্ডেনরিচ থেকে দৈনিক ৮০ লক্ষ গ্যালন জল দিতে হয় মহেশতলাকে। প্রকল্প রূপায়িত হলে ওই জল সরবরাহ করা যাবে কলকাতা পুরসভা এলাকায়।

[আনন্দবাজার পত্রিকা, বুধবার, ১৬ নভেম্বর ২০১১]

English Version : NEW WATER-TREATMENT PROJECT

Kolkata, 15 November (Staff reporter) : The 2 crore gallon water treatment plant of Maheshtala Municipality will be built in the campus of Gardenreach Water Treatment Plant of Kolkata Corporation.

Mayor Shovan Chattopaddhyay informed on Tuesday that the project was withheld for about two and a half years as Mahestala Municipality could not arrange the land for it. Considering the situation, Kolkata Corporation has offered such a proposal. According to his opinion, both the municipalities will be benefited by it. At present 80 lakh gallon water is supplied to Maheshtala from Gardenreach per day. And that volume of water may be supplied in Kolkata Corporation area as and when the project be completed.

10 **অবশেষে গঙ্গাতীর সংস্কারে সায় দিল প্রতিরক্ষা মন্ত্রক**

নয়াদিল্লি, ১৭ নভেম্বর (নিজস্ব সংবাদদাতা) : অবশেষে জট কাটল। প্রতিরক্ষামন্ত্রী এ কে অ্যান্টনির হস্তক্ষেপে নিজেদের আপত্তি থেকে সরে এসে বাবুঘাট থেকে প্রিন্সেপ ঘাট পর্যন্ত গঙ্গার ঘাটগুলির সংস্কারে সবুজ সংকেত দিল প্রতিরক্ষা মন্ত্রক। সম্প্রতি কেন্দ্রীয় স্বাস্থ্য মন্ত্রকের প্রতিমন্ত্রী সুদীপ বন্দ্যোপাধ্যায়কে লেখা একটি চিঠিতে অ্যান্টনি জানিয়েছেন, "গঙ্গার সৌন্দর্যায়নের জন্য কলকাতা পুরসভাকে প্রয়োজনীয় অনুমতি দেওয়া হয়েছে।"

প্রিন্সেপ ঘাট থেকে সর্বমঙ্গলা ঘাট—এই ১১ কিলোমিটার দুরত্বে গঙ্গার দুপারের মোট ১৪টি ঘাট ও তার সংলগ্ন এলাকা সংস্কার করার পরিকল্পনা নিয়েছে রাজ্য সরকার। প্রথম পর্যায়ে বাবুঘাট থেকে প্রিন্সেপ ঘাট পর্যন্ত সংস্কারের কাজ হওয়ার কথা থাকলেও যেহেতু ওই এলাকাটি ময়দানের 'ব্লু জোন'-এর আওতায় রয়েছে, তাই পুরসভার কাজে আপত্তি জানায় সেনাবাহিনীর ইস্টার্ন কম্যান্ড। বিষয়টি নিয়ে জটিলতা কাটাতে গত ১০ মার্চ সেনা কর্তৃপক্ষকে একটি চিঠিও লেখে কলকাতা পুরসভা। কিন্তু কাজের কাজ কিছু হয়নি। গোটা বিষয়টিতে ক্ষুব্ধ মুখ্যমন্ত্রী মমতা বন্দ্যোপাধ্যায় এ নিয়ে সুদীপ বন্দ্যোপাধ্যায়কে প্রতিরক্ষামন্ত্রীর সঙ্গে দেখা

করতে বলেন। গত জুলাই মাসে অ্যান্টনির সঙ্গে দেখাও করেন সুদীপবাবু। বৃহস্পতিবার তিনি বলেন, "তার পরেই জল গড়ায়। মন্ত্রকের পক্ষ থেকে ইস্টার্ন কম্যান্ডকে প্রয়োজনীয় নির্দেশ পাঠানো হয়েছে। এখন পুরসভা ওই এলাকায় কাজ শুরু করতে পারবে।" [আনন্দবাজার পত্রিকা, শুক্রবার, ১৮ নভেম্বর ২০১১]

English Version : DEFENCE MINISTRY NODS TO RENOVATE THE BANKS OF THE GANGA

New Delhi, 17 November (Staff reporter) : At last the knot is untied. Having withdrawn the previous objection, the Defence Ministry has given green signal in favour of renovating the ghats at the Ganga spreading over from Babughat to Princep Ghat as A K Antony, the Minister in Charge of Defence intervened into it. Recently Antony informed Sudip Bandopaddyay, Minister of State in Central Health Department, in a letter, "Necessary approval for beautification of the Ganga has been given to Kolkata Corporation."

The State Government has undertaken a plan of renovating 14 Ghats on both sides of the Ganga from Princep Ghat to Sarbamangala Ghat and adjoining areas stretching over 11 km. At the first step, the renovation has to be done from Babughat to Princep Ghat. But the Eastern Command of the Army raised its objection to starting the work of the Corporation as the area is under the Blue Zone of Kolkata Maidan. Kolkata Corporation sent a letter to the authority of the Army on 10 March to untie the knot, but in vain. Being aggrieved in the whole matter Mamata Banerjee, the CM, asked Sudip Bandopaddhayay to meet the Minister-in-charge of Defence. Sudipbabu met Antony in last July. Last Saturday he said, "Then the matter rolled. Instruction on behalf of the Defence Ministry has been sent to the Eastern Command. Now Kolkata Corporation can initiate the work in the restricted area."

DO IT YOURSELF

- ***Translate the following Bengali newspaper reports into English :***

1. **ডাক্তার ধরে রাখতে 'লোভনীয়' বদলি-নীতি**

কলকাতা, ১৭ নভেম্বর : এক দিকে সরকারি হাসপাতালে বহু চিকিৎসকের পদ খালি, ফলে পরিষেবা ধুঁকছে। অন্য দিকে শূন্যপদ পূরণ তো দূরের কথা, চাকরি ছাড়ার হিড়িক পড়েছে সরকারি ডাক্তারদের মধ্যে। এই পরিস্থিতিতে জেরবার স্বাস্থ্য দফতর আপাতত সমস্যা মোকাবিলায় চিকিৎসকদের মনোবল বাড়ানোয় বেশি জোর দিচ্ছে। এর প্রথম ধাপ হিসেবে কিছু পরিবর্তন আনা হচ্ছে সরকারি ডাক্তারদের বদলি নীতিতে। এবং প্রক্রিয়াটির সূচনা হচ্ছে জঙ্গলমহল দিয়ে। কীভাবে?

স্থির হয়েছে, টানা দু'বছর কোনো ডাক্তার জঙ্গলমহলের সরকারি হাসপাতালে কাজ করলে সরকার নিজে থেকেই তাঁকে ফিরিয়ে আনবে, বদলির কোনও আবেদন তাঁকে করতে হবে না। চিকিৎসকরা যাতে একে স্রেফ 'কথার কথা' না ভাবেন, সেজন্য রীতিমতো লিখিতভাবে এই প্রতিশ্রুতি দিচ্ছে সরকার। পাশাপাশি তিন বছর কোনও 'সমস্যাপ্রবণ' (ডিফিকাল্ট) এলাকায় যাঁরা কাজ করবেন, তাঁদের জন্য স্নাতকোত্তর স্তরে ডিপ্লোমা ও ডিগ্রি কোর্সে যথাক্রমে ৫০% ও ৪০% আসন সংরক্ষিত থাকবে। স্বাস্থ্য-কর্তাদের ব্যাখ্যা : বদলি মানে যে নির্বাসন নয়, ডাক্তারদের কাছে তা স্পষ্ট করে দিতে চাইছেন স্বয়ং মুখ্যমন্ত্রী তথা স্বাস্থ্যমন্ত্রী মমতা বন্দ্যোপাধ্যায়। সেই কারণেই দূরে বদলি হলেও দ্রুত ফিরিয়ে আনার নিশ্চয়তা ও স্নাতকোত্তরে ভর্তিতে বাড়তি সুবিধাদানের (ইনসেনটিভ) সিদ্ধান্ত। [আনন্দবাজার পত্রিকা, শুক্রবার, ১৮ নভেম্বর ২০১১]

2. **কাজে গাফিলতিতে ডাক্তারদের বেতন কাটার নির্দেশ বিহারে**

পাটনা, ১৭ নভেম্বর : পশ্চিমবঙ্গ যা করতে পারেনি তা করে দেখাল বিহার। বিভিন্ন সরকারি হাসপাতালে বিশেষ করে প্রাথমিক স্বাস্থ্যকেন্দ্রে চিকিৎসকদের হাজিরা সুনিশ্চিত করতে পশ্চিমবঙ্গ সরকার যখন কানা

গলির ভিতরে ঘুরে বেড়াচ্ছে, তখন এ ব্যাপারে উপায় খুঁজে বের করল বিহার। রাজ্যের সরকারি হাসপাতাল এবং প্রাথমিক স্বাস্থ্যকেন্দ্রগুলিতে চিকিৎসকরা সময়মতো না এলে বা আগাম অনুমতি না নিয়ে ছুটি নিলে তাঁদের বেতন কাটা হবে বলে জানিয়ে দিয়েছে নীতিশ কুমারের সরকার। বুধবার রাজ্য স্বাস্থ্য দফতর ওই নির্দেশিকা জারি করেছে। প্রতিটি জেলার মুখ্য স্বাস্থ্য আধিকারিকের কাছে এই নির্দেশিকা পৌঁছে গিয়েছে। স্বাস্থ্য দফতরের জারি-করা ওই নির্দেশিকায় বলা হয়েছে, প্রাথমিক স্বাস্থ্যকেন্দ্রে সমস্ত চিকিৎসককে সাড়ে ৯টার মধ্যে উপস্থিত হতে হবে। কোনও চিকিৎসক যদি সাড়ে ৯টার পরে কাজে আসেন, বা না বলে ছুটি নেন তা হলে সংশ্লিষ্ট চিকিৎসকের বেতন কাটা যাবে। এই নির্দেশিকা প্রতিটি মেডিক্যাল কলেজ হাসপাতাল, জেলা হাসপাতাল, রেফারেল হাসপাতাল এবং মহকুমা হাসপাতালের ক্ষেত্রেও প্রযোজ্য হবে। চিকিৎসকদের বিভিন্ন সংগঠন সরকারের এই সিদ্ধান্তকে অপমানজনক বলে ব্যাখ্যা করলেও স্বাস্থ্যকর্তারা জানাচ্ছেন, এই ব্যবস্থায় সরকারি হাসপাতালগুলিতে চিকিৎসা পরিষেবার উন্নতি হবে।

[আনন্দবাজার পত্রিকা, শুক্রবার, ১৮ নভেম্বর ২০১১]

3. **দেশ জুড়ে ব্যাংক ধর্মঘট**

কলকাতা, ৫ আগস্ট (নিজস্ব সংবাদদাতা) : আজ দেশ জুড়ে ব্যাংক ধর্মঘটের ডাকে বন্ধ থাকবে সমস্ত ব্যাংক। রাষ্ট্রায়ত্ত, বেসরকারি, বিদেশি সব ব্যাংকই ধর্মঘটে সামিল হবে বলে জানিয়েছে। পাশাপাশি, এ রাজ্যে এটিএম-এর নিরাপত্তাকর্মীরাও ধর্মঘটে সামিল হওয়ায় সেগুলিও বন্ধ থাকবে বলে দাবি জানিয়েছে ধর্মঘটী সংগঠন ইউনাইটেড ফোরাম অফ ব্যাংক ইউনিয়নস (ইউ এফ বি ইউ)। এই ধর্মঘটের জেরে কার্যত চার দিন ব্যাংক বন্ধ থাকার সম্ভাবনা দেখা দিয়েছে। কারণ শুক্রবারের পর শনিবার ব্যাংক খোলা থাকবে আংশিক সময়ের জন্য। রবিবার ছুটি। সোমবার ২২ শ্রাবণ উপলক্ষ্যে রাজ্যসরকার ছুটি ঘোষণা করায় পশ্চিমবঙ্গে ব্যাংক বন্ধ থাকার সম্ভাবনা আছে। [আনন্দবাজার পত্রিকা, শনিবার, ৬ আগস্ট ২০১১]

4. **তিস্তার জল নিয়ে আজ মমতার কাছে দীপু মনি**

কলকাতা, ১৬ নভেম্বর (নিজস্ব সংবাদদাতা) : তিস্তার জল গড়াচ্ছে। আজ বুধবার কলকাতায় বৈঠকে বসতে চলেছেন পশ্চিমবঙ্গের মুখ্যমন্ত্রী মমতা বন্দ্যোপাধ্যায় এবং বাংলাদেশের বিদেশমন্ত্রী দীপু মনি। মঙ্গলবার মুখ্যমন্ত্রীর দফতর সূত্রে জানা গিয়েছে, বেঙ্গালুরুতে একটি সম্মেলনে অংশ নিতে ভারতে এসেছেন দীপু মনি। সেখান থেকেই সকাল সাড়ে ১১টায় কলকাতায় পৌঁছবেন তিনি। থাকবেন ধর্মতলার একটি পাঁচতারা হোটেলে। এর পর বিকেল ৫টায় মহাকরণে যাবেন মুখ্যমন্ত্রীর সঙ্গে দেখা করতে। সরকারিভাবে বাংলাদেশের বিদেশমন্ত্রীর সঙ্গে পশ্চিমবঙ্গের মুখ্যমন্ত্রীর এই সাক্ষাৎকারকে 'সৌজন্যমূলক' বলে জানানো হয়েছে। কিন্তু প্রশাসনিক সূত্রের খবর, তিস্তার জলবণ্টন সমস্যা নিয়েই প্রধানত আলোচনা করবেন দু'জনে। বৃহস্পতিবার সকালেই কলকাতা ছাড়ার কথা বাংলাদেশের বিদেশমন্ত্রীর।

[আনন্দবাজার পত্রিকা, বুধবার, ১৬ নভেম্বর ২০১১]

5. **দুন এক্সপ্রেসের দুটি কোচে আগুন, মৃত ৭**

গিরিডি, ২২ নভেম্বর (পি টি আই) : মঙ্গলবার ভোর তখন আড়াইটে কি তিনটে হবে। সোমবার রাতে হাওড়া স্টেশন ছেড়ে যাওয়া দেরাদুনমুখী দুন এক্সপ্রেস তখন ঝাড়খণ্ডের গিরিডির কাছাকাছি। যাত্রীদের বেশির ভাগই তখন ঘুমে অচেতন। আচমকাই আগুনের ফুলকি ট্রেনের মাঝামাঝি একটি এসি কামরায়। ঘোর কাটতে না কাটতেই দ্রুত বেগে ছুটে-চলা এক্সপ্রেসের সেই আগুন ততক্ষণে ছুঁয়ে ফেলে পিছনের কামরাটিকেও। এসি-নিয়ন্ত্রিত বন্ধ দুই কামরার ভিতরে মাত্র কয়েক মিনিটের মধ্যেই প্রাণঘাতী রূপ নেয় সেই অগ্নিকাণ্ড। অসহায়ভাবে তার মধ্যেই পুড়ে মারা যান ৭ হতভাগ্য যাত্রী। এর মধ্যে রয়েছে দুটি শিশু। আহতদের মধ্যে রয়েছেন অস্ট্রেলিয়ার চার ছাত্রছাত্রী। [বর্তমান পত্রিকা, বুধবার, ২৩ নভেম্বর ২০১১]

6. **রেল-রাস্তা অবরোধে শাস্তি বিশেষ আদালতে**

নয়াদিল্লি, ২২ নভেম্বর : সাধারণ মানুষকে বিপদে ফেলে রেল বা রাস্তা অবরোধ করলে এবার শাস্তির মুখে পড়তে হতে পারে অবরোধকারীদের। দেশের সর্বোচ্চ আদালত আজ সেই রকমই হুঁশিয়ারি দিয়েছে কেন্দ্রীয় সরকারকে।

সুপ্রিমকোর্টের সাফ কথা, কেন্দ্র সতর্ক না হলে অবরোধকারীদের শাস্তি দিতে বিশেষ আদালত তৈরির জন্য নির্দেশ দেওয়ার কথা ভাববে তারা। শীর্ষ আদালতের বিচারপতি জি এস সিঙ্ঘভি এবং বিচারপতি এস ডি মুখোপাধ্যায়ের বেঞ্চ আজ জানিয়েছে, পথ-অবরোধ বা রেল-রোকো রুখতে কেন্দ্রকে আগামী তিন সপ্তাহের মধ্যে 'নির্দিষ্ট প্রস্তাব' পেশ করতে হবে। যদি কেন্দ্র তা করতে ব্যর্থ হয়, তা হলে কোর্টই এই বিষয়ে সরাসরি হস্তক্ষেপ করবে। কোর্টের কাছে অবরোধ 'অপরাধ' হিসেবেই গণ্য হবে।

[আনন্দবাজার পত্রিকা, বুধবার, ২৩ নভেম্বর ২০১১]

7. **ভর্তুকির সিলিন্ডার বেঁধে দিয়ে দাম বাড়াচ্ছে সরকার**

নয়াদিল্লি, ২২ নভেম্বর : মূল্যবৃদ্ধির বাজারে এবার রান্নার গ্যাস নিয়েও চিন্তা বাড়তে চলেছে মধ্যবিত্তের। পরিবার-পিছু বছরে চার থেকে ছ'টির বেশি সিলিন্ডারে আর ভর্তুকি দেবে না কেন্দ্রীয় সরকার। এখন প্রতিটি সিলিন্ডারে ভর্তুকির পরিমাণ ২৭০ টাকা। নতুন নিয়ম বলবৎ হলে বাকি সিলিন্ডার কিনতে ৭০০ থেকে ৮০০ টাকা খরচ করতে হবে।

ভর্তুকি-দেওয়া সিলিন্ডারের সংখ্যা বেঁধে দেওয়ার সুপারিশ করেছে নন্দন নিলেকানির নেতৃত্বাধীন টাস্ক ফোর্স। সেই সুপারিশ মেনে নিতে চলেছে কেন্দ্র। কেন্দ্রীয় অর্থমন্ত্রী প্রণব মুখোপাধ্যায় আজ বলেন, "খুব তাড়াতাড়িই রান্নার গ্যাসের নতুন বণ্টন ব্যবস্থা পাইলট প্রকল্প হিসেবে চালু করতে চলেছি। এর ফলে ভর্তুকির খরচ অনেকটা বাঁচবে। যাঁদের সত্যিই দরকার, তাঁদের কাছে আরও বেশি করে ভর্তুকি পৌঁছে দেওয়া যাবে।"

[আনন্দবাজার পত্রিকা, বুধবার, ২৩ নভেম্বর ২০১১]

8. **পরিবেশ ও সৌন্দর্য রক্ষায় সরবে হোর্ডিং**

কলকাতা, ২২ নভেম্বর : শহরের সৌন্দর্যায়নের লক্ষে রাজ্যের সব নদী-জলাশয় এবং পার্কের সামনে থেকে সমস্ত হোর্ডিং সরিয়ে ফেলতে বলল রাজ্য সরকার। ওই সব হোর্ডিং-এর মধ্যে যেগুলি বেআইনি, সেগুলি ৩০ নভেম্বরের মধ্যেই ভাঙা হবে বলে মঙ্গলবার জানান পুরমন্ত্রী ফিরহাদ হাকিম। ওইসব চত্বরে হোর্ডিং লাগানোর বৈধ লাইসেন্স রয়েছে যাদের, তাদেরও আগামী ১৫ ডিসেম্বরের মধ্যে হোর্ডিং সরিয়ে নিতে বলা হচ্ছে। পাশাপাশি, সৌন্দর্যায়ন প্রকল্পে গঙ্গার পাড়ে কংক্রিটের পায়ে-চলা পথ তৈরির বিষয়ে প্রতিরক্ষা দফতরের অনুমতি এখনও মেলেনি বলেও এদিন জানিয়েছেন পুরমন্ত্রী।

পুরমন্ত্রীর সভাপতিত্বে এদিন গঙ্গাবক্ষে নগর সৌন্দর্যায়ন কমিটির বৈঠক বসে। ফিরহাদ পরে জানান, সারা রাজ্যেই নদী-জলাশয় ও পার্কের সামনে থেকে হোর্ডিং সরানোর এই নীতিগত সিদ্ধান্ত নেওয়া হয়েছে। বেআইনি হোর্ডিংগুলি ভেঙে দেবে সংশ্লিষ্ট পুরসভা, কে এম ডি এ এবং মৎস্য দফতর। বাইপাসের ধারে ক্যাপ্টেন ভেড়িও এর আওতায় পড়বে বলে এক সরকারি মুখপাত্র জানিয়েছেন।

[আনন্দবাজার পত্রিকা, বুধবার, ২৩ নভেম্বর ২০১১]

9. **মিশরে অন্তর্বর্তী সরকারের ইস্তফাতেও কাটল না জট**

কায়রো, ২২ নভেম্বর : মিশরে সামরিক শাসনের বিরুদ্ধে নতুন করে শুরু-হওয়া গণবিক্ষোভ এই নিয়ে চতুর্থ দিনে পড়ল। সেনাবাহিনীর প্রতিরোধ সত্ত্বেও সেই বিক্ষোভ ক্রমশই বড়ো আকার ধারণ করছে। কায়রো ছাড়াও আলেকজান্দ্রিয়া-সহ একাধিক শহরে বিক্ষোভ ছড়িয়ে পড়ছে। বিক্ষোভের মুখে পিছু হটে দেশের অন্তর্বর্তী সরকার ইস্তফা দিয়েছে। প্রধানমন্ত্রী এসাম শরাফ-এর ইস্তফা 'সুপ্রিম কাউন্সিল অফ দ্য আর্মড ফোর্সেস' (এস সি এ এফ)-এর হাতে তুলে দেওয়া হয়েছে। বিক্ষোভকারীরা অবশ্য এসব কিছুই শুনতে রাজি নন। সেনা শাসনের অবসান দাবি করে আজ তাহরির স্কোয়্যারে অন্তত দশ লক্ষ বিক্ষোভকারী জমায়েত হতে চলেছে। ফেসবুক, টুইটারে অবিলম্বে 'জাতীয় মুক্তি সরকার' গড়ে তোলার দাবি করা হয়েছে।

মুবারক জমানার অবসানে অন্তর্বর্তী সরকার গঠন হওয়ার পরে গত শনিবার থেকেই মিশরে সেনা অবসানের দাবিতে নতুন করে এই বিক্ষোভ শুরু হয়েছে। পার্লামেন্ট নির্বাচন হয়ে গেলে ২০১২-র মধ্যেই প্রেসিডেন্ট নির্বাচন করতে হবে বলে বিক্ষোভকারীদের দাবি। সেইসঙ্গে যত তাড়াতাড়ি সম্ভব দেশে নতুন আইন প্রণয়ন করতে হবে বলেও তাঁরা দাবি করেছেন।

বিক্ষোভকারীদের মতে, অন্তর্বর্তী সরকারের রাশ সেনার হাতেই থেকে গিয়েছে। তাই প্রকৃত গণতন্ত্র না পাওয়া অবধি তাঁদের এই বিক্ষোভ চলবে বলে জানিয়েছেন বিক্ষোভকারীরা। পতাকা, ব্যানার হাতে জমায়েতকারীরা ফিল্ড মার্শাল মোহম্মদ হুসেন তান্তেই-এর পদত্যাগ দাবি করেছেন। মুবারকের জমানায় ২০ বছর দেশের প্রতিরক্ষামন্ত্রী ছিলেন তান্তেই। পরে মুবারকের বিরুদ্ধে গণবিক্ষোভ শুরু হওয়ায় পদত্যাগ করেন তিনি। বর্তমানে এস সি এ এফ-এর প্রধানের দায়িত্বে আছেন তিনি।

[আনন্দবাজার পত্রিকা, বুধবার, ২৩ নভেম্বর ২০১১]

10. **এম সি আই-এর বিরুদ্ধে এবার মামলার পথে রাজ্য**

কলকাতা, ২২ নভেম্বর : বাংলায় এম বি বি এস-এর এন্ট্রান্স নেওয়ার ইস্যুতে মেডিক্যাল কাউন্সিল অভ্ ইন্ডিয়ার (এম সি আই) সিদ্ধান্তের বিরুদ্ধে মামলার সিদ্ধান্ত নিচ্ছে রাজ্যসরকার।

শীঘ্রই এই মামলা ফাইল করতে চলেছে রাজ্য স্বাস্থ্য দফতর। মঙ্গলবার রাজ্যের স্বাস্থ্য অধিকর্তা ডা. সুশান্ত বন্দ্যোপাধ্যায় এ খবর জানিয়ে বলেন, "আমরা অনেক ধৈর্য ধরেছি। অভিন্ন এম বি বি এস পরীক্ষা যাতে বাংলায়ও নেওয়া হয়, সেজন্য বহুবার চিঠি লিখে আমাদের দাবি জানানো হয়েছে। ফল মেলেনি। রাজ্যের ছাত্রছাত্রীদের স্বার্থে তাই বাধ্য হয়ে উচ্চ আদালতের শরণাপন্ন হচ্ছি।"

এই পরিস্থিতিতে আগামীকাল ২৪ নভেম্বর জয়েন্ট এন্ট্রান্স বোর্ডের অত্যন্ত গুরুত্বপূর্ণ বৈঠক বসছে বলে স্বাস্থ্যভবন সূত্রে জানা গিয়েছে। এদিন রাজ্য স্বাস্থ্য দপ্তরের স্বাস্থ্য শিক্ষা সেল-এর এক পদস্থ আধিকারিক বলেন, অভিন্ন এন্ট্রান্স নিয়ে এম সি আই-এর সিদ্ধান্তের বিরুদ্ধে পশ্চিমবঙ্গই প্রথম মামলা করছে না। এর আগে তামিলনাড়ু প্রথমে প্রতিবাদ জানিয়ে ফল না মেলায় আদালতের দ্বারস্থ হয়। এসব খতিয়ে দেখে তারপরই সিদ্ধান্ত নেওয়া হয়েছে। [বর্তমান পত্রিকা, বুধবার, ২৩ নভেম্বর ২০১১]

11. **নয়াচরে বিবেচনা করে এগোতে হবে**

বি এন এ, তমলুক, ২২ নভেম্বর : নয়াচরে যা কিছু করা হোক না কেন, তা বিবেচনাসাপেক্ষ। না হলে অপকার ছাড়া উপকার হবে না। মঙ্গলবার তমলুকে জেলাশাসকের অফিসে একটি বৈঠকে যোগ দিতে এসে সাংবাদিকদের এক প্রশ্নের উত্তরে রাজ্যের অনগ্রসর শ্রেণি কল্যাণ দপ্তরের মন্ত্রী উপেন বিশ্বাস একথা বলেন। তিনি বলেন, নয়াচর একটি নতুন দ্বীপ হয়ে উঠেছে। এখানে ভাবনা-চিন্তা করে প্রকল্পের ব্যাপারে এগোনো দরকার। না হলে পরবর্তীকালে সমস্যা হবে। যা কিছুই করা হোক না কেন, আমি চাই পরিবেশ বাঁচিয়ে করা হোক।

এদিন সকালে তিনি তাঁর দপ্তরের বিভিন্ন প্রকল্পের বিষয়ে প্রশাসনের কর্তাদের সঙ্গে বৈঠক করেন। সোমবার হলদিয়ায় সেন্ট্রাল ইন্সটিটিউট অব প্লাস্টিক ইঞ্জিনিয়ারিং অ্যান্ড টেকনোলজিতে (সিপেট) তফসিলি জাতি ও উপজাতিভুক্ত ছাত্রছাত্রীদের প্রশিক্ষণ শিবিরের উদ্‌বোধন করে তিনি। সিপেটের আধিকারিক বলেন, তফসিলি জাতি-উপজাতিভুক্ত প্রায় ১৫০ ছাত্রছাত্রীর প্রশিক্ষণ মঙ্গলবার থেকে শুরু হয়েছে। প্লাস্টিক শিল্পের প্রসেসিং মেসিন, কোয়ালিটি-কন্ট্রোলসহ বিভিন্ন বিভাগের প্রশিক্ষণ শুরু হয়েছে। মন্ত্রী বলেন, মাধ্যমিক পাশ কিংবা মাধ্যমিক ড্রপ আউট হয়েছে এমন তফসিলি জাতি-উপজাতিদের ট্রেনিংয়ের ব্যবস্থা করা হয়েছে। এখানে ছ'মাস প্রশিক্ষণের পর নানা রকম কাজের সুযোগ তাঁরা পাবেন।

[বর্তমান পত্রিকা, বুধবার, ২৩ নভেম্বর ২০১১]

12. **কলকাতাসহ ভারতে অনেক আন্তর্জাতিক বিমানই আসতে আগ্রহী**

কলকাতা, ২৩ নভেম্বর (নিজস্ব সংবাদদাতা) : ভারতের বাণিজ্যিক সম্ভাবনা প্রচুর এবং কলকাতাতেও এই সম্ভাবনা আরও বাড়ছে। শুধু কাতার এয়ারওয়েজ নয়, অন্য অনেক বিদেশি বিমানসংস্থাও এদেশে আসতে আগ্রহী। বুধবার কলকাতায় এক সাংবাদিক সম্মেলনে একথা জানান কাতার এয়ারওয়েজের চিফ এগ্‌জিকিউটিভ অফিসার আকবর আল বাকার। অন্য একটি প্রসঙ্গে বাকার জানান, কাতার এয়ারওয়েজ আগামী বছর থেকে বিমান চালনার জন্য নতুন ধরনের কৃত্রিম জ্বালানি ব্যবহার করবে। বর্তমানে প্রচলিত

02 মানুষের একটা বড়ো পরিচয় সে ভাবতে পারে, করতে পারে যে কোনো বিষয়ে চিন্তা—যে চিন্তা ও ভাব মানুষকে সাহায্য করে মানুষ হতে। পশুপাখিকে পশুপাখি হতে ভাবতে হয় না—পারেও না ওরা ভাবতে বা চিন্তা করতে। সে বালাই ওদের নেই—যেটুকু পারে তার পরিধি অত্যন্ত সংকীর্ণ—বাঁচা ও প্রজননের মধ্যে তা সীমিত। ['সভ্যতার সংকট'—আবুল ফজল]

Hints : সে ভাবতে পারে—He has the capacity of thinking. ❑ সে বালাই ওদের নেই—They have no such problems. ❑ পরিধি অত্যন্ত সংকীর্ণ—narrowly limited।

03 যতটুকু আবশ্যক কেবল তাহারই মধ্যে কারারুদ্ধ হইয়া থাকা মানবজীবনের ধর্ম নহে। আমরা কিয়ৎ পরিমাণে আবশ্যক-শৃঙ্খলে বদ্ধ হইয়া থাকি এবং কিয়ৎ পরিমাণে স্বাধীন। আমাদের দেহ সাড়ে তিন হাতের মধ্যে বদ্ধ, কিন্তু তাই বলিয়া ঠিক সেই সাড়ে তিন হাত পরিমাণ গৃহনির্মাণ করিলে চলে না। ['শিক্ষার হেরফের'—রবীন্দ্রনাথ ঠাকুর]

Hints : যতটুকু আবশ্যক—only the necessities / necessaries ❑ কারারুদ্ধ—imprisoned ❑ মানবজীবনের ধর্ম—nature of human beings ❑ কিয়ৎ পরিমাণে—to a certain extent.

04 কাজেই বিধির বিপাকে বাঙালির ছেলের ভাগ্যে ব্যাকরণ, অভিধান এবং ভূগোল বিবরণ ছাড়া আর কিছুই অবশিষ্ট থাকে না। বাঙালির ছেলের মতো এমন হতভাগ্য আর কেহ নাই। অন্য দেশের ছেলেরা যে বয়সে নবোদ্গত দন্তে আনন্দমনে ইক্ষু চর্বণ করিতেছে, বাঙালির ছেলে তখন ইস্কুলের বেঞ্চির উপর কোঁচা-সমেত দুইখানি শীর্ণ খর্ব চরণ দোদুল্যমান করিয়া শুধুমাত্র বেত হজম করিতেছে, মাস্টারের কটু গালি ছাড়া তাহাতে আর কোনোরূপ মশলা মিশানো নাই। ['শিক্ষার হেরফের'—রবীন্দ্রনাথ ঠাকুর]

Hints : বিধির বিপাকে—by irony of fate ❑ আর কিছুই অবশিষ্ট থাকে না—nothing more is left out ❑ হতভাগ্য—wretched fellow ❑ নবোদ্গত দন্তে—by the fresh teeth ❑ ইক্ষু চর্বণ করিতেছে—chewing sugarcane ❑ মশলা—spices।

05 জাতীয় সংহতি রক্ষা করা আমাদের দেশের একটা বড়ো সমস্যা। পরাধীন ভারতে যখন আমরা ব্রিটিশের বিরুদ্ধে সংগ্রাম করছিলাম, তখন আমরা ভুলে গিয়েছিলাম প্রাদেশিকতা। স্বাধীনতা লাভের পূর্বে আমাদের জাতীয়তাবোধ প্রখর ছিল। স্বাধীনোত্তর যুগে (স্বাধীনতার পর) আমাদের এই জাতীয়তাবোধ আরও গভীর হওয়া উচিত ছিল। কিন্তু দুর্ভাগ্যবশত আমরা অনেক সময় দেশের স্বার্থের চেয়ে ক্ষুদ্র স্বার্থকে বেশি গুরুত্ব দিই। আমরা অস্বীকার করতে পারি না যে, স্বাধীন ভারতে কেন্দ্রীয় সরকার এবং কোনো কোনো রাজ্যসরকারও এই সমস্যার জন্য অনেকটা দায়ী। স্বাধীনতার পরও উপজাতি এলাকাগুলি দীর্ঘদিন অবহেলিত ছিল। এজন্য আজ মিজো, নাগা, বোড়ো গোর্খা প্রভৃতি উপজাতি বিদ্রোহ করছে। পশ্চিমবঙ্গের জঙ্গলমহলও অশান্ত হয়ে উঠেছে।

Hints : জাতীয় সংহতি—national integration ❑ সমস্যা—problem ❑ পরাধীন ভারত—pre-independent India ❑ প্রাদেশিকতা—provincialism ❑ জাতীয়তাবোধ—feeling of nationalism ❑ প্রখর—strong ❑ স্বাধীনোত্তর যুগ—post-independent period ❑ দুর্ভাগ্যবশত—unfortunately ❑ দেশের স্বার্থ—interest of the nation ❑ উপজাতি এলাকাগুলি—tribal regions ❑ অবহেলিত—neglected ❑ বিদ্রোহ করা—revolt ।

06 শিশুর অধিকার রক্ষা করা হল জাতির কর্তব্য। আজ যারা শিশু তারাই আগামীদিনে আমাদের ভবিষ্যৎ সুরক্ষিত করবে। কিন্তু দুর্ভাগ্যের বিষয় তাদের অধিকাংশই এখন শোষিত হচ্ছে এবং তাদের মৌলিক অধিকার থেকে বঞ্চিত হচ্ছে। তাদের স্বাস্থ্যবিধান এবং সুচিকিৎসার সম্পূর্ণ অধিকার আছে। তাদের শিক্ষারও অধিকার আছে। আমাদের সংবিধানে দশ বছর বয়সের সমস্ত শিশুর বাধ্যতামূলক শিক্ষার অঙ্গীকার করা হয়েছিল। দুর্ভাগ্যক্রমে স্বাধীনতার এত বছর পরেও এটা একটা দূরবর্তী স্বপ্ন হিসেবে রয়ে গেছে। শিশুদের খেলাধুলো করা এবং অবকাশ ভোগ করার অধিকার আছে। অর্থনৈতিক এবং অন্যান্য শোষণের হাত থেকে সুরক্ষা পাওয়ার মৌলিক অধিকার তাদের আছে।

Hints : শিশুর অধিকার রক্ষা করা—to protect the rights of the children ◻ কিন্তু দুর্ভাগ্যের বিষয়—It is unfortunate ◻ শোষিত—exploited ◻ বঞ্চিত—deprived ◻ জীবনধারণ এবং মর্যাদার সঙ্গে বেড়ে ওঠার অধিকার—rights to life and survival with dignity ◻ স্বাস্থ্যবিধান এবং সুচিকিৎসা—health facilities and proper treatment ◻ অঙ্গীকার করা—promise ◻ দুর্ভাগ্যক্রমে—unfortunately ◻ দূরবর্তী স্বপ্ন—a distant dream।

07 আমাদের আধুনিক জীবনের একটি অত্যাবশ্যক অংশ হল সংবাদপত্র। আমাদের চারপাশে যা ঘটছে আমরা তা জানতে চাই। কিন্তু আমরা সেইসব কিছু নিজের চোখে দেখতে পারি না। সংবাদপত্র অনেকটা পরিমাণে সেই দাবি মেটায়। নানা বৈচিত্র্যের দৈনন্দিন থালা সাজিয়ে এটা আমাদের সামনে হাজির হয়। এতে দেশ-বিদেশের খবর থাকে। এটা আমাদের চলতি ঘটনা, ব্যাবসাবাণিজ্য, শিক্ষা এবং বিনোদনের খবর দেয়। এটা খেলাধুলো এবং জনস্বার্থের বিষয়গুলি সম্পর্কেও আমাদের খবর দেয়। এটা সারা পৃথিবীকে আমাদের বৈঠকখানায় নিয়ে আসে। তবে এটা কখনো-কখনো পক্ষপাতিত্বপূর্ণ এবং বিকৃত সংবাদ পরিবেশন করে। তাই আমাদের এর দ্বারা অন্ধভাবে প্রভাবিত হওয়া উচিত নয়। কোন্‌টা গ্রহণ করতে হবে এবং কোন্‌টা প্রত্যাখ্যান করতে হবে সে বিষয়ে আমাদের সতর্ক থাকতে হবে।

Hints : অত্যাবশ্যক অংশ—essential part ◻ চারপাশে কী ঘটছে—what is happening around us ◻ সেই দাবি মেটায়—meets that demand ◻ নানা বৈচিত্র্যের দৈনন্দিন থালা—daily dish of varieties ◻ চলতি ঘটনা—current affairs ◻ বিনোদন—entertainment ◻ জনস্বার্থের বিষয়গুলি—matters of public interest ◻ পক্ষপাতিত্বপূর্ণ এবং বিকৃত—biased and distorted।

08 রাত্রে আকাশে তারাগুলি লক্ষ করেছ কি? তারাগুলির কোনোটি খুব উজ্জ্বল আবার কোনোটি এত ম্লান যে দেখা যায় না। এর কারণ যেগুলি পৃথিবীর কাছে আছে সেগুলিকে বড়ো ও উজ্জ্বল দেখায়। আবার যেগুলি যতদূরে থাকে সেগুলি তত ছোটো ও ম্লান দেখায়। লক্ষ করবে, অধিকাংশ তারার আলোক মিট-মিট করে। ওগুলি নক্ষত্র। নক্ষত্রগুলি সূর্যের মতো বড়ো, এমনকি অধিকাংশই সূর্যের চেয়েও বড়ো। সূর্যের মতো ওরা আলোক ছড়ায়। দেখবে কতকগুলি তারা স্থিরভাবে আলোক দেয়। ওগুলিকে গ্রহ বলে। ওদের নিজের কোনো আলোক নেই। ওরা সূর্যের আলোকে আলোকিত হয়। পৃথিবী ওইরূপ একটি গ্রহ।

Hints : লক্ষ করেছ কি?—have you noticed ◻ ম্লান—fade / dim ◻ মিটমিট করা—twinkle ◻ আলোক ছড়ায়—give light ◻ স্থিরভাবে আলোক দেয়—give light without twinkling ◻ কতকগুলি তারা—Some heavenly bodies/stars ◻ গ্রহ—planet।

09 তখন সূর্য অস্তপ্রায়। জাহাজের ছাদের ওপর মাস্তুলের কাছে দাঁড়িয়ে ভারতবর্ষের তীরের দিকে চেয়ে রইলাম। সমুদ্রের জল সবুজ, তীরের রেখা নীলাভ, আকাশ মেঘাচ্ছন্ন। জাহাজ সমুদ্রের মধ্যে ক্রমশই অগ্রসর হচ্ছে। বামে বোম্বাই বন্দরের এক দীর্ঘরেখা এখনও দেখা যাচ্ছে; দেখে মনে হল আমাদের পিতৃ-পিতামহের পুরাতন জননী ডাকছেন, বলছেন, "আসন্ন রাত্রিকালে অকূল সমুদ্রে অনিশ্চিতের উদ্দেশ্যে যাসনে; এখনো ফিরে আয়!" ক্রমে বন্দর ছাড়িয়ে গেলাম। ['ইউরোপযাত্রীর ডায়েরি'—রবীন্দ্রনাথ]

Hints : জাহাজের ছাদের ওপর—on the deck of the ship ◻ মাস্তুল—mast ◻ নীলাভ—bluish ◻ মেঘাচ্ছন্ন—cloudy/overcast with clouds ◻ এক দীর্ঘরেখা—the long coastline ◻ পিতৃ-পিতামহের পুরাতন জননী—the age-old mother of our ancestors ◻ আসন্ন রাত্রিকালে—at the impending night ◻ ক্রমে বন্দর ছাড়িয়ে গেলাম—gradually we crossed the boundary of the port।

10 কোনো এক নগরে এক রাস্তার ওপরে একটি বাড়ির ছাদে এক দরিদ্র রাজমিস্ত্রি কাজ করতে করতে পা ফসকে এক পথিকের ওপর পড়ে যায়। তাতে পথিকটি মারা যায়, আর রাজমিস্ত্রি অল্প কিছু আঘাত পেয়ে বেঁচে যায়। পথিকটির ছেলে রাজমিস্ত্রির বিরুদ্ধে রাজার কাছে নালিশ করল। রাজমিস্ত্রি রাজার কাছে সমস্ত ঘটনা বলে ক্ষমাভিক্ষা করল। পথিকের ছেলে ক্ষমা করতে রাজি হল না, অধিকন্তু তাকে কঠিন দণ্ড দেওয়ার

জন্য রাজার কাছে প্রার্থনা করল। তখন রাজা বললেন, "বেশ, তুমি ওই ছাদের ওপর থেকে রাজমিস্ত্রির ওপর পড়ো, তাহলে তোমার পিতার মৃত্যুর প্রতিশোধ নিতে পারবে।" তখন লোকটির চৈতন্য হল।

Hints : কোনো এক রাস্তার ওপর—by the side of a street ▫ রাজমিস্ত্রি—mason ▫ কাজ করতে করতে—while working ▫ পা ফসকে এক পথিকের ওপরে পড়ে—slipped and fell on a passer-by ▫ অল্প কিছু আঘাত পেয়ে বেঁচে যায়—was slightly injured but saved ▫ ক্ষমাভিক্ষা করল—begged his pardon ▫ কঠিন দণ্ড—severe punishment ▫ প্রতিশোধ নেওয়া—take revenge ▫ চৈতন্য হল—came to his senses।

11 দেহত্যাগের দুদিন আগে স্বামী বিবেকানন্দ তাঁর শিষ্যা ভগিনী নিবেদিতাকে নিজে পরিবেশন করে খাওয়ালেন। খাওয়া হলে হাত ধোওয়ার সময় নিজেই তাঁর হাতে জল ঢেলে দিলেন এবং হাত মুছিয়ে দিলেন। নিবেদিতা প্রবল, আপত্তি জানালে বললেন, "কেন, জিশু কি তাঁর শিষ্যদের পা ধুয়ে দেননি?" নিবেদিতা জানতেন জিশু এটা শেষ দিনে করেছিলেন, তাই একথা শুনে চমকিত হয়ে স্বামীজির মুখের দিকে চেয়ে রইলেন।

Hints : দেহত্যাগের দুদিন আগে—just two days before his expiry ▫ জল ঢেলে দিলেন—poured water ▫ মুছিয়ে দিলেন—wiped out ▫ প্রবল আপত্তি জানালেন—vehemently opposed to it ▫ চমকিত হয়ে... চেয়ে রইলেন—gazed at...with a shock।

12 আমার জন্মের কয়েক বছর আগে থেকে আমার বাবা প্রায় দেশভ্রমণেই নিযুক্ত ছিলেন। ছেলেবেলায় তিনি আমার কাছে অপরিচিত ছিলেন বললেই হয়। মাঝে মাঝে তিনি কখনও হঠাৎ বাড়ি আসতেন; তাদের সঙ্গে ভাব করে নেওয়ার জন্য আমি ভীষণ উৎসুক হয়েছিলাম। একবার লেনু বলে অল্পবয়স্ক একটি পাঞ্জাবি চাকর তাঁর সঙ্গে এসেছিল। সে আমাদের কাছে যে সমাদরটা পেয়েছিল, তা স্বয়ং রণজিৎ সিংহের পক্ষেও কম হত না। সে একে বিদেশি, তার ওপর পাঞ্জাবি—এতেই সে আমাদের মন হরণ করে নিয়েছিল।

[চলতি বাংলায়—'জীবনস্মৃতি'—রবীন্দ্রনাথ ঠাকুর]

Hints : অপরিচিত ছিলেন বললেই হয়—almost unfamiliar ▫ ভীষণ উৎসুক—very eager ▫ সমাদর—love and honour ▫ মন হরণ করে নিয়েছিল—occupied our minds/own our hearts।

13 একদিন প্রসঙ্গক্রমে বিদ্যাসাগর তাঁর মাকে জিজ্ঞাসা করলেন—"মা তোমার কী কী গয়না পরতে ইচ্ছা হয়?" উত্তরে ভগবতী বললেন—"আমার অনেকদিন থেকে তিনটি গয়না পরার ইচ্ছা আছে। দেশের ছেলেগুলি মুর্খ হচ্ছে, তাদের জন্য একটি দাতব্য বিদ্যালয় স্থাপন করো। দেশের গরিব লোকেরা অর্থাভাবে চিকিৎসা করাতে পারে না, তাদের জন্য একটি দাতব্য চিকিৎসালয় স্থাপন করো এবং গরিব ছেলেদের জন্য একটি দাতব্য অন্নসত্র প্রতিষ্ঠা করো। অনেক দিন থেকে এই তিনটি গয়না পরতে আমার ইচ্ছা আছে। তুমি আমার উপযুক্ত পুত্র, তুমি তোমার মায়ের এই তিনটি সাধ পূর্ণ করো।"

Hints : প্রসঙ্গক্রমে—in course of conversation ▫ গয়না—ornaments ▫ দাতব্য বিদ্যালয়—free school ▫ দাতব্য চিকিৎসালয়—charitable dispensary ▫ দাতব্য অন্নসত্র—a place where food is distributed free ▫ উপযুক্ত পুত্র—well-established son।

14 শান্তিনিকেতনের সমস্ত ভার রবীন্দ্রনাথ গান্ধিজির ওপর দিয়ে দিলেন ও বললেন, তিনি যেভাবে সেই বিদ্যালয় পরিচালনা করতে চান, সেই ভাবেই করতে পারেন। গান্ধিজিও সানন্দে সেই ভার নিজের কাঁধে তুলে নিলেন। আশ্রমের সমস্ত কাজ আশ্রমবাসীদের নিজেদের হাতে করতে হবে। রান্না থেকে আরম্ভ করে পায়খানা পরিষ্কার করা, সমস্ত কাজ সকলকেই নিয়মিত করতে হবে। এই ব্যাপারে তিনি কবির মত কী জানতে চাইলেন। কবি আনন্দিত হয়ে বললেন, "এই আত্মচেষ্টার মধ্যেই তো স্বরাজ আছে।"

Hints : ভার দিলেন—entrusted the charge ▫ পরিচালনা করা—conduct/administer ▫ ভার তুলে নিলেন—took the charge of ▫ নিজেদের হাতে করতে হবে—should do (perform) themselves ▫ আত্মচেষ্টা—self-help ▫ স্বরাজ—self-government।

15 মহামতি গোখলে একদিন বলিয়াছিলেন, ভারতবর্ষে বাঙালিই নব নব চিন্তার প্রবর্তক। একদিন ছিল, যখন বাঙালি কী ভাবে, বাঙালি কী বলে, বাঙালি কী নূতন সত্য আবিষ্কার করিতেছে, বাঙালি জাতীয় উন্নতির কী নূতন পথ প্রদর্শন করিতেছে, এই সব জানিবার জন্য ভারতের অন্যান্য প্রদেশের লোক বাংলার দিকে সাগ্রহে চাহিয়া থাকিত। কিন্তু সে গৌরব আজ বাঙালি হারাইতে বসিয়াছে। ডিগ্রিপ্রিয়, চাকরিপ্রিয় বাঙালি বিলাসে ও আরামশয্যায়, আলস্যে ও নিদ্রায় সুখের স্বপ্ন দেখিতেছিল। আজ বড়ো দুঃখেই তাহার ঘুম ভাঙিতেছে। বুদ্ধির অহংকারে অন্ধ হইয়া সে জীবনসংগ্রামে ফাঁকি দিয়া আসিয়াছে—তাই আজ প্রকৃতির নির্মম প্রতিশোধ সে ভোগ করিতেছে।

Hints : নব নব চিন্তার প্রবর্তক—introducer of new ideas ☐ নূতন সত্য আবিষ্কার করা—inventing new truths ☐ নূতন পথ প্রদর্শন করিতেছে—being and becoming the guide (pioneer) ☐ সাগ্রহে—eagerly ☐ গৌরব—glory ☐ সুখের স্বপ্ন দেখিতেছিল—building castles in the air ☐ জীবনসংগ্রাম—the struggle of life (for existence) ☐ প্রকৃতির নির্মম প্রতিশোধ—the severe revenge of nature।

16 আমার মতে ছাত্রদের উচ্ছৃঙ্খলতার প্রধান কারণ বাড়িতে ও বিদ্যালয়ে ধর্ম ও নীতিশিক্ষার অভাব। অত্যন্ত ব্যথা ও দুঃখের সঙ্গে বলতে হচ্ছে যে, অভিভাবকরা তাঁদের সন্তানদের সম্বন্ধে যথোচিত যত্ন নেন না। সন্তানদের বিদ্যালয়ে পাঠিয়ে ও প্রতিমাসে নিয়মিত বেতন দিয়ে অথবা গৃহশিক্ষক রেখে তাঁদের কর্তব্য শেষ হয়ে গেল মনে করেন। কিন্তু প্রকৃতপক্ষে তাঁদের দায়িত্ব এর চেয়ে অনেক বেশি। সদাসর্বদা সন্তানদের আচরণের প্রতি লক্ষ রেখে তাদের দোষত্রুটি সংশোধন করে দিতে হবে। বাড়িতে মা-বাবা ও বিদ্যালয়ে শিক্ষকগণকে নিজেদের দৃষ্টান্ত দেখিয়ে ছেলেমেয়েদের সামনে উচ্চ আদর্শ তুলে ধরতে হবে।

Hints : উচ্ছৃঙ্খলতা—indiscipline and unrest ☐ ধর্ম ও নীতিশিক্ষার অভাব—lack of religion and moral values ☐ অত্যন্ত দুঃখের সঙ্গে বলতে হচ্ছে—It is a matter of deep regret ☐ কর্তব্য শেষ হয়ে গেল বলে তাঁরা মনে করেন—They think that their duty ends ☐ দায়িত্ব—responsibilities ☐ লক্ষ রাখা—to keep a watch on ☐ সংশোধন করা—to put them right/rectify ☐ উচ্চ আদর্শ তুলে ধরা—to set noble examples/high ideals।

17 আমাদের দেশের শহরের অধিবাসীগণ পৌরকর্তব্য সম্বন্ধে অত্যন্ত উদাসীন। পৌরসভার কর্তৃপক্ষ শহরের পরিচ্ছন্নতা, সৌন্দর্য এবং নানা প্রকার সুবিধার জন্য অর্থ ব্যয় করেন; কিন্তু নাগরিকগণের সহায়তার অভাবে তাঁদের চেষ্টা ব্যর্থ হয়। পাশচাত্য দেশের লোকেরা এই সম্বন্ধে অধিক সচেতন। ব্যক্তিগত সুবিধার জন্য তাঁরা জনসাধারণের অসুবিধা করেন না। এক টুকরো কাগজ পর্যন্ত কেউ রাস্তায় ফেলেন না। কিন্তু কলকাতার মতো বড়ো বড়ো নগরীতে দেখা যায় দু-পাশের বাড়ি থেকে রাস্তার ওপর আবর্জনা ফেলা হয়। কল থেকে জল নিয়ে কলের মুখটি খোলা রেখে চলে যায়। এতে যে কী পরিমাণ জল নষ্ট হয়, সে কথা কেউ ভাবেন না।

Hints : পৌরকর্তব্য—civic duties ☐ অত্যন্ত উদাসীন—quite indifferent ☐ পৌরসভার কর্তৃপক্ষ—the municipal authorities ☐ নানাপ্রকার সুবিধা—various amenities ☐ সহায়তার অভাব—lack of cooperation ☐ পাশ্চাত্য দেশের লোকেরা—people of Western countries ☐ সচেতন—conscious ☐ অসুবিধা করেন না—do not cause (create) problem/disadvantages/nuisance ☐ আবর্জনা—garbage।

18 আজকাল পরের জন্য কে ভাবে বলতো? সকলেই নিজেকে নিয়ে ব্যস্ত। আমরাও সকলেই ক্রমশ স্বার্থপর হয়ে পড়ছি। আমরা ভুলে গেছি সকল শিক্ষার সার হল পরের ভাবনা ভাবতে শেখা। যার এ শিক্ষা নেই, সে শিক্ষিত নয়। দৃষ্টান্ত দ্বারা সহজেই শিক্ষা পাওয়া যায়। তুমি যদি আমার ভাবনা ভাবতে থাকো, তাহলে আমি তোমার ভাবনা অবশ্যই ভাবব, আর মধ্যে মধ্যে আরও পাঁচজনের জন্য ভাবতে শিখব। আমি যদি আরও দশজনকে আমার ব্যথার সাথী হতে দেখি, তবে আমিও সেই কয়জন ছাড়া আরও দশজনের ব্যথা বুঝতে পারব। অবশ্য একথা বলছি না যে কেউ নিজের কথা ভাববে না।

Hints : নিজেকে নিয়ে ব্যস্ত—self-centred ❑ সকল শিক্ষার সার—the essence of all education ❑ দৃষ্টান্ত দ্বারা সহজেই শিক্ষা পাওয়া যায়—A lesson is learnt easily through examples ❑ আরও পাঁচজনের জন্য—for a few others ❑ আরও দশজনকে ... দেখি—find others sharing my sorrows ❑ সেই কয়জন ছাড়া ... বুঝতে পারব—feel not only for them but for many others too।

19 রবীন্দ্রনাথ বুঝেছিলেন, দেশের গ্রামগুলির উন্নতি না হলে দেশকে বাঁচানো যাবে না। গ্রামের মানুষের মধ্যে শিক্ষার আলোক দিতে হবে, বউ-ছেলেমেয়েদের সংসার নিয়ে সুখে বাঁচার উপায় করে দিতে হবে। তিনি কোনোদিনই ভোলেননি যে এদেশের বেশির ভাগ মানুষ চাষ করে খায় এবং এই চাষীদের দুঃখ দূর করতে হলে সকলের আগে কৃষির উন্নতি করতে হবে। বৈজ্ঞানিক প্রথায় চাষ করে যাতে বেশি ফসল ফলানো যায় তার জন্য তিনি নিজের ছেলেকে পাঠালেন জাপানে, আর জামাইকে পাঠালেন আমেরিকায় ডেয়ারি-শিল্প ও চাষের কাজ ভালোভাবে শিখে আসার জন্য। এদিকে নিজে বীরভূম জেলার বোলপুরের কাছে কিছু জমি কিনলেন পরীক্ষার জন্য, যাতে দরিদ্র কৃষকরা এক জমিতে কয়েকরকম ফসল ফলাতে পারে।

Hints : উপায় করে দিতে হবে—provisions have to be made ❑ এদেশের বেশির ভাগ মানুষ—most of the people of our country ❑ চাষ করে খায়—earn their livelihood by cultivation ❑ পরীক্ষার জন্য—for experiment ❑ কয়েক রকম ফসল ফলাতে পারে—produce several crops by rotation।

20 এক ব্যক্তি একদিন রাত্রে একখানি বই পড়ছিলেন। বইটির এক জায়গায় লেখা আছে, "কোনো কোনো লোকের মাথা ছোটো এবং দাড়ি লম্বা, এই শ্রেণির লোক আহাম্মক।" পুস্তক পাঠকের দাড়ি লম্বা ছিল। তিনি মাথায় হাত দিলেন এবং বুঝলেন তাঁর মাথা ছোটো। তিনি চিন্তিত হলেন এবং মনে মনে বললেন, "মাথা বড়ো করার উপায় নেই, কিন্তু দাড়ি ছোটো করা যায়।" এই বলে তিনি সামনের প্রদীপে দাড়ির অগ্রভাগ ধরলেন। এতে তাঁর দাড়ি ও মুখ পুড়ে গেল। তখন তিনি বললেন, "পুস্তকের কথাই ঠিক।"

Hints : দাড়ি লম্বা—long beard ❑ চিন্তিত—worried ❑ মনে মনে বললেন—said to himself ❑ মাথা বড়ো করার উপায় নেই—There is no way to make the head bigger ❑ কিন্তু দাড়ি ছোটো করা যায়—But the beard can be made shorter ❑ সামনের প্রদীপে দাড়ির অগ্রভাগ ধরলেন—put the front part of his beard on the flame of the lamp in front of him।

LITERARY PASSAGES FOR TRANSLATION [English to Bengali]

WORKED OUT PASSAGES

Transalte into Bengali :

01 Wealth is no doubt necessary for happiness in life. But it has a tendency to concentrate in the hands of a few. The result is that the rich becomes richer and the poor poorer. This is certainly a misuse of weath. It should be fairly distributed among all, so that it may bring happiness to the greatest number of people in the society.

বঙ্গানুবাদ—জীবনে সুখের জন্য নিঃসন্দেহে সম্পদের প্রয়োজন। কিন্তু মুষ্টিমেয় কয়েকজনের হাতে সম্পদের কেন্দ্রীভূত হওয়ার প্রবণতা আছে। এর ফলে ধনী হয় আরও ধনী, দরিদ্র হয় আরও দরিদ্র। এটা নিশ্চিতই সম্পদের অপব্যবহার। ধন সকলের মধ্যে সুষ্ঠুভাবে বণ্টিত হওয়া উচিত যাতে তা সমাজে সর্বাধিক মানুষের কাছে সুখ এনে দিতে পারে।

02 Stealing is taking or keeping the property of another without the other's permission. If your classmate leaves his fountain pen on the desk and you pocket it, you are stealing his property to which you have no right. If your friend lends you the cricket bat and you keep it, since he forgets to ask for it, you are dishonest.

বঙ্গানুবাদ—অন্যের জিনিস (সম্পত্তি) বিনা অনুমতিতে নেওয়া বা রেখে দেওয়া হল চুরি করা। যদি তোমার সহপাঠী তার কলমটি ডেস্কের ওপর ফেলে রাখে আর তুমি যদি তা পকেটে পুরে নাও, তাহলে তুমি তার জিনিসটি চুরি করলে যার ওপর তোমার কোনো অধিকার নেই। যদি তোমার বন্ধু তোমাকে তার ক্রিকেট ব্যাটটি ধার দেয় আর সে তা চাইতে ভুলে যায় এবং তুমি তা রেখে দাও, তাহলে তুমি অসৎ বলে পরিগণিত হবে।

03 Once a philosopher was going to a village. On the way he came across a villager who was also proceeding to the same village. The villager enquired of the philosopher how much time he would take to reach the village. The philosopher only replied "Go on". The villager thought that the philosopher had not understood his question. He repeated his question, but got the same reply. Now he became sure that the philosopher was mad. He went ahead. He had hardly covered fifty yards when the philosopher called out to him to come back. "Well", said the philosopher, "It will take you one hour and a half to reach the village." "God", said the villager, "but why didn't you tell me before?" "O fool!" replied the philosopher, "How could I tell you anything, when I did not know the speed at which you walk?"

বঙ্গানুবাদ—একদা একজন দার্শনিক একটি গ্রামের দিকে যাচ্ছিলেন। পথে তিনি একজন গ্রামবাসীর সাক্ষাৎ পেলেন, সেও ওই একই গ্রামের উদ্দেশ্যে যাচ্ছিল। গ্রামবাসীটি দার্শনিককে জিজ্ঞাসা করল যে, সেই গ্রামে পৌঁছোতে কত সময় লাগতে পারে। উত্তরে দার্শনিক শুধু বললেন—"হাঁটতে থাকো"। গ্রামবাসীটি ভাবল যে দার্শনিক বুঝি তার প্রশ্ন বুঝতে পারেননি। সে তার প্রশ্নের পুনরাবৃত্তি করল, কিন্তু অনুরূপ উত্তরই পেল। এখন সে নিশ্চিত হল যে, দার্শনিকটি উন্মাদ। সে এগিয়ে চলল। সে পঞ্চাশ গজ গিয়েছে কি না গিয়েছে, অমনি দার্শনিক চিৎকার করে ডেকে তাকে ফিরে আসতে বললেন, এবং জানালেন, "ঠিক আছে, গ্রামে পৌঁছোতে তোমার এক ঘণ্টা তিরিশ মিনিট সময় লাগবে।" গ্রামবাসীটি বলল, "হায় ঈশ্বর! আগে আপনি আমাকে একথা বলেননি কেন?" দার্শনিক বললেন, "নির্বোধ, তোমার চলার গতিবেগ না জেনে আমি তোমাকে তা কী করে বলতে পারতাম!"

04 All good acts must have their beginning from one's own home, family or environment. Nobody cleans other's house before he has cleaned his own. Before lighting a candle in the temple one does light up his own house. Before feeding others one does feed his own family members. For all the good acts, one's family has the first claim. One cannot do good things to others in a successful manner if he ignores his own family in that regard.

বঙ্গানুবাদ—সব ভালো কাজের সূচনা ঘটে একজনের গৃহ, পরিবার অথবা তার পারিপার্শ্বিকতা থেকে। নিজের বাড়ি পরিচ্ছন্ন না করে কেউ অপরের বাড়ি পরিচ্ছন্ন করে না। মন্দিরে মোমবাতি [প্রদীপ] জ্বালার আগে একজন অবশ্যই নিজের বাড়িটি আলোকিত করে। অপরকে খাওয়ানোর আগে একজন নিশ্চিতভাবে তার পরিবারের সদস্যদের খাওয়ায়। কোনো একজনের ভালো কার্যাবলির প্রথম দাবিদার হল তার নিজের পরিবার। নিজের পরিবারকে সেই বিশেষ ক্ষেত্রে উপেক্ষা করে একজন সফলতার সঙ্গে কোনো ভালো কাজ সম্পন্ন করতে পারে না।

05 Man is the worshippper of beauty. Since the dawn of creation his eyes have never ceased to look on the lovely things. He has found beauty in the human face, in the baby's smile, in the lover's glance, in the philosopher's brow. And all this beauty has gladdened his heart. His spirit has thrilled at its touch. He has tried to understand this mystery of joy, but has failed.

বঙ্গানুবাদ—মানুষ সৌন্দর্যের পূজারি। সৃষ্টির উষালগ্ন থেকেই সুন্দর জিনিস দেখা থেকে সে কখনও তার চোখকে বিরত রাখতে পারেনি। মানুষের মুখে, শিশুর হাসিতে, প্রেমিকের মুগ্ধ দৃষ্টিতে, দার্শনিকের ভ্রুকুঞ্চনে

সে সৌন্দর্য খুঁজে পেয়েছে—আর এইসব সৌন্দর্য তার হৃদয়কে আনন্দিত করেছে। এর স্পর্শে তার আত্মা হয়েছে পুলকিত। সে এই আনন্দ ও রহস্যকে অনুধাবন করার চেষ্টা করেছে, কিন্তু সফল হয়নি।

06 Vivekananda's message of courage and hope, sustained by logic and scholarship is like milk and honey; an old nation seemed to be born anew by it. Young men full of self-confidence were urged to give up the politics of prayer and petition and to face their problems and their opponents courageously. They must be 'abhi'—the only sin is weakness and cowardice.

বঙ্গানুবাদ—বিবেকানন্দের যুক্তি ও পান্ডিত্যপূর্ণ সাহসিকতা ও আশার বাণী দুধ ও মধুর মতো; একটি প্রাচীন জাতি যেন এর দ্বারা নবজন্ম লাভ করেছিল। আত্মবিশ্বাসে ভরপুর যুবকেরা আবেদন-নিবেদনের রাজনীতি পরিহার করে সাহসের সঙ্গে সমস্যা ও বিরুদ্ধবাদীদের মোকাবিলা করতে উদ্‌বুদ্ধ হয়েছিল। তাদের অবশ্যই 'অভীঃ' হয়ে উঠতে হবে—[তাঁর মতে] দুর্বলতা এবং কাপুরুষতাই একমাত্র পাপ।

07 The most urgent need of India today is to find a means of reducing the want and distress of her people, The cultivators live in the most terrible conditions. They grow food for us, but themselves go unfed. The people working in mills and factories live in great misery in unclean huts. Those who are little higher in ranks are really much poorer than the most ordinary people in other countries. We should try our best to improve the conditions of our common people. They are the largest part of the nation.

বঙ্গানুবাদ—আজকের দিনে ভারতের সবচেয়ে জরুরি প্রয়োজন হল এদেশের মানুষের অভাব ও দুর্দশা লাঘবের উপায় উদ্ভাবন করা। কৃষকেরা অত্যন্ত ভয়ংকর অবস্থায় বেঁচে আছে। তারা আমাদের জন্য খাদ্য উৎপাদন করে, কিন্তু নিজেরাই অভুক্ত থাকে। কলকারখানার শ্রমিকেরা অপরিচ্ছন্ন বস্তিতে অতি দুঃখে জীবনযাপন করে। যারা পদমর্যাদায় একটু উঁচু সারির, তারাও আসলে অন্যান্য দেশের সাধারণ মানুষের চেয়ে দরিদ্র। আমাদের দেশের সাধারণ মানুষের অবস্থার উন্নতির জন্য আমাদের যথাসাধ্য চেষ্টা করা উচিত। কারণ তারাই জাতির বৃহত্তম অংশ।

08 Man is the architect of his own fate. If he makes a proper division of his time and does his duties accordingly, he is sure to improve and prosper in life; but if he does otherwise, he is sure to repent when it is too late, and he will have to drag a miserable existence from day to day. To kill time is as culpable as to commit suicide, for our life is nothing but the sum total of hours, days and years. Youth is the seed time of life. In youth the mind is pliable and soft and can be moulded in any form we like. If we lose the morning hours of life, we shall have to repent afterwards.

বঙ্গানুবাদ—মানুষ তার নিজের ভাগ্যের স্থপতি। যদি মানুষ সময়ের যথার্থ বিভাজন করে এবং সেই অনুসারে সে কাজ করে, সে প্রকৃতই জীবনে উন্নতি ও সমৃদ্ধি ঘটাতে পারবে। কিন্তু যদি সে এর অন্যথা করে, তবে একেবারে শেষ মুহূর্তে তাকে এজন্য অবশ্যই অনুশোচনা করতে হবে এবং দিনের পর দিন তার শোচনীয় অস্তিত্বকে টেনে বেড়াতে হবে। সময়ের অপচয় আত্মহত্যার মতোই নিন্দার্হ, কেননা আমাদের জীবন কিছু ঘণ্টা, দিন, আর বছরের সমষ্টি ছাড়া আর কিছু নয়। যৌবনকালই হল [জীবনের] বীজবপনের সময়। যুবাবয়সেই মন থাকে নমনীয় এবং কমনীয় এবং আমাদের ইচ্ছামতো সেই মনকে আমরা যে-কোনো ছাঁচে গড়ে তুলতে পারি। জীবনের প্রভাত-কালকে যদি আমরা হারিয়ে ফেলি, তাহলে পরবর্তীকালে আমাদের অনুশোচনা করতেই হবে।

09 The value of man's life is measured not by the number of years he has lived, but by the number of good deeds he has done. A man may live a longer life without doing any great or noble work that may benefit the world. Such a life is useless and such a man is forgotten as soon as he dies. But a man who does noble works for the benefit of mankind lives in the memory of the people even long after his death, though he may live a short life here. The great men like Jesus Christ, Sankaracharya and Vivekananda died young, but they are still remembered with great reverence on account of their noble deeds.

বঙ্গানুবাদ—মানুষের জীবনের মূল্য সে কত বছর বেঁচে থাকল তার দ্বারা নিরূপিত হয় না, নিরূপিত হয় সে কত সৎকর্ম করেছে তার দ্বারা। পৃথিবীর উপকারে লাগতে পারে এমন বড়ো বা মহৎ কাজ না করেও কোনো মানুষ দীর্ঘজীবী হতে পারে। এরূপ ব্যক্তির জীবন মূল্যহীন এবং তাদের মৃত্যুর সঙ্গে সঙ্গেই তারা বিস্মৃত হয়। কিন্তু যে মানুষ মানবজাতির মঙ্গলের জন্য কাজ করে, সে স্বল্পজীবী হলেও মানুষের স্মৃতিতে দীর্ঘদিন বেঁচে থাকে। জিশুখ্রিস্ট, শংকরাচার্য এবং বিবেকানন্দের মতো মহাপুরুষেরা অল্পবয়সে মারা গেলেও তাঁদের মহৎ কর্মের জন্য এখনও তাঁদের গভীর শ্রদ্ধার সঙ্গে স্মরণ করা হয়।

10 No work is superior or inferior in itself. Work is work. It is absolutely wrong to consider any work as high or low. The work itself has a dignity. Every work has some dignity attached to it. It is improper for anybody to think that a certain work is undignified or below his status. Dignity of labour means that all and every kind of work is dignified.

বঙ্গানুবাদ—কোনো কাজই কাজের দিক থেকে উঁচু বা নীচু নয়। কাজ কাজই। কোনো কাজকে উঁচু বা নীচু বিবেচনা করাটা সম্পূর্ণ ভুল। কাজ মানেই হল মর্যাদা। প্রত্যেক কাজের সঙ্গেই কিছুটা মর্যাদা জড়িত। যে কারও পক্ষে এমন ভাবা ঠিক নয় যে, কোনো একটা বিশেষ কাজ অসম্মানকর বা তার পদমর্যাদা অপেক্ষা নীচুস্তরের। সবরকমের কাজই হল সম্মানজনক—শ্রমের মর্যাদা বলতে এটাই বোঝায়।

DO IT YOURSELF

Translate into Bengali :

01 Machines were made to be man's servants; yet they have almost become his masters. Men spend most of their lives looking after and serving their machines. And the machines are hard masters. They must be fed with coal, and given petrol to drink and oil to wash with, and they must be kept at the proper heat. And if they do not get their food and drink they grow angry, blow up and kill and destroy.

Hints : Feed with—খাওয়ানো ❑ destroy—ধ্বংস করা।

02 Democracy has been defined as a government of the people, by the people and for the people. The greatest good of the greatest number is the fundamental principle of democracy. In a democracy people have the privilege of being ruled by a government of their own choice. Elections imply existence of more than one political party. The party that commands the confidence of the majority in the elected legislature of the country is called upon to form the government. Other parties have to work as opposition parties.

Hints : democracy—গণতন্ত্র ❑ fundamental—মৌলিক ❑ privilege—বিশেষ সুবিধা বা অধিকার ❑ majority—সংখ্যাগরিষ্ঠ ❑ opposition parties—বিরোধী দল।

03 One evening Newton was sitting alone in his garden. He was absorbed in deep thinking. Suddenly a ripe fruit fell from the apple tree in front of him. A new thought thus came into his mind. He began to think, "Why did the apple come downwards? Why would a thing always fall and never go up? What is the cause of this?" This thought occupied his mind so entirely that he had not a wink of sleep that night.

Hints : downwards—নীচের দিকে ❑ occupied—অধিকার করে নিয়েছিল।

04 Boys and girls, and even grown-ups, are often taught history in a peculiar way. They learn the names of kings and others, and dates of battles and the like. But surely history does not consist of battles and a few persons, who became kings and generals. History should tell us about the people of a country, how they lived, what they did, and what they thought. It should tell us of their joys and sorrows, of their difficulties and how they overcame them. And if we study in this way, we can learn a lot from it, if we have to face the same kind of difficulty or trouble, our reading of history may help us to get over it.

Hints : sorrows—দুঃখ ❑ trouble—অসুবিধা ❑ get over—অতিক্রম করা।

05 History is not a mere account of the past. We read history because of the fact that we cannot understand the present without reference to the past. If we read history merely as an account of events or a catalogue of facts and dates, we only skip over the outer surface of history. The proper study of history consists in going deep into its inner meaning. It does not consist in simply knowing what took place in the past, but in understanding how the past events took place and what lesson they have for the present.

Hints : account—বিবরণ ❑ events—ঘটনাবলি ❑ skip over—গড়িয়া যাওয়া ❑ surface—উপরিভাগ ❑ took place—ঘটেছিল।

06 One of the main reasons why wrong ideas can grow up is ignorance. Among primitive tribes today—as was the case too in prehistoric times—there is hardly any scientific knowledge. Everything is mysterious. The sun rises and sets and the moon changes; but people have no idea why or what are the relations of the heavenly bodies to earth. No one knows anything about the natural causes of rain, drought, storms or earthquakes, famine or disease. Thus everything is put down to mysterious influences by magic or by good and bad spirits.

Hints : ignorance—অজ্ঞতা ❑ primitive—আদিম ❑ prehistoric—প্রাগৈতিহাসিক ❑ mysterious—রহস্যপূর্ণ ❑ drought—খরা ❑ earthquake—ভূমিকম্প ❑ famine—দুর্ভিক্ষ ❑ disease—রোগ ❑ bad-spirit—মন্দ আত্মা বা প্রেতাত্মা।

07 What is education? It is more than the knowledge that we find in books. If a man is truly educated, he should know how to lead a happy and useful life and to be a good citizen of the country in which he lives; even more than that—a good citizen of the world. He will have learnt how to behave towards other human beings. By coming in touch with the active mind of his teachers and fellow-students, he will have discovered what kind of mind he himself has; and he will have become proud to do what he knows to be right and ashamed of doing what he knows to be wrong. The cleverest man is not always the best educated man.

Hints : citizen—নাগরিক ❑ active—সক্রিয় ❑ discover—আবিষ্কার করা ❑ ashamed—লজ্জিত।

08 Most people know what is right and what is wrong. Unfortunately, when the time for action comes, they often fail to act rightly. The trouble with them is that they are selfish and think only of themselves, not of others. You may have seen young and able-bodied men comfortably seated in a bus or a tram while old and weak persons remain standing by their side.

Hints : unfortunately—দুর্ভাগ্যক্রমে ❑ selfish—স্বার্থপর ❑ comfortably—আরামে।

09 Man is a social animal. He cannot live alone and no person can be happy without sincere friends. But selfish persons cannot get friends. You cannot receive love unless you give it. Love is to be obtained only by giving love in return. If your neighbours and companions do not love you, it is your fault. They cannot but love you if you be kind and friendly.

Hints : sincere friend—অন্তরঙ্গ বন্ধু ❑ companion—সঙ্গী।

10 In every country people imagine that they are the best. The Englishman thinks that he and his country are the best; the Frenchman is very proud of France and everything French; the Germans and the Italians think no end of their countries. This is all conceit. Really there is no person who has not some good in him and some bad. And in the same way there is no country which is not partly bad. We must take good wherever we find it, and try to remove the bad wherever it may be.

Hints : imagine—কল্পনা করা ❑ partly—অংশত ❑ really—প্রকৃতপক্ষে ❑ conceit—ভণ্ডামি।

11 If we like to profit by our study, we must be careful not only to select proper books, but also to read them properly. The same book will affect the readers differently according to the purpose with which they read it. The butterfly sits over the flower-bud gathering nothing; the spider collects poison from it; but the bee finds and stores up honey. So the object for which you go to a book will determine the kind of fruit it will yield to you. The same volume may be made to give instruction or rational amusement or more excitement. The child takes off the lid of the tea-kettle for sport, the housewife for domestic use, but James Watt did it for science, which ended in the improvement of the steam-engine.

Hints : butterfly—প্রজাপতি ❑ spider—মাকড়সা ❑ yield—উৎপন্ন হওয়া ❑ instruction—নির্দেশ, শিক্ষা ❑ rational—যুক্তিসম্পন্ন, বিচারশীল ❑ excitement—উত্তেজনা ❑ housewife—গৃহবধূ ❑ improvement—উন্নতি।

12 Trees give shade for the benefit of others, and while they themselves stand in the sun and endure the scorching heat, they produce the fruit by which others profit. The character of a good man is like that of trees. What is the use of this body if no use is made of a it for the benefit of mankind? Sandalwood—the more it is rubbed, the more scent does it yield. Sugarcane—the more it is pressed, the more juice does it produce. The men who are noble at heart do not lose their qualities even in losing their lives.

Hints : shade—ছায়া ❑ benefit—লাভ ❑ scorching—যা পুড়িয়ে দেয় ❑ sandalwood—চন্দন কাঠ ❑ rub—ঘষা ❑ quality—গুণ।

13 In this life there are no gains without pains. Life, indeed, would be dull if there were no difficulties. Games lose their interest if there is no real struggle—if the result is a foregone conclusion. Both the winner and the loser enjoy a game best if it is closely contested to the last. No victory is a real triumph unless the foe is worthy of having a fight. Whether we like it or not, life is one continuous competitive examination. There is no suffering by which we may not profit, and few troubles which, if dealt with, will not prove to have been blessings in disguise.

Hints : winner—জয়ী ❑ loser—পরাজিত ❑ victory—জয় ❑ triumph—জয় ❑ competitive—প্রতিযোগিতামূলক ❑ disguise—ছদ্মবেশ।

14 We have a fairly good account of the Panchayets of older times from several Chola and Pandya inscriptions of South India. According to these inscriptions, each village or a group of villages formed a community which was the lowest unit of self-government. There was an assembly for each such community which was either eleced by the people or consisted of the villagers. This assembly looked after the whole administration of the village under the supervision of the king's officers.

Hints : inscription—উৎকীর্ণলিপি ❑ community—সম্প্রদায় ❑ self-government—স্বায়ত্তশাসন ❑ administration—প্রশাসন ❑ supervision—তদারকি।

15 The world is like a looking glass; if you smile, it smiles. If you frown, it frowns back. If you look at it through a red glass, all seem red and rosy; if through a blue, all blue; if through a smoked glass, all dull and dirty. Always try to look at the birght side of things. Almost everything of the world has a bright side.

Hints : looking glass—আয়না ❑ frown—ভ্রূকুটি করা ❑ smoked glass—ঘষা কাচ।

CHAPTER 2 TRANSLATION OF NEWSPAPER REPORTS

সবসময় আক্ষরিক অনুবাদ না করে ভিন্ন ভিন্ন ভাষার ভিন্ন ভিন্ন বৈশিষ্ট্য ও বাক্‌রীতি অনুসরণ করে অনুবাদ করতে হয়।

কখনো-কখনো কিছু কিছু বাংলা শব্দ বা অন্য প্রাদেশিক শব্দ ইংরেজিতে হুবহু রাখা হয়, যেমন : **ঝিল [jheel]**—Santragachhi jheel; আবার কিছু কিছু ইংরেজি শব্দ বাংলা অনুবাদেও হুবহু রাখা হয়; যেমন : **Standing Commitee** [স্ট্যান্ডিং কমিটি]-কে অপরিবর্তিত রাখা যেতে পারে বা ভাবানুবাদ করে **'স্থায়ী কমিটি'** করা যেতে পারে। এর বাংলা অনুবাদ 'দাঁড়িয়ে-থাকা' কমিটি বা আরও সাধু বাংলায় 'দণ্ডায়মান কমিটি' করলে হাস্যকর হবে। আবার **অনুবাদের স্বাচ্ছন্দ্য বজায় রাখতে কখনো-কখনো একটি বড়ো বাক্যকে ভেঙে কয়েকটি ছোটো ছোটো বাক্য করতে হয়; আবার কখনো কয়েকটি ছোটো বাক্যকে জুড়ে একটি বড়ো বাক্য করতে হয়।**

NEWSPAPER REPORTING [ENGLISH TO BENGALI]
[WORKED OUT PASSAGES]

01 BHUTAN KING WEDS INDIA-EDUCATED GIRL

Thimpu, October 13 : Bhutan's popular king Jigme Khesar Namgyel Wangchuk will tie the knot on Thursday with India-educated commoner Jestum Pema. It will be an occasion considered as a fairy tale wedding in the history of the tiny nation. The 31-year-old Oxford-educated King will marry an airline pilot's daughter Pema, 10 years younger to him, at a grand ceremony in line with Buddhist traditions at an impressive 17th century fortress in Punakha.

Pema did her higher secondery schooling from Laurence School in Himachal Pradesh's Sanawar from 2006 to 2008. Currently she is a student of the Regents College in London. [The Times of India, Kolkata, Thursday, 13 Oct 2011]

বাংলায় অনুবাদ :

ভুটানের রাজার সঙ্গে ভারতে-শিক্ষিতা নারীর বিয়ে

থিম্পু ১৩ অক্টোবর : ভুটানের জনপ্রিয় রাজা জিগমে খেসর নমগেল ওয়াংচুক বৃহস্পতিবার ভারতে-শিক্ষিতা এক সাধারণ নারী জেসতুম পেমা-র সঙ্গে বিবাহবন্ধনে আবদ্ধ হবেন। এই ছোট্ট জাতির ইতিহাসে এই অনুষ্ঠানটি হবে পরির দেশের গল্পের মতো।

অক্সফোর্ড-শিক্ষিত ৩১ বছর বয়স্ক রাজা তাঁর চেয়ে ১০ বছরের ছোটো এক বিমান পাইলটের কন্যা পেমাকে বিয়ে করবেন, আর এই বিরাট উৎসব অনুষ্ঠান হবে পুনাখায় সতেরো শতকের একটি আকর্ষণীয় দুর্গে বৌদ্ধ রীতিতে।

পেমা ২০০৬ থেকে ২০০৮-এর মধ্যে হিমাচল প্রদেশের লরেন্স স্কুল থেকে হায়ার সেকেন্ডারি পড়াশোনা করেছিলেন। এখন তিনি লন্ডনের রিজেন্টস কলেজের ছাত্রী।

02 TURKEY, QUAKE TOLL UP TO 264

Ercis, Turkey, Oct 24 [Reuters] : Rescuers crawled through rubble on Monday to free people trapped by a powerful earthquake that killed at least 264 people and wounded more than 1,000 in mainly Kurdish southeast Turkey.

Hundreds more were feared dead, as Turkey's most powerful quake in a decade toppled remote villages of mud and brick houses.

As some survivors cried for help from beneath the mounds of smashed concrete, earthmoving machines and soldiers joined the search after Sunday's 7.2 magnitude quake struck the city of Van and the town of Ercis, some 100 km to the north. [The Telegraph, Calcutta, Tuesday, 25 October 2011]

বাংলায় অনুবাদ :

তুরস্কের ভূমিকম্পে ২৬৪ জন নিহত

এর্কিস, তুরস্ক, অক্টোবর ২৪ (রয়টার) : প্রধানত দক্ষিণ-পূর্ব তুরস্কের কুর্দিশ-এ [কুর্দ-এ] উদ্ধারকর্মীরা সোমবার ধ্বংসস্তূপের মধ্য দিয়ে হামাগুড়ি দিয়ে এগিয়ে গেলেন এক শক্তিশালী ভূকম্পে আটকে-পড়া মানুষদের উদ্ধার করতে। ওই ভূকম্পে অন্তত ২৬৪ জন নিহত হয়েছেন ও এক হাজারের বেশি মানুষ আহত হয়েছেন।

তুরস্কে এক দশকের মধ্যে সবচেয়ে ভয়ংকর এই ভূকম্প প্রত্যন্ত গ্রামগুলির মাটির ও পাকা বাড়িগুলি গুঁড়িয়ে দেওয়ায় আশঙ্কা করা হচ্ছে আরও শত-শত মানুষ নিহত হয়েছেন।

রবিবার ৭.২ মাত্রার ভূকম্প ভননগর এবং প্রায় ১০০ কিমি উত্তরে এর্কিস শহরে আঘাত হানায় কংক্রিটের স্তূপের তলা থেকে তখনও যারা বেঁচে আছে তারা সাহায্যের জন্য চিৎকার করছে (করছিল), আর মাটি সরানোর যন্ত্র ও সেনাবাহিনীর লোকেরা একসঙ্গে তল্লাশি চালিয়ে যাচ্ছে (যাচ্ছিল)।

03 NARGIS, THE SEVEN BILLIONTH BABY

Lucknow, Oct 31 : The world and India wouldn't wait. As the clock ticked to 7 am, a girl born to a poor farmer's wife at Mall village, 42 km from Lucknow, was declared the Planet's "seven billionth baby."

Mother Vineeta Devi, 23, and father Ajay Kumar, 28, have named her Nargis. "She weighs 3 kg and cried like any healthy baby", a doctor said, as crackers burst and dancing broke out at the Mall community health centre.

In truth, as the United Nations says, it's impossible to know for sure the exact day, time and place the seven billionth baby would be born. Still, it was the UN that started the race, first by symbolically declaring a Bosnian baby as the six billionth 12 yeas ago, and then, last month, saying the world population would turn to 7 billion on October 31.

Someone decided the place would be Uttar Pradesh because of its high birth rate, and local and global family welfare NGOs fanned out across the state, choosing this or that village and marking out women expected to give birth today. Mall was the village that Uk-based Plan International had chosen, and that's why Nargis gets the title. [The Telegraph, Calcutta, Tuesday, 1 November 2011]

বাংলায় অনুবাদ :

সাতশো কোটিতম শিশুসন্তান নার্গিস

লখনউ, ৩১ অক্টোবর : পৃথিবী এবং ভারত আর অপেক্ষা করবে না। যেই ঘড়িতে সাতটা বাজল, লখনউ থেকে ৪২ কিমি দূরে ম্যাল গ্রামে এক দরিদ্র গৃহবধূর একটি কন্যাসন্তানকে পৃথিবীর সাতশো কোটিতম শিশুসন্তান হিসেবে ঘোষণা করা হল।

২৩ বছরের মা বিনীতা দেবী এবং ২৮ বছরের বাবা অজয় কুমার তার নাম রেখেছেন নার্গিস। ডাক্তার বললেন, "তার ওজন ৩ কেজি এবং (জন্মের সময়) যে-কোনো সুস্থ শিশুর মতোই সে কেঁদেছে", আর ম্যাল কমিউনিটি স্বাস্থ্যকেন্দ্রে বাজি ফুটল এবং নাচ শুরু হয়ে গেল।

সত্যি কথা বলতে কি, জাতিসংঘের বয়ান অনুযায়ী, সাতশো কোটিতম শিশুসন্তান জন্মের সঠিক দিন, সময় এবং স্থান নিশ্চিতভাবে জানা প্রায় অসম্ভব। তবু জাতিসংঘই এই দৌড়টা শুরু করেছিল—বারো বছর আগে এক বসনিয়ান শিশুসন্তানকে ছশকোটিতম শিশুসন্তান হিসেবে প্রতীকী ঘোষণা করে—আর তারপর গতমাসে এই কথা বলে যে ৩১ অক্টোবর পৃথিবীর জনসংখ্যা হবে ৭০০ কোটি।

উচ্চ জন্মহারের জন্য স্থান হিসেবে উত্তর প্রদেশকে নির্বাচিত করা হয়েছিল, আর স্থানীয় ও বিশ্ব পরিবার কল্যাণ এন.জি.ও.-গুলি সারা রাজ্য জুড়ে প্রচার চালিয়েছিল এবং বিভিন্ন গ্রাম পছন্দ করে ওই দিনের (৩১ অক্টোবর) সন্তান-সম্ভবা মহিলাদের চিহ্নিত করেছিল।

ম্যাল হল সেই গ্রাম যাকে ইউ.কে.-ভিত্তিক 'প্ল্যান ইন্টারন্যাশনাল' নির্বাচিত করেছিল, আর তাই নার্গিস ওই অভিধা অর্জন করেছে।

04 US APOLOGY FOR FRISKING KALAM

New Delhi, Nov 13 (PTI) : The US has apologised to former Indian President A.P.J. Abdul Kalam who was twice frisked at JFK in September.

"We deeply regret the inconvenience that resulted for him (Kalam) as a result of the September 29 incident involving the security screening at JFK airport in New York", a statement from the US embassy said, noting that it had high respect for Kalam.

The 80-year-old former President was frisked on September 29 before boarding an Air India flight. Sources said that even after he had taken his seat, the US security personnel forced the crew to open the door and took away his jacket and boots to check for explosives since they had forgotten to do so before he boarded. [The Telegraph, Calcutta, Monday, 14 November 2011]

বাংলায় অনুবাদ :

কালাম-এর হেনস্থার জন্য আমেরিকার ক্ষমা প্রার্থনা

নিউ দিল্লি, নভেম্বর ১৩ (পিটিআই) : আমেরিকা ভারতের প্রাক্তন রাষ্ট্রপতি এ. পি. জে. আবদুল কালাম-এর কাছে ক্ষমা প্রার্থনা করেছে যাঁকে গত সেপ্টেম্বর মাসে জে. এফ. কে বিমানবন্দরে দুবার হেনস্থা করা হয়েছিল।

আমেরিকার দূতাবাস থেকে কালাম-এর প্রতি গভীর শ্রদ্ধা জানিয়ে বক্তব্যে বলা হয়, "নিউইয়র্কের জে. এফ. কে. বিমানবন্দরে ২৯ সেপ্টেম্বর সুরক্ষা পরীক্ষার ঘটনার ফলে কালাম-এর যে অসুবিধা ঘটেছিল তার জন্য আমরা গভীরভাবে দুঃখ প্রকাশ করছি।"

২৯ সেপ্টেম্বর এয়ার ইন্ডিয়া বিমানের উড়ানে আসন গ্রহণ করার আগে ৮০ বছর বয়স্ক প্রাক্তন রাষ্ট্রপতিকে হেনস্থার শিকার হতে হয়েছিল।

সংবাদসংস্থার খবরে এও বলা হয়েছিল যে তিনি আসন গ্রহণ করার পরেও আমেরিকার নিরাপত্তাকর্মীরা বিমানের ক্রুকে দরজা খুলতে বাধ্য করে এবং তাঁর জ্যাকেটে ও বুটজুতোয় কোনো বিস্ফোরক আছে কিনা পরীক্ষা করার জন্য ওগুলো নিয়ে যায়, যেহেতু তিনি বিমানে ওঠার আগে তারা তা করতে ভুলে গিয়েছিল।

05 HOOGHLY RAILWAY PROJECT

Furfura (Hooghly), Nov 13 : Railway Minister Dinesh Trivedi today inaugurated the 19.5 km railway project in Hooghly and handed over appointment letters to 18 land-losers.

The project, involving the laying down of tracks from Dankuni to Furfura Sharif, was announced by Mamata Banerjee in her budget last year. It will take one and half years for the project to complete.

Railway officials said that so far 34 acres had been acquired in Furfura Mouja from 190 families.

Mamata did not attend the programme but she delivered a speech through mobile phone, which was put on the microphone in loudspeaker mode. "When I was Railway Minister, I had promised that those giving land would get jobs. The present Railway Minister has kept the promise."

[The Telegraph, Calcutta, Monday, 14 November 2011]

বাংলায় অনুবাদ :

হুগলি রেলওয়ে প্রকল্প

ফুরফুরা (হুগলি), নভেম্বর ১৩ : রেলমন্ত্রী দীনেশ ত্রিবেদী আজ হুগলিতে ১৯.৫ কিমি রেলওয়ে প্রকল্পের উদ্‌বোধন করলেন এবং ১৮ জন জমি-হারানো ব্যক্তিকে (রেলে চাকরির) নিয়োগপত্র দিলেন।

গত বছর বাজেটে মমতা ব্যানার্জি ডানকুনি থেকে ফুরফুরা পর্যন্ত লাইন পাতার প্রকল্প ঘোষণা করেছিলেন। এই প্রকল্প সম্পূর্ণ হতে দেড় বছর সময় লাগবে।

রেল কর্তৃপক্ষ বলছেন, এ পর্যন্ত ফুরফুরা মৌজায় ১৯০-টি পরিবার থেকে ৩৪ একর জমি অধিগ্রহণ করা হয়েছে।

মমতা নিজে এই অনুষ্ঠানে উপস্থিত হননি, কিন্তু তিনি মোবাইল ফোনে একটি বক্তৃতা করেন যা লাউড-স্পিকার মাইক্রোফোনের সামনে ধরা হয়েছিল—"যখন আমি রেলমন্ত্রী ছিলাম তখন আমি কথা দিয়েছিলাম যারা জমি দেবে তারা চাকরি পাবে। বর্তমান রেলমন্ত্রী সেই কথা রেখেছেন।"

06 HOME OF BIRDS FACES TAKEOVER THREAT

Kolkata, Nov. 14 : Last month, Santragachi Jheel hit headlines when a group of nature-lovers started cleaning up water hyacinth from the lake. The Jheel finally got back to shape to host migratory birds after assistance poured in from all quarters. There's another such forsaken plot at Baranager that houses thousands of birds, but land sharks are on the prowl to devour the land. Environment activists and locals have thwarted realtors for more than once, but they fear birds could lose this patch of land if the government does not intervene.

[The Times of India, Kolkata, Monday, 14 November 2011]

বাংলায় অনুবাদ :

পক্ষিরালয় কেড়ে নেওয়ার আশঙ্কা

কলকাতা, নভেম্বর ১৪ : গত মাসে সাঁতরাগাছি ঝিল সংবাদপত্রের শিরোনামে এসেছিল যখন এক দল প্রকৃতি-প্রেমিক ঝিল থেকে কচুরিপানা পরিষ্কারের কাজে হাত লাগিয়েছিলেন। সব দিক থেকে সাহায্য পেয়ে অবশেষে ঝিলটি পরিযায়ী পাখিদের আশ্রয় হিসেবে তার পুরোনো চেহারা ফিরে পেয়েছিল। বরানগরেও এরকম আর একটি জায়গা আছে যেখানে হাজার হাজার পাখি আশ্রয় নেয়। কিন্তু জমি-হাঙররা সেই জমি গ্রাস করার চেষ্টা করছে। পরিবেশবিদ ও স্থানীয় জনসাধারণ বারবার ওই জমির দালালদের বাধা দিয়েছেন, কিন্তু তাঁদের আশঙ্কা সরকার হস্তক্ষেপ না করলে পাখিরা (তাদের বাসস্থান হিসেবে) ওই জমিটুকুও হারাবে।

07 PETROL TO BE CHEAPER BY RS. 2

New Delhi, Nov. 15 : State-run fuel retailers are set to reduce petrol price by as much as Rs. 2 a litre from Tuesday following a gentle prod from the government to pass on the benefit of recent softening in the fuel's price in bulk markets and a comparatively lower average rate for crude oil through the better part of the fortnight.

This will be the first reduction in the fuel's price since June 2010 when it was unshackled from the government's pricing control and douse popular and political anger ahead of Parliament's winter session, scheduled to begin from November 22. Since decontrol, the oil marketing companies on record are free to set the street price of petrol. But in practice, they never do so without an informal nod from the oil ministry since the government is the major stake-holder.

[The Times of India, Kolkata, Tuesday, 15 Nov 2011]

বাংলায় অনুবাদ :

পেট্রোলের দাম দু-টাকা কমছে

নিউদিল্লি, নভেম্বর ১৫ : রাজ্যভিত্তিক খুচরো জ্বালানি তেল বিক্রেতারা মঙ্গলবার থেকে পেট্রোলের প্রতি লিটারে দু-টাকা দাম কমাচ্ছে, যার মূলে আছে পাইকারি বাজারে সাম্প্রতিক মূল্যহ্রাস এবং গত পক্ষকালের মধ্যে বেশিরভাগ সময়ে অপরিশোধিত তেলের দামে গড়পড়তা নিম্নমুখিতার ফলে সেই সুবিধা জনসাধারণকে দেওয়ার জন্য সরকারের মৃদু খোঁচা।

২০১০-এর জুন মাসে সরকারের মূল্যনিয়ন্ত্রণ থেকে মুক্ত হওয়ার পর এই প্রথম জ্বালানি তেলের মূল্য কমবে এবং ২২ নভেম্বর লোকসভার শীতকালীন অধিবেশন শুরু হওয়ার আগে জনসাধারণের এবং রাজনৈতিক নেতৃবৃন্দের ক্রোধের উপর কিছুটা শান্তিবারি ঢেলে দেবে। মূল্য বিনিয়ন্ত্রণের পর থেকে তেল ব্যবসায়ী কোম্পানিগুলি খাতায়-কলমে খোলাবাজারে পেট্রোলের দাম নির্ধারণের স্বাধীনতা পেয়েছে। কিন্তু বাস্তবে তৈলমন্ত্রকের পরোক্ষ সম্মতি ছাড়া তারা কখনো তা করে না, যেহেতু এ ব্যাপারে সরকারই প্রধান খুঁটি।

08 7 BABIES DIE ON CHILDREN'S DAY

Malda, Nov. 15 : Wails of bereaved mothers filled the wards and corridors of Malda District Hospital in North Bengal on Children's Day as seven babies died on Monday morning, taking the total number of crib deaths at the hospital in the past week to 22.

Hospital authorities said the infants who had died were all in a crittical state, the same explanation they had given for nine crib deaths on November 8 and 9. Coming within a couple of weeks of Kolkata's B. C. Roy Memorial Hospital—the state's only referral hospital for kids—reporting 15 crib death between October 24 and 27, the Malda horror stepped up the heat on the state government to improve its infrastructure and performance on health, a portfolio held by Chief Minister Mamata Banerjee herself.

[The Times of India, Kolkata, Tuesday, 15 Nov. 2011]

বাংলায় অনুবাদ :

শিশুদিবসে ৭ শিশুর মৃত্যু

মালদা, নভেম্বর ১৫ : সোমবার শিশুদিবসের সকালে সাতজন শিশুর মৃত্যু হওয়ায় মালদা জেলা হাসপাতালের শিশুবিভাগ এবং বারান্দাগুলো সন্তানহারা মায়েদের বিলাপে ভারী হয়ে উঠল, আর এই নিয়ে গত সপ্তাহে শিশুমৃত্যুর মোট সংখ্যা দাঁড়াল ২২।

হাসপাতাল কর্তৃপক্ষ গত ৮ ও ৯ নভেম্বর ন'টি শিশুমৃত্যুর যে ব্যাখ্যা দিয়েছিলেন, সেই একইভাবে বলছেন যে শিশুরা মারা গেছে তারা সকলেই খুব 'সংকটজনক' অবস্থায় ছিল। দু-সপ্তাহের মধ্যে রাজ্যে একমাত্র রেফারেল শিশু হাসপাতাল—কলকাতার বি. সি. রায় হাসপাতালে ২৪ থেকে ২৭ অক্টোবরের মধ্যে ১৫টি শিশুমৃত্যুর পর মালদার আতঙ্কে মুখ্যমন্ত্রীর নিজের হাতে থাকা স্বাস্থ্য দপ্তরের পরিকাঠামো উন্নতির জন্য দাবির উত্তাপ অনেক গুণ বাড়িয়ে দিল।

এভিয়েশন টারবাইন ফুয়েল বা এটিএফ-এর পরিবর্তে গ্যাস টু লিকুইড ফুয়েল (জিটিএফ) ব্যবহার করবে। এই জ্বালানি ব্যবহারের ফলে পরিবেশ দূষণ প্রায় হবে না বললেই চলে। পরিবেশবান্ধব এই জ্বালানির আরও একটি গুণ এটি অতি উচ্চ-ক্ষমতাসম্পন্ন।

এক প্রশ্নের উত্তরে বাকার জানান, ভারতে কাতার এয়ারওয়েজের বিমান চলাচলের বাণিজ্যিক দিকটি সন্তোষজনক। ভারতে বর্তমানে কলকাতাসহ ১২টি শহরে কাতার এয়ারওয়েজের বিমান চলাচল করে। আগামী বছরে ভারতের আরও দুটি শহরে তারা বিমান চালাবে। এ বছর ২৭ জুলাই থেকে কাতার এয়ারওয়েজের বিমান দোহা-কলকাতার মধ্যে তাদের বিমান পরিষেবা চালু করেছে। বর্তমানে তারা এই দুই শহরের মধ্যে এয়ারবাস-৩২০ বিমান চালাচ্ছে। আগামী বছরে এই বিমান সংস্থা এয়ারবাস-৩৪০ বিমান চালাবার সম্ভাবনা খতিয়ে দেখছে। তিনি বলেন, কাতার ভারতে সর্বাপেক্ষা বেশি তরল প্রাকৃতিক গ্যাস সরবরাহ করে। ভারত থেকে তারা আমদানি করে কিছু কিছু খাদ্যদ্রব্য, রাসায়নিক পদার্থ, যন্ত্রপাতি, জুয়েলারি, বস্ত্র ইত্যাদি। [দৈনিক স্টেটসম্যান, বৃহস্পতিবার, ২৪ নভেম্বর ২০১১]

13. **ন্যূনতম মজুরি নিয়ে রাজ্যের ক্যাভিয়েট**

কলকাতা, ২৩ নভেম্বর (আদালত সংবাদদাতা) : রাজ্য সরকার ৫১টি শিল্পের শ্রমিক ও কৃষকদের স্বার্থে ন্যূনতম মজুরি বৃদ্ধি করল। বর্ধিত হারে দুটি স্তরে মজুরি বৃদ্ধির ব্যাপারে বিভিন্ন মহলের সঙ্গে আলোচনা করেই শ্রম দফতর এই ঘোষণা করেছে। রাজ্য শ্রম দফতরের মজুরি বৃদ্ধির প্রেক্ষিতে যাতে কোনও শিল্প মালিক হাইকোর্টে মামলা করে একতরফা শুনানির সুযোগ না পায় তার জন্য শ্রম দফতর হাইকোর্টে ক্যাভিয়েট দাখিল করে রাখল। এ ব্যাপারে আইনজীবী অসিত লাহিড়ি বলেন, প্রথমে শ্রম দফতর ২১-৯-২০১১ তারিখে বিজ্ঞপ্তি প্রকাশ করে। দ্বিতীয়বার বিজ্ঞপ্তি জারি করেছে ২০-১০-২০১১ তারিখে। শ্রম দফতরের উপসচিব যে দুটি স্তরে বিজ্ঞপ্তি প্রকাশ করলেন তার মধ্যে যে শিল্পগুলি পড়ে সেগুলি হল মিল, প্লাস্টিক, কৃষি, মৎস্য, নার্সিংহোম, রাইস মিল, হোটেল ও রেস্টুরেন্ট, বেকারি, রবার শিল্প, বলপেন ও অন্যান্য আরও শিল্প। আইনজীবী অসিত লাহিড়ি বলেন, আরও বহু শিল্পে মজুরি বৃদ্ধির ব্যাপারে আলোচনা শেষ হয়েছে। বিজ্ঞপ্তি জারি হলেই ক্যাভিয়েট করা হবে। বামফ্রন্ট সরকারের আমলে শ্রমিক ও কৃষকদের স্বার্থে অনেক লম্বা-চওড়া প্রতিশ্রুতি দেওয়া হয়েছে। কিন্তু কাজের কাজ কিছুই হয়নি বলে আইনজীবী বলেন। [দৈনিক স্টেটসম্যান, বৃহস্পতিবার, ২৪ নভেম্বর ২০১১]

14. **দিল্লির বাণিজ্যমেলায় ঝকঝকে বাংলার মুখ**

নয়াদিল্লি, ১৪ নভেম্বর : একেবারেই অন্যরকম, তরতাজা 'বাংলার মুখ'। যে-মুখ গত সাড়ে তিন দশকে দেখার সৌভাগ্য হয়নি দেশ-বিদেশের মানুষের। মুখ্যমন্ত্রী মমতা বন্দ্যোপাধ্যায়ের উদ্যমে-আন্তরিকতায় এবার সেই মুখই দেখতে পাচ্ছেন দেশ-বিদেশের মানুষ দিল্লির প্রগতি ময়দানে আন্তর্জাতিক বাণিজ্যমেলায় 'পশ্চিমবঙ্গ' প্যাভিলিয়নে। মুখ্যমন্ত্রী মমতা বন্দ্যোপাধ্যয়ের উদ্যোগে এই প্রথম দিল্লির আন্তর্জাতিক বাণিজ্যমেলায় 'সহযোগী রাজ্য' হিসেবে আত্মপ্রকাশ ঘটল পশ্চিমবঙ্গের। তার সুবাদে এই প্রথম মেলার উদ্‌বোধনী অনুষ্ঠানের মঞ্চে থাকল রাজ্যের উজ্জ্বল প্রতিনিধিত্ব। কেন্দ্রীয় অর্থমন্ত্রী প্রণব মুখোপাধ্যায় মেলার উদ্‌বোধন করার পর উদ্‌বোধনী অনুষ্ঠানে দেশ-বিদেশের অতিথিদের সামনে তাঁর বক্তব্য পেশ করলেন পশ্চিমবঙ্গের শিল্পমন্ত্রী পার্থ চট্টোপাধ্যায়।

পরিবর্তনের ছোঁয়া প্যাভিলিয়নেও। অন্যান্য বারের মতো কোনো ম্যাড়মেড়ে ভাব নেই, ঝকঝকে-তকতকে। প্যাভিলিয়নের পরতে-পরতে নতুন বাংলার হাল- হকিকত (whereabouts)। তার প্রমাণ উজ্জ্বল রঙের ব্যবহারেও।

এবারের মেলার থিম 'ভারতীয় হস্তশিল্প—হাতের জাদু'। তার সঙ্গে থাকছে রাজ্যের পর্যটনকেন্দ্রগুলির সবিস্তার খবরাখবর। রয়েছে দার্জিলিং-এর টয় ট্রেনের মডেল আর বরফে-ঢাকা হিমালয়। দেখা যাবে ডুয়ার্স-জঙ্গলমহলের অরণ্য, দিঘার সমুদ্রসৈকতও। এমনকি, এবারই প্রথম, 'পশ্চিমবঙ্গ' প্যাভিলিয়নে ব্যবস্থা থাকছে রাজ্যের বিভিন্ন পর্যটনকেন্দ্রে অনলাইন বুকিং-এর।

[সংবাদ প্রতিদিন, মঙ্গলবার, ১৫ নভেম্বর ২০১১]

15. **কিষাণজি নিহত**

পশ্চিম মেদিনীপুর, ২৪ নভেম্বর : 'কোবরার ছোবল'-এ মৃত্যু হল এক নম্বর মাওবাদী নেতার। পুলিশের দাবি, পশ্চিম মেদিনীপুরের জামবনির গহন জঙ্গালে যৌথবাহিনীর সঙ্গো গুলিযুদ্ধে মারা গিয়েছেন মাওবাদী নেতা কোটেশ্বর রাও ওরফে কিষাণজি। এই প্রতিবেদন লেখা অবধি তাঁর মৃত্যুর বিষয় প্রায় নিশ্চিত হলেও সরকারের তরফে ঘোষণা করা হয়নি। কেন্দ্র ও রাজ্যসরকার কিষাণজির সাম্প্রতিক ছবির সঙ্গো মিলিয়ে তাঁর দেহ শনাক্তকরণের প্রক্রিয়া চালাচ্ছে।

যৌথবাহিনীর সঙ্গো স্রেফ আধঘণ্টার গুলির লড়াইয়েই হার মানলেন ১২টি রাজ্যের পুলিশের 'মোট ওয়ান্টেড়' এই মাওবাদী নেতা । যে গ্রামবাসীদের সাহায্যে নেটওয়ার্ক গড়ে তুলেছিল মাওবাদীরা, তারাই তথ্য জুগিয়ে কিষাণজির বিরুদ্ধে অভিযানে পথ দেখাল যৌথবাহিনীকে। উন্নয়নের ঘোষণায় মাওবাদীদের ক্রমশ জনবিচ্ছিন্ন করার মমতা বন্দ্যোপাধ্যায়ের কৌশলেই তাঁর ক্ষমতালাভের মাত্র ছ'মাসের মাথায় এল এই সাফল্য।

কিঁষাণজির মৃত্যুর খবর ছড়িয়ে পড়ার পর প্রত্যাঘাতের আশঙ্কায় সর্বত্র জারি করা হয়েছে সতর্কতা। দিল্লি সফররত মুখ্যমন্ত্রী প্রাথমিক প্রতিক্রিয়ায় জানিয়েছেন, "খবর পেয়েছি। পরিস্থিতির উপর নজর রেখেছি। প্রশাসন যা বলার বলবে।" মুখ্যমন্ত্রীর স্বল্প সময়ে এই সাফল্যের পর সি পি এম-এর পূর্বতন সরকারের ভূমিকা নিয়ে প্রশ্ন উঠেছে, যৌথবাহিনীকে মাওবাদী দমনের বদলে এতদিন বুদ্ধদেব ভট্টাচার্য সরকার কি রাজনৈতিক উদ্দেশ্যে ব্যবহার করেছিল?

জামবনির বুড়িশোলের জঙ্গালে কিষাণজিকে ঘিরে ফেলার পর পুলিশ মাইকে তাঁকে আত্মসমর্পণের নির্দেশ দিয়েছিল। সংঘর্ষে আহত সুচিত্রা মাহাতো ও তার কয়েকজন সঙ্গীকে যৌথবাহিনী আরও কোণঠাসা করে ফেলে। সুচিত্রার পায়ে গুলি লাগে। [সংবাদ প্রতিদিন, শুক্রবার, ২৫ নভেম্বর ২০১১]

16. **বিমানবন্দরের ভূগর্ভে এবার মেট্রো স্টেশন**

কলকাতা, ২৫ নভেম্বর : দমদম বিমানবন্দরে মাটির নীচে তৈরি হবে ঝাঁ-চকচকে মেট্রো রেলের স্টেশন। বিমানবন্দরের সম্প্রসারণের কাজের জন্য কর্তৃপক্ষ মেট্রোরেলকে অনুরোধ করেছে ওই স্টেশনটি মাটির নীচে করার জন্য। সেই অনুযায়ী কাজ করছে মেট্রো। কবি সুভাষ থেকে বিমানবন্দর পর্যন্ত সম্প্রসারিত রুটে মেট্রোরেলের কাজের জন্য মাটি ও ইউটিলিটি সার্ভিস টেস্টের কাজ শুরু হয়েছে।

কবি সুভাষ মেট্রো স্টেশন থেকে বিমানবন্দর পর্যন্ত মোট ৩২ কিলোমিটার রুট। এই রুটে প্রকল্প কার্যকর করার জন্য রাষ্ট্রায়ত্ত সংস্থা আর ভি এন এল-কে দায়িত্ব দিয়েছিল মেট্রো। ওই ৩২ কিলোমিটারের মধ্যে ২৫ কিলোমিটার কাজের জন্য গত মাসেই চারটি সংস্থাকে চার ভাগে ভাগ করে বরাত দেওয়া হয়েছিল। মোট ৮০৭ কোটি টাকার বরাত দেওয়া হয়েছে। কবি সুভাষ থেকে রাজারহাটে সিটি সেন্টার পর্যন্ত ওই ২৫ কিলোমিটারের মধ্যে পড়ছে। মেট্রো সূত্রে জানা গিয়েছে, ওই ২৫ কিলোমিটার পথে মাটির নীচ দিয়ে কোথাও জলের পাইপ গিয়েছে, কোথাও টেলিফোন বা বিদ্যুতের লাইন গিয়েছে। সেইসব লাইন সরানোর কাজে কোনও সমস্যা দেখা দিচ্ছে না। বরাতপ্রাপ্ত সংস্থাগুলি সেইসব খুঁটিনাটি বিষয় পরীক্ষা করে দেখছে। সেই অনুযায়ী ঠিক হবে মাটির কত গভীর পর্যন্ত পিলার পোঁতা যাবে। পিলারের আয়তন কেমন হওয়া উচিত। যেহেতু বিমানবন্দর স্টেশনটি মাটির নীচে করা হবে তাই ভি. আই. পি রোডে হলদিরামের পর থেকে বিমানবন্দর পর্যন্ত ৩.২ কিলোমিটার পথ মাটির তলা দিয়ে যাবে। এখনও পর্যন্ত যা ঠিক হয়েছে তাতে ওই রুটে ২৪টি স্টেশন হবে। ওই রুটে মেট্রোরেল চলাচল শুরু করলে পূর্বরেলের শিয়ালদহ দক্ষিণ শাখার গড়িয়া বা বাঘাযতীনের মতো স্টেশন থেকে সহজেই যাত্রীরা বিমানবন্দরে পৌঁছতে পারবেন। অন্যান্য যাত্রীদেরও সুবিধা হবে। [সংবাদ প্রতিদিন, শনিবার, ২৬ নভেম্বর ২০১১]

17. **মূক-বধিরদের শিক্ষায় ইঙ্গিতের ভাষা এবার সফ্টওয়্যারে**

কলকাতা, ৩ ডিসেম্বর : এ রাজ্যের মূক ও বধির ছেলেমেয়েদের কয়েকটি স্কুলে চালু হয়েছে অভিনব এক শিক্ষাপদ্ধতি। সাইন ল্যাঙ্গুয়েজ বা ইঙ্গিতের ভাষা—মূক ও বধিরদের মনের ভাব প্রকাশে যা একমাত্র

সম্বল—তার সঙ্গে কম্পিউটার বিজ্ঞানের মেলবন্ধনে তৈরি হয়েছে এক সফ্‌টওয়্যার। যার সাহায্য পেয়ে লাভবান হচ্ছে আগ্রহী স্কুলগুলি।

কীভাবে? উত্তর ২৪ পরগনায় রামকৃষ্ণ বিবেকানন্দ মিশন স্কুল, জলপাইগুড়িতে সেন্টার ফর স্পেশ্যাল এডুকেশন ফর দ্য ডিসএবল্‌ড চিলড্রেন কিংবা এরকম আরও পঁয়তাল্লিশটি জায়গায় মূক ও বধির ছাত্রছাত্রীরা ইঙ্গিতের ভাষা শিখছে কম্পিউটারে ফুটে-ওঠা ছবি দেখে। ওদের জন্য বিশেষভাবে তৈরি সফ্‌টওয়্যার অক্ষরমালার বক্তব্যকে মুহূর্তে বানিয়ে ফেলছে ছবি—ইঙ্গিত করে দেখানোর ছবি। কোন্ কথা বোঝাতে কী ইঙ্গিত, তা শিক্ষক-শিক্ষিকাদের কাছ থেকে তিলে তিলে শেখার বদলে সফ্‌টওয়্যার যেন এক আশীর্বাদ। কম্পিউটার নিজেই হয়েছে লিখিত শব্দ-ছবির মহাভাণ্ডার। তার কী-বোর্ডে শুধু টাইপ করতে হবে শব্দ কিংবা বাক্য। সঙ্গে সঙ্গে তা রূপান্তরিত হয়ে যাবে ইঙ্গিতের ভাষায়। মনিটারে ফুটে উঠবে ছবি হয়ে।

মূক ও বধির ছাত্রছাত্রীদের সাহায্যে কম্পিউটার-বিজ্ঞান এগিয়ে আসায় রীতিমতো খুশি জলপাইগুড়ির স্বাতী মিত্র মজুমদার। বললেন, " প্রতিবন্ধী ছেলেমেয়েরা ইঙ্গিতের ভাষা সহজে এবং তাড়াতাড়ি শিখতে পারছে এই সফ্‌টওয়্যারের সাহায্যে। আমরা যারা শেখাই ইঙ্গিতের ভাষা, তাদেরও কাজে লাগছে জিনিসটা।"

[আনন্দবাজার পত্রিকা, শনিবার, ৩ ডিসেম্বর ২০১১]

18. **প্রাণ কি আছে 'দ্বিতীয়' পৃথিবীতেও?**

নিজস্ব প্রতিবেদন, ৬ ডিসেম্বর : অনেকটা পৃথিবীর মতো। আকারে একটু বড়ো। তাপমাত্রা আনুমানিক ২২ ডিগ্রি সেলসিয়াস। জলও থাকতে পারে। পৃথিবী থেকে দূরত্ব ৬০০ আলোকবর্ষ। সূর্যের মতো একটা নক্ষত্রকে ঘিরে অনেক দিন ধরে ঘুরে চলেছে 'সে'। অবশেষে তার নাম রাখা হল 'কেপলার-২২ বি'। সৌজন্যে নাসা আর কেপলার দূরবীক্ষণ যন্ত্র। গতকাল একটি অনুষ্ঠানে উপস্থিত দর্শকদের সামনে একথা ঘোষণা করার সঙ্গে সঙ্গেই হইচই পড়ে গিয়েছে বিশ্বজুড়ে।

'কেপলার-২২বি' তার নক্ষত্রকে পুরো এক পাক ঘুরতে সময় নেয় ২৯০ দিন যা অনেকটাই পৃথিবীর কাছাকাছি। পৃথিবীর সঙ্গে এত সাদৃশ্য থাকায় শুধু জল বা বায়ুমণ্ডল নয়, সেইসঙ্গে গ্রহটিতে প্রাণ থাকারও সম্ভাবনা নিয়ে যথেষ্ট আশাবাদী বিজ্ঞানীমহল।

তবে পৃথিবীর থেকে আড়াই গুণ বড়ো 'কেপলার-২২বি' গ্রহটি কঠিন, গ্যাসীয়, না তরল তা নিয়ে দ্বিধাগ্রস্ত নাসার বিজ্ঞানীরা। 'সান হোম স্টেট ইউনিভার্সিটি'-র জ্যোতির্বিজ্ঞানী নাটালি বাতাল্লা 'নাসা'-র এই 'কেপলার' অভিযানের অন্যতম গবেষক। তিনি বললেন, "আমরা এক নতুন পৃথিবী খোঁজার পথে অনেক দূর এগিয়েছি। কিন্তু আরও অনেক পথ যেতে হবে।" কেপলার প্রকল্পের বিজ্ঞানী ডগলাস হজিনস-এর কথায়, "পৃথিবীর যমজ খুঁজে পেয়েছি। এটি আমাদের গবেষণার কাজে একটা বড়ো মাইলফলক।"

ছ'টি ঋতুর পুরানো পৃথিবী না 'চির বসন্তের' নতুন 'কেপলার-২২বি'—কোন্‌টি মানুষের ভবিষ্যতের ঠিকানা হতে পারে, বিজ্ঞানীদের কর্মপন্থা আর সময়েই হয়তো লুকিয়ে আছে তার উত্তর।

[আনন্দবাজার পত্রিকা, বুধবার, ৭ ডিসেম্বর ২০১১]

19. **আমরিকাণ্ডে বিচারবিভাগীয় তদন্ত**

কলকাতা, ১০ ডিসেম্বর : ঢাকুরিয়ার আমরি হাসপাতালে আগুনে দমবন্ধ হয়ে ৯১ জনের মৃত্যুর ঘটনায় বিচারবিভাগীয় তদন্তের নির্দেশ দিলেন মুখ্যমন্ত্রী মমতা বন্দ্যোপাধ্যায়। এদিনই হাসপাতালের ছয় ডিরেক্টরকে দশ দিন পুলিশ হেফাজতে রাখার নির্দেশ দিয়েছে আলিপুরের আদালত। শুক্রবার অগ্নিকাণ্ডের দিনেই সংস্থার সাত কর্তাকে গ্রেফতার করেছিল পুলিশ। তাঁদের মধ্যে ছ'জনকে আজ আদালতে হাজির করা হয়। অন্যজন পুলিশ পাহারায় চিকিৎসাধীন। আদালত চত্বরে ধৃতদের বিরুদ্ধে বিক্ষোভ দেখায় আইনজীবী ও মুহুরিদের সংগঠন। তাদের আপত্তিতে অভিযুক্তদের হয়ে সওয়ালও করতে পারেননি তাঁদের আইনজীবীরা।

আমরিকাণ্ড নিয়ে শুক্রবারই দমকল ও পুলিসের তরফে দুটি তদন্তের কথা ঘোষণা করা হয়েছিল। সেই কাজ শনিবার শুরুও হয়েছে। কিন্তু এদিন রাতেই মুখ্যমন্ত্রী জানান, "আমরির ঘটনার বিচারবিভাগীয় তদন্তও হবে। এতগুলো লোকের মৃত্যু হল। এই ঘটনা কী করে ঘটল, তা তো জানা দরকার।" পাশাপাশি দমকল ও পুলিশের তদন্তও চলবে বলে তিনি জানিয়েছেন। [আনন্দবাজার পত্রিকা, রবিবার, ১১ ডিসেম্বর ২০১১]

20. **পাঁচশো টাকা ফেললেই দেখা যাবে উত্তরপত্র**

কলকাতা, ১২ ডিসেম্বর : নম্বর কমবেশি নিয়ে মামলায় আদালত বিভিন্ন সময়ে পরীক্ষার খাতা তলব করে। এবার ছাত্রছাত্রীরা চাইলেই তথ্যের অধিকার আইন মেনে তাঁদের উত্তরপত্রের প্রতিলিপি দেওয়ার সিদ্ধান্ত নিল কলকাতা বিশ্ববিদ্যালয়। প্রতিলিপি পেতে হলে প্রতিটি পত্রের জন্য ৫০০ টাকা ফি দিয়ে আবেদন জানাতে হবে। সোমবার একথা জানিয়েছেন বিশ্ববিদ্যালয়ের সহ-উপাচার্য (শিক্ষা) ধ্রুবজ্যোতি চট্টোপাধ্যায়। এদিন বিশ্ববিদ্যালয়ের বি.এ., বি.এসসি পার্ট ওয়ান পরীক্ষার ফল বেরিয়েছে। বি. কম পার্ট ওয়ান পরীক্ষার ফল বেরিয়েছে ৩০ নভেম্বর। ওই তিনটি পরীক্ষার খাতা দেখার জন্য ৪ জানুয়ারির মধ্যে কলেজের কাছে আবেদন জানাতে হবে পরীক্ষার্থীদের। পুনর্মূল্যায়নের আবেদনও জানাতে হবে ওই তারিখের মধ্যে। কলেজের তরফে বিশ্ববিদ্যালয়ে পুনর্মূল্যায়ন এবং খাতা দেখার আবেদন জমা দেওয়ার শেষ তারিখ ৯ জানুয়ারি।

বিশ্ববিদ্যালয়ের এক কর্তা সোমবার বলেন, "ওই তারিখ থেকে ৬০ দিনের মধ্যে তথ্যের অধিকার আইন মেনে খাতা দেখানো হবে। তবে যে-পড়ুয়া একই সঙ্গে পুনর্মূল্যায়ন এবং খাতা দেখার জন্য আবেদন জানাবেন, তাঁদের পুনর্মূল্যায়নের ফল প্রকাশিত হবে আগে। এর ফলে ছাত্রছাত্রীরা পুনর্মূল্যায়নের পরে খাতাগুলি দেখার সুযোগ পাবেন।" পশ্চিমবঙ্গ কলেজ-বিশ্ববিদ্যালয় সংগঠন (ওয়েবকুটা) বিশ্ববিদ্যালয়ের এই সিদ্ধান্তকে স্বাগত জানিয়েছে। সংগঠনের সাধারণ সম্পাদক এদিন বলেন, পরীক্ষকদের অধিকাংশই মন দিয়ে খাতা দেখেন। পরীক্ষার্থীদের খাতা দেখানো হলে তাঁদের মনোযোগ আরও বাড়বে বলে আশা করা যায়। মূল্যায়নে ত্রুটিবিচ্যুতির সম্ভাবনাও কমবে। তাই ছাত্রছাত্রীদের পরীক্ষার খাতা দেখানোর সিদ্ধান্ত সমর্থন করি।"

[আনন্দবাজার পত্রিকা, রবিবার, ১৩ ডিসেম্বর ২০১১]